# 进出口商品归类实务

主　编　孙　康　芮宝娟
副主编　徐　军　郑　懿
参　编　童结红　黄　珺　程　静

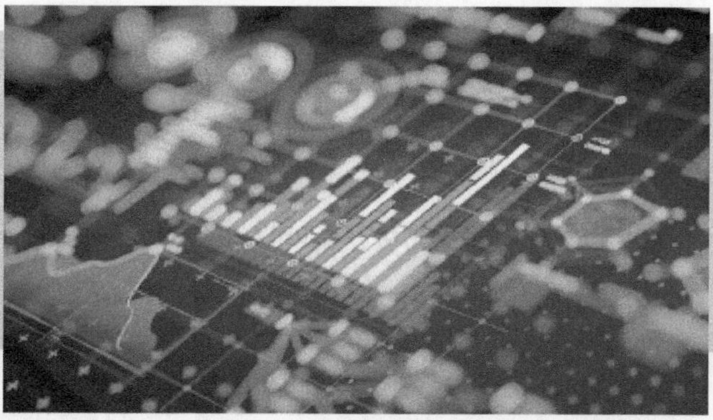

机械工业出版社
CHINA MACHINE PRESS

本书以《商品名称及编码协调制度》（2022 版）和《中华人民共和国进出口税则》（2024 版）为依据，按照类、章的排列顺序逐一概括了协调制度各类、章的商品范围，系统阐述了相关商品的归类原则、归类方法及归类要点。同时，理论与实践相结合，设置了应用举例、工作任务、任务训练等实操性的栏目，旨在加强学习者对于知识的理解与运用，强化知识点的掌握。

本书可作为职业院校报关、物流、外贸等专业的教学用书，也可作为海关人员业务培训教材，还可作为进出口企业、报关企业工作人员的学习参考书。

本书配备丰富的教学资源，包括电子课件、课程标准、补充知识、拓展资料、课中练习与解析、任务训练与解析等。用书教师可通过机械工业出版社教育服务网（www.cmpedu.com）或教师交流群（QQ 群号：726174087）免费获取。

**图书在版编目（CIP）数据**

进出口商品归类实务 / 孙康，芮宝娟主编. —北京：机械工业出版社，2024.3（2025.1 重印）
ISBN 978-7-111-74811-3

Ⅰ. ①进… Ⅱ. ①孙… ②芮… Ⅲ. ①进出口商品—分类—中国
Ⅳ. ① F752.6

中国国家版本馆 CIP 数据核字（2024）第 033035 号

机械工业出版社（北京市百万庄大街 22 号 邮政编码 100037）
策划编辑：邢小兵 责任编辑：邢小兵 董宇佳
责任校对：肖 琳 陈 越 封面设计：王 旭
责任印制：张 博

北京建宏印刷有限公司印刷

2025 年 1 月第 1 版第 2 次印刷
184mm×260mm · 21.25 印张 · 527 千字
标准书号：ISBN 978-7-111-74811-3
定价：59.00 元

电话服务 网络服务
客服电话：010-88361066 机 工 官 网：www.cmpbook.com
010-88379833 机 工 官 博：weibo.com/cmp1952
010-68326294 金 书 网：www.golden-book.com
**封底无防伪标均为盗版** 机工教育服务网：www.cmpedu.com

# 前言

海关进出口商品归类是指在《商品名称及编码协调制度的国际公约》商品分类目录体系下，以《中华人民共和国进出口税则》为基础，按照《进出口税则商品及品目注释》《中华人民共和国进出口税则本国子目注释》以及海关总署发布的关于商品归类的行政裁定、商品归类决定的要求，确定进出口货物商品编码的活动。进出口商品归类是海关监管、海关征税及海关统计的基础，归类的正确与否与关务人员及其所在企业的利益密切相关，并直接影响到进出口货物的通关。

本书以《商品名称及编码协调制度》、海关税则、归类总规则为依据，按照类、章的排列顺序逐一概括了协调制度各类、章的商品范围，系统阐述了相关商品的归类原则、归类方法及归类要点。本书的编写特色如下：

1．通过采用实操训练的方式让读者对不同商品、相似商品的归类进行对比分析，尽可能使用图表、流程图的形式表现重点商品的归类方法，帮助读者提高识记水平，掌握重点知识。

2．书中的工作任务、任务实训及商品归类题所涉及的编码答案，均采用2024年《中华人民共和国进出口税则》中的八位编码，全面体现了2022年《商品名称及编码协调制度》修改精神，适应国际贸易的新变化、新发展。

3．本书在任务实训环节采用大量的企业实际进出口商品归类业务以及报关员资格考试、关务水平测试和归类师考试部分真题，并且为这些题目配备了详细的解析，能够有效指导读者强化归类知识点的掌握，达到理论与实践的有机结合。

本书由孙康、芮宝娟任主编并统稿，徐军、郑懿任副主编，童结红、黄珺、程静参与了编写工作。具体分工如下：江苏联合职业技术学院苏州建设交通分院孙康负责项目一～项目六的编写；程静负责项目十二的编写及各项目中任务训练答案的编写；黄珺负责项目十三～项目十五的编写及教学课件的制作；童结红负责项目十九～项目二十二的编写以及文字校对工作。浙江经济职业技术学院芮宝娟负责项目九～项目十一的编写及本书任务实训的编写；江苏联合职业技术学院连云港工贸分院徐军负责项目七～项目八的编写；江苏联合职业技术学院连云港工贸分院郑懿负责项目十六～项目十八的编写。

本书既可作为职业院校关务与外贸服务、国际商务、国际贸易实务等专业的学生参加关务水平测试、归类师资格考试的辅导用书，也可供在职关务人员以及其他从事外贸相关工作的人员学习使用。

在本书的编写过程中，我们参阅了国内大量有关商品归类的资料，并得到有关企业专家的具体指导，在此感谢常熟外轮代理有限公司张华经理、苏州泊来进出口有限公司钱伟弟总经理、达格测试设备（苏州）有限公司陆炜娟经理为本书提供了一手的企业素材和宝贵意见。由于编者水平有限，书中难免存在疏漏和不足之处，恳请广大读者批评指正。

编 者

# 目录

# 项目一
# 进出口商品归类规则训练

## 学习目标

◆ **知识目标**

熟悉《商品名称及编码协调制度》的基本结构、分类原则；掌握归类总规则的内容、适用范围及运用技巧；明确海关商品归类的操作程序。

◆ **能力目标**

掌握商品编码各层次的含义及注释运用的方式；能够熟练运用归类总规则对进出口商品进行正确归类。

◆ **素质目标**

培育学生优秀的归类习惯、谨慎细心的工作态度；培育学生交流表达能力、组织协调能力及团队协作精神；理解同我国综合国力和国际地位匹配的国际话语权的重要性。

## 项目导入

进出口货物的商品归类是要按照法律规定，确定所有进出口货物的商品编码。在确定进出口货物商品编码的基础上，海关对进出口货物征收关税、实施贸易管制措施、确定货物原产地以及编制海关统计。因此，商品归类是海关管理业务中的一项重要的基础性工作。对进出口货物要做到准确归类既要了解待归类商品的构成、材料属性、成分组成、特性、用途和功能等商品性能，还需要掌握如何运用《商品名称及编码协调制度》和《中华人民共和国进出口税则》确定进出口商品应归入的税则号列。因此，商品归类是专业性和技术性很强的一项海关业务，需要有一整套严格的制度加以规范。

**学习重难点：**

商品名称编码表的构成；分类原则；条文、注释的法律地位和作用以及归类总规则的运用。

## 项目要点

对于报关从业人员来说，是否能够准确地向海关申报品名，不仅关系到其所代理的进出口收发货人的经济利益，还会对海关的统计、征税监管产生直接的影响。进出口商品归类工作既要求掌握《商品名称及编码协调制度》的体系、注释、总规则，又要求能够熟练运用总规则、注释等归类依据对所申报的商品进行准确和迅速归类。

## 任务一

## 认知《商品名称及编码协调制度》

### 知识准备

《商品名称及编码协调制度》（The Harmonized Commodity Description and Coding System，HS）简称《协调制度》，是指在原海关合作理事会商品分类目录和国际贸易标准分类目录的基础上，协调国际上多种商品分类目录而制定的一部多用途的国际贸易商品分类目录。在现实工作中，为了适用于海关监管、海关征税及海关统计，需要按照进出口商品的性质、用途、功能或加工程度等将进出口商品准确地归入《协调制度》中与之对应的类别和编码。《协调制度》是我国制定进出口税则，实施贸易管制、贸易统计以及其他各项进出口管理措施的基础目录。

#### 一、《协调制度》的产生

海关进出口商品归类是建立在商品分类目录基础上的。早期的国际贸易商品分类目录只是因为对进出本国的商品征收关税而产生的，其结构较为简单。后来随着社会化大生产的发展，进出口商品品种与数量的增加，除了税收的需要，人们还要了解进出口贸易情况，即进行贸易统计。因此，海关合作理事会（1995年更名为世界海关组织WCO）与联合国分别编制了两个独立的商品分类目录，即《海关合作理事会商品分类目录》（CCCN）和《国际贸易标准分类目录》（SITC）。

由于商品分类目录的不同，一种商品有时在一次国际贸易过程中要使用不同的编码，给国际贸易带来极大的不便。因此，海关合作理事会于1983年6月通过了《商品名称及编码协调制度公约》及其附件《协调制度》。《协调制度》既满足了海关税则和贸易统计需要，又包容了运输及制造业等要求，因此，该目录自1988年1月1日起正式生效后，即被广泛应用于海关税则、国际贸易统计、原产地规则、国际贸易谈判、贸易管制等众多领域，所以又被称为“国际贸易的语言”。

随着新产品的不断出现和国际贸易结构的变化，《协调制度》一般每五年就要进行一次较大范围的修订。自1988年生效以来，《协调制度》共进行了7次修订，形成了1988年、1992年、1996年、2002年、2007年、2012年、2017年、2022年共8个版本。

#### 二、《协调制度》的基本结构

《协调制度》将国际贸易涉及的各种商品按照生产类别、自然属性和不同功能用途等分为21类97章，每一章由若干品目构成，品目项下又细分出若干一级子目和二级子目。2022年实施的《协调制度》共有4位品目1 228个、6位子目5 609个，较2017年版4位品目的数量增加了6个，6位子目的数量增加了222个。

《协调制度》总体结构由归类总规则、注释和商品名称及编码表三部分组成，这三部分是《协调制度》的法律性条文，具有严格的法律效力和严密的逻辑性。

### 1. 归类总规则

为了保证国际上对 HS 编码使用和解释的一致性，使得某一特定商品能够始终如一地归入某个唯一编码，《协调制度》设立了 6 条归类总规则，规定了使用《协调制度》对商品进行分类时必须遵守的分类原则和方法。归类总规则是指导整个《协调制度》商品归类的总原则，也是具有法律效力的归类依据，位于《协调制度》文本的卷首。

### 2. 注释

注释是为限定《协调制度》各类、章、品目和子目所属货品的准确范围，简化品目和子目条文文字，杜绝商品分类的交叉，保证商品归类正确而设立的解释说明性文字，分布于 21 类、97 章当中，是具有法律效力的归类依据。

### 3. 商品名称及编码表

商品名称及编码表由商品编码和商品名称两部分组成，是《协调制度》的主体部分，从属于 21 类，分布在 97 章当中。商品编码居左，商品名称居右，依次构成一横行。例如“活绵羊、活山羊”的商品名称及编码表见表 1-1。

**表1-1 商品名称及编码表（活绵羊、活山羊）**

| 商 品 编 码 | 商 品 名 称 |
|---|---|
| | --- 绵羊： |
| 0104.1010 | --- 改良种用 |
| 0104.1090 | --- 其他 |
| | – 山羊： |
| 0104.2010 | --- 改良种用 |
| 0104.2090 | --- 其他 |

《协调制度》是一部系统的国际贸易商品分类目录，所列商品名称的分类和编排是有一定规律的。从类来看，它基本上是按社会生产的分工（或称生产部类）分类的，它将属于同一生产部类的产品归在同一类里，如农业在第一、二类；化学工业在第六类；纺织工业在第十一类；冶金工业在第十五类；机电制造业在第十六类等。

从章来看，基本上按商品的自然属性（原材料及其制成品）或所具有的原理、功能及用途（制成品）来分类。第一章至第八十三章（第六十四章至第六十六章除外）基本上是按商品的自然属性来分章的，而每章的前后顺序则是按照动、植、矿物质先后排列。如第一章至第五章是活动物和动物产品；第六章至第十四章是活植物和植物产品；第五十章和第五十一章是蚕丝、羊毛及其他动物毛；第五十二章和第五十三章是棉花、其他植物纺织纤维和纸纱线；第五十四章和第五十五章为化学纤维。这部分商品之所以按自然属性分类是因为其种类、成分或原料比较容易区分，同时也因为商品价值的高低往往取决于构成商品本身的原材料。第六十四章至第六十六章和第八十四章至第九十七章是按货物的用途或功能来分章的，如第六十四章是鞋、第六十五章是帽、第八十四章是机械设备、第八十五章是电气设备、第八十七章是汽车、第八十九章是船舶等。这样分类的原因在于：一是这些物品由各种材料或多种材料构成，难以将这些物品作为哪一种材料制成的物品来分类。如鞋、帽，有可能是皮的，也可能是布的或塑料的，还可能是由多种材料构成的。例如运动鞋，其外底是橡胶的，鞋内底和面底是泡沫塑料的，鞋面是帆布的等。二是这些商品的价值主要体现在生产此类物品的社会必要劳动时间上。如一台机器，其价值一般主要看生产这台机器所耗费的社会必要劳动时间，而不是看生产机器使用了多少贱金属等。

从品目的排列看，一般也是按动、植、矿物质顺序排列，而且更为明显的是原材料先于产品，加工程度低的产品先于加工程度高的产品，列名具体的品种先于列名一般的品种。如在第四十四章内，品目 4403 是原木；4404 ～ 4408 是经简单加工的木材；4409 ～ 4413 是木的半制品；4414 ～ 4421 是木的制成品。对同一商品一般整机在前，专用零件或配件在后。例如：品目 8408 压燃式活塞内燃发动机；品目 8409 专用于或主要用于品目 8407 或 8408 所列发动机的零件。

《协调制度》分类时还注意照顾了商业习惯和实际操作的可行性。对难于按常用的分类标志进行分类的大宗进出口商品则从照顾商业习惯和便于实际操作入手，专列类、章和品目，使商品归类简单易行。如第二十类第九十四章的活动房屋即属此种情况。

《协调制度》商品归类是协调制度商品分类的逆运用，是依照商品归类原则，将商品归入《协调制度》分类目录的某一商品编码的操作。

《协调制度》采用结构性号列，即项目的号列不是简单的顺序号，而是以线性结构排列的，并有一定的含义。它的项目号列用 4 位数编码来表示，前两位数表示项目所在的章，后两位数表示项目在有关章的排列次序。例如品目 0104 前两位数表示该项目在第一章，后两位数表示所列商品为第一章的第四个项目。4 位数号列再细分下去，用 5 位数码来表示一级子目；一级子目中又被进一步细分为 6 位数码来表示二级子目，各级子目所包括的商品总和等于其上一级子目的商品范围。没有设一级或二级子目的品目，商品编码的第 5 位或第 6 位数码为 0，如 0501.00。需要指出的是，作为未列名货品的第 5 位或第 6 位数码一般用数字 9 表示，不代表它在所属品目或子目中的实际序位，其间的空序号是为在保留原有编码的情况下，适应日后增添新商品等情况而预留的。此外数字 9 被零件占用时，数字 8 通常表示未列名整机。如商品编码 8432.80，其中第 5 个数字“8”表示“其他机械（未列名的整机）”，而商品编码 8432.90 中第 5 个数字“9”则表示属于 8432 品目范围的整机的零件。

另外，协调制度的各章均列有一个起“兜底”作用，名为“其他”的子目，使任何进出口商品都能在这个分类体系中找到自己适当的位置。

**【知识拓展】**

2022 年版《商品名称及编码协调制度》修订

《商品名称及编码协调制度》（HS）是世界海关组织（WCO）主持制定的一部供国际贸易各方共同使用的商品分类编码体系。为适应贸易及科技的发展，《协调制度》一般每五年进行一次全面修订。WCO自2014年9月启动第六审议循环，其成果2022年版《协调制度》于2022年1月1日起在全球实施。2021年10月8日海关总署发布了2022年版《协调制度》修订目录中文版。

2022年版《协调制度》共有351组修订，修订后的《协调制度》共有6位数子目5 609个，比2017年版《协调制度》增加了222个。新版《协调制度》通过对贸易中形成主要趋势的新产品以及与全球关注的环境和社会问题相关的产品进行列目，调整原有列目结构使其适应当前贸易发展。

本轮修订中，中国海关45组提案及修订意见获采纳，创历史新高。中国海关在此次《协调制度》的调整中，形成了同我国综合国力和国际地位相匹配的国际话语权，将国家利益牢牢把握在手中。

（资料来源：中华人民共和国海关总署网站）

## 三、《商品名称及编码协调制度注释》

为了便于各缔约国正确理解《协调制度》，保证商品分类与归类的一致性，海关合作理事会制定了《商品名称及编码协调制度注释》，简称《协调制度注释》。它是《协调制度》所列商品名称及编码范围最具权威性的解释文件，是对进出口商品进行税则归类或统计目录归类的法律依据，是对进出口商品归类时必不可少的参考书。该书中译本名称为《进出口税则商品及品目注释》（简称《品目注释》）。需要明确的是，归类时该书不具有法律效力，具有法律效力的归类依据只有归类总规则、类注释、章注释、子目注释和品目条文及子目条文。

## 四、《中华人民共和国进出口税则》

我国海关自 1992 年 1 月 1 日起开始采用《协调制度》，进出口商品归类工作成为我国海关最早实现与国际接轨的执法项目之一。根据海关征税和海关统计工作的需要，我国在《协调制度》的基础上增设本国子目（三级和四级子目），形成了我国海关进出口商品分类目录。我国海关以其为基础，结合我国实际进出口货物情况，编制了《中华人民共和国海关进出口税则》和《中华人民共和国海关统计商品目录》。

现行海关税则结构与协调制度商品分类目录结构基本相同，逐条采用了《协调制度》的归类总规则、类注释、章注释及子目注释，也以《协调制度注释》作为最具权威性的解释说明文件，商品归类原则和方法亦与协调制度相同。两者相比较，前者在商品名称及即编码表中增设了税率栏，并将货品编码改称税则号列，税则号列的前 6 位数码及其货品名称与协调制度相应栏目完全一致。第 7、8 两位是根据我国关税、统计和贸易管理的需要加列的本国子目，同时，还根据代征税、暂定税率和贸易管制的需要对部分品目增设了第 9、10 位附加代码。

例：

商品名：鳄鱼苗。品目：0106。税则号列：0106.2011。其各位数字在《中华人民共和国海关进出口税则》中的含义见表 1-2。

**表1-2　鳄鱼苗（0106.2011）税则号列的含义**

| | | | | | | |
|---|---|---|---|---|---|---|
| 01 | 06 | 2 | 0 | 1 | 1 | 海水 |
| 章 | 顺序号 | 一级子目 | 二级子目 | 三级子目 | 四级子目 | 子目条文 |
| 品目号 | | 5 位数级子目 | 6 位数级子目 | 7 位数级子目 | 8 位数级子目 | |
| 与《协调制度》完全一致 | | | | 我国子目 | | |

因此《协调制度》中的编码只有 6 位数，而我国海关进出口商品分类目录的编码为 8 位数，其中第 7、8 位是我国根据实际情况加入的“本国子目”。在《商品名称与编码表》中的货品名称前面都有一个或几个横杠：“-”表示一级子目；“--”表示二级子目；“---”表示三级子目；“----”表示四级子目。

例：商品编码（税则号列）8709.1910 各层次数字的具体含义如下：

87 表示第八十七章（协调制度章代码）；

09 表示该章的第九个品目（协调制度品目代码）；

1 表示品目 8709 项下的第一个一级子目（协调制度子目代码）；

9 表示子目 8709.1 项下的未列名二级子目（协调制度子目代码）；

1 表示子目 8709.19 项下的第一个三级子目（中国子目代码）；

0 表示子目 8709.191 项下未增设四级子目（中国子目代码）。

注：《协调制度国家标准》将第 5 位和第 6 位数字作为 HS 子目代码，将第 7 位和第 8 位数字作为本国子目代码。

第 5 位编码代表一级子目，第 6 位编码代表二级子目，第 7、8 位依次类推。需要指出的是，若第 5 至 8 位上出现数字“9”，则通常情况下代表未具体列名的商品，即在“9”的前面一般留有空序号以便用于修订时增添新商品。如编码 0105.1190 中第 7 位的“9”代表非改良种用的鸡。在“1”至“9”之间的空序号可以用于将来增添新的其他需要具体列名的鸡。如未设子目的税则号列，该位数码则为“0”。

## 五、进出口商品归类的依据

根据《海关进出口货物商品归类管理规定》第二条：“商品归类是指在《商品名称及编码协调制度公约》商品分类目录体系下，以《中华人民共和国进出口税则》为基础，按照《进出口税则商品及品目注释》《中华人民共和国进出口税则本国子目注释》以及海关总署发布的关于商品归类的行政裁定、商品归类决定的要求，确定进出口货物商品编码的活动。”据此，对进出口商品进行归类的依据有：

（1）《中华人民共和国进出口税则》（简称《进出口税则》）。

（2）《进出口税则商品及品目注释》（简称《商品及品目注释》）。

（3）《中华人民共和国进出口税则本国子目注释》（简称《本国子目注释》）。

（4）海关总署发布的关于商品归类的行政裁定。

（5）海关总署发布的商品归类决定。

## 工作任务

小王是一名学习关务与外贸服务专业的高职学生，目前在江苏恒诚报关有限公司关务归类工作室实习。

师傅告诉小王，商品的归类是进出口报关中的一项重要基础工作，也是一项专业性极强的工作。作为一名刚接触商品归类工作的新人来说，首先要做的工作就是认知《商品名称及编码协调制度》。

江苏恒诚报关公司最近接受一批每只重量为150克的非改良种用活鸡的进口报关委托，小王的师傅将该批活鸡归类为0105.1190。师傅要求小王对该编码进行分析以达到熟悉我国海关《进出口税则》基本结构的学习目的。

## 任务实施

### 一、判断归类属性

对于“每只重量为 150 克的非改良种用活鸡”的归类，应考虑其每只的重量及用途，本任务商品归类属性应为：重量为 150 克；非改良种用；活鸡。

商品编码表中品目 0105 结构见表 1-3。

**表1-3　品目0105归类编码表**

| | | |
|---|---|---|
| 01.05 | 家禽，即鸡、鸭、鹅、火鸡及珍珠鸡： | 品目 |
| | - 重量不超过 185 克 | 一级子目 |
| | -- 鸡 | 二级子目 |
| 0105.1110 | --- 改良种用 | 三级子目 |
| 0105.1190 | --- 其他 | 三级子目 |
| | -- 火鸡 | 二级子目 |
| 0105.1210 | --- 改良种用 | 三级子目 |
| 0105.1290 | --- 其他 | 三级子目 |
| | …… | |
| | -- 珍珠鸡 | 二级子目 |
| 0105.1510 | --- 改良种用 | 三级子目 |
| 0105.1590 | --- 其他 | 三级子目 |
| | - 其他 | 一级子目 |
| | -- 鸡 | 二级子目 |
| 0105.9410 | --- 改良种用 | 三级子目 |
| 0105.9490 | --- 其他 | 三级子目 |
| | …… | |

上述表格中 4 位数码称之为品目，8 位数码称之为子目；每个编码后面的“-”数量表示了它的子目级别；品目和子目后面的文字描述称之为品目条文及子目条文。子目级别代表了子目在其所属品目中的排列次序。图 1-1 更清楚地展示了品目 0105 的归类。

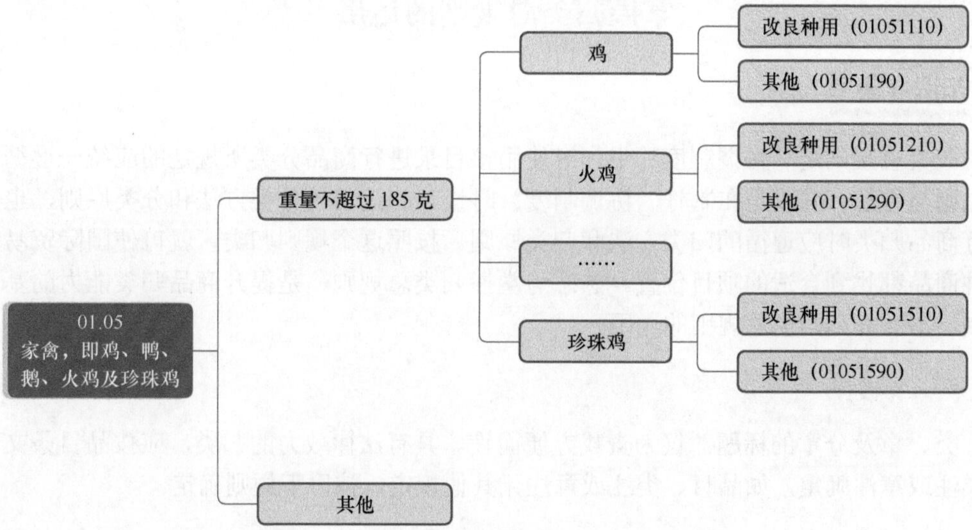


**图1-1　品目0105结构示意图**

## 二、引用归类依据

根据《商品及品目注释》第一章注释的规定及品目条文 0105 的描述：家禽，即鸡、鸭、鹅、火鸡及珍珠鸡。

### 三、确定商品编码

品目 0105“家禽，即鸡、鸭、鹅、火鸡及珍珠鸡”下有两个一级子目，分别为“重量不超过 185 克”和“其他”。这说明了 0105 下的一级子目是按照商品重量区分，将“家禽”分为两类。前者明确表示了列入此一级子目下的家禽均应符合“重量不超过 185 克”的条件，而后者的“其他”则必须满足非“重量不超过 185 克”（即“重量大于 185 克”）的条件。

“重量不超过 185 克的家禽”下又分成五个二级子目，分别为“鸡”“火鸡”“鸭”“鹅”“珍珠鸡”。这说明二级子目下的三级子目是按照商品品种区分的，二级子目下又按商品使用用途分为“改良种用”和“其他”。因此 0105.1190 可完整地解释为“重量不超过 185 克的、用途不是改良种用的鸡”。

工作任务中给出的是“每只重量为 150 克的非改良种用活鸡”，因此运用归类总规则中的规则一及规则六，将其归入商品编码 0105.1190 是正确的。

### 任务训练

江苏恒诚报关有限公司接受一批全棉无纺织物制成的床单（层压；360克/平方米）的申报，该床单在报关时被归类为5603.9410，试分析该商品编码的基本结构。

## 任务二

## 掌握归类总规则的运用

### 知识准备

归类总规则是《协调制度》中，对使用该目录进行商品分类所规定的应统一遵循的分类原则与方法。它既是在制订《协调制度》时设计和运用的分类方法和分类原则，也是在进行商品归类时应遵循的归类方法和归类原则。按照这个规则归类，就可使国际贸易中的各种商品都找到合适的项目位置。熟悉与掌握归类总规则，是提升商品归类能力的基础与前提。下文介绍归类总规则的运用。

### 一、规则一

类、章及分章的标题，仅为查找方便而设。具有法律效力的归类，应按品目条文和有关类注或章注确定，如品目、类注或章注无其他规定，按以下规则确定。

#### （一）规则一解释

第一段“类、章及分章的标题，仅为查找方便而设”。

要将数以万计的商品归入编码表中的几千个子目之内并非易事，为便于查找编码，《协调制度》将一类或一章商品加以概括并冠以标题。由于现实中的商品种类繁多，通常情况下一类或一章标题很难准确地对本类、章商品加以概括，所以类、章及分章的标题仅为查找方便而设，不具有法律效力。换句话说，类章中的商品并不是全部都符合标题中的描述。例如：第十五类的标题为“贱金属及其制品”，但许多贱金属制品并不归入该类，如铜纽扣归入第九十六章“杂项制品”，贱金属制的机械设备归入第八十四章“核反应堆、锅炉、机器、机械器具及其零件”；第二十二章的标题为“饮料、酒及醋”，但是通常被我们认为是饮料的瓶装蒸馏饮用水却不归入该章，而应归入第二十八章“无机化学品”。类似的例子还很多。

第二段“具有法律效力的归类，应按品目条文和有关类注或章注确定”。

这里的含义是：具有法律效力的商品归类，是按品目名称和有关类注或章注确定商品编码。例如品目 1517 的条文列有动、植物油混合制成的食用油，因此供食用的液体猪油（含有 1% 大豆油）则应归入品目 1517 混合油脂，而不能因为猪油含量占有 99% 而按液体猪油归入品目 1503。

这里介绍一下类注、章注（简称“注释”）的作用。注释的作用在于限定品目、类、章商品的准确范围，常用的方法有：

（1）以定义形式来界定类、章或品目的商品范围及对某些商品的定义做出解释。例如第七十二章章注一（五）将不锈钢定义为：按重量计含碳量在 1.2% 及以下，含铬量在 10.5% 及以上的合金钢，不论是否含有其他元素。而中国大百科全书《机械工程手册》中规定：不锈钢含铬量不小于 12%。显然两者规定不同，但作为《协调制度》归类的法律依据是前者。

（2）列举典型例子的方法。例如第十二章章注一列举了归入品目 1207 的主要包括油料作物的果实；第二十五章章注四列举了归入品目 2530 的主要商品。

（3）用详列具体商品名称来定义品目的商品范围。如第三十章章注四定义了品目 3006 的商品范围由 11 方面的商品组成（详见编码第三十章章注四）。

（4）用排他条款列举若干不能归入某一类、章或编码的商品。如第一章注释：“本章包括所有活动物，但下列各项除外……”这样的例子在类注、章注中还有很多。

某些注释综合运用上述几种注释方法。例如，有的注释既做了定义，又列举了一系列商品包括在内，或列出除外的商品，这样能使含义更加明确，例如第四十章章注四中关于“合成橡胶”的定义。

第三段“如品目、类注或章注无其他规定”，旨在明确品目条文及与其相关的类、章注释是最重要的。换言之，它们是在确定归类时应首先考虑的规定。例如，第三十一章的注释规定该章某些编码仅包括某些货品，因此，这些编码就不能够根据规则二（二）扩大为包括该章注释规定不包括的商品。这里需注意的是，不能因为品目条文不明确，不论类注、章注有无规定，就按规则二归类，而必须是在品目条文、类注、章注都无其他规定的条件下才能按规则二归类。

## （二）规则一应用举例

**例1：牛尾毛**

归类说明：查阅类、章名称，应属于第五章“其他动物产品”，但品目 0511 中未提到牛尾毛则按其他未列名动物产品归类。按归类总规则一规定查阅第五章章注四，“马毛”包括马科、牛科的尾毛，最终归入 0511.9940。

**例2：纯棉针织女式束腰胸衣**

归类说明：如果直接看标题，似乎符合第六十一章的标题“针织或钩编的服装及衣着附件”而可以归入第六十一章，但因为标题不是归类依据所以应根据品目条文和类注、章注来确定。按第六十一章章注二（一）、第六十二章章注一和6212品目条文的规定，该商品应归入6212.3090。

## 二、规则二

规则二（一）：品目所列货品，应包括该项货品的不完整品或未制成品，只要在进口或出口时该项不完整品或未制成品具有完整品或制成品的基本特征；还应包括该项货品的完整品或制成品（或按本款可作为完整品或制成品归类的货品）在进口或出口时的未组装件或拆散件。

规则二（二）：品目中所列材料或物质，应视为包括该种材料或物质与其他材料或物质混合或组合的物品。品目所列某种材料或物质构成的货品，应视为包括全部或部分由该种材料或物质构成的货品。由一种以上材料或物质构成的货品，应按规则三归类。

### （一）规则二解释

规则二分两大部分，第一部分实际上是扩大编码的商品范围，这里有两层意思：第一层意思是品目所列商品包括其不完整品或未制成品，只要其具有完整品或制成品的基本特征，就应包括在内。例如缺一个轮子的汽车，因其缺少的部件并不能影响产品本身的特征，故应按完整品归类。第二层意思是还应视为包括该项货品的完整品或制成品在进口或出口时的未组装件或拆散件。例如完整的一辆汽车和缺少的某些零部件的汽车，在归类时都按整汽车归。之所以这样规定，是因为编码品目有限，不可能将各种情况的商品一一列出。下面解释一下不完整品、未制成品的概念：

（1）不完整品：是指某个商品还不完整，缺少某些零部件，但却具有完整品的基本特征。例如缺少一个轮胎或倒车镜等零部件的汽车，仍应按完整的汽车归类，并不因为缺少了一个轮胎而不称作汽车；缺少键盘的便携式电脑仍应按完整的便携式电脑归类等。如没有这项规则，则需将每缺一个零部件的商品单列一个子目，一是难以列全，二是很烦琐且浪费目录资源。

（2）未制成品：指已具备了成品的形状特征，但还不能直接使用，需经进一步加工才能使用的商品。例如已具有钥匙形状的铜制钥匙坯片。

（3）因运输、包装、加工贸易等原因，进口时未组装件或拆散的货品。例如机电产品的成套散件，此类成套散件只需简单组装即可成为完整成品。

规则二第一部分的意思归纳起来有两点：第一，扩大编码上列名商品的范围，即不仅包括该商品的完整品或制成品，而且还包括它的非完整品、非制成品及整机的拆散件；第二，该规则的使用是有条件的，即未完整品或未制成品一定要具有完整品（整机）的基本特征，拆散件必须是完整品的成套散件。此外，需要注意的是，规则二的第一部分不适用于第一至第六类的商品（第三十八章及以前的各章）。

规则二第二部分，有两层意思。第一，品目中所列某种材料包括了该种材料的混合物或组合物，也是对品目商品范围的扩大。第二，其适用条件是加进去的东西或组合起来的东西不能失去原商品的特征，即混合或组合后的商品不存在看起来可归入两个及以上品目的问题。例如加糖的牛奶，还应按牛奶归类。添加了糖的牛奶并未改变牛奶的特性，所以不会产生是按糖归类还是按牛奶归类的疑问。而添加了花椒粉的盐则改变了盐的特性，使之属性从盐改变为调味品。

### （二）规则二应用举例

**例1：缺少鼠标的笔记本电脑（整机特征）**

归类说明：查阅类、章名称，该商品属于第八十四章物品。按规则二（一），未制成品如已具备制成品的基本特征应按制成品归类，按规则一规定查阅第八十四章章注，未提到该物品是否有具体列名。查阅第八十四章章品目条文，按笔记本电脑自动处理数据的特性，归入品目 8471，按规则二（一）按整机归入商品编码 8471.3090。

**例2：做手套用已剪成型的针织棉布（未制成品）**

归类说明：查阅类、章名称，针织棉布属第五十二章，手套属第六十一章。按规则二（一），未制成品如已具备制成品的基本特征，应按制成品归类，按规则一规定查阅第五十二章、第六十一章章注，未提到该物品是否具体列名，按规则二（一）归入商品编码 6116.9200。

**例3：由一个靠背、一个支架、一个不带软垫的坐板组成的铝制椅子散件，组装即可使用（组合物）**

归类说明：查阅类、章名称，该商品属于第九十四章，按规则二（二）应归入商品编码 9401.7900。

## 三、规则三

当货品按规则二（二）或由于其他原因看起来可归入两个或两个以上品目时，应按以下规则归类：

规则三（一）：列名比较具体的品目，优先于列名一般的品目。但是，如果两个或两个以上品目都仅述及混合或组合货品所含的某部分材料或物质，或零售的成套货品中的某些货品，即使其中某个品目对该货品描述得更为全面、详细，这些货品在有关品目的列名应视为同样具体。

规则三（二）：混合物、不同材料构成或不同部件组成的组合物以及零售的成套货品，如果不能按规则三（一）归类时，在本款可适用的条件下，应按构成货品基本特征的材料或部件归类。

规则三（三）：货品不能按规则三（一）或（二）归类时，应按号列顺序归入其可归入的最末一个品目。

### （一）规则三解释

规则三第一部分，“当货品按规则二（二）或由于其他原因看起来可归入两个或两个以上品目时，应按以下规则归类”，这是规则三运用的前提。规则三有三条，可概括为：具体列名；基本特征；从后归类。

这三条规定应按照其在本规则的先后次序加以运用。据此，只有在不能按照规则三（一）归类时，才能运用规则三（二）；不能按照规则三（一）和三（二）归类时，才能运用规则三（三）。

### 1. 规则三（一）

规则三（一）讲的是当一个商品涉及两个或两个以上品目时，哪个品目相对于商品表述更为具体，就归入哪个品目。但是，要想制订几条规定来确定哪个列名更具体是困难的，但作为一般原则可做如下理解：

（1）商品的具体名称与商品的类别名称相比，商品的具体名称较为具体。例如，紧身胸衣是一种女士内衣，有两个编码可归，一个是品目 6208 女内衣，一个是品目 6212 妇女紧身胸衣。前一个是类名称，后一个是具体商品名称，故应归入子目 6212.30。如两个品目属同一类商品，可根据它的功能（用途）进行深度比较，哪个功能（用途）更为接近，就应视为更具体。

（2）如果一个品目所列名称更为明确地包括某一货品，则该品目要比所列名称不完全包括该货品的其他品目更为具体。例如专用于飞机上已制成一定形状的钢化玻璃制未镶框安全玻璃，看起来既可作为玻璃制品归入第七十章品目 7007“钢化或层压玻璃制的安全玻璃”，又可作为飞机零部件归入第八十八章品目 8807“品目 8802 所列货品的零件”，鉴于所列名称明确包括某一货品的品目比所列名称未明确包括某一货品的品目更具体，所以该货品应归入品目 7007。此外，对具有单一功能的机器设备，在判定具体列名与否时，可按下述规定操作：按原理、功能列名的比按用途列名的具体；同为按用途列名的，则以范围更小、关系更直接者为具体。

但是，如果两个或两个以上品目都仅述及混合或组合货品所含的某部分材料或物质，或零售成套货品中的某些货品，即使其中某个品目比其他品目对该货品描述得更为全面、详细，这些货品在有关品目的列名应视为同样具体。在这种情况下，货品应按规则三（二）或（三）的规定进行归类。

### 2. 规则三（二）

（1）本款归类原则适用条件如下：混合物；不同材料的组合货品；不同部件的组合货品；零售的成套货品。

此外，还必须注意只有在不能按照规则三（一）归类时，才能运用本款；也只有在可适用本款规定的条件下，货品才可按构成货品基本特征的材料或部件归类。

（2）不同货品确定其基本特征的因素有所不同，一般来说确定商品的主要特征，可根据商品的外观形态、使用方式、主要用途、购买目的、价值比例、贸易习惯、商业习惯、生活习惯等诸多因素进行综合考虑分析来确定。

（3）本款所称“零售的成套货品”，是指同时符合以下三个条件的货品：至少由两种看起来可归入不同编码的不同物品构成的；为了适应某一项活动的特别需要而将几件产品或物品包装在一起的；其包装形式适于直接销售给用户而货物无须重新包装的（例如，装于盒、箱内或固定于板上）。

3. 规则三（三）

规则三（三）只能用于不能按规则三（一）或三（二）归类的货品。它规定商品应归入同样值得考虑的品目中的顺序排列为最后的品目内。但相互比较的编码或品目只能同级比较。也就是说，如果看起来一个商品可以归入两个或两个以上品目时，比较起来每个品目都同样具体，那么就按在商品编码表中位置靠后的那个品目进行归类。

## （二）规则三应用举例

**例1：汽车用风挡刮雨器（具体列名）**

归类说明：该商品可能归入两个品目，一是品目 8708 的汽车零件，二是第八十五章的电动工具。查阅第十六类、第十七类及八十四章、八十五章注释，并无具体规定。按规则三（一）应选列明最明确的品目，品目 8512 是机动车风挡刮雨器，比品目 8708 的汽车零件更为具体，最终应归入商品编码 8512.4000。

**例2：由一块面饼、一个脱水蔬菜包、一个调味包组成的袋装方便面（基本特征）**

归类说明：该商品可能归入第十九章的面食、第七章的干制蔬菜，或第九章的调味料。查阅第十九章、第七章、第九章的注释，并无具体规定。按规则三（二）选具有基本特征的品目，第十九章的面食构成了整袋方便面的基本特征，应归入商品编码 1902.3030。

**例3：浅蓝色的平纹机织物，由50%棉、50%聚酰胺短纤织成，每平方米重量超过170克（从后归类）**

归类说明：查阅类、章标题，棉属第五十二章，聚酰胺短纤属第五十五章，查阅第十一类和五十二章、五十五章注释，并无提到该合成织物的归类，规则三（一）和（二）不适用，应按规则三（三）从后归类，即按聚酰胺短纤纺制的机织物归入品目 5514，最终应归入商品编码 5514.3010。

## 四、规则四

根据上述规则无法归类的货品，应归入与其最相类似的品目。

## （一）规则四解释

这条规则所述的“最相类似”，是指名称、功能、用途或结构上的相似。实际操作中往往难以统一认识。一般来说，这条规则不常使用，尤其在 HS 编码中，每个品目都下设有“其他”子目，不少章节单独列出“未列名货品的品目”（例如编码 8479、8543、9031 等）来收容未考虑到的商品。因此，规则四实际使用频率很低。

本条规则的使用方法如下：

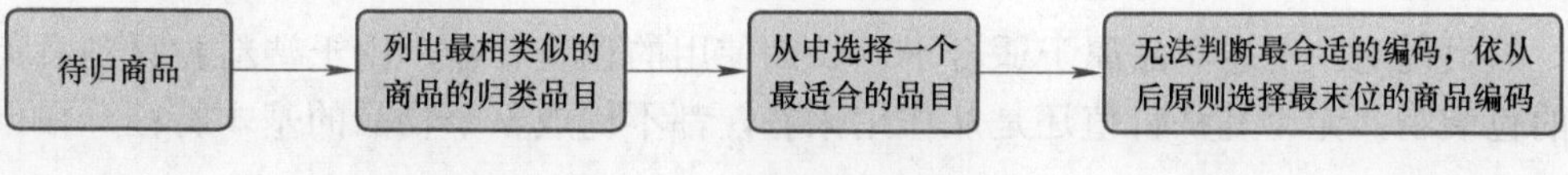
待归商品
列出最相类似的商品的归类品目
从中选择一个最适合的品目
无法判断最合适的编码，依从后原则选择最末位的商品编码

### （二）规则四应用举例

**例：切断尼龙纱线，2～3毫米长，专用于卡车轮胎的增强材料**

归类说明：尼龙纱线被切断成 2 ～ 3 毫米长的小段，无法运用品目条文、类章注释及规则二、规则三归类，与品目 5601 所列的货品“长度不超过 5 毫米的纺织纤维（纤维屑）”最相类似，故应依据规则四归入商品编码 5601.3000。

## 五、规则五

规则五（一）：除上述规则外，本规则适用于下列货品的归类：

制成特殊形状仅适用于盛装某个或某套物品并适合长期使用的，如照相机套、乐器盒、枪套、绘图仪器盒、项链盒及类似容器，如果与所装物品同时进口或出口，并通常与所装物品一同出售的，应与所装物品一并归类。但本款不适用于本身构成整个货品基本特征的容器。

规则五（二）：除规则五（一）规定的以外，与所装货品同时进口或出口的包装材料或包装容器，如果通常是用来包装这类货品的，应与所装货品一并归类。但明显可重复使用的包装材料和包装容器可不受本款限制。

### （一）规则五解释

规则五是一条关于包装物品归类的专门条款。

规则五（一）仅适用于同时符合以下各条规定的容器：

（1）制成特定形状或形式，专门盛装某一物品或某套物品的，专门设计的，有些容器还制成所装物品的特殊形状。

（2）适合长期使用的，容器的使用期限与所盛装某一物品使用期限是相称的；在物品不使用期间，这些容器还起保护作用。

（3）与所装物品一同进口或出口，不论其是否为了运输方便而与所装物品分开包装；单独进口或出口的容器应归入其相应的品目。

（4）通常与所装物品一同出售的。

（5）包装物本身并不构成整个货品的基本特征，即包装物本身无独立使用价值。

规则五（一）不适用于本身构成整个商品基本特征的容器。例如，装有茶叶的银质茶叶罐，银罐本身价值昂贵，远远超出茶叶的价格，并已构成整个货品的基本特征，因此应按银制品和茶叶分别归类；又如，装有糖果的成套装饰性瓷碗应按瓷碗和糖果分别归类。

规则五（二）实际上是对规则五（一）规定的补充。当包装材料或包装容器不符合规则五（一）条件时，如果通常是用来包装某类货品的，则应与所装货品一同归类。但本款不适用于明显可以重复使用的包装材料或包装容器，例如，装有压缩液化气体的钢瓶应按钢铁制品和液化气分别归类。

### （二）规则五应用举例

**例1：特殊形状的塑料盒，盒内装有一块指针式石英铜表**

归类说明：上述商品属于适合于供长期使用的包装容器，由于塑料盒只是石英铜表的包装物，无论是从价值还是从作用来看，都不构成整个物品的基本特征。根据规则五（一），该塑料盒应与石英铜表一并归类，归入商品编码 9102.1100。

**例2：装有玻璃高脚杯（非铅晶质玻璃制）的纸板箱**

归类说明：装有玻璃高脚杯的纸板箱属于明显不能重复使用的包装容器，根据规则五（二），纸板箱应与玻璃杯子一并归类，应按照高脚杯归入商品编码 7013.2800。

由于 HS 编码列有 5 位数级、6 位数级子目。因此，有必要对 5、6 位数级子目的归类规则做出规定，规则六就是这样产生的。

## 六、规则六

货品在某一品目项下各子目的法定归类，应按子目条文或有关的子目注释以及以上各条规则来确定，但子目的比较只能在同一数级上进行。除《协调制度》条文另有规定的以外，有关的类注、章注也适用于本规则。

### （一）规则六解释

（1）以上规则一～五在必要的地方加以修改后，可适用于同一品目下的各级子目。

（2）规则六中所称“同一数级”子目，是指同为 5 位数级或同为 6 位数级的子目。据此，当按照规则三（一）规定考虑某一物品在同一品目项下的两个及两个以上 5 位数级子目的归类时，只能依据有关的 5 位数级子目条文来确定哪个 5 位数级子目所列名称更为具体或更为类似。只有在确定了列名更为具体的 5 位数级子目后，而且该子目下又再细分了 6 位数级子目时，才能根据有关 6 位数级子目条文考虑物品应归入这些 6 位数级子目中的哪个子目。

（3）“除条文另有规定的以外”是指类、章注释与子目条文或子目注释不相一致的情况。例如，第七十一章注释四（二）所规定的“铂”的范围，与第七十一章子目注释二所规定的“铂”的范围不相同。因此，在解释子目 7110.11 及 7110.19 的范围时，应采用子目注释二，而不应考虑该章注释四（二）。即类、章注释与子目注释的应用次序为：子目注释—章注释—类注释。

（4）某个 5 位数级子目下所有 6 位数级子目的商品总和不得超出其所属的 5 位数级子目的商品范围；同样，某个 4 位数级品目下所有 5 位数级子目的商品总和也不得超出其所属的 4 位数级品目的商品范围。

总之，规则六表明，只有在货品归入适当的 4 位数级品目后，方可考虑将它归入合适的 5 位数级或 6 位数级子目，并且在任何情况下，应优先考虑 5 位数级子目后再考虑 6 位数级子目的范围或子目注释。此外，规则六注明只有属同一级别的子目才可做比较并进行归类选择，以决定哪个子目较为合适；比较方法为同级比较，层层比较。

### （二）规则六应用举例

**例1：金属制带软垫的理发用椅**

归类说明：该商品可涉及品目 9401.71 和 9402.10，9401.71 的子目条文是“带软垫的金属框架的其他坐具”，9402.10 的子目条文是“理发用椅及其零件”，但根据规则六

“同级比较”原则，该两子目不是同一4位数级下的子目，所以不能比较。所以应先看哪个4位品目合适，可看出9402列名更具体，因此应归9402.1010。

**例2：中华绒螯蟹种苗**

归类说明：根据规则一，中华绒螯蟹种苗应归入品目0306。在归入品目0306项下子目时，应按以下步骤进行：

先确定一级子目，即将三个一级子目“冻的”“活、鲜或冷的”“其他”进行比较后归入“活、鲜或冷的”（因为种苗肯定是“活的”）。

再确定二级子目，即将二级子目“岩礁虾及其他龙虾”“螯龙虾”“蟹”“挪威海螯虾”“冷水小虾及对虾”“其他小虾及对虾”“其他”进行比较后归入“蟹”。

最后确定三级子目，即将两个三级子目“种苗”与“其他”进行比较后归入“种苗”。在此，不能将三级子目“种苗”与四级子目“中华绒螯蟹”比较而归入商品编码0306.3391“中华绒螯蟹”。因为二者不是同级子目，不能比较。

所以，中华绒螯蟹种苗应归入商品编码0306.3310。

**思考题：**

机织女式连衣裙（50%粘胶纤维与50%亚麻混纺而成织物）应归入下列哪个商品编码？本题的归类依据是什么？

A. 6204.4990　　B. 6204.4400

## 工作任务

江苏恒诚报关有限公司小王在学习完归类总规则后根据师傅的要求对以下出口商品进行归类：

1．冻猪胃。

2．一套散装的带时钟的收音机。

3．天然软木制成、外层包纱布的热水瓶塞子。

4．家用电动真空吸尘器（功率为2 000瓦）。

5．一套成套的理发工具，由一个电动理发推子、一把木梳、一把剪刀、一把刷子组成，装于一只塑料盒中。

6．豆油70%、花生油20%、橄榄油10%的混合食用油。

7．吊秤，最大称重为1 000千克。

## 任务实施

小王根据归类总规则对上述商品进行认真分析后得出以下归类结果，并给出了归类建议。

### 1. 冻猪胃

（1）判断归类属性。猪胃是猪的消化系统，属于猪的杂碎。另外该商品加工方式“冷冻”属于简单加工。

（2）引用归类依据。本商品似可按照食用杂碎归入第二章，但根据第二章章注二规定："第二章不包括动物的肠、膀胱、胃（品目 0504）。"因此本商品不能归入第二章肉及食用杂碎。

（3）确定商品编码。本商品冻猪胃不能按标题作依据归入第二章，而应按章注归入第五章，因此根据归类总规则一及六，归入商品编码 0504.0029。

### 2. 一套散装的带时钟的收音机

（1）判断归类属性。本商品是"带时钟的收音机"，此中收音机的收放功能是主要功能，此外本商品的报验状态属于"散装"。

（2）引用归类依据。根据品目 8527 的条文"无线电广播接收设备，不论是否与声音的录制、重放装置或时钟组合在一机壳内"规定，因此带时钟的收音机应归入品目 8527。

（3）确定商品编码。根据归类总规则一、规则二（一）及六的规定，本商品应按完整的带时钟的收音机而归入商品编码 8527.9200。

### 3. 天然软木制成、外层包纱布的热水瓶塞子

（1）判断归类属性。本商品是包纱布的天然软木制的热水瓶塞子，货品的材质包括软木以及纱布。

（2）引用归类依据。根据品目 4503 的条文"天然软木制品"，可以判断天然软木塞子归入此品目。

（3）确定商品编码。热水瓶塞子虽然包了纱布，但是并没有改变这个瓶塞是软木的基本特征，因此根据归类总规则二（二）及六还是归入商品编码 4503.1000。

### 4. 家用电动真空吸尘器（功率为 2 000 瓦）

（1）判断归类属性。本商品是家用电动真空吸尘器，其功率为 2 000 瓦。

（2）引用归类依据。根据品目 8508、8509 的条文，本商品即可按真空吸尘器归入品目 8508（具体名称），又可按家用电动器具归入品目 8509（类别名称）。

（3）确定商品编码。比较这两个品目，品目 8508 比品目 8509 更为具体，所以根据归类总规则中规则三（一）、规则六及功率超过 1 500 瓦的属性归入商品编码 8508.1900。

### 5. 一套成套的理发工具，由一个电动理发推子、一把木梳、一把剪刀、一把刷子组成，装于一只塑料盒中

（1）判断归类属性。本商品是零售成套物品，属于理发工具，有多种与理发有关的工具构成并装于塑料盒内。

（2）引用归类依据。本商品似乎可将电动理发推子、木梳、剪刀、刷子、塑料盒分别归类，但由于本商品符合"零售的成套物品"的构成条件，因此应按照"零售成套物品"来归类。

（3）确定商品编码。查阅类、章注释，并无提到这类商品的具体列名，因此根据归类总规则中规则三（二）、规则五及规则六，在这个商品中最具有主要特征的货品是电动理发推子，所以应该按"毛发推剪"归入商品编码 8510.2000。

### 6. 豆油70%、花生油20%、橄榄油10%的混合食用油

（1）判断归类属性。本商品是三种植物油构成的混合食用油。

（2）引用归类依据。根据品目条文 1517"本章各种动、植物或微生物油、脂及其分离品混合制成的食用油、脂或制品"，本商品应按混合食用油归类。

（3）确定商品编码。不能因为是混合物，而且豆油的含量最大，构成基本特征，从而根据归类总规则三（二）将其按豆油归类1507，这是错误的，只有规则一和规则二都不能用的时候才用规则三。根据规则一，归类的法律依据是品目条文，因此根据品目1517的商品名称包括“各种动、植物油混合而成的食用油”，而本商品是混合食用油，因此优先适用规则一及规则六，归入商品编码1517.9090。

7. 吊秤，最大称重为1 000千克

（1）判断归类属性。本题商品“吊秤”属于编码协调制度中的“衡器”。

（2）引用归类依据。根据品目条文8423“衡器（感量为50毫克或更精密的天平除外），包括计数或检验用的衡器”，本商品应按衡器归入品目8423。

（3）确定商品编码。由于该吊秤是其他衡器，所以确定其一级子目为“其他衡器”，然后确定其二级子目，根据题目的条件，最大称重为1 000千克，因此二级子目可以确定为“最大称重超过30千克，但不超过5 000千克”，再确定其三级子目，三级子目有两个，一个是地中衡（地秤），而本商品是吊秤，所以按照归类总规则一及六应归入商品编码8423.8290。

## 任务训练

### 一、单选题

1．《协调制度》共有（　　）。

A．20类、96章　　B．21类、97章

C．6类、97章　　D．21类、96章

2．HS编码制度，所列商品名称的分类和编排，从类来看，基本上是按（　　）分类。

A．商品的价值　　B．社会生产的分工

C．商品的自然属性　　D．商品的功能与用途

3．《协调制度公约》是在（　　）正式生效的。

A．1986年1月1日　B．1988年1月1日　C．1990年1月1日　D．1992年1月1日

4．请指出下列叙述中错误的是（　　）。

A．《海关进出口税则》中类、章及分章的标题，仅为查找方便设立

B．归类总规则一规定，具有法律效力的商品归类，应按品目条文和有关类注或章注确定

C．子目的比较只能在同一数级上进行

D．最相类似、具体列名、基本特征、从后归类四个规则中应优先使用“最相类似”

5．下列叙述正确的是（　　）。

A．在进行商品归类时，列名比较具体的品目优先于一般品目

B．在进行商品归类时，混合物可以按照其中的一种成分进行归类

C．在进行商品归类时，商品的包装容器应该单独进行税则归类

D．从后归类原则是商品归类时，优先采用的原则

6．对商品进行归类时，品目条文所列的商品，应包括该项商品的非完整品或未制成品，只要在进口或出口时这些非完整品或未制成品具有完整品或制成品的（　　）。

A．基本功能　　B．相同用途　　C．基本特征　　D．核心组成部件

7．下列关于商品编码“0103.9110”说明中错误的选项是（　　）。

A．该商品在第一章

B．该编码包括的货品范围是重量在10公斤以下的活猪

C．商品编码0103.9代表除改良种以外的其他活猪

D．商品编码中的第8位“0”表示在三级子目下未设四级子目

8．在进行商品税则归类时，对看起来可归入两个或两个以上品目的商品，在品目条文和注释均无规定时，其归类次序为（　　）。

A．基本特征、具体列名、从后归类　B．具体列名、基本特征、从后归类

C．从后归类、基本特征、具体列名　D．基本特征、从后归类、具体列名

9．根据（　　）的规定，“一个纸盒内装一只手机”的商品，应按手机归类。

A．归类总规则三（一）　B．归类总规则三（二）

C．归类总规则五（一）　D．归类总规则五（二）

10．《协调制度》中不具有法律效力的归类依据是（　　）。

A．归类总规则　B．注释　C．标题　D．子目条文

## 二、多选题

1．HS编码制度将国际贸易商品分类后，在各类内，则基本上按（　　）设章。

A．贸易部门　B．生产部门　C．自然属性　D．用途（功能）

2．下列选项中属于归类依据的是（　　）。

A．《进出口税则》

B．《商品及品目注释》

C．《本国子目注释》

D．海关总署发布的关于商品归类的行政裁定或决定

3．《协调制度》中的税（品）目所列货品，除完整品或制成品外，还应包括（　　）。

A．在进出口时具有完整品基本特征的不完整品

B．在进出口时具有制成品基本特征的未制成品

C．完整品或制成品在进出口时的未组装件或拆散件

D．具有完整品或制成品基本特征的不完整品或未制成品在进出口时的未组装件或拆散件

4．所谓“零售的成套货品”必须同时符合的条件是（　　）。

A．包装形式适于直接销售给用户而无须重新包装

B．由归入不同品目号的货品组成

C．为了开展某项专门活动而将几件物品包装在一起

D．为了迎合某项需求而将几件产品包装在一起

5．适合供长期使用的包装容器，必须符合下列（　　）方面的要求，应与所装的物品一同归类。

A．制成特定形状或形式　B．适合长期使用

C．与所装物品一同报验、一同出售　D．不构成整个物品的基本特征

6．下列货品进出口时，包装物与所装物品应分别归类的是（　　）。

A．装液化气用的钢瓶　B．装茶叶的银制茶叶罐

C．装电视机的纸箱　D．分别进口的照相机和照相机套

7．下列选项中哪些是符合货物与包装容器分开归类条件的正确表述（　　）。

A．通常用来盛装某类货物的包装，与所装货物同时进口或出口的

B．包装容器本身构成整个货物基本特征的

C．容器与适宜盛装的货物分别报验

D．明显可重复使用的包装容器

8．下列货物属于HS归类总规则中所规定的“零售的成套货品”的是（　　）。

A．一个礼盒，内有咖啡一瓶、咖啡伴侣一瓶、塑料杯子两只

B．一个礼盒，内有一瓶白兰的酒、一只打火机

C．一个礼盒，内有一包巧克力、一个塑料玩具

D．一碗方便面，内有一块面饼、两包调味品、一把塑料小叉

9．下列货品进出口时，包装物与所装物品应分别归类的是（　　）。

A．40升专用钢瓶装液化氮气

B．25千克桶装（塑料桶）装涂料

C．纸箱包装的彩色电视机

D．分别进口的照相机和照相机套

10．某商品的编码为0106.3990，下列说明正确的是（　　）。

A．该商品在第一章

B．该商品包括的商品范围是除了猛禽、鹦形目以外的其他活鸟

C．商品编码中的第8位“0”表示三级子目“0106.399”未设四级子目

D．商品编码中的第6位“9”表示二级子目“0106.39”排在第9位

## 三、判断题

1．“从后归类”原则是进行商品归类时优先使用的原则。（　　）

2．按照归类总规则的规定，品目所列货品，还应视为包括货物的完整品或制成品在进出口时的未组装件和拆散件。（　　）

3．《协调制度》中的编码采用的是8位数编码。（　　）

4．我国进出口商品编码第5、6位数级子目号列为HS子目，第7、8位数级子目号列为本国子目。（　　）

5．缺少车轮的摩托车，应按摩托车的零件归类。（　　）

6．第一章的标题为“活动物”，所以活动物都归入第一章。（　　）

7．零售成套货品应按基本特征原则归类。（　　）

8．我国《海关进出口税则》的商品编码采用6位数编码，即从左向右为：第一、第二位数为“章”的编号，第三、第四位数为“品目”的编号，第五、第六位数为“子目”的编号。（　　）

9．我国进出口商品编码的前6位数码及商品名称与HS完全一致，第7、8两位数码是根据我国关税、统计和贸易管理的需要细分的。（　　）

10．《协调制度注释》，我国海关总署翻译成中文是《进出口税则》。（　　）

11．我国于1994年加入《协调制度公约》。（　　）

12．我国在《协调制度》的基础上增设三级和四级子目，形成了我国海关进出口商品分类目录，分别编制出《进出口税则》和《统计商品目录》。（　　）

13．通常为促销而将两种货品组合在一起时，不属于零售成套货品。（　　）

14．当货品看起来可归入两个或两个以上品目时，应按“基本特征”的原则归类。（　　）

15．装有液化煤气的煤气罐应与煤气一并归类。（　）

16．进出口商品在品目项下各子目的归类应当首先按照品目条文和类注、章注确定。（　）

17．对进出口商品进行归类时，如果该商品在品目条文上有具体列名可以直接查到，则无须运用总规则。（　）

18．对进出口商品进行归类时，先确定品目，然后确定子目。（　）

19．根据归类总规则的规定，具有法律效力的归类，应按类章标题、品目条文和类章注释确定。（　）

20．缺少车座的各部分未组装的自行车属于以未组装件形式报验的自行车的不完整品，应按自行车归类。（　）

## 项目评价

**考核评价表**

| 学习目标 | 评价项目 | 自我评价（30%） | 组间评价（30%） | 教师评价（40%） |
|---|---|---|---|---|
| 专业知识（30分） | 协调制度的基本结构、分类原则 | | | |
| | 归类总规则内容、适用范围 | | | |
| | 商品名称编码表的构成；分类原则 | | | |
| | 品目（子目）条文、注释的法律地位和作用 | | | |
| 专业能力（40分） | 认知结构性编码 | | | |
| | 正确运用归类总规则 | | | |
| | 掌握海关商品归类的操作程序 | | | |
| 职业素养（30分） | 积极主动、团队合作精神 | | | |
| | 沟通协调能力 | | | |
| | 思辨能力 | | | |
| | 解决问题能力 | | | |
| | 谨慎细心的工作态度 | | | |
| 教师建议： | | 评价标准：<br>A．优秀（≥80分）　B．良好（70～80分）<br>C．基本掌握（60～70分）　D．没有掌握（＜60分） | | |
| 个人努力方向： | | | | |

# 项目二
# 活动物；动物产品的归类

## 学 习 目 标

◆ **知识目标**

熟悉活动物、动物产品的商品知识，以及活动物、动物产品的分类及加工程度。

◆ **能力目标**

掌握活动物及动物产品的归类要点；能够熟练运用归类总规则对进出口活动物、动物产品进行正确归类。

◆ **素质目标**

通过对商品归类的训练，提升学习能力与创新能力，增强自身的思辨能力，提升职业核心素养。

## 项目导入

通过本项目的学习，了解动物商品的结构范围，理解本类中相关的商品名词解释，掌握并运用商品归类原则和方法对活动物及动物产品进行正确归类。

**学习重难点：**

各任务商品所允许的加工程度；本项目商品所涉及的归类原则，特别是动物产品加工程度的判断，以及与第十六章、第十九章易混淆商品的比较分析。

## 项目要点

《商品名称及编码协调制度》共分 21 类 97 章。第一类包括活动物及动物产品。除少数情况外，本类包括所有活动物及未加工或仅经过有限加工的动物产品。

### 一、本类商品范围

本类商品主要包括以下三部分：①活动物（第一章、第三章）；②食用动物产品，未经过加工或仅经过有限的简单加工（第二章、第四章）；③非食用动物产品，未经过加工或仅经过有限的简单加工（第五章）。

不能够归入本类产品，而归入其他类的动物产品主要有三种情况：①通常作为某些行业原材料使用的动物产品，如动物生皮、皮革及动物毛皮归入第八类第四十一章、四十三章，绵羊及其他动物的毛发归入第十一类第五十一章；②作为培养微生物使用的活生物归入第六类第三十章；③巡回展出用的活动物归入第二十类第九十五章。

### 二、本类注释

本类共有两条注释。

注释一明确了归入本类的各属种动物，除条文另有规定的以外，均包括其幼仔。例如：活马驹应按“活马”归入品目 0101；活牛犊应按“活牛”归入品目 0102。

注释二对协调制度中所称“干的产品”做了规定。

### 三、本类商品归类要点

#### （一）食用动物产品的归类

归类依据：加工程度、加入的物质是否超过本类各章注释及品目条文允许的范围，若超过，一般归入第三类、第四类。

例如：动物油归入第十五章；某些加工程度高的肉、鱼、甲壳动物、软体动物及其制品归入第十六章；化学纯乳糖归入第十七章；包肉馅的面食归入第十九章；肉类调味汁归入第二十一章。

#### （二）非食用动物产品归类

归类依据：加工程度、加入的物质是否超过本类各章注释及品目条文允许的范围；若超过，一般归入第三类、第四类、第十二类、第二十类。

例如：肉骨粉归入第二十三章；经过染色的鸭羽毛归入第六十七章；已切割成圆形的供雕刻用象牙归入第九十六章。

## 任务一

## 活动物的归类

### 知识准备

### 一、本章商品范围及结构

第一章商品范围包括各种活动物，但不包括以下各项：

（1）鱼、甲壳动物、软体动物及其他水生无脊椎动物（应分别归入品目 0301、0306、0307 或 0308）。

（2）培养微生物（应归入品目 3002）。

（3）流动马戏团、动物园及其他类似巡回展出用的活动物（应归入品目 9508）。

本章共有 6 个品目，其排列顺序为：0101 ～ 0104 畜及兽→ 0105 家禽→ 0106 其他活动物。

### 二、本章注释简介

本章有一条章注释。

该条款列出了不能归入本章的三类活动物；此外，运输途中死亡的动物，包括昆虫，如果适合供人食用的归入品目 0201 ～ 0205、0207、0208 或 0410，其余的归入品目 0511。

## 三、本章商品归类要点

（1）“改良种用动物”仅包括由本国主管部门认定为“纯种”的种用动物。如没有种用证明，则不论其实际用途如何，一律不作为改良种用动物。

（2）鲸、海豚、海豹、海狮、海象等水生哺乳动物，以及可在水中生活的龟鳖、鳄鱼、水蛭、蛙等爬行动物或两栖动物应归入本章。

（3）除品目 0105 的家禽必须是饲养的，本章其他品目所包括的动物既可以是饲养的，也可以是野生的。

**【知识拓展】**

保护濒危物种

以习近平同志为核心的党中央高度重视濒危野生动植物保护工作，党的十八大以来，习近平总书记多次对打击象牙等濒危物种走私做出重要指示批示。海关总署近年来也多次就进一步深化象牙等濒危物种监管打私工作进行部署。石家庄海关根据海关总署统一部署，启动“蓝天2019”专项行动，着力打击象牙、犀牛角、鳄鱼、穿山甲等濒危物种及其制品违规进出境行为，并以“拒绝购买濒危物种制品，携手共筑国门安全”为主题，组织开展了系列普法宣传活动。

据石家庄海关介绍，根据《中华人民共和国野生动物保护法》和《中华人民共和国濒危野生动植物进出口管理条例》，除持有中华人民共和国濒危物种进出口管理办公室核发的“允许进出口证明书”外，任何携带、邮寄濒危物种及其制品进出境的行为均属违法，当事人将被追究法律责任。

（资料来源：中华人民共和国石家庄海关网站）

## 工作任务

江苏恒诚报关有限公司申报两批出口动物：一批是供食用的活珍珠鸡（重量大于2千克），另外一批是供改良种用的野鸭（重量每只2千克）。请对以上商品进行归类。

## 任务实施

### 1. 供食用的活珍珠鸡（重量大于2千克）

（1）判断归类属性。珍珠鸡是鸡品种的一种，归类时应按活动物归入第一章。其重量大于 2 千克。

（2）引用归类依据。品目 0105 条文已有珍珠鸡的具体列名。

（3）确定商品编码。根据归类总规则一及六的规定，本商品应归入商品编码 0105.9993。

### 2. 改良种用的野鸭（重量每只2千克）

（1）判断归类属性。野鸭属鸟纲鸭科，狭义的指绿头鸭，非家禽。

（2）引用归类依据。对于归入第一章的活动物，除品目 0105 仅包括家禽以外，其余各品目所列出的活动物均包括畜养的和野生的。

（3）确定商品编码。根据归类总规则一及六的规定，本商品不能归入商品编码 0105.9910，而应归入商品编码 0106.3910。

## 任务训练

请对以下商品进行归类：

1．家养，供食用的活鹌鹑，重量不超过170克。

2．流动动物园巡回展出用大象。

3．供食用的活甲鱼。

4．不供食用的甲鱼。

5．非改良种用幼马。

# 任务二

## 肉及食用杂碎的归类

## 知识准备

### 一、本章商品范围及结构

第二章主要包括适合供人食用的第一章所列动物的肉及食用杂碎（含鲜度供人食用的在运输途中死亡的动物），以及不论是否适合供人食用的未炼制不带瘦肉的肥猪肉、猪脂肪及家禽脂肪。

本章共有 10 个品目，其排列顺序为：0201 ～ 0206 鲜、冷、冻牲畜肉及食用杂碎→ 0207 鲜、冷、冻家禽肉及食用杂碎→ 0208 其他动物的鲜、冷、冻肉及食用杂碎→ 0209 未炼制的猪脂肪、家禽脂肪→ 0210 干、熏、盐腌或盐渍的肉及食用杂碎以及可食用的肉或杂碎细粉、粗粉。

### 二、本章注释简介

本章有一条章注释。指明了本章不包括的四类货品，即：

（1）不适合供人食用的肉及杂碎（一般归入品目 0511），及其细粉和粗粉（一般归入品目 2301）。

（2）可食用的死昆虫（品目 0410）。

（3）不论是否可供人食用的动物胃、肠、膀胱（归入品目 0504）和动物血（归入品目 0511 或 3002）。

（4）品目 0209 所列货品以外的其他动物脂肪（归入第十五章）。

### 三、本章商品归类要点

（1）归入本章的动物产品，其加工程度仅限于鲜、冷（产品温度降至 0℃左右，但未冻结）、冻（产品温度降至 0℃以下，已冻结）、干制、熏制、盐腌、盐渍或在表面撒糖或洒糖水。如果超出此范围，例如经蒸、煮、煎、炸、烹饪方法加工或加盐以外的物质调味的，一般应归入第十六章。但是供人食用的肉及食用杂碎的细粉或粗粉，不论是否经过烹煮，均归入本章。不适合供人食的肉及杂碎的细粉、粗粉和团粒应归入第二十三章。

必须注意，本章的肉及食用杂碎，即使经密封包装（例如，听装干肉），也归入本章。但在大多数情形下，密封包装的产品一般用本章各品目所列加工范围以外的方法制作或保藏，因此，它们应归入第十六章。

（2）动物杂碎通常可以分为以下四类：①主要供人食用的杂碎〔例如，头及头块（包括耳）、脚、尾、心、舌、厚横隔膜、薄横隔膜、胎膜、咽喉、胸腺〕。②专供制药用的杂碎（例如，胆囊、肾上腺、胎盘）。③既可供人食用，又可供制药用的杂碎（例如，肝、肾、肺、脑、胰腺、脾、脊髓、卵巢、子宫、睾丸、乳房、甲状腺、脑下腺）。④可供人食用或有其他用途的杂碎（例如，皮张，供制革用）。

动物的杂碎的归类一般按其用途可分为以下几种情况：①供人食用的杂碎（如头、脚、尾、心、舌）归入第二章，不适合供人食用的（如因保存不善导致变质）归入第五章。②专供制药用的杂碎（如胆囊、肾上腺、胎盘）如为鲜、冷、冻或用其他方法临时保藏的，归入0510；如经干制的归入3001。③第二章章注的规定，动物的肠、膀胱、胃或动物血必须按不可食用的动物产品归入到第五章（动物血如果符合品目3002的规定，则归入到品目3002）。

不能归入本章任何品目的肉及食用杂碎应归入第十六章，例如：香肠及类似产品，不论是否烹煮（品目1601）；用任何方法烹煮（煮、蒸、烤、炸、炒）及用非本章所列加工方法制作或保藏的肉或食用杂碎，包括仅用面糊或面包屑包裹、加香蕈或用胡椒和盐等调味的肉及食用杂碎，以及肝酱（品目1602）。

动物杂碎的归类方法如图2-1所示。

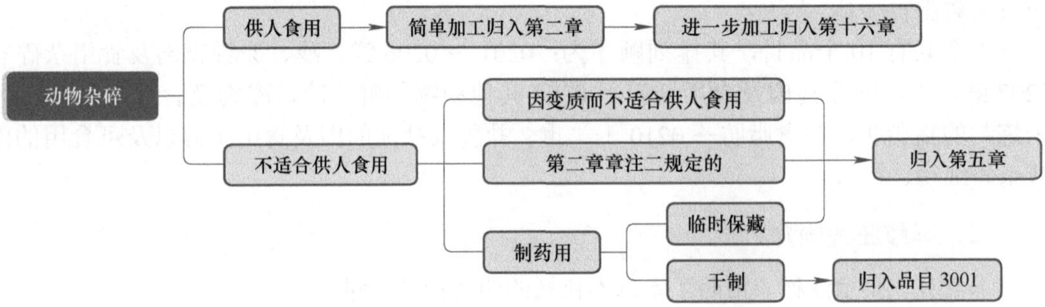


图2-1　动物杂碎的归类方法

## 工作任务

江苏恒诚报关有限公司申报两批冷冻产品：一批是供食用的冻整鸡，另外一批是供食用的冷藏的兔头。请对以上商品进行归类。

## 任务实施

### 1. 供食用的冻整鸡

（1）判断归类属性。冻整鸡是指用冷藏方法使鸡冷却至冰点以下并全部冻结的整鸡，归类应动物的肉归入第二章。商品报验状态为“整只的、冻的”。

（2）引用归类依据。品目0207已列有“品目0105所列家禽的鲜、冷、冻肉及食用杂碎”条文。

（3）确定商品编码。根据归类总规则一及六的规定，本商品应归入商品编码 0207.1200。

### 2. 供食用的冷藏兔头

（1）判断归类属性。供食用的兔头属于食用杂碎，其加工方式为冷藏。冷藏与冷冻的区别是冷冻方式下商品储存的温度在零点以下，而冷藏方式下商品的温度是在零点以上。

（2）引用归类依据。品目 0208 已列有“其他鲜、冷、冻肉及食用杂碎” 条文。其第一个一级子目条文为“家兔或野兔的”。

（3）确定商品编码。根据归类总规则一及六的规定，本商品应归入 0208.1090。

## 任务训练

请对以下商品进行归类：

1．鲜整头乳猪肉（重量不足10千克）。

2．供人食用的冻牛肝。

3．不供人食用的冻牛肝。

4．供人食用的鲜牛胃。

5．未炼制的猪脂肪。

6．未炼制的牛脂肪。

# 任务三

# 鱼、甲壳动物、软体动物及其他水生无脊椎动物的归类

## 知识准备

### 一、本章商品范围及结构

第三章商品范围包括各种活的或死的鱼、甲壳动物，软体动物及其他水生无脊椎动物。这些动物可供食用，也可供产卵或观赏用。但本章不包括因其种类或鲜度不适于供人食用的上述死动物。

本章共有 9 个品目，其排列顺序为：0301 ～ 0305 鱼→ 0306 甲壳动物→ 0307 软体动物→ 0308 不属于甲壳动物及软体动物的水生无脊椎动物→ 0309 适合供人食用品目 0301 ～ 0308 货品的细粉、粗粉及团粒。

### 二、本章注释简介

本章有三条章注释。

章注一是排他条款，明确了本章不包括下列货品：

（1）品目 0106 的哺乳动物。

（2）品目 0106 的哺乳动物的肉（归入品目 0208 或 0210）。

（3）因品种或鲜度不适于供人食用的死鱼、死甲壳动物、死软体动物及其他死的水生无脊椎动物（归入第五章）；以及不适于供人食用的上述动物的粉、粒（归入品目 2301）。

（4）鲟鱼子酱及用鱼卵制成的鲟鱼子酱代用品（归入品目 1604）。

章注二对本章所称“团粒”做出了界定。

章注三规定了品目 0305 ～ 0308 不包括适合供人食用的细粉、粗粉及团粒（品目 0309）。

## 三、本章商品归类要点

（1）注意本章动物产品的加工程度。与第二章类似，本章的商品一般只能进行简单加工，对于复杂加工的产品，如果是动物油脂之外的产品则应归入第四类。

下列状态的鱼、甲壳动物、软体动物及其他水生无脊椎动物属于简单加工：①鲜的（为了运输途中临时保鲜，可以加盐、加冰或喷洒盐水）。②冷的，即产品温度一般降至0℃左右，但未冻结的。③冻的，即冷却到产品的冰点以下，使产品全部冻结的。④盐腌、盐渍、干制或熏制的。

上述状态的产品一般只是对鱼、甲壳动物、软体动物及其他水生脊椎动物的简单处理，目的是满足储藏、保存的需要。因此包装时加有少许糖或几片月桂叶，经切割、剁碎、绞碎、磨碎等加工，不同品目产品的混合，以及在某种情况下为了加工处理的方便而在熏制前或熏制过程中进行了热处理（烹煮）但未使其失去熏鱼特征的熏鱼（品目 0305）及蒸过或用水煮过的带壳甲壳动物（品目 0306），都应归入本章。而用非本章所列加工方法制作或保藏的产品，例如用面糊或面包屑包裹的鱼片，经烹煮（煮、蒸、烤、炸、炒），应作为超出本章简单加工范围的复杂加工，归入第十六章。

（2）注意本章所包括的动物产品必须适合供人食用。品种或鲜度不适合供人食用的死鱼、死甲壳动物、死软体动物及其他死水生无脊椎动物应归入第五章；不适合供人食用的鱼、甲壳动物、软体动物及其他水生无脊椎动物的细粉、粗粉及团粒应归入品目 2301。

（3）正确区分鱼、甲壳动物、软体动物及其他水生无脊椎动物。不能简单地凭名称、外形区分鱼、甲壳动物、软体动物及其他水生无脊椎动物，而应该结合动物学分类体系进行正确区分。容易产生归类错误的有：鲸鱼、海豚、海豹、海狮、海象等水生哺乳动物，以及可在水中生活的龟、鳖、鳄鱼、蛙等爬行动物或两栖动物，不能归入本章，而应归入第一章；海龙、海马是鱼；墨鱼、鱿鱼、章鱼、鲍鱼是软体动物；甲壳动物的主要品种是虾和蟹，螺及蜗牛是软体动物；不属于甲壳动物及软体动物的其他水生无脊椎动物主要有海胆及海蜇。

## 工作任务

江苏恒诚报关有限公司申报两批冷冻产品，分别是熏制的大马哈鱼和熏鱿鱼。请对以上商品进行归类。

## 任务实施

### 1. 熏制的大马哈鱼

（1）判断归类属性。本任务中大马哈鱼是鲑科马哈鱼属的鱼种，体长而侧扁是一种比较珍贵的大型经济鱼类。其加工方式为“熏制”。

（2）引用归类依据。品目 0305 已列有“熏鱼，不论在熏制前或熏制过程中是否烹煮”条文，其第三个一级子目条文为“熏鱼，包括鱼片，但食用杂碎除外”，再根据“大马哈鱼”进一步确定子目。

（3）确定商品编码。根据归类总规则一及六的规定，本商品应归入商品编码 0305.4120。

2. 熏鱿鱼

（1）判断归类属性。本任务中鱿鱼属软体动物类，是乌贼的一种。因此熏鱿鱼不能归入品目 0305“熏鱼”，其加工方式为“熏制”，另外其加工方式已经超出品目 0307 的加工方式。

（2）引用归类依据。品目 1605 已列有“制作或保藏的甲壳动物、软体动物及其他水生无脊椎动物”条文，再根据鱿鱼属于“软体动物”归入第五个一级子目。

（3）确定商品编码。根据归类总规则一及六的规定，本商品应归入商品编码 1605.5400。

## 任务训练

请对以下商品进行归类：

1. 水煮过的龙虾（未去壳，冻的）。
2. 鳟鱼苗。
3. 水煮后经冷冻的去壳对虾（非密封包装）。
4. 供食用的活的中华绒螯蟹。
5. 盐渍海蜇。

# 任务四

## 乳品；蛋品；天然蜂蜜；其他食用动物产品的归类

## 知识准备

### 一、本章商品范围及结构

第四章包括乳品、蛋品、天然蜂蜜及其他品目未列名的食用动物产品。归入本章的产品，其加工程度不得超出各品目所列的范围。本章的乳品主要包括：乳及奶油，酪乳，结块的乳及奶油，酸乳，酸乳酒及其他发酵或酸化的乳和奶油、乳清；以天然乳为基本成分的未列名产品、黄油及其他从乳制得的脂和油，以及乳酪和凝乳。但以乳品为原料制成的食品一般归入第十九章或第二十一章。本章的蛋品包括带壳蛋、去壳蛋及蛋黄，并可经过本章所规定的一定程度的加工。例如：品目 0407 和品目 0408 的蛋可以用蒸或煮的方法加工。但不包括归入第三十五章的蛋清。由于供人食用的动物产品主要归入了第二章和第三章，所以本章所包括的未列名食用动物产品有限，主要有非禽类动物产的蛋（例如海鱼蛋）、燕窝及蜂产品等。

本章共有 10 个品目，其排列顺序为：0401 ～ 0403 乳及奶油→ 0404 ～ 0406 乳品→ 0407 ～ 0408 禽蛋→ 0409 天然蜂蜜→ 0410 其他品目未列名的昆虫及其他食用动物产品。

### 二、本章注释简介

本章有六条章注释和两条子目注释。

### （一）章注释

章注一对“乳”的概念做了界定，仅指全脂乳、半脱脂乳和全脱脂乳。其他酪乳，乳清、凝乳、酸乳等均视为乳品。

章注二对品目 0403 的“酸乳”做了解释。

章注三对品目 0405 的“黄油”“乳酱”做了解释。

章注四指出同时具有所列三种特性的乳清经浓缩并加入乳或乳脂制成的产品，应视为乳酪归入品目 0406。

章注五对不归入本章但易与本章货品混淆的货品做了说明。

章注六对品目 0410 的“昆虫”做了解释。

### （二）子目注释

两条子目注释分别对子目 0404.10 的“改性乳清”、0405.10 的“黄油”做了解释。

## 三、本章商品归类要点

### （一）乳清及改性乳清的归类

（1）乳清：指从天然乳中去除乳脂及酪朊后留下的产品，以乳糖为主要成分，还有少量的蛋白质、矿物质和维生素，常呈粉状，故又称乳清粉。一般用于提制乳糖、做饲料添加剂及食品添加剂等。

（2）改性乳清：指全部或部分去除乳糖，蛋白或矿物质的乳清，如加天然乳清成分的乳清及由混入天然乳清成分制成的产品。

乳清及改性乳清（不论是否浓缩，加糖或其他甜物质）归入品目 0404，对于经浓缩的乳清中加入乳或乳脂后的制成品，若同时符合以下三个条件，则按乳酪归入品目 0406：按干重计乳脂含量在 5% 及以上的；按重量计干质成分至少为 70%，但不超过 85% 的；已成型或可以成型的。

### （二）黄油的归类

品目 0405 仅包括天然黄油，而人造黄油（指从动植物油脂或其他混合物制得的淡黄色的乳浊液）则归入品目 1517。

### （三）酪乳与乳酪的区别与归类

酪乳（Buttermilk）与乳酪（Cheese）为两种不同的物质。前者是把乳脂从牛奶或一次提制的奶油中除去之后剩下的酸味液体，归入品目 0403；后者是由乳汁做成的半凝固的固体，一般为制品，归入品目 0406。

### （四）蛋品的归类

本章所含的禽蛋的保藏方法为鲜、干、冻，加工方法为腌制、蒸、水煮。品目 0407 和品目 0408 所指的“禽蛋”既包括家禽所产的蛋，也包括非家禽所产的蛋。

带壳的禽蛋，鲜、腌或用水煮过归入品目 0407；去壳的禽蛋及蛋黄，鲜、干、冻、蒸、水煮，不论是否加甜物质归入品目 0408；蛋白（蛋清）归入第三十五章；河蟹，海龟等非禽类所产的蛋，鲜、干或用其他方法保藏的，但不能蒸或水煮，归入品目 0410。

### （五）蜂蜜及蜂王浆的归类

天然蜂蜜归入品目 0409；蜂王浆（指蜜蜂喂养幼蜂王的乳状的液体，有很高的营养价值）归入品目 0410；人造蜜（指用蔗糖，葡萄糖或转化糖为基料，加入香料或色料后制成的）及天然蜂蜜与人造蜂蜜的混合制品归入品目 1702；加入蜂王浆的天然蜂蜜归入品目 2106。

## 工作任务

江苏恒诚报关有限公司进口申报一批蜂蜜，该批蜂蜜包括三种商品：天然蜂蜜；天然蜂蜜与人造蜜的混合制品（其中天然蜂蜜60%、人造蜂蜜40%）；加有蜂王浆的天然蜂蜜。请对以上商品进行归类。

## 任务实施

### 1. 天然蜂蜜

（1）判断归类属性。天然蜂蜜是植物的花蜜经蜜蜂采集、酿制而成的含有多种成分的过饱和糖液，归类时按照天然蜂蜜归入第四章。

（2）引用归类依据。品目 0409 列有“天然蜂蜜”的条文。

（3）确定商品编码。根据归类总规则一及六的规定，本商品归入商品编码 0409.0000。

### 2. 天然蜂蜜与人造蜜的混合制品（其中天然蜂蜜60%、人造蜂蜜40%）

（1）判断归类属性。人造蜜是指适用于以蔗糖、葡萄糖或转化糖为基料，通常还加入香料或色料混合制成的仿天然蜂蜜的产品。本商品为混合蜜，其中天然蜂蜜占 60%，人造蜂蜜占 40%。

（2）引用归类依据。天然蜂蜜占 60%，归类时似可按天然蜂蜜归入第四章，但品目 1702 已有相关列名（人造蜜，不论是否掺有天然蜂蜜）。

（3）确定商品编码。根据归类总规则一及六的规定，本商品归入商品编码 1702.9090。

### 3. 加有蜂王浆的天然蜂蜜

（1）判断归类属性。蜂王浆是工蜂舌腺分泌的物质，有光泽感，因蜜源花期不同，色泽不同，其常见颜色有乳白色、淡黄色。

（2）引用归类依据。有蜂王浆的天然蜂蜜归类时似可按天然蜂蜜归入第四章，但由于品目 2106 已有“蜂王浆制剂”列名，因此根据归类总规则三（一）的“具体列名优先”原则，加有蜂王浆的天然蜂蜜制品不能归入品目 0409，而应作为经加工的蜂产品归入品目 2106。

（3）确定商品编码。根据归类总规则三（一）及六、品目 2106 注释的规定，本商品归入商品编码 2106.9030。

## 任务训练

请对以下商品进行归类：

1. “达能”草莓果粒酸奶（含有果肉），125克/瓶。

2．全脂奶粉（脂肪含量23%），未加糖，450克/袋。
3．用乳为原料制得的冰淇淋。
4．燕窝（白色条状）。
5．河鳖蛋。

# 任务五

## 其他动物产品的归类

### 知识准备

#### 一、本章商品范围及结构

第五章商品范围包括各种未经加工或仅经简单加工的其他章不包括的动物产品，通常不作为食品，但动物的肠、胃、膀胱以及动物血，不论是否供人食用均归入本章。

本章共有 9 个品目，其排列顺序为：0501 ～ 0502 未经加工的人发，废人发及制刷用兽毛→ 0504 动物的肠、膀胱及胃→ 0505 羽毛、羽绒及鸟皮→ 0506 ～ 0508 动物的骨、角、壳等→ 0510 配药用的动物产品→ 0511 其他品目未列名的动物产品。

#### 二、本章注释简介

本章共有四条章注释。

章注一指出了不归入本章的动物产品。

章注二对未加工的人发做了说明，即仅按长度而未按发根和发梢整理的人发应视为未加工品。如果已按发根和发梢整理或经除简单洗涤以外的加工的人发，则不归入本章，一般应归入第六十七章。

章注三对“兽牙”做了界定。

章注四对所称“马毛”的含义做了解释。

#### 三、本章商品归类要点

##### （一）本章动物产品的加工程度

本章的动物产品一般也只能进行品目条文和章注所规定的加工，否则不能再归入本章。例如：

（1）未经加工的人发（根据本章章注二规定，仅按长度而未按发根和发梢整理的人发也属于未经加工的人发）归入品目 0501。但经洗涤外的其他加工（例如染色、漂白、卷曲或制作假发进行加工）及已按发根和发梢整理，则应归入品目 6703。

（2）经过简单加工（例如，洗涤、漂白、染色或消毒，或松扎成捆或紧扎成束）的制刷用兽毛归入品目 0502。但根据本章章注一（四）规定，如果进一步加工成不需分开或仅经简单加工即可直接装于帚或刷上的产品，则应归入品目 9603。

（3）经过简单处理（即洗涤、消毒或为了保藏而作处理）的羽毛、羽绒归入品目 0505。如果进一步加工（例如，漂白、染色、卷曲），则应归入品目 6701。

（4）未经加工或仅简单整理（洗涤、简单切削）的珊瑚归入品目0508。但如果进一步加工，则应归入品目9601。

### （二）兽牙、骨、玳瑁壳、角、鹿角、珊瑚的归类

未经加工或仅简单加工的兽牙、骨、玳瑁壳、角、鹿角、珊瑚等归入品目0506～0508，已加工的兽牙、骨、玳瑁壳、角、鹿角、珊瑚、珍珠母及其动物质雕刻材料及其他制品归入品目9601。其中“已加工”指已切割成型（包括正方形和长方形），使用抛光或用磨、钻、铣、车等加工方法。

### （三）人发及其制品的归类

未加工的人发归入品目0501；人发制的发网归入品目6505；经梳理、稀释、脱色或其他方法加工的人发归入品目6703；人发制的假发套归入品目6704。

### （四）不可食用动物皮的归类

带有羽毛或羽绒的鸟皮归入品目0505；其他动物的生皮归入第四十一章；其他动物的毛皮（牛，羊，猪的皮毛除外）归入第四十三章；生皮或皮革的边角料及类似废料归入品目0511。

### （五）供配置药用的动物器官及其他动物产品的归类

供配药用的腺体及其他动物产品，鲜、冷、冻或用临时保藏的（如用甘油、丙酮、酒精、甲醛、硼酸钠临时保藏）归入品目0510。例如：用于制药的非食用鱼肝归入品目0510，而可食用的鱼肝则归入第三章。供制药用干制的杂碎（如胆囊、肾上腺、胎盘）归入品目3001。

**思考题：**

《协调制度》中涉及的“黄药”，主要指猴枣、马宝、狗宝、牛黄等。请查询上述黄药是如何形成的。

## 工作任务

江苏恒诚报关有限公司申报进口一批制刷用的马毛，一部分非成束，另一部分已经成束。请对以上商品进行归类。

## 任务实施

1. 制刷用马毛（非成束）

（1）判断归类属性。马毛属于动物产品，报验状态为“非成束”，归类时应按未经深加工的动物产品归入第五章。

（2）引用归类依据。查阅品目，由于品目没有相关产品的具体列名，因此，应按“其他未列名的动物产品”归入品目0511。

（3）确定商品编码。根据归类总规则一及六、第五章章注一（四）的规定，本商品应归入商品编码0511.9940。

### 2. 制刷用马毛（成束）

（1）判断归类属性。马毛属于动物产品，报验状态为“成束”，归类时应按过经深加工的马毛制品归类。

（2）引用归类依据。根据第五章章注一（四）的规定，成束的制刷用马毛不能按马毛归入第五章，而只能按马毛制品归入第九十六章。此外，品目 9603 已列有“供制帚、刷用的成束或成簇的材料”。

（3）确定商品编码。根据归类总规则一及六、第五章章注一（四）的规定，本商品应归入商品编码 9603.9090。

## 任务训练

请对下列商品进行归类：

1．纺织原料用马毛（未梳）。

2．未按发根和发梢整理的人发。

3．按发根和发梢整理的人发。

4．仅经过消毒处理的野鸭羽绒（制羽绒被用）。

5．马宝。

# 项目评价

**考核评价表**

| 学习目标 | 评价项目 | 自我评价（30%） | 组间评价（30%） | 教师评价（40%） |
|---|---|---|---|---|
| 专业知识（30分） | 活动物、未加工或简单加工动物产品的商品知识 | | | |
| | 活动物、简单加工动物产品的生物学分类 | | | |
| | 简单加工的活动物、动物产品允许的加工程度 | | | |
| | 重要的类注释、章注释、品目注释、品目条文 | | | |
| 专业能力（40分） | 准确把握归类依据 | | | |
| | 掌握常见动物商品的归类原则 | | | |
| | 准确运用归类总规则 | | | |
| 职业素养（30分） | 积极主动、团队合作精神 | | | |
| | 沟通协调能力 | | | |
| | 思辨能力 | | | |
| | 解决问题能力 | | | |
| | 谨慎细心的工作态度 | | | |
| 教师建议： | | 评价标准：<br>A．优秀（≥ 80 分） B．良好（70 ～ 80 分）<br>C．基本掌握（60 ～ 70 分） D．没有掌握（＜ 60 分） | | |
| 个人努力方向： | | | | |

# 项目三 植物产品的归类

## 学习目标

◆ **知识目标**

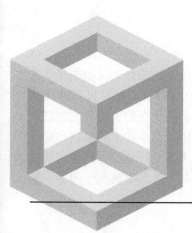

熟悉植物及植物产品的商品知识；理解植物及植物产品的分类及加工程度。

◆ **能力目标**

掌握植物及植物产品的归类方法；能够正确运用归类依据对植物及植物产品进行准确归类。

◆ **素质目标**

通过对商品归类的训练，提升自身的分析判断能力，树立维护国家安全的理念，养成严谨踏实、诚信、自律的工作作风。

## 项目导入

通过对本项目的学习，了解第二类植物产品的结构范围，理解本类中相关的商品名词解释，掌握本类商品归类的要点。

**学习重难点：**

本类商品归类的原则以及易与本类商品混淆的第二十章、第二十一章商品之间的比较分析。

## 项目要点

《协调制度》中第二类为植物产品，本类包括绝大多数未加工和仅经过有限加工的植物产品。

### 一、本类商品范围

本类共分九章，本类的植物产品可分为三部分，即：活植物（第六章）；食用植物产品（第七章至第十二章）；非食用植物产品（第十三章和第十四章）。

### 二、本类注释

本类只有一条注释。这条类注释对本类中所称“团粒”做了说明，即指直接挤压或加入按重量计比例不超过 3% 的黏合剂制成的粒状产品。

### 三、本类商品归类要点

本类与第一类相似，归入本类的植物产品一般未经加工或仅经简单加工（如去壳或去皮、切片、切丝、切碎、捣碎、磨碎等），部分品目（如 0710、0811）还可以蒸或用水煮；保藏方式为鲜、冷、冻、干或经临时保藏处理。若超出本类所允许的加工程度则归入第三类或第四类。另外必须注意有些未经过加工或仅经过了有限的简单加工的植物产品是按商品用途归入其他类的。归入其他类的货品主要是指通常作为某些行业原材料使用的植物产品。例如：天然橡胶归入第七类第四十章；木材以及软木归入第九类第四十四章、第四十五章；棉花归入第十一类第五十二章等。

## 任务一

## 活树及其他活植物；鳞茎、根及类似品；插花及装饰用簇叶的归类

### 知识准备

### 一、本章商品范围及结构

第六章商品范围包括：由苗圃或花店供应的、适于种植（一般带根）或装饰（一般无根）用的各种不可食用的活植物以及菊苣植物及其根，同时还包括装饰用的花蕾、插花、簇叶、枝干和制成的花束、花圈、花篮及类似的花店制品（含经过保鲜、干制、染色、漂白等方法处理），但通常作为某些行业使用的植物产品不归本类，例如原木归四十四章。

本章共有 4 个品目，其排列顺序为：0601 植物的茎、根和菊苣植物→ 0602 其他活植物、插枝、接穗→ 0603 装饰用花→ 0604 装饰用枝叶。

### 二、本章注释简介

本章有两条章注释。

章注一说明了本章包括的商品范围。

章注二对品目 0603、0604 的货品做了进一步说明，即由这两个品目所列货品制成的花束、花篮、花圈及类似品，不论是否有其他材料制成的附件，仍归入这两个品目。

### 三、本章商品归类要点

#### （一）植物类花、草、叶的归类

制花束或装饰用的插花及花蕾，归入品目 0603；制花束或装饰用的不带花及花蕾的植物枝、叶或其他部分，归入品目 0604；主要用作香料、药料、杀虫、杀菌或类似用途的花、草、叶，归入品目 1211；主要供编结用的植物及其部分归入品目 1401。

#### （二）菊苣植物及其根的归类

种植或装饰用的菊苣植物及其根，归入品目 0601；适合食用的菊苣植物及其根，归入第七章；可作为咖啡代用品的未焙制的菊苣植物及其根，归入品目 1212；可作为咖啡代用品的已焙制的菊苣植物及其根，归入品目 0901 或品目 2101。

## 【知识拓展】

濒危植物——银杏

银杏原产于我国，属裸子植物门，是银杏科银杏属，属于单科单属单种植物，是第四纪冰川之后保存下来的孑遗物种，自古生代晚期起源至今，经历了漫长的演化历史，被誉为植物界的“活化石”。

我国是世界上第一银杏大国，拥有世界银杏种质资源的90%以上，除黑龙江、内蒙古、青海、西藏和海南省外，其他各省（区）均有银杏分布。

然而，虽然现在银杏随处可见，但目前判断植物珍稀程度的标准，数量并非是决定性因素，其基因的多样性和野生种群的分布情况才是最重要的。

古生物学家认为，现在的银杏实际上已经进入了演化的衰落期。而银杏属植物物种的衰退和野生分布区域的减少也预示着银杏自然种群的衰落。在这两个层面上，银杏被划为国家野生保护植物也是必然的。

（资料来源：“上海自然博物馆”微信公众号）

## 工作任务

江苏恒诚报关有限公司进口申报一批花卉，包括用纸带系捆的玫瑰花束和带有根茎的用于种用的玫瑰花。请对以上商品进行归类。

## 任务实施

### 1. 用纸带系捆的玫瑰花束

（1）判断归类属性。本商品由纸带和花束组成，归类时似可按纸带归入第四十八章，也可以按玫瑰花归入第六章。

（2）引用归类依据。根据第六章章注二的归类规定，“品目 0603、0604 包括全部或部分由这两个品目所列货品制成的花束、花篮、花圈及类似品，不论是否有其他材料制成的”，本商品应按观赏植物归入第六章，并按花束归入品目 0603。

（3）确定商品编码。根据归类总规则一及六、第六章章注二的规定，本商品应归入商品编码 0603.1100。

### 2. 带有根茎的用于种用的玫瑰花

（1）判断归类属性。本商品是用来做种的玫瑰花，带有根属于活植物，归类时应按活植物归入第六章。

（2）引用归类依据。品目 0602 条文已有“其他活植物（包括其根）”的具体列名，因此本商品应归入品目 0602。

（3）确定商品编码。根据归类总规则一及六的规定，本商品应归入商品编码 0602.4010。

## 任务训练

请对以下商品进行归类：

1．种用马铃薯。
2．休眠的水仙鳞茎（非种用）。
3．天然圣诞树（未经装饰）。
4．核桃树的种苗。
5．鲜康乃馨花束。

## 任务二

## 食用蔬菜、根及块茎的归类

### 知识准备

#### 一、本章商品范围及结构

第七章商品范围包括各种食用蔬菜。这些蔬菜可以是鲜的、干的、冷藏的、冷冻的，或经临时保藏处理的；也可以加工成各种形状。但经进一步加工的则应归入第二十章（蔬菜、水果、坚果或植物其他部分的制品）。本章还包括淀粉或菊粉含量高的植物块茎及块根，例如甘薯、木薯、荸荠，藕等。

本章共有 14 个品目，其排列结构为：0701 ～ 0709 鲜或冷藏的蔬菜→ 0710 冷冻的蔬菜（可以烹煮）→ 0711 暂时保藏的蔬菜→ 0712 干蔬菜→ 0713 脱荚的干豆→ 0714 高淀粉或菊粉含量的植物块茎及块根。

#### 二、本章注释简介

本章共有五条章注释。

章注一指出品目 1214 的草料不能作为蔬菜归入本章。

章注二对归入品目 0709、0710、0711 和 0712 的蔬菜做了进一步补充说明，列举了这四个品目所包括的一些蔬菜。应该注意的是，这四个品目所包括的蔬菜不仅仅是章注二列举的那些。

章注三指出品目 0712 的干蔬菜包括干制的归入品目 0701 ～ 0711 的各种蔬菜，但不包括：①作为蔬菜的脱荚干豆（归入品目 0713）；②品目 1102 至 1104 所列形状的甜玉米；③马铃薯的细粉、粗粉，粉末，粉片，颗粒及团粒（归入品目 1105）；④用品目 0713 的干豆制成的细粉、粗粉及粉末（归入品目 1106）。

章注四说明本章不包括辣椒干及辣椒粉（归入品目 0904）。

章注五指出了品目 0711 适用的货品范围。

#### 三、本章商品归类要点

##### （一）本章商品的加工方式

本章包括各种食用蔬菜和高淀粉或菊粉含量的植物块茎及块根，如甘薯、木薯、荸荠、藕等。这些蔬菜保藏方式为鲜、干、冷藏、冷冻，或经临时保藏处理。加工方法可以切片、切碎、切丝、捣碎、磨碎、去皮或去壳的，其中品目 0710 的冷冻蔬菜还可以蒸煮。但经进一步加工（已超出本章允许的加工程度）则归入第二十章。例如，用不同保藏方式保藏的小黄瓜归入不同的子目：用二氧化硫气体或盐水保藏的小黄瓜归入商品编码 0711.4000；用醋酸保藏的小黄瓜归入商品编码 2001.1000。

### （二）甜玉米的归类

鲜、冷藏的甜玉米归入商品编码 0709.9990；冷冻的甜玉米归入商品编码 0710.4000；甜玉米的团粒及干燥后磨成的粗粉、细粉归入第十一章；用其他方法制作或保藏的甜玉米归入第二十章。

### （三）辣椒的归类

鲜的、冷藏的辣椒按蔬菜归入商品编码 0709.6000；未磨的辣椒干及磨成的辣椒粉则按调料归入商品编码 0904.2100 和 0904.2200。

### （四）蔬菜粉的归类

蔬菜经干制后即成为干蔬菜，经破碎、研磨即成蔬菜粉，但有一些粉状蔬菜根据本章注三的规定，不归入本章品目 0712。例如，马铃薯细粉、粗粉、粉末、粉片、颗粒及团粒应归入品目 1105，用品目 0713 的干豆磨成的细粉、粗粉及粉末应归入品目 1106，而制成品目 1102 ～ 1104 所列形状的甜玉米则应归入品目 1102 ～ 1104。

## 工作任务

江苏恒诚报关有限公司出口申报一批蔬菜，包括浸泡在亚硫酸水中的油橄榄和500克袋装干制的小白蘑菇。请对以上商品进行归类。

## 任务实施

### 1. 浸泡在亚硫酸水中的油橄榄

（1）判断归类属性。油橄榄又名齐墩果，属木樨科木樨榄属常绿乔木，是世界著名的木本油料兼果用树种，栽培品种有较高食用价值，含丰富优质食用植物油——油橄榄油。油橄榄属于蔬菜类植物，归类时应按蔬菜归入第七章。本商品保藏方法为“浸泡在亚硫酸水”，其加工方式符合第七章的章注五所规定的“暂时保藏”方式。

（2）引用归类依据。品目 0711 条文已有“暂时保藏的蔬菜，但不适于直接食用的”具体列名。

（3）确定商品编码。根据归类总规则一及六的规定，本商品应归入商品编码 0711.2000。

### 2. 500克袋装干制的小白蘑菇

（1）判断归类属性。蘑菇属于蔬菜，归类应按蔬菜归入第七章，其加工方式属于“干制”。

（2）引用归类依据。品目 0712 条文已有“干蔬菜，整个、切块、切片、破碎或制成粉状，但未经进一步加工的”的具体列名，参看品目 2003 可得知“小白蘑菇”属于伞菌属蘑菇。

（3）确定商品编码。根据归类总规则一及六的规定，本商品应归入商品编码 0712.3100。

## 任务训练

请对以下商品进行归类：

1．冷冻的煮熟的甜玉米粒，塑料袋装。

2．新鲜的青葱。

3．笋干丝。

4．脱荚干绿豆（非种用）。

5．未磨的辣椒干。

# 任务三

## 食用水果及坚果；柑橘属水果或甜瓜的果皮的归类

## 知识准备

### 一、本章商品范围及结构

第八章包括通常供人食用的水果、坚果及柑橘属果皮或甜瓜（包括西瓜）皮，它们可以经过简单加工处理。

本章共有 14 个品目。按加工方法和种类分类，其排列顺序如下：0801 ～ 0802 鲜的、干的坚果→ 0803 ～ 0806 鲜的、干的水果→ 0807 ～ 0810 其他鲜的水果→ 0811 冻的水果和坚果→ 0812 暂时保藏的水果和坚果→ 0813 品目 0801 ～ 0806 以外的干果、本章的什锦坚果或干果→ 0814 果皮。易误归入第八章的货品主要有：油橄榄（第七章）；咖啡（第九章）；花生、干椰子肉、其他含油果实以及刺槐豆、杏仁等（第十二章）；可可豆（第十八章）等。

### 二、本章注释简介

本章有四条章注释。

章注一是排他条款，列出了不能归入本章的货品。

章注二阐述了冷藏水果和坚果的归类规定。

章注三指出本章的干果可在一定程度上用水进行适当处理，使其略微含水；也可以为了便于保存或保持其稳定性，以及为改进或保持其外观而进行其他处理。但必须要保持干果的特征。

章注四明确了品目 0812 的水果及坚果的暂时保藏方式。

### 三、本章商品归类要点

#### （一）本章商品的加工方式

本章包括通常供人食用（不论是报验时即可食用或经加工后方可食用）的水果、坚果及柑橘属果皮或甜瓜（包括西瓜）皮。它们可以是新鲜的（包括冷藏的）、冻的（不论是否事先蒸过或用水煮过或含有甜物质）或干制的（包括脱水、蒸干或冻干）；也可以做不适合直接食用的暂时保藏（例如，使用二氧化硫气体、盐水、亚硫酸水或其他防腐液）。

本章所称“冷藏”，是指产品的温度一般降至0℃左右，但未冻结的。但是有些产品（例如，甜瓜及某些柑橘属果实），其温度降至并维持在10℃时，也可视作“冷藏”。所称“冷冻”，是指温度降至产品的冰点以下，产品已全部冻结。

本章的水果及坚果可以是完整的，也可以切片、切碎、切丝、去核、捣浆、磨碎、去皮或去壳。必须注意，本身经均化的产品不能作为本章产品归类，而应归入第二十章的制品。

本章的果实如果仅加入少量的糖，不影响其商品归类。本章还包括干果（例如，椰枣及梅脯），干果外部覆有一层干的天然糖粉，外表看上去与品目2006的裹糖果实有些相似。必须注意，本章的水果及坚果即使用密封包装（例如，听装梅脯或干坚果），仍应归入本章。但在多数情况下，密封包装的果品是经过超出本章各品目所列范围以外的方法加工或保藏的，因而归入第二十章。

### （二）什锦坚果或干果的归类

品目0813也包括本章各种坚果或干果的混合品（包括归入同一品目的坚果或干果的混合品），即包括鲜或干的什锦坚果、什锦干果（坚果除外）以及鲜或干的坚果与干果混合品。这些什锦果品报验时常采用盒子、纤维袋等包装。

品目0813的某些干果或什锦干果可包装（例如，用小香袋包装）为草本植物浸泡剂或草本植物“茶”。这些产品仍归入本品目。然而，本品目不包括由本品目的一种或多种干果与其他章的植物或植物部分品，或与一种或多种植物精汁等其他物质组成的混合物（通常归入品目2106）。

## 工作任务

江苏恒诚报关有限公司出口申报一批草莓，包括冷藏草莓和盐水保藏的草莓。请对以上商品进行归类。

## 任务实施

### 1. 冷藏草莓

（1）判断归类属性。草莓是蔷薇科草莓属多年生常绿草木，属于浆果类水果。本商品保藏方式为“冷藏”。

（2）引用归类依据。第八章章注二的规定，“冷藏的水果和坚果应按相应的鲜果品归类”，品目0812条文已有“其他鲜果”的具体列名，此品名第一个一级子目条文为“草莓”。

（3）确定商品编码。根据归类总规则一及六的规定，本商品应归入商品编码0810.1000。

2. 盐水保藏的草莓

（1）判断归类属性。本商品保藏方式为“盐水保藏”。第八章水果的加工范围包括鲜、冷、冻、干或暂时保藏等，根据本章章注四的规定本商品的盐水保藏属于暂时保藏的一种。

（2）引用归类依据。品目0812条文已有“暂时保藏的水果及坚果，但不适于直接食用的”列名。

（3）确定商品编码。根据归类总规则一及六的规定，本商品应归入商品编码0812.9000。

## 任务训练

请对以下商品进行归类：

1．泰国产鲜芒果。

2．去壳的阿月浑子果（开心果）。

3．冷冻白醋栗（冷冻前加糖并经水煮加工）。

4．鲜脐橙。

5．鲜水蜜桃。

# 任务四

## 咖啡、茶、马黛茶及调味香料的归类

## 知识准备

### 一、本章商品范围及结构

第九章商品范围包括咖啡及含咖啡的咖啡代用品、茶，马黛茶和调味香料。这类产品可以是完整的，也可以捣碎或制成粉末，但不包括下列货品：芥子及芥子粉，应分别归入品目1207和2103；啤酒花，应归入品目1210；虽能用作调味香料，但多用于制造香水及药物的品目1211所列货品；咖啡，茶，马黛茶的浓缩精汁，不含咖啡的烘焙咖啡代用品，归入品目2101；混合调味品，归入品目2103。

本章共有10个品目，其排列顺序为0901咖啡→0902茶→0903马黛茶→0904～0910调味香料。

### 二、本章注释简介

本章共有两条章注释。

章注一对品目0904～0910所列产品的混合物的归类做了规定：同一品目内的产品的混合物仍归入该品目；不同品目的产品的混合物归入商品编码0910.9100，这些品目的产品及其混合物，如添加了其他物质而改变了其基本特性，则不应归入本章，构成混合调味品的，应归入品目 2103。

章注二说明本章不包括荜澄茄椒或品目 1211 的其他产品。

## 三、本章商品归类要点

### （一）咖啡的归类

品目 0901 包括咖啡果、生咖啡豆（不论是否去皮，不论是否去除咖啡因）、焙炒咖啡豆（不论是否磨碎，不论是否去除咖啡因）以及加工过程中产生的壳和皮。但超过品目 0901 范围的加工，如速溶咖啡则应归入品目 2101。将菊苣根焙炒、磨碎，然后与咖啡按一定比例混合，就能制得咖啡代用品。只有含有咖啡的咖啡代用品才能归入品目 0901；不含咖啡的烘焙咖啡代用品归入品目 2101，例如大麦茶（烘焙大麦）。

### （二）茶的归类

《协调制度》按照茶的加工把茶分成两类：子目 0902.10、0902.20 的绿茶（未发酵）和子目 0902.30、0902.40 的红茶（已发酵）及半发酵茶。

由于绿茶是不经氧化的茶类，又称不发酵茶，所以应归入子目 0902.10 或 0902.20；红茶属于氧化的茶类，又称全发酵茶，所以应归入子目 0902.30 或 0902.40；青茶又称乌龙茶，界于绿茶和红茶之间，又称半发酵茶，所以应归入子目 0902.30 或 0902.40；黑茶、黄茶属于发酵茶，而白茶则属于轻微发酵茶，所以应归入子目 0902.30 或 0902.40；茉莉花茶是用茶为原料，用茉莉鲜花熏制而成，所以仍应归入品目 0902。

### （三）调味香料的归类

#### 1. 单一调味香料

单一调味香料按品目条文归入品目 0904 ～ 0910。根据本章章注一的规定，品目 0904 ～ 0910 所列产品，如果添加了其他物质，只要仍保持了这些品目所列产品的基本特性，其归类应不受影响。例如：添加谷物粉、面包干粉等“稀释剂”，以便于调制食品时确定所加分量及使得香料容易搅拌均匀；添加食物着色剂；添加增强香料味道的物质，如谷氨酸钠；添加少量盐或化学抗氧剂等，用以保存香料并延长其调味效力。另外，添加本身具有调味作用的其他章的物质，只要所加分量并不影响调味香料的基本特征，仍应归入本章。

#### 2. 混合调味香料

根据本章章注一的规定，品目 0904 ～ 0910 所列产品的混合物，应按下列规定归类：

（1）同一品目的两种或两种以上产品的混合物仍应归入该品目。例如，按重量计占 70% 的胡椒粉（品目 0904）与占 30% 的辣椒粉（品目 0904）的混合物，仍应归入品目 0904。

（2）不同品目的两种或两种以上产品的混合物应归入品目 0910。例如，品目 0904 的胡椒粉（按重量计占 30%）与品目 0908 的豆蔻粉（按重量计占 70%）的混合物，应归入品目 0910。

根据本章章注一的规定，对于混合调味香料，如果添加了其他物质，只要仍保持了这些品目所列产品的基本特性，其归类应不受影响。具体情况，与上述（1）中的单一调味香料相同。

### 3. 混合调味品

混合调味品不同于品目 0904 ～ 0910 的调味香料及混合调味香料。混合调味品虽然也含有一种或多种归入第九章的香料或调味料，但与上述（1）（2）不同，各种香料比例表明其基本特征已超出第九章所规定范围，因此应归入品目 2103。

## 工作任务

江苏恒诚报关有限公司出口申报1 000千克茶叶，包括400千克“碧螺春”绿茶（每包净重40千克，共10包）和600千克含20%柑橘皮的乌龙茶（每包净重40千克，共15包）。请对以上商品进行归类。

## 任务实施

### 1. “碧螺春”绿茶（每包净重40千克）

（1）判断归类属性。绿茶是一种以茶属灌木的鲜茶叶为原料，经加热、揉捻、干燥等工序所制的茶，绿茶为未发酵的茶，归类时应按茶归入第九章。本商品报验的规格为“每包净重 40 千克”。

（2）引用归类依据。品目 0902 条文已列有“茶，不论是否加香料”，其第二个一级子目条文为“其他绿茶（未发酵）”。

（3）确定商品编码。根据归类总规则一及六的规定，本商品应归入商品编码 0902.2090。

### 2. 含20%柑橘皮的乌龙茶（每包净重40千克）

（1）判断归类属性。乌龙茶属于半发酵的茶，本商品茶叶虽含有 20% 含量的柑橘皮，但由于其基本特征仍然是乌龙茶，而非柑橘皮。因此，根据归类总规则三（二）的“基本特征”归类规定，归类时仍按茶归入第九章。

（2）引用归类依据。品目 0902 条文已列有“茶，不论是否加香料”，其第四个一级子目条文为“其他红茶（已发酵）及半发酵茶”。

（3）确定商品编码。根据归类总规则一、三（二）及六的规定，本商品应归入商品编码 0902.4010。

**思考题：**

请对以下的茶叶进行归类，并通过网络或者《中华人民共和国海关进出口商品规范申报目录》查询其申报要素：茉莉花茶、普洱茶。

## 任务训练

请对以下商品进行归类：

1．已磨肉豆蔻。
2．生姜（已磨、非种用）。
3．等量辣椒粉与胡椒粉的混合物。
4．50%辣椒粉与50%肉豆蔻粉组成的混合物。
5．10%未磨胡椒、10%辣椒粉、20%肉豆蔻衣、60%玉米粉的混合物。

# 任务五

## 谷物的归类

### 知识准备

#### 一、本章商品范围及结构

第十章主要包括不论是否成穗或带秆的各种谷物。除稻谷外，其余谷物的加工程度不能超出脱粒加工的范围，即已去壳或经进一步加工的谷物一般应归入第十一章。但去壳、碾磨、磨光、上光、半熟或破碎的稻米仍归入本章。易误归入第十章的货品主要有：甜玉米、干菜豆等。

本章共有 8 个品目，其排列顺序为：1001 小麦及混合麦→ 1002 黑麦→ 1003 大麦→ 1004 燕麦→ 1005 玉米→ 1006 稻谷、大米→ 1007 食用高粱→ 1008 其他谷物。

#### 二、本章注释简介

本章有两条章注释和一条子目注释。

章注一规定了归入本章的产品必须带有谷粒，除大米外，本章不包括已去壳或经其他加工的谷物。

章注二指出甜玉米不归入本章，应归入 0710.4000。

子目注释对子目 1001.1 的硬粒小麦做了规定。

#### 三、本章商品归类要点

##### （一）本章的加工程度

本章章注一规定了本章货品的加工程度，除稻谷可以经去壳、碾磨、磨光、上光、半熟或破碎加工外，其他谷物不能经去壳或经其他加工。进一步加工的稻谷将归入第十九章（例如，米饭）；其他谷物经去壳或其他机械加工的应归入第十一章（例如，生大麦片）；经膨化或烹煮加工的食品则归入第十九章（例如，爆米花）。

##### （二）大麦、大麦芽的归类

大麦归入品目 1003；大麦发的芽（大麦芽）及烘焙的大麦芽归入品目 1107；作为咖啡代用品的烘焙大麦芽归入品目 2101。

### （三）高粱的归类

只有未去壳的食用高粱才归入品目 1007；去壳后的食用高粱（又称高粱米）归入品目 1104；饲料高粱及草高粱归入品目 1214；甜高粱则归入品目 1212。

**【知识拓展】**

我国为什么还要进口粮食？

我国是粮食生产大国，也是粮食消费大国。党的十八大以来，我国粮食生产连年丰收，粮食产量连续7年稳定在6 500亿千克以上，人均粮食占有量达483千克，明显高于世界平均水平。三大主粮自给率在90%以上，小麦和稻谷甚至100%自给，供需结构基本平衡。从库存来看，稻谷、小麦全社会库存处于历史较高水平，能够满足一年以上的口粮消费需求，玉米库存也有所增加。粮食收储调控能力显著增强，国家粮食储备数量充足、质量良好、储存安全。我国以占世界9%的耕地、6%的淡水资源，养育了世界近1/5的人口，从当年4亿人吃不饱到今天14亿多人吃得好，有力地回答了“谁来养活中国”这一问题，也为世界粮食安全做出了重要贡献。

那么粮食够吃，为什么还要进口？

适度进口是我国新的国家粮食安全战略的重要内涵。我国的资源禀赋决定了依靠本国资源难以解决全部的农产品和食品的需要，所以充分利用国际国内两个市场、两种资源，是解决我国粮食问题的必然选择。

（资料来源：中华粮网）

## 工作任务

江苏恒诚报关有限公司申报进口2 000千克食用高粱（非种用；每袋净重50千克）和1 500千克食用高粱米（非种用；每袋净重50千克）。请对上述商品进行归类。

## 任务实施

### 1. 食用高粱（非种用；每袋净重50千克）

（1）判断归类属性。高粱，是禾本科一年生草本植物，重要的粮食和饲料作物。食用高粱属于谷物类植物，归类时应按谷物归入第十章。本商品规格为“每袋净重 50 千克”。

（2）引用归类依据。品目 1007 已有“食用高粱”列名，其用途为“非种用”。

（3）确定商品编码。根据归类总规则一及六的规定，本商品应归入商品编码 1007.9000。

### 2. 食用高粱米（非种用；每袋净重50千克）

（1）判断归类属性。高粱米属于未制作的谷物碾磨产品。根据第十章的章注释，可知第十章的“高粱米”应为未去壳或经其他加工的谷物。

（2）引用归类依据。品目 1104 的条文已列有“经其他加工的谷物（例如，去壳、滚压、制片、制成粒状、切片或粗磨），但品目 1006 的稻谷、大米除外”。

（3）确定商品编码。根据归类总规则一及六的规定，本商品应归入商品编码 1104.2990。

## 任务训练

请对以下商品进行归类：

1．玉米（非种用）。

2．去壳燕麦。

3．黑麦（非种用）。

4．去壳稻谷（经脱壳处理但仍包有一层米皮，非长粒米）。

5．硬粒小麦（非种用）。

# 任务六

## 制粉工业产品；麦芽；淀粉；菊粉；面筋的归类

## 知识准备

### 一、本章商品范围及结构

第十一章商品范围包括碾磨或经其他方法加工第十章的谷物及第七章的甜玉米所得的产品（例如，细粉、粗粉、粗粒、团粒，以及经去壳、滚压、制片、制成粒状、切片或粗磨的谷物）；将第十章的谷物按本章所列其他方法（例如，发芽、提取淀粉或面筋等）加工的产品；以及将其他章的原料（干豆、马铃薯、果实等）用类似上述方法加工的产品。这些产品如果再进一步加工，一般归入第十九章。易误归入第十一章的货品主要有：去壳、碾磨、磨光、上光、半熟或破碎的大米等（第十章）；珍粉（品目 1903）；油炸面筋（第十九章）。

本章共有 9 个品目，其排列顺序为：1101 ～ 1103 谷物粉→ 1104 经其他加工的谷物→ 1105 马铃薯粉→ 1106 其他细粉、粗粉及粉末→ 1107 麦芽→ 1108 淀粉、菊粉→ 1109 面筋。

### 二、本章注释简介

本章有三条章注释。

章注一指出了本章不包括但易引起归类错误的货品。

章注二给出了一些谷物的淀粉含量、灰分含量及过筛率的标准，以便根据这些标准来区分本章的碾磨产品和第二十三章的谷物加工后的残渣，以及本章品目 1101、1102 的谷物细粉，品目 1103、1104 的谷物粗粉、粗粒。

章注三对品目 1103 的谷物的粗粒、粗粉又做了进一步规定。

### 三、本章商品归类要点

#### （一）本章谷物的“细粉”和“粗粒及细粉”的归类

本章所称“细粉”，是指符合本章章注二（二）中用规定孔径的金属网筛时，其通过率不低于表中所列比例标准的粉状物；“粗粒及细粉”是指符合本章章注三所列条件的产品。

（1）首先按照章注二（一）规定的淀粉及灰分含量标准来确定谷物粉是否归入本章，如果两个条件同时满足，则归入本章，否则归入品目 2302。

（2）如果可以归入本章，则根据章注二（二）的规定看过筛率指标，符合条件的归入品目 1101 或 1102；不符合的则归入品目 1103 或 1104。

（3）如果归入品目 1103 或 1104，则根据章注三规定的过筛率指标来判断，符合条件的归入品目 1103，不符合的归入品目 1104。

（4）加工程度更深的麦精，谷物的细粉、粗粉、麦精制的其他品目未列名的深加工的食品则归入品目 1901 和 1904。

### （二）本章其他碾磨产品的归类

谷物以外的其他产品指品目 0701 的马铃薯，品目 0713 的干豆，品目 0714 的西谷茎髓及植物根茎、块茎，第八章的水果、坚果、果皮，它们可以用碾磨的方法，也可以用其他方法加工成品目 1105、1106 条文所述的各种不同形状的“粉”。与谷物碾磨产品一样，上述“粉”中也可加入改良用的极少量抗氧剂、乳化剂或维生素。

## 工作任务

江苏恒诚报关有限公司出口申报一批马铃薯制品，包括马铃薯细粉和马铃薯淀粉。请对以上商品进行归类。

## 任务实施

### 1. 马铃薯细粉

（1）判断归类属性。马铃薯细粉是指将生马铃薯蒸煮并捣碎，然后将薯泥干燥制成的细粉、粉末或颗粒。该商品属于制粉工业产品，归类时应按制粉工业产品归入第十一章。

（2）引用归类依据。品目 1105 条文已列名“马铃薯的细粉、粗粉、粉末、粉片、颗粒及团粒”。

（3）确定商品编码。根据规则总规则一及六的规定，本商品应归入商品编码 1105.1000。

### 2. 马铃薯淀粉

（1）判断归类属性。马铃薯淀粉是指以马铃薯为原料，经浸泡、磨碎，将蛋白质、脂肪、纤维素等非淀粉物质分离出去而得的粉，归类时应按淀粉归入第十一章。

（2）引用归类依据。品目 1108 已有“淀粉；菊粉”的列名。

（3）确定商品编码。根据归类总规则一及六的规定，本商品应归入商品编码 1108.1300。

## 任务训练

请对以下商品进行归类：

1．燕麦片。

2．干面筋。

3．即食面筋。

4．玉米粗粒。

5．豌豆粉。

6．未焙制的麦芽（非零售包装，非咖啡代用品）。

7．椰子粉。

8．绿豆淀粉。

9．栗子粉。

10．加有发酵粉的自发小麦粉（用来制作包子）。

## 任务七

## 含油子仁及果实；杂项子仁及果实；工业用或药用植物；稻草、秸秆及饲料的归类

### 知识准备

#### 一、本章商品范围及结构

第十二章商品范围包括有特定用途的植物产品，主要用作各种工业的原料，例如：榨油业用的含油子仁及果实；种植用的种子；啤酒酿造业用的啤酒花及蛇麻腺；制糖业用的甜菜及甘蔗；饲料业用的稻草、秸秆及其他植物；食品工业用的其他品目未列名的食用果核；果仁及植物产品；药用植物，以及其他行业用的刺槐豆、藻类植物、植物香料等。

本章共有 14 个品目，其排列顺序为：1201 ～ 1208 含油子仁及果实→ 1209 种植用的种子→ 1210 啤酒花→ 1211 香料及药用植物→ 1212 其他品目未列名的可食用植物产品→ 1213 ～ 1214 饲料用植物。

#### 二、本章注释简介

本章共有五条章注释、一条子目注释。

#### （一）章注释

章注一列举了除品目 1201 ～ 1206 所列以外的其他一些主要的含油子仁及果实。这些含油子仁及果实归入品目 1207。章注一还特别指出，品目 1207 不包括品目 0801 或 0802 的产品及油橄榄。

章注二对品目 1208 的含油子仁或果实的细粉、粗粉做了说明。

章注三对品目 1209 的种植用种子作了规定，并指出一些即使作种子用也不归入品目 1209 的货品。

章注四指出了品目 1211 主要包括哪些植物和不包括哪些货品。

章注五指出，品目 1212 的海草及其他藻类，不包括品目 2102 的已死的单细胞微生物、品目 3002 的培养微生物以及品目 3101 或 3105 的肥料。

### （二）子目注释

子目 1205.10 所称“低芥子酸油菜籽”，是指所获取的固定油中芥子酸含量按重量计低于 2%，以及所得的固体成分每克葡萄糖苷酸（酯）含量低于 30 微摩尔的油菜籽。

## 三、本章商品归类要点

### （一）含油子仁及果实范围的确定

有很多植物的子仁及果实是含油的，但能否作为本章的含油子仁及果实归类取决于其主要用途。因此品目 1201 ～ 1207 包括供提取食用或工业用油脂的各种子仁及果实（不论其报验时是否准备用于榨油、播种或其他用途），但不包括某些可以榨油但主要作其他用途的子仁及果实，例如，杏仁、桃仁、李仁（品目 1212）及可可豆（品目 1801）。另外，根据本章章注一的规定，本章的含油子仁及果实也不包括品目 0801 或 0802 的产品及油橄榄。

### （二）植物种子的归类

植物的种子并不都归入品目 1209。根据章注三的规定，下列各项即使作种用，也不归入品 1209：豆类蔬菜或甜玉米（第七章）；第九章的调味香料及其他产品；谷物（第十章）；品目 1201 ～ 1207、1211 的产品。例如：苹果种子归入品目 1209，而大豆种子则应归入品目 1201。

### （三）动物饲料的归类

未经处理或经简单加工（如切碎、碾磨、挤压或制成团粒）的饲料用植物归入第十二章，经过进一步加工（如经过配置）的饲料制品归入第二十三章。

用于饲养动物未经处理的谷物的茎、杆及谷壳（不论是否切碎、研磨等）归入品目 1213；其他专门为饲养动物而种植的植物归入品目 1214；由多种成分组成的配置动物饲料归入品目 2309。

## 工作任务

江苏恒诚报关有限公司进口申报2吨花生及其制品，其中包括：400千克花生仁（非种用），作为加工初榨花生油的原料；500千克初榨花生油；600千克花生粉；500千克经过焙炒后装入食品袋的花生仁。请对以上商品进行归类。

## 任务实施

### 1. 花生仁（非种用）

（1）判断归类属性。花生是豆科落花生属一年生草本。花生仁是指已剥壳的花生肉，由于通常用于榨油，归类时应按含油的子仁及果实归入第十二章。

（2）引用归类依据。品目 1202 条文已列名“未焙炒或未烹煮的花生，不论是否去壳或破碎”。

（3）确定商品编码。根据归类总规则一及六的规定，本商品应归入商品编码 1202.4200。

### 2. 初榨花生油

（1）判断归类属性。初榨的花生油是在防止其变质的状态下（主要是在加热的状态下）仅用机械或其他物理方法（如压榨）处理花生制得。

（2）引用归类依据。花生油是一种可食用的植物油，归类应按油脂归入第十五章，并根据其初榨的加工程度归入品目 1508。

（3）确定商品编码。根据归类总规则一及六的规定，本商品应归入商品编码 1508.1000。

### 3. 花生粉

（1）判断归类属性。花生粉是花生仁碾磨后制得的未脱脂或半脱脂细粉及粗粉，归类时应按“含油的子仁”及果实归入第十二章。

（2）引用归类依据。品目 1208 已有“含油子仁及果实的细粉及粗粉”的相关产品列名。

（3）确定商品编码。根据归类总规则一及六的规定，本商品应归入商品编码 1208.9000。

### 4. 已焙炒花生仁

（1）判断归类属性。已经焙炒加工的花生仁，归类时似可按花生归入第十二章，也可按花生制品归入第二十章。

（2）引用归类依据。由于花生仁已经焙炒，其加工程度已超过第十二章的加工范围，因此不能按花生归入品目 1202，而应按花生制品归入第二十章的品目 2008。

（3）确定商品编码。根据归类总规则一及六的规定，本商品应归入商品编码 2008.1120。

## 任务训练

请对以下商品进行归类：

1. 种用西瓜子（黑色）。
2. 豌豆种子。
3. 黄大豆种子。
4. 干的西洋参片，50克/盒。
5. 核桃仁粉。

# 任务八

## 虫胶；树胶、树脂及其他植物液、汁的归类

## 知识准备

### 一、本章商品范围及结构

第十三章商品范围包括：虫胶；天然树胶、树脂、树胶脂、含油树脂及香树脂；植物

液汁、浸膏；果胶；以及从植物产品制得的琼脂及其他胶液和增稠剂。

本章共有2个品目，其排列顺序为：1301 虫胶；树胶、树脂、树胶脂及油树脂→ 1302 植物液汁及浸膏。

## 二、本章注释简介

本章有一条章注释。

章注释主要说明了不应归入品目1302的货品。例如，按重量计蔗糖含量在10%以上或制成糖食的甘草浸膏（归入品目1704）；构成含酒精饮料的植物汁、液或制造饮料用的混合酒精制品（归入第二十二章）；罂粟杆浓缩物，按重量计生物碱含量不低于50%（品目2939）；鞣料或染料的浸膏（归入品目3201或3203）；天然橡胶、巴拉塔胶及类似的天然树胶（归入品目4001）。这些货品容易引起归类错误，应特别注意。

## 三、本章商品归类要点

### （一）植物液汁及浸膏的归类

植物液汁及浸膏是植物自然渗出、从切口流出或用溶剂提取的植物产品，例如：从漆树的切口处所得的树液（又称为日本漆或中国漆）；从可乐果所得，主要用于制饮料的可乐果浸膏；用热水加压对甘草的干根提汁后加以浓缩制得的甘草液汁及浸膏；用有机溶剂从各种除虫菊植物的花中提取而得的除虫菊浸膏；用水或酒精从人参中提取得到的人参精。

液汁可以经增稠或固化；浸膏是用溶剂萃取的产品，可以是液体、浆状或固体。与品目3301的精油、香膏及提取的油树脂相比，品目1302的植物液汁和浸膏中除了含挥发性的芳香成分以外，所含的其他植物物质（如叶绿素、鞣酸、苦味素、碳酸化合物和其他提取物）的比例也很高。

### （二）甘草浸膏的归类

甘草浸膏指对甘草的干根用热水加压提汁后，加以浓缩制得的呈液状或块状、饼状、粉状的产品。根据本章章注释的规定，按重量计蔗糖含量不超过10%的甘草浸膏归入品目1302，按重量计蔗糖含量在10%以上或制成糖食的甘草浸膏则归入品目1704。

## 工作任务

江苏恒诚报关有限公司申报进口2吨英国产生漆和1吨阿拉伯树胶，请对以上商品进行归类。

## 任务实施

### 1. 英国产生漆

（1）判断归类属性。生漆是指切割漆树韧皮流出来的黏稠液体，属于植物液汁。生漆的原产地“英国产”对商品归类不产生任何影响。

（2）引用归类依据。品目 1302 已具体列有“生漆”子目。

（3）确定商品编码。根据归类总规则一及六的规定，本商品应归入商品编码 1302.1910。

2. 阿拉伯树胶

（1）判断归类属性。阿拉伯树胶得自于金合欢植物，是一种植物分泌液，归类时应按天然树胶归入第十三章。

（2）引用归类依据。品目 1301 条文已列有“天然树胶”。

（3）确定商品编码。根据归类总规则一及六的规定，本商品应归入商品编码 1301.2000。

## 任务训练

请对以下商品进行归类：

1. 没药。
2. 甘草浸膏（按重量计蔗糖含8%）。
3. 苹果果胶。
4. 制药用芦荟液汁。
5. 除虫菊的浸膏。

# 任务九

## 编结用植物材料；其他植物产品的归类

## 知识准备

### 一、本章商品范围及结构

第十四章商品范围包括各种非供食用的植物产品：主要用于编结、制帚、制刷及作填充、衬垫用的未加工或经简单加工的植物材料；供雕刻、制扣及制其他小商品用的植物子仁，核、壳，果等；棉短绒及其他品目未列名的植物产品。

本章共有 2 个品目，其排列顺序为：1401 主要作编结用的植物材料→ 1404 其他品目未列名的植物产品。

### 二、本章注释简介

本章有三条章注释：

章注一指出本章不包括归入第十一类的纺织用植物材料或植物纤维。

章注二列举了品目 1401 包括的主要货品，同时指出不包括品目 4404 的木片条。

章注三指出品目 1404 不包括品目 4405 的木丝及品目 9603 的成束、成簇的制帚、制刷材料。

## 三、本章商品归类要点

### （一）本章商品的加工方式

本章商品只能进行简单加工，超过简单加工的范围则一般按其用途归入其他有关章的品目。

（1）对于品目 1401 的植物编结材料，除未加工谷物草秆不归入本品目外（品目 1213），不论是未经加工，还是经洗涤、劈条、剥皮、磨光、漂白、染前处理、染色、涂漆或进行不燃处理，均归入本品目。

本品目的货品也可以切段，不论是圆端（如制饮料吸管的草、制钓竿的棒、准备染色的竹子等），还是分成便于包装、储存、运输等的稍有扭绞的捆或束。但如果进行了超过上述范围的加工，则不能归入本品目。例如捻搓成条用以代替缏条的本品目所列植物材料应归入品目 4601，用草编成的席子应归入品目 4601。

（2）对于品目 1404 的其他植物，也是同样原则。例如制帚、制刷用的植物材料，不论是否切割、漂白、染色或梳理（纺前梳理除外），也不论是否成绞成束，一律归入本品目。但不包括不用分拆（或只需简单加工）即可装于帚、刷上的已加工好的成束、成簇的材料（品目 9603）。用于染料或鞣料用的植物原料归入品目 1404，但如果加工成染料植物浸膏，则应归入品目 3203。用于雕刻的硬种子、硬果核、硬果壳、坚果如果已经雕刻，则应归入品目 9602。

（3）经过处理使其只能作为纺织原料用的植物材料，应归入第十一类。

### （二）本章植物材料与第十一类的纺织材料的区别

下列两种情况的植物材料应作为纺织材料归入第十一类：

（1）主要供纺织用的植物材料或植物纤维，不论其加工程度如何。例如：棉短绒因太短，不能纺纱，但由于纤维素含量高，是理想的无烟火药、人造纤维（如人造丝）及纤维素塑料的原料，所以应归入本章，且不论是天然或洗净、漂白、染色、脱脂的，均归入本章。而椰壳纤维（椰子皮纤维）适于作纺织用，所以应作为纺织材料归入品目 5305。

（2）经过处理使其只能作为纺织原料用的植物材料。例如：品目 1401 编结用的植物材料，如果经碾轧、捣碎、梳理或其他纺前加工，应作为纺织材料归入品目 5303 或 5305。针茅的茎及叶，不论是否天然、漂白或染色，未作纺前加工的，归入品目 1404；经辊轧、捣碎或作为纺织纤维进行梳理的纺前加工的，应归入品目 5305。

### （三）竹的原料及制品的归类

竹（不论是否劈开、纵锯、切段、圆端、漂白、磨光、染色或进行不燃处理）归入品目 1401；竹制品（如竹筷等）归入第四十四章；竹的编结品归入第四十六章；竹制的家具归入第九十四章。

## 工作任务

江苏恒诚报关有限公司出口申报3吨生高粱，其中2吨是制帚用高粱（其中1吨成捆状，1吨成束状），1吨是供纺织用高粱。请对以上商品进行归类。

## 任务实施

### 1. 成捆的制帚用高粱

（1）判断归类属性。成捆的制帚用高粱属于制帚用植物材料，归类时应按植物产品归入第十四章。

（2）引用归类依据。由于品目没有相关产品的列名，因此，应按其他未列名植物产品归入品目 1404。

（3）确定商品编码。根据归类总规则一及六的规定，本商品应归入商品编码 1404.9090。

### 2. 成束的制帚用高粱

（1）判断归类属性。成束的制帚用高粱属于制帚用植物材料，归类时似应按植物产品归入第十四章。

（2）引用归类依据。第十四章章注三规定，“品目 1404 不包括 9603 的成束、成簇的制帚、刷材料”，且品目 9603 条文已有“供制帚、刷用的成束或成簇的材料”的列名。

（3）确定商品编码。根据归类总规则一及六的规定，本商品应归入商品编码 9603.1000。

### 3. 供纺织用的高粱

（1）判断归类属性。本商品是供纺织用的植物材料，归类时似应按植物产品归入第十四章。

（2）引用归类依据。第十四章章一的规定，“本章不包括主要供纺织用的植物材料和植物纤维（第十一类）”，因此本商品应按纺织用的植物材料归入第五十三章。但由于品目没有相关产品的列名，因此，应按其他未列名植物产品归入品目 5305。

（3）确定商品编码。根据归类总规则一及六的规定，本商品应归入商品编码 5305.0099。

## 任务训练

请对以下商品进行归类：

1. 木丝（卷成团状的细薄木丝条）。
2. 用于雕刻的象牙果。
3. 木棉。
4. 核桃壳细粉。
5. 三叶草。

# 项目评价

**考核评价表**

<table>
<tr><th>学习目标</th><th>评价项目</th><th>自我评价（30%）</th><th>组间评价（30%）</th><th>教师评价（40%）</th></tr>
<tr><td rowspan="4">专业知识（30分）</td><td>活植物、未加工或简单加工植物产品的商品知识</td><td></td><td></td><td></td></tr>
<tr><td>活植物、未加工或简单加工植物产品的生物学分类</td><td></td><td></td><td></td></tr>
<tr><td>简单加工活植物、植物产品允许的加工程度</td><td></td><td></td><td></td></tr>
<tr><td>重要的类注释、章注释、品目注释、品目条文</td><td></td><td></td><td></td></tr>
<tr><td rowspan="3">专业能力（40分）</td><td>准确把握归类依据</td><td rowspan="3"></td><td rowspan="3"></td><td rowspan="3"></td></tr>
<tr><td>掌握常见植物商品的归类原则</td></tr>
<tr><td>准确运用归类总规则</td></tr>
<tr><td rowspan="5">职业素养（30分）</td><td>积极主动、团队合作精神</td><td rowspan="5"></td><td rowspan="5"></td><td rowspan="5"></td></tr>
<tr><td>沟通协调能力</td></tr>
<tr><td>思辨能力</td></tr>
<tr><td>解决问题能力</td></tr>
<tr><td>谨慎细心的工作态度</td></tr>
<tr><td colspan="2">教师建议：</td><td colspan="3" rowspan="2">评价标准：<br>A．优秀（≥ 80 分） B．良好（70 ～ 80 分）<br>C．基本掌握（60 ～ 70 分） D．没有掌握（< 60 分）</td></tr>
<tr><td colspan="2">个人努力方向：</td></tr>
</table>

# 项目四

# 动、植物或微生物油、脂及其分解产品；精制的食用油脂；动、植物蜡的归类

## 学习目标

◆ **知识目标**

熟悉动物、植物油脂的商品知识及加工方法。

◆ **能力目标**

掌握动物、植物油脂的归类方法；能够正确运用归类依据对动物、植物油脂进行准确归类。

◆ **素质目标**

通过对商品归类的训练，培养规则意识和风险责任意识。

## 项目导入

通过本类的学习，熟悉本类商品的结构范围，理解本类中相关的商品名词解释，掌握动植物油脂归类的要点。

**学习重难点：**

动植物油脂的归类的原则，以及易与本类商品混淆的商品的比较分析。

## 项目要点

### 一、本类商品范围

第三类仅由一章构成，即第十五章。本章商品范围包括各种动、植物油、脂、蜡，这些产品的加工程度有高有低。

### 二、本类注释

本类没有类注释。

### 三、本类商品归类要点

本类商品归类要点同下列工作任务：动、植物或微生物油、脂及其分解产品；精制的食用油脂；动、植物蜡的归类。

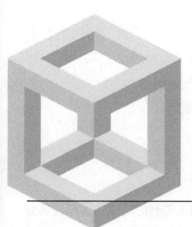

# 任务

## 动、植物或微生物油、脂及其分解产品；精制的食用油脂；动、植物蜡的归类

### 知识准备

#### 一、本章商品范围及结构

第十五章主要包括：以第一、第二类的动、植物为原料加工得到的动植物油脂及其分解产品；精制的食用油脂；动、植物蜡。

本章共有21个品目，一般按照原料的属性（动物→植物→混合）及加工程度（简单→复杂）的顺序编排品目。其商品具体排列顺序为：1501～1506未经化学改性的动物油、脂及其分离品→1507～1515未经化学改性的植物油、脂及其分离品→1516经氢化、相互酯化、再酯化，或反油酸化的油、脂及其分离品，无论是否可食用→1517混合食用油、脂或制品→1518经化学改性的其他动、植物油、脂及其分离品；非食用混合油、脂或制品→1520粗甘油→1521植物蜡及动物蜡→1522处理油脂物质及动、植物蜡所剩下的残渣。

#### 二、本章注释简介

本章有四条章注释和两条子目注释。

##### （一）章注释

章注一指出不归入本章但易引起归类错误的货品：

（1）未炼制的猪脂肪及家禽脂肪（归入品目0209）。

（2）可可脂、可可油（归入品目1804）。

（3）按重量计品目0405所列产品的含量超过15%的食品（通常归入第二十一章）。

（4）动物油渣及提取植物油所剩的油渣饼及其他残渣（归入第二十三章），但油脚仍归入本章（品目1522）。

（5）第六类的游离状态的脂肪酸、精制蜡等。

（6）从油类提取的油膏（归入品目4002）。

章注二和章注三指出品目1509不包括用溶剂提取的橄榄油；品目1518不包括变性的油、脂及其分离品。

章注四指出皂料、油脚、硬脂沥青、甘油沥青及羊毛脂残渣归入品目1522。

##### （二）子目注释

子目注释一规定了本章品目所称“初榨油橄榄油”游离酸度的含量范围；子目注释二规定了本章品目所称“低芥子酸菜籽油”芥子酸的含量范围。

#### 三、本章商品归类要点

##### （一）变性油脂与化学改性油脂的归类

变性油脂是指加入了变性剂，如鱼油、酚、石油、松节油、甲苯、水杨酸、甲酯（冬青油）、迷迭香油，使其不能供食用的油脂。化学改性油脂是指改变了化学性质的油脂，

如经过酯化、氢化、氧化、硫化、脱水等方式加工的油脂。根据本章章注三的规定，变性油脂及其分离品归入其相应的未变性油脂及其分离品的品目，而化学改性油脂归入品目 1516 或品目 1518。

### （二）混合食用油脂的归类

各种动植物油脂及其分离品混合后制成的食用油脂或制品，均归入品目 1517；如果不能食用归入品目 1518。例如，由 65% 的花生油、20% 的豆油和 15% 的棕榈油混合的食用油归入品目 1517。在此，不要误因花生油构成混合油脂的基本特征而根据总规则三（二）按花生油归入品目 1508，因为应用总规则三的前提条件是品目条文和注释无规定的情况。

### （三）鱼肝油的归类

鱼肝油（无论是否通过辐射或用其他方法提高维生素含量）归入品目 1504，但制成药品、经乳化或加有其他物质以供治疗疾病用的鱼肝油则归入第三十章。

### （四）甘油的归类

作为化工原料的甘油归入第十五章或第二十九章，经进一步加工制成品则归入第三十章或第三十三章。

粗甘油（以干燥产品的重量计纯度在 95% 以下，可从油、脂分解或丙烯合成制得）归入品目 1520；以干燥产品的重量计纯度在 95% 及以上的甘油归入品目 2905；制成药品或加有药料的甘油归入品目 3003 或 3004；加有香水或化妆品的甘油归入第三十三章。

### （五）动、植物蜡的归类

蜡归类时要考虑其成分是单一品种还是多品种混合，蜡的来源是动、植物蜡还是矿物蜡。单一品种的植物蜡及动物蜡（如蜂蜡、虫蜡及鲸蜡）归入品目 1521；矿物蜡归入品目 2712；不同品种的蜡与其他物质的混合物、人造蜡及调制蜡归入品目 3404 或 3405。

**【知识拓展】**

如何选购安全的进口食用植物油?

食用油，在我们的生活中扮演着十分重要的角色。随着我国进出口贸易的不断扩大以及居民消费水平的不断提高，人们对食用油的要求越来越高，而进口食用植物油更是已经成为我国食用植物油市场的有益补充。我国已经成为世界第一大食用植物油消费国。

那么，如何选购安全的进口食用植物油呢?

（1）看颜色和透明度：食用油根据颜色和精炼程度不同分一、二、三、四级，四个等级，数字越小，表示油的精炼程度越高，说明油的品质越好。尽量选择澄清、透明、高级别的食用油。

（2）看工艺：从食用油的标签上可以看到其制取工艺，首选冷榨油，它包含的营养成分更加安全。

（3）看成分：配料表中会明确标明油的成分，在选择食用油时，首先要看其三种脂肪酸的比例（即饱和脂肪酸、单不饱和脂肪酸、多不饱和脂肪酸的比例）是否合适，接近1: 1: 1是比较理想的状态。

（4）看品种：膳食要多样，用油同样要遵循多样化的原则。除了常规的大豆油、葵花籽油之外，橄榄油、山茶油、亚麻籽油等都是非常不错的选择。

（5）看标识：根据《农业转基因生物标识管理办法》要求，凡是列入标识管理目录并用于销售的农业转基因生物，应当进行标识。同时，选购进口食用植物油，可以要求商家提供入境货物检验检疫证明，并核对证书上批号、产地等信息，确保选购产品是经过检验从正规渠道进口的货物。

（资料来源：上海海关12306热线、合肥海关12306热线）

## 工作任务

江苏恒诚报关有限公司进口申报一批豆油，包括初榨豆油、精制豆油、氢化豆油、氧化豆油、混合豆油。请对以上商品进行归类。

## 任务实施

### 初榨豆油、精制豆油、氢化豆油、氧化豆油、混合豆油

（1）判断归类属性。上述豆油的归类主要是考虑豆油的加工程度及第十五章的品目条文，“初榨”是指在防止其变质的状态下（主要是在加热的状态下）仅用机械或其他物理方法（如压榨）的处理方式；“精制豆油”是指对“初榨豆油”进行提纯，但未经化学改性；“氢化”和“氧化”则是经过了化学改性。

（2）引用归类依据。根据相关的品目条文可知：品目 1507 包括初榨及精制的豆油，但未经化学改性；品目 1516 包括经过“氢化”的豆油；品目 1517 包括“混合油”；品目 1518 包括经“氧化”的豆油。

（3）确定商品编码。根据归类总规则一及六的规定，本任务商品应归入以下商品编码：初榨豆油归入商品编码 1507.1000；精制豆油归入商品编码 1507.9000；氢化豆油归入商品编码 1516.2000；氧化豆油归入商品编码 1518.0000；混合豆油归入商品编码 1517.9090。

**思考题：**

人造黄油与天然黄油之间如何区分？二者应归入的商品编码是什么？

## 任务训练

请对以下商品进行归类：

1．初榨的亚麻子油（未经化学改性）。

2．未炼制的鸡脂肪。

3．未炼制的羊脂肪。

4．由25%氢化棕榈油、30%氧化花生油、45%初榨豆油组成的混合油。

5．印度酥油（黄油）。

# 项目评价

**考核评价表**

<table>
<tr><th>学习目标</th><th>评价项目</th><th>自我评价（30%）</th><th>组间评价（30%）</th><th>教师评价（40%）</th></tr>
<tr><td rowspan="4">专业知识<br>（30分）</td><td>动、植物油脂产品的商品知识</td><td rowspan="4"></td><td rowspan="4"></td><td rowspan="4"></td></tr>
<tr><td>动、植物油脂产品的分类</td></tr>
<tr><td>动、植物油脂产品允许的加工程度</td></tr>
<tr><td>重要的章注释、品目注释、品目条文</td></tr>
<tr><td rowspan="3">专业能力<br>（40分）</td><td>准确把握归类依据</td><td rowspan="3"></td><td rowspan="3"></td><td rowspan="3"></td></tr>
<tr><td>掌握常见动、植物油脂产品的归类原则</td></tr>
<tr><td>准确运用归类总规则</td></tr>
<tr><td rowspan="5">职业素养<br>（30分）</td><td>积极主动、团队合作精神</td><td rowspan="5"></td><td rowspan="5"></td><td rowspan="5"></td></tr>
<tr><td>沟通协调能力</td></tr>
<tr><td>思辨能力</td></tr>
<tr><td>解决问题能力</td></tr>
<tr><td>谨慎细心的工作态度</td></tr>
<tr><td colspan="2">教师建议：</td><td colspan="3" rowspan="2">评价标准：<br>A．优秀（≥ 80分）　B．良好（70 ～ 80分）<br>C．基本掌握（60 ～ 70分）　D．没有掌握（< 60分）</td></tr>
<tr><td colspan="2">个人努力方向：</td></tr>
</table>

# 项目五

# 食品；饮料、酒及醋；烟草、烟草及烟草代用品的制品；非经燃烧吸用的产品，不论是否含有尼古丁；其他供人体摄入尼古丁的含尼古丁的产品的归类

## 学习目标

◆ **知识目标**

熟悉本类各章与第一类、第二类有关动、植物原料的对应关系，掌握食品、饮料、酒、醋、烟草、饲料的商品知识及加工方式。

◆ **能力目标**

掌握本类各章商品的归类方法；能够正确运用归类依据对食品、饮料、酒、醋、烟草、饲料进行准确归类。

◆ **素质目标**

通过对商品归类的训练，培养诚信、自律的工作作风。

## 项目导入

通过本类的学习，了解第四类商品的结构范围，理解本类中相关的商品的名词解释，掌握食品、饮料、烟草归类的要点。

**学习重难点：**

混合食品、均化食品归类的原则，以及易与本类商品混淆的商品的比较分析。

## 项目要点

### 一、本类商品范围

第四类共有九章，可分为下述六组产品：

（1）主要以动物产品为原料的食品（第十六章）。

（2）主要以植物产品为原料的食品（第十七章至第二十章）。

（3）杂项食品（第二十一章）。

（4）饮料、酒及醋（第二十二章）。

（5）食品工业残渣及配制的动物饲料（第二十三章）。

（6）烟草及其制品（第二十四章）。

第一类和第二类中有几个品目的产品虽然是深加工，但不归到第四类，例如：①品目 0210 的熏肉；②品目 0305 的熏鱼，品目 0306 的熏的甲壳动物，品目 0307 的熏的软体动物，品目 0308 的熏的水生无脊椎动物；③品目 0306 的蒸过或用水煮过的带壳的甲壳动物；④品目 0407 和品目 0408 的煮过的禽蛋；⑤品目 0504 的熏的动物的肠、膀胱、胃；⑥品目 0710 与品目 0811 的不论是否蒸煮过的冷冻蔬菜、水果、坚果；⑦品目 0901 的经过焙炒的咖啡；⑧品目 1107 的不论是否焙制的麦芽。

## 二、本类注释

本类只有一条类注释，与第二类的类注相同，对本类所称的“团粒”做了规定。

## 三、本类商品归类要点

本类包括食品、饮料、醋、烟草及其制品和动物饲料，一般以第一类和第二类的动植物产品为原料，而加工程度超过第一、二类所允许的范围。

（1）第一、二类与第三、四类之间的相互关系如图 5-1 所示。

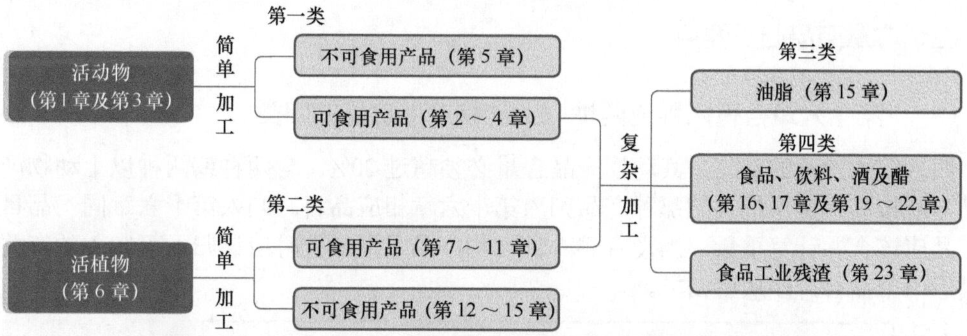


图5-1　第一、二类与第三、四类之间的相互关系

（2）第一、二类相关章与本类相关章的对应关系见表 5-1。

表5-1　第一、二类相关章与本类相关章的对应关系

| | | | | | | |
|---|---|---|---|---|---|---|
| 简单加工 | 第 2、3 章及第 5 章可食用产品 | 第 7、8 章 | 第 9 章 | 第 10 章 | 第 10、11 章 | 第 12 章 |
| 复杂加工 | 第 15、16 章 | 第 20 章 | 第 21 章 | 第 11 章 | 第 19 章 | 第 15、20 章 |

# 任务一

## 肉、鱼、甲壳动物、软体动物及其他水生无脊椎动物以及昆虫的制品的归类

### 知识准备

## 一、本章商品范围及结构

第十六章商品范围包括以动物产品为主要原料的食品。这些食品一般以第二章和第三章的动物产品为原料，采用除第二章和第三章所列加工方法以外的其他方法（例如，蒸、煮，煎、烤、炸、炒、均化、混合、加调味料等）制作而成。

本章共有 5 个品目，其排列顺序为：1601 香肠→ 1602 肉、食用杂碎、动物血其他制品→ 1603 肉、鱼等动物产品的精、汁→ 1604 ～ 1605 鱼、甲壳动物、软体动物的制品。

## 二、本章注释简介

本章有两条章注和两条子目注释。

### （一）章注释

章注一指出本章不包括用第二章、第三章、第四章注释六及品目 0504 所列方法制作或保藏的动物产品。

章注二规定归入本章的食品，其动物产品含量必须超过 20%，而对于含有两种或两种以上动物产品的食品，应按其中重量最大的产品归入本章相应的品目。但第十九章的包馅面食及第二十一章的调味品和汤料制品不受此规定限制。

### （二）子目注释

子目注释一对子目 1602.10 的均化食品做了规定。

子目注释二指出品目 1604 或 1605 中子目所列的是鱼及甲壳动物的俗名。

## 三、本章商品归类要点

### （一）第十六章含有两种或两种以上动物产品食品的归类

归入第十六章的食品，其动物产品含量必须超过 20%。含两种或两种以上动物产品的食品，应按其中重量最大的那种产品归入第十六章相应品目。归入第十六章同一品目的动物产品应该合并计算重量，当没有哪一种动物产品重量最大时应该归入可归入的有关品目中最后一个品目，即从后归类。

**例1：按重量计含牛肉15%、鱼块20%、猪肉10%、茄子55%的袋装食品。**

说明：该食品中动物产品的含量（15%+20%+10%=45%）超过了食品总重量的 20%，符合本章章注二的条件，所以确定归入本章。在确定品目时，由于牛肉食品和猪肉食品同属于品目 1602 下的产品，两者合并后的总含量（15%+10%=25%）超过了属于品目 1604 的鱼食品的含量（20%），故确定归入品目 1602。在确定子目时，比较牛肉的含量和猪肉的含量，确定按牛肉食品归入商品编码 1602.5090。

**例2：某罐头食品按重量计含有10%的鸡肉、10%的猪肉、15%鱼肉、55%的蔬菜，其余为配料。**

说明：因为该食品动物类原料含量超过了 20%，所以应归入第十六章。鸡肉与猪肉为同一品目 1602 项下的原料合并计重达到 20%，超过了鱼肉含量，故该罐头应归入品目 1602。按照从后归类的原则确定一级子目，最终归入商品编码 1602.4910。

### （二）均化食品的归类

“均化”是指使流体内物质（如牛奶中的脂肪球）成为分布均匀的极微小颗粒的过程，均化食品的归类应依据第十六章子目注释一，第二十章子目注释一、二，第二十一章章注三。

均化食品必须满足以下条件：净重小于等于 250 克（这是判断是否为均化食品的前提，只有满足这个条件，才可能是均化食品）；供婴幼儿食用或营养用的。

零售包装均化食品的归类比较见表 5-2。

**表5-2　均化食品的归类比较**

| | | |
|---|---|---|
| **均化动物食品** | 纯肉的（可以是一种肉类，也可以是第一类的动物产品的混合物、血产品的混合物） | 1602.1000 |
| **均化蔬菜食品** | 纯蔬菜的（可以是单一的蔬菜，也可以是第七章蔬菜的混合物） | 2005.1000 |
| **均化果实** | 纯果实的（可以是单一的水果或坚果，包括第八章水果和坚果的混合物） | 2007.1000 |
| **均化混合食品** | 上述两者或三者的混合物 | 2104.2000 |

在均化食品中，可以含有少量的其他配料和少量可见的肉粒。

注意：若净重大于 250 克，则首先确定食品中肉的含量，若肉含量大于 20% 则为第十六章的产品［但排除以下情况：包馅食品（1902.2000）、调味品（2103）及汤料（2104.1000），即使肉的含量大于 20%，也不归到十六章］；若肉含量小于或等于 20%，则为第二十章的产品。

均化食品的归类流程如图 5-2 所示。

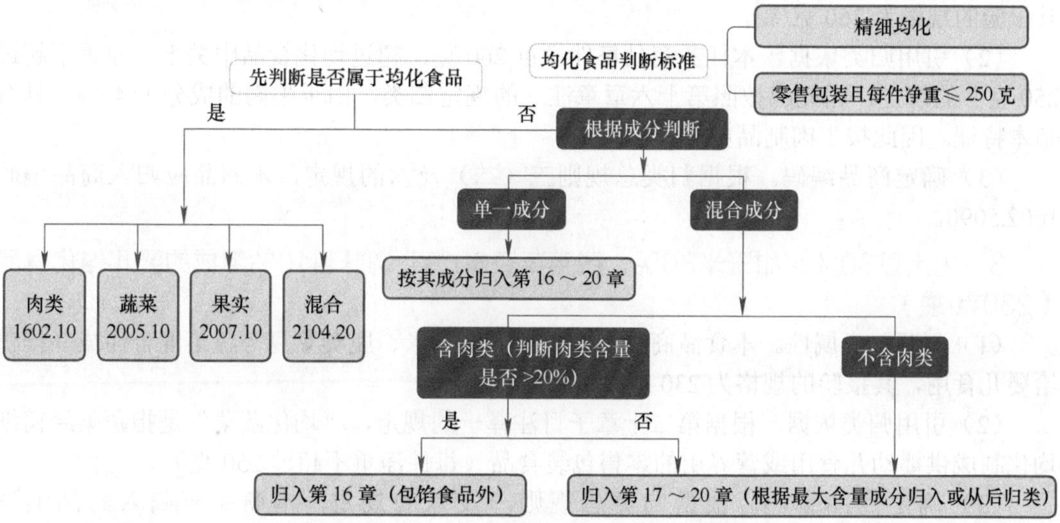


**图5-2　均化食品的归类流程**

## 工作任务

江苏恒诚报关有限公司申报一批零售包装的制成细腻糊状的均化食品，包括：由鱼肉30%、猪肉30%、牛肉40%组成的婴儿食用的食品（240克/袋）；由鱼肉30%、猪肉30%、牛肉40%组成的婴儿食用的食品（260克/袋）；由土豆30%、甜玉米30%、脱荚菜豆30%、调味料10%组成的婴儿均化食品（230克/袋）；由柑橘肉60%、桂圆肉20%、苹果肉20%组成的婴儿食用的食品（220克/袋）。请对以上商品进行归类。

## 任务实施

均化食品包括：均化动物食品（1602.10），主要由动物源性材料组成；均化蔬菜食品（2005.10），主要由蔬菜组成；均化果实（2007.10），主要由果实组成；均化混合食品（2104.20），主要由两种以上食品混合，如蔬菜和动物混合。上述商品都经过均化处理并制成细腻糊状。

### 1. 由鱼肉30%、猪肉30%、牛肉40%组成的婴儿食用的食品（240克/袋）

（1）判断归类属性。本食品商品是由鱼肉、猪肉、牛肉混合而成并提供给婴儿食用，其报验的规格为 240 克/袋。

（2）引用归类依据。第十六章章注二的规定：本章的食品按重量计必须含有 20% 以上的香肠、肉、食用杂碎、动物血、昆虫、鱼、甲壳动物、软体动物或其他水生无脊椎动物及其混合物。但本商品不能根据归类总规则三（二）具有基本特征的牛肉食品归类（牛肉占 40%，具有基本特征），因为根据子目注释一可知子目 1602.10 的“均化食品”，是指用肉、食用杂碎、血或昆虫经精细均化制成适合供婴幼儿食用或营养用的零售包装食品（每件净重不超过 250 克）。

（3）确定商品编码。根据归类总规则一及六的规定，本商品应归入商品编码 1602.1000。

### 2. 由鱼肉30%、猪肉30%、牛肉40%组成的婴儿食用的食品（260克/袋）

（1）判断归类属性。本食品商品是由鱼肉、猪肉、牛肉混合而成并提供给婴儿食用，其报验的规格为 260 克/袋。

（2）引用归类依据。本任务商品每件净重 260 克，超过均化食品中关于“净重不超过 250 克”的规定，因此应按照第十六章章注二的规定归类，由于牛肉的成分占 40%，具有基本特征。因此按牛肉制品归类。

（3）确定商品编码。根据归类总规则三（二）及六的规定，本商品应归入商品编码 1602.5090。

### 3. 由土豆30%、甜玉米30%、脱荚菜豆30%、调味料10%组成的婴儿均化食品（230克/袋）

（1）判断归类属性。本食品商品是由土豆、甜玉米、脱荚菜豆等蔬菜混合而成并提供给婴儿食用，其报验的规格为 230 克/袋。

（2）引用归类依据。根据第二十章子目注释一的规定，“均化蔬菜”是指蔬菜经精细均化制成供婴幼儿食用或营养用的零售包装食品（每件净重不超过 250 克）。

（3）确定商品编码。根据归类总规则一及六的规定，本商品应归入商品编码 2005.1000。

### 4. 由柑橘肉60%、桂圆肉20%、苹果肉20%组成的婴儿食用的食品（220克/袋）

（1）判断归类属性。本食品商品是由柑橘肉、桂圆肉、苹果肉等果实混合而成并提供给婴儿食用。其报验的规格为 220 克/袋。

（2）引用归类依据。根据第二十章子目注释一的规定，“均化食品”是指果实经精细均化制成供婴幼儿食用或营养用的零售包装食品（每件净重不超过 250 克）。

（3）确定商品编码。根据归类总规则一及六的规定，本商品应归入商品编码 2007.1000。

## 任务训练

请对以下商品进行归类：

1．水煮后经冷冻的去壳对虾（塑料袋密封包装，每袋500克）。

2．大麻哈鱼，经切块加入调料烹煮加工后制成罐头。

3．一种可用微波炉加热的方便快餐食品，净含量250克，其中含面条150克、鸡块50克、卷心菜30克、鱿鱼丝20克，食品已预先烧制过，装于一次性泡沫塑料盒中。

4．一种可用微波炉加热的方便快餐食品，净含量250克，其中含面条200克、鸡块20克、卷心菜30克，食品已预先烧制过，装于一次性泡沫塑料盒中。

5．东北水饺（含猪肉30%、甜玉米30%、面粉40%）。

6．密封塑料袋装婴儿均化食品，成分含量：牛肉30%、胡萝卜65%、其他配料5%，净重200克。

7．密封塑料袋装婴儿均化食品，成分含量：牛肉30%、胡萝卜65%、其他配料5%，净重500克。

8．包心鱼丸，1 000克/袋，配料：鳗鱼肉50%、面粉20%、猪肉20%、河虾5%、香菇5%。制作过程：将鳗鱼肉泥与面粉混合加水搅拌，挤捏成丸状，以猪肉、河虾、香菇剁碎做馅，煮熟、冷却后装袋速冻。

9．美味鸭舌，一种风味小吃，真空包装，15克/包。

10．煮熟的猪肝罐头。

## 任务二

# 糖及糖食的归类

### 知识准备

#### 一、本章商品范围及结构

第十七章商品范围包括糖、糖浆、人造蜜、焦糖、提取或精炼糖所剩下的糖蜜以及糖食，还包括化学纯的蔗糖、乳糖、麦芽糖、葡萄糖及果糖，其他化学纯糖则归入第二十九章。本章的固体糖和糖蜜可加香料或着色剂，但加香料或着色剂的糖浆归入商品编码2106.9090。易误归入本章的货品主要有：含有可可的糖食。

本章共有 4 个品目，其排列顺序为：1701 ～ 1702 糖→ 1703 糖蜜→ 1704 糖食。

#### 二、本章注释简介

本章有一条章注和两条子目注释。

章注指出本章不包括：含有可可的糖食（归入品目 1806）；品目 2940 的化学纯糖，以及第三十章的含糖药品。

子目注释对子目 1701.12、1701.13 及 1701.14 的“原糖”和 1701.13 的“非离心甘蔗糖”做出了明确的界定。

#### 三、本章商品归类要点

##### （一）糖的归类

1. 固体糖

（1）甘蔗糖、甜菜糖。固体甘蔗糖、甜菜糖归入品目 1701。其中，甘蔗原糖和甜菜原糖归入子目 1701.12 和 1701.13，其他固体甘蔗糖、甜菜糖（如砂糖、绵白糖、方糖）按是否加有香料或着色剂而分别归入子目 1701.91 和 1701.99。

（2）其他固体糖。其他固体糖有乳糖、葡萄糖、果糖、麦芽糖及从甘蔗或甜菜以外其他原料提取的蔗糖，以及其他糖，不论是否含有添加的香料或色料，均应归入品目1702。

但是，由于商品乳糖主要从乳清中制得，如果按重量计干燥无水乳糖含量在95%及以下的，应作为乳清制品归入品目0404。

#### 2. 其他形状的糖（糖浆）

其他形状的糖（如甘蔗或甜菜糖浆、乳糖浆、葡萄糖浆、果糖浆），它们可以是将糖溶于水制得，也可以是在糖提纯的过程中所得的糖汁及糖浆。根据品目1702的条文规定，这些糖浆只有在未加香料或着色剂时，才能归入品目1702；如果加入了香料或着色剂，则应归入品目2106。

### （二）人造蜜与糖蜜的归类

人造蜜归1702.9090，天然蜂蜜归0409.0000，但是天然蜂蜜与人造蜜的混合物归入1702.9090。

### （三）巧克力的归类

大部分巧克力归入品目1806，只有白巧克力（不含可可）才归入本章的品目1704。白巧克力指由糖、可可脂（可可脂不应视为可可）、奶粉及香料组成的食品。

### （四）糖食的归类

糖食，是以糖（糖浆）为主要原料，添加香料、果料、乳制品、凝胶剂及其他辅料，按一定工艺制成的固体或半固体甜味食品。例如硬糖果、软糖果、蛋白杏仁糖果、口香糖、果仁糖果、糖果包装的果子冻及果子膏，以及用蔗糖、蔗糖浆制得的软糖膏（用于制软糖、糖果及巧克力等的糖馅）。

以糖（糖浆）为原料制得的糖食归入品目1704，而以合成甜味剂替代糖作原料制得的“糖食”（主要供糖尿病患者用）则不属于本章的糖食，因而不能归入品目1704，而应归入品目2106。

## 工作任务

江苏恒诚报关有限公司申报一批糖食，包括酒心巧克力（重量1千克）、酒心白巧克力（重量1千克）、化学纯乳糖（乳糖含量98%）、化学纯山梨糖等商品。请对以上商品进行归类。

## 任务实施

#### 1. 酒心巧克力（重量1千克）

（1）判断归类属性。巧克力是一种由糖、可可脂、奶粉、香料、可可膏混合制成的食品。酒心巧克力多为圆锥形，最外层是巧克力壳，中间是糖做的硬壳，最里面有液体酒。本商品归类时似可按糖食归入第十七章，也可按可可制品归入第十八章。

（2）引用归类依据。根据第十七章章注规定，第十七章不包括含有可可的糖食，因此酒心巧克力应按“夹心巧克力”归入第十八章。

（3）确定商品编码。根据归类总规则一及六的规定，本商品应归入商品编码1806.3100。

### 2. 酒心白巧克力（重量1千克）

（1）判断归类属性。白巧克力是一种由糖、可可脂、奶粉及香料混合制成的食品。可可脂是可可豆中的脂肪物质，不应将其视为可可。因此，本商品不应视为含可可的糖食归入第十八章。

（2）引用归类依据。本任务商品应视为不含可可的糖食归入第十七章，此外品目1704已有白巧克力具体列名。

（3）确定商品编码。根据归类总规则一及六的规定，本商品应归入商品编码1704.9000。

### 3. 化学纯乳糖（乳糖含量98%）

（1）判断归类属性。乳糖是指由哺乳动物的乳中分出的一种双糖，属于化学纯糖，归类时应按糖类归入第十七章。

（2）引用归类依据。根据第十七章章注二的归类规定以及品目1702已有该商品具体列名，因此本商品应归入第十七章。

（3）确定商品编码。根据归类总规则一及六的规定，本商品应归入商品编码1702.1900。

### 4. 化学纯山梨糖

（1）判断归类属性。山梨糖是由山梨醇经细菌氧化而制得的一种单糖，属于化学纯糖，归类时似可按糖类归入第十七章。

（2）引用归类依据。根据第十七章章注二的归类规定，第十七章不包括品目2940的化学纯糖（蔗糖、乳糖、麦芽糖、葡萄糖及果糖除外）及其他产品。由于本商品不属于第十七章所列化学纯糖的商品范畴，因此，本商品不能归入第十七章。

（3）确定商品编码。根据归类总规则一及六的规定，本商品应归入商品编码2940.0090。

## 任务训练

请对以下商品进行归类：

1．棒棒糖。

2．已加香料或着色剂的糖浆。

3．黄箭牌口香糖（零售包装）。

4．糖果包装的果冻。

5．按重量计蔗糖含量占15%的甘草浸膏（制成糖食）。

# 任务三

## 可可及可可制品的归类

## 知识准备

### 一、本章商品范围及结构

第十八章商品范围包括各种形状的可可、可可脂、可可油及含可可食品。但下列含可可的食品不归入本章：

（1）发酵或酸化的乳及奶油（归入品目 0403）。

（2）可可粉含量在 50% 以下的粮食粉、淀粉或麦精制食品，以及可可粉含量在 10% 以下的用品目 0401 至 0404 所列货品制的食品（归入品目 1901）。

（3）可可粉含量不超过 8% 的膨化或焙炒谷物（归入品目 1904）。

（4）糕点饼干及类似品（归入品目 1905）。

（5）冰淇淋及其他冰制食品（归入品目 2105）。

（6）饮料及复合酒精制品（归入品目 2202、2208）。

（7）药品（归入品目 3003、3004）。

本章共有 6 个品目，其排列顺序为：1801 可可豆→ 1802 可可荚、壳、皮及废料→ 1803 可可膏→ 1804 可可脂→ 1805 未加糖的可可粉→ 1806 可可食品。

## 二、本章注释简介

本章有两条章注释。

章注一指出本章不包括的含可可的货品。

章注二说明品目 1806 包括含有可可的糖食及章注一所列以外的其他含可可食品。

## 三、本章商品归类要点

### （一）可可的加工

要掌握本章的归类，首先需要对可可的加工过程有一定的了解。可可豆是可可树的种子，大量存在于可可果内，可可豆经焙炒易于去壳，仁易粉碎，便于浓缩及改善香味。焙炒后，将壳、皮、胚芽和破碎的可可仁（可可碎粒）分开。本章的生可可豆是第四类中为数不多的初级产品之一，不能误按植物的初级产品归入第二类。

可可膏通过碾磨焙炒可可豆（已除净壳、皮和胚芽）而得，其产品呈固态片状、团状或块状。这种状态的可可膏虽可制糖食，但通常却用于生产可可脂、可可粉及巧克力。

可可脂是可可豆中的脂肪物质，通常用热压可可膏或整颗可可豆制得。

可可粉通过粉化半脱脂的可可膏而得。

巧克力主要由可可膏及糖或其他甜物质组成，通常加有香料及可可脂，也有用可可粉及植物油替代可可膏的，有时还加入乳、咖啡、榛子、杏仁、橘皮等。

白巧克力是由糖、可可脂、奶粉及香料组成，因不含可可（可可脂仅是可可中的脂肪成分，不能看成是可可），所以不能归入本章，而应作为不含可可的糖食归入品目 1704。

### （二）含可可的食品及糖食的归类

含可可的食品及糖食一般归入品目 1806，但构成其他品目基本特征的含可可的食品不归入本章。

不归入本章的含可可的食品包括：含可可的酸奶及其他产品归入品目 0403；白巧克力归入品目 1704；按重量计含全脱脂可可在 40% 以下的细粉、粗粒、粗粉、淀粉或麦精制的其他品目未列名的食品（见品目 1901 的品目条文）归入品目 1901；按重量计含全脱脂可可在 5% 以下的，品目 0401 ～ 0404 所列货品制的其他品目未列名的食品（见品目

1901 的品目条文）归入品目 1901；按重量计含全脱脂可可不超过 6% 的膨化或焙炒谷物（见第十九章注释）归入品目 1904；含可可的糕饼点心、饼干及类似焙烘品归入品目 1905；含有任何比例可可的冰淇淋及其他冰制食品归入品目 2105；即可饮用的含可可饮料（不论是否含酒精）归入第二十二章。

## 工作任务

江苏恒诚报关有限公司申报口一批可可商品，包括含有可可的饮料10 000瓶、含有可可的维生素C片5 000瓶、含有可可的夹心甜饼干5 000盒。请对以上商品进行归类。

## 任务实施

### 1. 含有可可的饮料

（1）判断归类属性。含有可可的饮料归类时似可按可可食品归入第十八章，也可按饮料归入第二十二章。

（2）引用归类依据。根据第十八章章注一的归类规定：本章不包括品目 2202 的制品。

（3）确定商品编码。根据归类总规则一及六的规定，本商品应归入商品编码 2202.9900。

### 2. 含有可可的维生素C片

（1）判断归类属性。含有可可的维生素 C 片归类时似可按可可食品归入第十八章，又可按药品归入第三十章。

（2）引用归类依据。根据第十八章章注一的归类规定：本章不包括品目 3004 的制品。

（3）确定商品编码。根据归类总规则一及六的规定，本商品应归入商品编码 3004.5000。

### 3. 含有可可的夹心饼干

（1）判断归类属性。含有可可的夹心饼干归类似可按可可归入第十八章，也可按饼干归入第十九章。

（2）引用归类依据。根据第十八章章注一的归类规定：本章不包括品目 1905 的制品。

（3）确定商品编码。根据归类总规则一及六的规定，本商品应归入商品编码 1905.3100。

## 任务训练

请对以下商品进行归类：

1. 含有可可的酸奶（可可含量6%以下）。
2. 蛋形巧克力（内装小玩具）。
3. 由蛋粉、奶粉、麦粉及可可组成的调制粉状食品（全脱脂可可含量为4%，非婴儿用，每件净重500克）。
4. 巧克力酱（瓶装，净重500克）。
5. 可可脂（块状报验）。

# 任务四

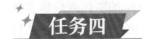

## 谷物、粮食粉、淀粉或乳的制品；糕饼点心的归类

### 知识准备

#### 一、本章商品范围及结构

第十九章商品范围包括通常用谷物粉、淀粉、面粉等植物质粉或乳品制成的食品。但应注意，本章除品目 1902 的包馅面食外，其他食品如含有肉、鱼等动物产品，其含量不得超过总重量的 20%。

本章不包括：

（1）可可粉含量在 50% 及以上的粮食粉、淀粉或麦精制的食品和可可粉含量在 10% 及以上的乳品制的食品，以及可可粉含量超过 80% 或裹巧克力的谷物制品（归入品目 1806）。

（2）基本成分不是粮食粉、淀粉、麦精或品目 0401 ～ 0404 所列乳品，用来制作奶油糕点，果冻、冰淇淋或类似食品的其他食用粉（一般归入品目 2106）。

（3）专作动物饲料用的粮食粉或淀粉制品（归入品目 2309）。

本章共有 5 个品目，在排列顺序上比较特殊，先是未列名食品然后是列名食品，其排列顺序为：1901 麦精及其他品目未列名的淀粉、谷物粉或乳粉制食品→ 1902 面食→ 1903 珍粉及珍粉的代用品→ 1904 其他方法加工的谷物食品→ 1905 面包、糕点饼干等类似食品。

#### 二、本章注释简介

本章有四条章注释。

章注一指出本章不包括的货品：按重量计含香肠、肉、食用杂碎、动物血、昆虫、鱼、甲壳动物、软体动物、其他水生无脊椎动物及其混合物超过 20% 的食品（第十六章），但品目 1902 的包馅食品除外；用粮食粉或淀粉制的专作动物饲料用的饼干及其他制品（品目 2309）；第三十章的药品及其他产品。

章注二对品目 1901 所称“粗粒”“细粉”及“粗粉”做了明确规定：“粗粒”是指第十一章的谷物粗粒；“细粉”及“粗粉”是指第十一章的谷物细粉、粗粉以及其他章的植物细粉、粗粉及粉末，但不包括干蔬菜、马铃薯和干豆类的细粉、粗粉及粉末（应分别归入品目 0712、1105 和 1106）。

章注三对品目 1904 的商品范围做了进一步说明。

章注四指出品目 1904 所称“其他方法制作的”，是指制作或加工程度超过第十章或第十一章各品目或注释所规定范围的。

#### 三、本章商品归类要点

##### （一）注意结合第四章、第十章和第十一章的相关规定完成本章商品的归类

本章是用谷物、粮食粉、淀粉、果粉等植物质食物粉或乳品制成的食品，用第四章、第十章和第十一章所允许的加工方式加工的产品不能归入本章，应注意结合第四章、第十章和第十一章的相关规定完成本章商品的归类。例如，品目 0401 ～ 0404 的乳品与品目 1901 的乳品的区别：品目 0401 ～ 0404 的乳品，一般除天然乳外只允许加糖等甜物质；而

品目 1901 的乳品，允许加入品目 0401 ～ 0404 不允许加入的物质（例如，加入豆粉、谷物片、酵母等）

### （二）含有动物产品的食品归入本章的条件

除了品目 1902 所列的包馅食品以外，食品中的动物产品（香肠、肉、食用杂碎、鱼、甲壳动物等）的重量不得超过 20%。

**【知识拓展】**

进口婴幼儿奶粉的“八关”

我国以《中华人民共和国食品安全法》为核心，建立了基于风险分析、覆盖境外境内、符合国际惯例的进口食品安全监管法律及制度体系。

以进口婴幼儿奶粉为例，下面介绍海关加强全过程、全方位检验监管，以及国外婴幼儿奶粉通过正常途径出口到我国需要通过的“八关”。

第一关：海关总署对首次申请进口的国家及其产品进行食品安全风险评估。

第二关：境外生产企业经所在国官方推荐，海关总署对奶粉生产企业实施注册。

第三关：奶粉的境外出口商或者代理商、国内进口商等均要向海关备案。

第四关：必须附带出口国官方证书。

第五关：必须附带有产品的检测报告证明奶粉符合我国食品安全标准要求。

第六关：在最小销售包装上必须有中文标签。

第七关：海关对进口奶粉进行检验检疫，合格的签发“入境货物检验检疫证明”。

第八关：奶粉进口商应当建立完善的销售记录备查。

（资料来源：“南京海关12360服务热线”公众号）

## 工作任务

江苏恒诚报关有限公司进口申报一批国外某品牌奶粉，其中奶粉根据其成分分为两种，一种为脱脂奶粉，另外一种为含脱脂奶粉、豆粉、植物油、矿物质和维生素等多种添加物的婴幼儿奶粉。请对以上商品进行归类。

## 任务实施

### 1. 脱脂奶粉

（1）判断归类属性。奶粉是以鲜乳为原料，经预处理及真空浓缩，然后喷雾干燥而制成的粉末状食品。归类时应按乳归入第四章。

（2）引用归类依据。查阅品目，品目 0401 为“未浓缩乳”时指未脱水（液状）的乳品；品目 0402“浓缩乳”是指已脱水（粉状）的乳品，其中商品编码 0402.1000“含脂量不超过 1.5%”是指脱脂或半脱脂的乳粉。

（3）确定商品编码。根据归类总规则一及六的规定，本商品应归入商品编码 0402.1000。

### 2. 含脱脂奶粉、豆粉、植物油、矿物质和维生素等多种添加物的婴幼儿奶粉

（1）判断归类属性。本商品为供婴幼儿使用的由多种成分混成而成的配方奶粉，归类

时似可归入第四章的品目 0402，也可归入第十九章的品目 1901。

（2）引用归类依据。根据查询可知：品目 0402 条文是指浓缩、加糖或其他甜物质的乳；品目 1901 条文是指品目 0401 ～ 0404 所列货品制的其他品目未列名的食品。本商品含脱脂奶粉、豆粉、植物油、矿物质和维生素等多种添加物，其添加成分已超过品目 0402 的商品范畴（0402 只能添加糖或其他甜物质），因此应归入品目 1901。

（3）确定商品编码。根据归类总规则一及六的规定，本商品应归入商品编码 1901.1010。

## 任务训练

请对以下商品进行归类：

1．供早餐用的加有少量糖的燕麦片，已经烘炒加工，冲泡后即可食用。

2．韩式大麦茶，由大麦烘炒磨碎制得，每10克装于纸袋，食用时连袋一起在热水中浸泡。

3．日本手卷水果寿司，用紫菜裹以大米饭、少许水果丁和调料后切成小卷。

4．由添加了食盐、味精等调味物质的土豆（马铃薯）粉制成的食用土豆片。

5．加有奶酪、植物油、精盐等调味料的膨化玉米片。

6．绿豆粉制的干粉丝。

7．冻生馄饨（猪肉韭菜馅，每件净重500克）。

8．未烘烤的比萨饼（表面放有奶酪、西红柿、油、肉等各种配料）。

9．已烘烤的比萨饼（表面放有奶酪、西红柿、油、肉等各种配料）。

# 任务五

## 蔬菜、水果、坚果或植物其他部分的制品的归类

## 知识准备

### 一、本章商品范围及结构

第二十章商品范围包括用蔬菜、水果、坚果或植物的其他部分制成的食品，其制作或保藏方法超过第七章、第八章及第十一章所列的加工范围。

本章共有 9 个品目，其排列顺序为：2001 用醋酸保藏的蔬菜、水果、坚果等→ 2002 ～ 2005 用醋酸以外方法保藏的蔬菜→ 2006 糖渍的蔬菜、水果、坚果等→ 2007 烹煮的果酱、果冻等→ 2008 用醋酸以外方法保藏的水果、坚果等→ 2009 未发酵及未加酒精的水果汁、坚果汁或蔬菜汁。

### 二、本章注释简介

本章有六条章注释和三条子目注释。

### （一）章注释

章注一指出本章不包括用第七章、第八章或第十一章所列方法制作或保藏的蔬菜和果

实，肉、鱼等动物产品含量超过 20% 的食品（应归入第十六章），品目 1905 的烘焙糕饼及其他制品，以及品目 2104 的均化混合食品。

章注二规定制成糖食的果冻、果膏、糖衣杏仁及类似品应归入品目 1704，巧克力糖食应归入品目 1806。

章注三主要对归入品目 2001、2004 和 2005 的货品做了规定。

章注四规定干重量在 7% 及以上的番茄汁应归入品目 2002，而其他番茄汁应归入品目 2009，番茄沙司及其他番茄调味汁则归入品目 2103。

章注五给出品目 2007 所称“烹煮制成的”的定义，即指在常压或减压下，通过减少水分或其他方法增加产品黏稠度的热处理。

章注六规定品目 2009 所称“未发酵及未加酒精的水果汁”的酒精含量不得超过 0.5%。

### （二）子目注释

子目注释一、二对子目 2005.1000 的均化蔬菜和 2007.1000 的均化食品做了规定。

子目注释三规定了子目 2009.12、2009.21、2009.31、2009.41、2009.61 及 2009.71 的“白利糖度值”，即是指直接从白利糖度计读取的度数或在 20℃时从折射计读取的以蔗糖百分比含量计的折射率，在其他温度下读取的数值应折算为 20℃时的折射率。

## 三、本章商品归类要点

### （一）糖渍与糖泡加工方式的区别

糖渍，先用开水处理，然后将产品放入糖浆中反复加热至沸点，使糖浆逐渐浓缩，直至完全浸透产品，使其耐于保藏。糖泡，即用糖水浸泡。糖渍加工的蔬菜、水果、坚果、果皮或植物其他部分应归入品目 2006；糖泡的蔬菜归入品目 2002、2003 或 2005；糖泡水果、坚果、果皮或植物其他食用部分，归入品目 2008。

### （二）水果汁和蔬菜汁的归类

本章包括的水果汁和蔬菜汁，一般通过压榨新鲜的水果或蔬菜而得。这些液汁可以浓缩成结晶体或粉末状，但必须保持原有的基本特征。这些液汁在保持原有特征的条件下，可加入糖或甜味剂、保鲜剂、标准剂等，蔬菜汁还可以加入盐、调味料及香料。根据本章章注六的规定，只有按容量计酒精浓度不超过 0.5% 的水果汁或蔬菜汁（未发酵及未加酒精）才归入品目 2009，若按容量计酒精浓度已超过 0.5% 的水果汁或蔬菜汁要归入第二十二章。根据本章章注四的规定，只有干重量低于 7% 的番茄汁才归入品目 2009，若干重量在 7% 及以上的番茄汁要归入品目 2002。在正常的水果汁或蔬菜汁中加入水，或在浓缩汁中加入的水超出复制原天然汁所需的量，即水果汁或蔬菜汁的稀释品不归入本章，而要归入品目 2202。不同类的水果汁的混合汁、不同类的蔬菜汁的混合汁或水果汁与蔬菜汁的混合汁，均归入子目 2009.9。

### （三）果冻的归类

用糖和水果汁压榨生果或烹煮水果而得，煮沸后冷凝而成的果冻，呈冻状、透明、无果肉碎快，归入品目 2007；用糖、明胶及果汁或人造果精制成的果冻归入子目 2106.9090，做成糖食的果冻归入品目 1704。

## 工作任务

江苏恒诚报关有限公司申报进口1 000千克的菠萝汁，其中200千克为鲜榨菠萝汁（白利糖度值为30），800千克为掺有80%水的鲜榨菠萝汁（白利糖度值为30）。请对以上商品进行归类。

## 任务实施

### 1. 鲜榨菠萝汁（白利糖度值为30）

（1）判断归类属性。鲜榨菠萝汁是一种经压榨新鲜的菠萝而制得的果汁，归类时应按水果制品归入第二十章。

（2）引用归类依据。本商品符合品目2009“未发酵及未加酒精的水果汁”的商品范畴。

（3）确定商品编码。根据归类总规则一及六的规定，本商品应归入商品编码2009.4900。

### 2. 掺有80%水的鲜榨菠萝汁（白利糖度值为30）

（1）判断归类属性。鲜榨菠萝汁归类时似应按水果制品归入第二十章，但由于其掺有80%水已改变了菠萝汁原有的成分特征，因此不能按水果汁归入第二十章品目2009。

（2）引用归类依据。本商品属于饮料符合品目2202“其他无酒精饮料”商品范畴。

（3）确定商品编码。根据归类总规则一及六的规定，本商品应归入商品编码2202.9900。

## 任务训练

请对以下商品进行归类：

1．糖浆浸泡的桂圆肉（非罐头装）。

2．糖渍柠檬皮。

3．一种泡菜，将大白菜、萝卜先用盐腌制，然后配上由葱、洋葱、蒜、虾酱、糖、辣椒等做成的调料，再经发酵一段时间即成，2千克/坛。

4．熟芦笋罐头。

5．绿豆汤罐头，由绿豆煮熟并加糖制成，含固形物约35%。

# 任务六

# 杂项食品的归类

## 知识准备

### 一、本章商品范围及结构

第二十一章商品范围的杂项食品主要包括：咖啡、茶、马黛茶的浓缩品及其制品，烘焙咖啡代用品；酵母和发酵粉；调味品；汤料及其制品；均化混合食品；冰淇淋及其他冰制食品；以及其他品目未列名的食品。

本章共有 6 个品目，包括不能归入其他章的食用产品。由于本章是杂项，所以其结构规律不明显，所涉及的主要商品排列顺序为：2101 经加工的咖啡、茶、马黛茶→ 2102 酵母、发酵粉→ 2103 调料→ 2104 汤料、均化混合食品→ 2105 冰制食品→ 2106 其他未列名食品。

## 二、本章注释简介

本章有三条章注释。

章注一是排他条款，列出了不能归入本章的八类货品。

章注二规定了“含咖啡的焙炒咖啡代用品的精汁”应归入品目 2101。

章注三对品目 2104 所称“均化混合食品”做出了明确定义。

## 三、本章商品归类要点

### （一）咖啡、茶及咖啡代用品的归类

归入本章的咖啡、茶及咖啡代用品的制品，均已超出了第九章所允许的加工程度。这些制品可以是浓缩的精汁或以浓缩精汁为基本成分的制品。

咖啡（未焙炒或已焙炒）归入品目 0901；咖啡精汁及浓缩品归入品目 2101；含任何比例咖啡的烘焙咖啡代用品归入品目 0901；不含咖啡的已烘焙的咖啡代用品及其浓缩汁归入品目 2101。

### （二）调味汁、调味品及汤料的归类

调味汁一般为液状，调味品一般为粉状。调味汁按列名归入品目 2103，而调味品中只有不能归入品目 0904 ～ 0910 的混合调味品（混合调味品中含有一种或多种不归入第九章的香料或调味料）才归入品目 2103，汤料归入品目 2104。有些调味汁和汤料，即使其动物产品含量超过 20% 仍归入品目 2103 或 2104。

### （三）有关芥子及其产品的归类

芥子归入品目 1207；芥子粉（包括用芥子细粉与谷物细粉、姜黄、肉桂、胡椒等混合而成的调制芥末）归入品目 2103；芥子油归入品目 1514；芥子油饼（从芥子提取芥子油后所剩的产品）归入品目 2306；芥子精油归入品目 3301。

### （四）保健食品的归类

以植物精汁、果子精、蜜、果糖等为基料，加维生素，或加入微量的铁化合物制成的保健食品（其包装上一般标有强身健体作用）归入品目 2106；用于预防或治疗疾病的类似保健制品归品目 3003 或 3004。

## 工作任务

江苏恒诚报关有限公司申报进口咖啡产品，包括未浸出的生咖啡豆（哥伦比亚产）、混有咖啡伴侣的速溶咖啡、用于替代咖啡的烘炒麦芽。请对以上商品进行归类。

## 任务实施

### 1. 未浸出的生咖啡豆（哥伦比亚产）

（1）判断归类属性。咖啡是茜草科咖啡属常绿灌木或小乔木，咖啡种子（俗称咖啡豆）经焙炒后研细即为咖啡粉；咖啡豆产地与归类无关。

（2）引用归类依据。依据第二十一章章注一（四）的排他规定，第二十一章不包括品目 0904 ～ 0910 的调味香料或其他产品。咖啡是品目 0901 的具体列名商品。

（3）确定商品编码。根据归类总规则一及六的规定，本商品应归入商品编码 0901.1100。

### 2. 混有咖啡伴侣的速溶咖啡

（1）判断归类属性。速溶咖啡是咖啡豆经加工而得的浓缩精汁，本商品混有通常咖啡饮用时所需的咖啡伴侣（糖和乳等）。

（2）引用归类依据。本商品符合品目 2101 中的“咖啡的浓缩精汁”。

（3）确定商品编码。根据归类总规则一及六的规定，本商品应归入商品编码 2101.1200。

### 3. 用于替代咖啡的烘炒麦芽

（1）判断归类属性。烘炒麦芽是一种咖啡代用品，是用于替代、仿制咖啡或用于掺入咖啡内的烘炒产品。

（2）引用归类依据。本商品未在相关的章标题上列名，因此归类时应按杂项食品归入第二十一章，符合品目 2101 所列相关产品：烘焙菊苣和其他烘焙咖啡代用品及其浓缩精汁。

（3）确定商品编码。根据归类总规则一及六的规定，本商品应归入商品编码 2101.3000。

## 任务训练

请对以下商品进行归类：

1．活性酵母。

2．由多种精制的植物花粉和乳糖制成的营养保健花粉制品。

3．超市出售的复合氨基酸口服液，含多种氨基酸、维生素和微量元素，能保持人体营养平衡，增强机体免疫力，提高健康水平。

4．盒装牛奶雪糕。

5．仅供静脉摄入用的滋养品（未配定剂量、非零售包装）。

6．制可口可乐的原汁。

7．用芥子细粉、醋、酿酒葡萄汁混合制成的芥末酱。

8．调味用果味粉。

9．蚝油。

10．蜂胶胶囊，400粒/瓶，成分包括蜂胶、玉米油、甘油、明胶等，长期服用可调节血糖、降血脂、增强免疫力。

# 任务七

## 饮料、酒及醋的归类

### 知识准备

#### 一、本章商品范围及结构

第二十二章主要包括：水、其他无酒精饮料及冰；经发酵的含酒精饮料；经蒸馏的酒及含酒精饮料、乙醇，以及醋及其代用品。但不包括品目 3004 的中药酒。

本章共有 9 个品目，其排列顺序为：2201 ～ 2202 水及无酒精饮料→ 2203 ～ 2206 发酵饮料→ 2207 ～ 2208 乙醇以及含酒精饮料→ 2209 醋及其代用品。

#### 二、本章注释简介

本章有三条章注释和一条子目注释。

##### （一）章注释

章注一指出本章不包括的货品：本章的产品（品目 2209 的货品除外）经配制后，用于烹饪而不适于作为饮料的制品（通常归入品目 2103）；海水（品目 2501）；蒸馏水、导电水及类似的纯净水（品目 2853）；按重量计浓度超过 10% 的醋酸（品目 2915）；品目 3003 或 3004 的药品；芳香料制品及盥洗品（第三十三章）。

章注二对本章及第二十章和第二十一章所称的“按容量计酒精浓度”做了规定。

章注三对品目 2202 的无酒精饮料做了规定。

##### （二）子目注释

子目注释对子目 2204.10 的汽酒做了规定。

#### 三、本章商品归类要点

##### （一）水的归类

普通天然水、矿泉水、冰、雪，归入品目 2201；加甜味或香料的普通水、矿泉水，归入品目 2202；海水，属于矿产品类，归入品目 2501；蒸馏水、电导水及类似纯净水（即使供食用），属于无机化学品，归入品目 2853；香水等化妆盥洗品，归入第三十三章。

##### （二）醋酸水溶液的归类

按重量计醋酸浓度在 10% 及以下的，归入品目 2209；按重量计醋酸浓度在 10% 以上的，归入品目 2915。

##### （三）各种酒的归类

通常按酒的加工方法可分为发酵酒、蒸馏酒和配制酒。发酵酒主要包括葡萄酒、啤酒、清酒或米酒、苹果酒等；蒸馏酒主要包括威士忌酒、白兰地酒、朗姆酒、伏特加酒和中国的白酒等；配制酒主要包括鸡尾酒、金酒、利口酒、味美思酒、苦味酒等。

对酒进行归类时，要区分是发酵酒还是蒸馏酒。发酵酒，根据酿酒的原料归入品目2203～2206；蒸馏酒，根据其酒精浓度和是否为改性乙醇归入品目2207或2208；配制酒，根据其成分归入品目2205或2206。改性的乙醇及其他酒精是在酒精中掺有其他物质，使其不适合供人饮用，但其工业用途并不受影响。所用的改性剂各国根据本国立法而定，它们通常有木石脑油、甲醇、丙酮、吡啶、芳烃（苯等）、色料。

各种酒及制酒原料的详细归类归纳如下：啤酒归入品目2203；加酒精抑制发酵的酿酒葡萄汁（按容量计酒精浓度要超过0.5%）归入品目2204；鲜葡萄酒（包括加酒精的）归入品目2204；未发酵、未加酒精的葡萄汁归入品目2009；味美思酒及其他加植物或香料的鲜葡萄酒归入品目2205；未改性乙醇，按容量计酒精浓度在80%及以上归入品目2207；未改性乙醇，按容量计酒精浓度在80%以下归入品目2208；改性乙醇，任何浓度归入品目2207。

## 工作任务

江苏恒诚报关有限公司出口申报10 000瓶酒，其中包括以下五种酒：酒精浓度为0.4%的啤酒、“女儿红”牌米酒（酒精浓度15%）、绍兴花雕酒（以黄米为发酵原料）、葡萄白兰地酒、52度五粮液酒。请对以上商品进行归类。

## 任务实施

### 1. 酒精浓度为0.4%的啤酒

（1）判断归类属性。啤酒，也称“麦酒”，是一种以大麦芽及啤酒花为主要原料，经酵母发酵而制成的一种含二氧化碳的低浓度酒精饮料。归类时似应按啤酒归入品目2203。

（2）引用归类依据。根据第二十二章章注三的规定，品目2202所称的“无酒精饮料”，是指按容量计酒精浓度不超过0.5%的饮料。由于本商品酒精浓度小于0.5%，属于无酒精饮料，因此不能归入品目2203，而只能归入品目2202。

（3）确定商品编码。根据归类总规则一及六的规定，本商品应归入商品编码2202.9100。

### 2. “女儿红”牌米酒（酒精浓度15%）

（1）判断归类属性。现代酒类根据酿造方法的不同，可分为蒸馏酒、发酵酒和配制酒三大类，蒸馏酒是将淀粉或糖类经发酵后蒸馏而成，酒精浓度可高达69%；发酵酒是用大麦、大米、水果和酒花等原料经发酵而酿成，酒精含量较低；配制酒的酒精浓度一般为25%～40%，介于蒸馏酒和发酵酒之间。本商品属于发酵酒，归类时应按酒归入第二十二章。

（2）引用归类依据。由于品目没有米酒的相关列名，因此，本商品应按其他发酵酒归入品目2206。

（3）确定商品编码。根据归类总规则一及六的规定，本商品应归入商品编码2206.0090。

### 3. 绍兴花雕酒（以黄米为发酵原料）

（1）判断归类属性。花雕酒属于黄酒，是我国的传统特产酒，花雕酒以黄米为发酵原料，属于发酵酒。

（2）引用归类依据。第二十二章章注三的规定：品目2202所称“无酒精饮料”，是指按容量计酒精浓度不超过0.5%的饮料。含酒精饮料应分别归入品目2203～2206或品目2208。

（3）确定商品编码。根据归类总规则一及六的规定，本商品应归入商品编码2206.0010。

4. 葡萄白兰地酒

（1）判断归类属性。白兰地酒是葡萄酒经蒸馏后所得到的烈性酒，它是一种蒸馏酒，以水果为原料，经过发酵、蒸馏、贮藏后酿造而成。

（2）引用归类依据。蒸馏酒应归入品目2208：蒸馏酒、利口酒及其他酒精饮料。

（3）确定商品编码。根据归类总规则一及六的规定，本商品应归入商品编码2208.2000。

5. 52度五粮液酒

（1）判断归类属性。五粮液为大曲浓香型白酒，产于四川宜宾市，用小麦、大米、玉米、高粱、糯米等粮食发酵、蒸馏而成。

（2）引用归类依据。52度五粮液酒归类时应按白酒归入第二十二章品目2208：蒸馏酒、利口酒及其他酒精饮料。

（3）确定商品编码。根据归类总规则一及六的规定，本商品应归入商品编码2208.9020。

**思考题：**

请对以下果蔬汁进行归类：冷冻的橙汁；番茄汁；蔬菜汁；混合水果汁；果汁饮料。

**任务训练**

请对以下商品进行归类：

1. 瓶装加糖矿泉水。
2. 瓶装饮用蒸馏水。
3. 醋代用品（含醋酸11%，非冰乙酸）。
4. 按容量计浓度为95％的未改性乙醇（瓶装）。
5. “王老吉”凉茶，易拉罐装，含有水、白砂糖、仙草、布渣叶、菊花、金银花、夏枯草、甘草等成分，有清热去火的功效。

# 任务八

## 食品工业的残渣及废料；配制的动物饲料的归类

**知识准备**

### 一、本章商品范围及结构

第二十三章包括食品加工业所剩的残渣和废料，以及配制的动物饲料。这些产品大多数是植物产品，也有一些动物产品，主要用作动物饲料，有些（例如酒槽、粗酒石等）则用于其他工业。

本章共有 9 个品目，其排列顺序为：2301 不适合供人食用的动物产品的渣粉、油渣→2302 ～ 2303 植物的糠及残渣→ 2304 ～ 2306 提炼油脂所剩的残渣→ 2307 酿酒工业的残渣：葡萄酒渣、粗酒石→ 2308 ～ 2309 其他动物饲料（包括配制的）。

## 二、本章注释简介

本章有一条章注释和一条子目注释。

章注对品目 2309 的配制的动物饲料做了规定，指出这些饲料是由动、植物原料加工而成的，且已改变了原料的基本特性。

子目注释为本章子目 2306.41 所称“低芥子酸油菜籽”，是指第十二章子目注释一所定义的油菜籽。

## 三、本章商品归类要点

### （一）不归入本章的废料、残渣的归类

本章不包括的废料、残渣主要有：柑橘属水果或甜瓜的果皮（品目 0814），谷物脱粒后所得的谷壳（品目 1213），提纯油类所剩的油脚（品目 1522），提取或精制糖后剩下的糖蜜（品目 1703），可可荚、壳、皮及废料（品目 1802）。

### （二）区分动物产品、植物产品的归类

本章产品主要由第一类的动物原料和第二类的植物原料得到，因此归类时要注意相互之间的区别：

（1）对于动物产品，一般情况下不适于供人食用的未经加工的动物产品应归入第五章，而通过加工动物产品（除骨、角、壳等外）所得的细粉、粗粉和团粒，适于供人食用的仍归入第二章或第三章，不适于供人食用的则归入品目 2301。

（2）对于植物产品，已在第二类列名的应归入其相应品目。例如，谷物脱粒时产生的谷壳，应归入品目 1213，而大米漂白时脱出的皮则应归入品目 2302；饲料甜菜、饲料胡萝卜应归入品目 1214，而甜菜叶或胡萝卜叶则应归入品目 2308。

## 工作任务

江苏恒诚报关有限公司申报进口动物饲料，包括：颗粒状综合营业性专用狗粮（包装袋印刷精美并标有喂食方法，每袋净重10千克）；猫用饲料（每袋净重100千克，进口后用于拆分包装）。请对以上商品进行归类。

## 任务实施

### 1. 颗粒状综合营业性专用狗粮（包装袋印刷精美并标有喂食方法，每袋净重10千克）

（1）判断归类属性。专用狗粮为动物饲料，且已配制，归类时应按动物饲料归入第二十三章。其用途为狗用，包装状态为印刷精美并标有喂食方法，每袋净重 10 千克属于零售包装。

（2）引用归类依据。本商品应按零售包装饲料归入品目2309。

（3）确定商品编码。根据归类总规则一及六的规定，本商品应归入商品编码2309.1090。

### 2. 猫用饲料（每袋净重100千克，进口后用于拆分包装）

（1）判断归类属性。饲料是指饲喂动物的天然的或经加工的食料，为动物的日常食品，归类时应按动物饲料归入第二十三章。由于该饲料进口后还需拆分包装，因此不属于零售包装饲料。

（2）引用归类依据。本商品应按非零售包装动物饲料归类。

（3）确定商品编码。根据归类总规则一及六的规定，本商品应归入商品编码2309.9090。

## 任务训练

请对以下商品进行归类：

1．豆油渣饼。

2．粗酒石。

3．宝路牌狗食专用罐头，由精细研磨的牛肉（60%）、蔬菜（30%）和其他营养成分（10%）混合而成，400克/袋。

4．白鱼粉（饲料用）。

5．饲料甜菜。

# 任务九

## 烟草、烟草及烟草代用品的制品；非经燃烧吸用的产品，不论是否含有尼古丁；其他供人体摄入尼古丁的含尼古丁的产品的归类

## 知识准备

### 一、本章商品范围及结构

第二十四章主要包括烟草、烟草及烟草代用品的制品。

本章只有4个品目，其排列顺序为：2401烟草及烟草废料→2402雪茄烟及卷烟→2403其他烟草及烟草代用品的其他制品→2404含烟草、再造烟草、尼古丁、烟草或尼古丁代用品，非经燃烧吸用的产品；其他供人体摄入尼古丁的含尼古丁的产品。

### 二、本章注释简介

本章有三条章注释和一条子目注释。

章注一指出药用卷烟归入第三十章。

章注二明确了既可归入品目2404又可归入本章其他品目的产品，应归入品目2404。

章注三对品目2404所称“非经燃烧吸用”的含义进行界定。

子目注释对2403.11所称“水烟料”的含义进行界定。

### 三、本章商品归类要点

（1）本章的烟草是指各种种植的烟草，为天然状态（整株或烟叶）、已制过或已发酵的烟叶。

（2）烟草制品是由烟叶经加工得到的产品，如制成的卷烟、制成的烟斗或卷烟用烟、鼻烟等；而烟草代用品的制品是指由不含烟草但具有某些烟草作用的其他物质组成的代用品的制品。

（3）戒烟用卷烟是专门配制的具有戒烟作用（但不具药物性质）的产品制成的卷烟，也应归入本章的品目2402。

（4）“均化”或“再造”烟草，是将精细切磨的烟叶、烟草废料或粉末聚合而成，不论是否附在衬背上（如用烟柄的纤维素片作衬背），通常为矩形片状或条状，可整片使用或切丝、切碎。

（5）烟草精汁，是用潮润烟叶通过压力提取或用水煮废烟所提取的液汁，主要用于制杀昆虫或寄生虫的药物。

## 工作任务

江苏恒诚报关有限公司申报进口药用卷烟（零售包装）和戒烟用卷烟（由苦丁叶、薄荷叶为原料制成），请对以上商品进行归类。

## 任务实施

### 1. 药用卷烟（零售包装）

（1）判断归类属性。卷烟是指用卷烟纸将烟丝卷制成条状的烟制品，又称香烟。本商品归类时似可按烟草制品归入第二十四章。

（2）引用归类依据。根据第二十四章章注规定，本章不包括药用卷烟（第三十章）。由于本商品为药用卷烟，因此，不能按烟制品归入第二十四章。

（3）确定商品编码。根据归类总规则一及六的规定，本商品应归入商品编码3004.9090。

### 2. 戒烟用卷烟（由苦丁叶、薄荷叶为原料制成）

（1）判断归类属性。“烟草代用品的制品”是指用不以烟草味原料而制得的各式雪茄烟及卷烟。本商品为戒烟用卷烟，归类应按烟草代用品归入第二十四章。

（2）引用归类依据。本商品符合品目2402：烟草或烟草代用品制成的雪茄烟及卷烟的商品范畴。

（3）确定商品编码。根据归类总规则一及六的规定，本商品应归入商品编码2402.9000。

## 任务训练

请对以下商品进行归类：

1．未去梗烟草（烘烤干燥）。

2．咀嚼烟。

3．红中华牌香烟（卷烟）。

4．经专门加工既不含烟草，也不含尼古丁的某种莴苣叶制成的“卷烟”。

5．烟草精汁。

## 项目评价

**考核评价表**

| 学习目标 | 评价项目 | 自我评价（30%） | 组间评价（30%） | 教师评价（40%） |
|---|---|---|---|---|
| 专业知识（30分） | 食品、饮料类等产品的商品知识 | | | |
| | 食品、饮料产品的加工程度 | | | |
| | 食品、饮料类产品与相关类章商品的区别与联系 | | | |
| | 重要的章注释、品目注释、品目条文 | | | |
| 专业能力（40分） | 准确把握归类依据 | | | |
| | 掌握常见食品、饮料产品的归类原则 | | | |
| | 准确运用归类总规则 | | | |
| 职业素养（30分） | 积极主动、团队合作精神 | | | |
| | 沟通协调能力 | | | |
| | 思辨能力 | | | |
| | 解决问题能力 | | | |
| | 谨慎细心的工作态度 | | | |
| 教师建议： | | 评价标准：<br>A．优秀（≥80分） B．良好（70～80分）<br>C．基本掌握（60～70分） D．没有掌握（<60分） | | |
| 个人努力方向： | | | | |

# 项目六
## 矿产品的归类

### 学 习 目 标

- **知识目标**

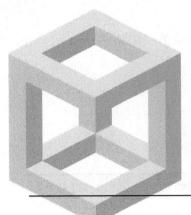

  通过对本类的学习，了解矿产品的分布情况，以及与相关类章的关系；熟悉本类各章的商品范围及结构。

- **能力目标**

  掌握重要矿产品的归类原则，能正确运用归类依据对矿产品进行准确归类。

- **素质目标**

  通过对商品归类的训练，培养风险责任意识、法制意识、灵活处理问题的意识。

## 项目导入

通过对本类的学习，了解矿产品的分布情况、商品范围，了解与相关类、章商品的区别和联系，明确归类易混淆之处，掌握矿产品的主要归类原则并能正确进行商品归类。

**学习重难点：**

本类各章商品所允许的加工程度；相似商品的区分及归类。

## 项目要点

### 一、本类商品范围

第五类共分三章，主要包括从陆地或海洋中直接获取的原料性的矿产品及其经过有限加工的产品。除特殊规定外，矿产品都归入本类。本类包括的矿产品按基本化学成分划分为三大组，并按照第二十五章“盐；硫磺；泥土及石料；石膏料、石灰及水泥（非金属矿产品）”、第二十六章“矿砂、矿渣及矿灰（金属矿砂）”、第二十七章“矿物燃料、矿物油及其蒸馏产品；沥青物质；矿物蜡（有机矿产品）”的顺序排列章次。

### 二、本类注释

本类没有类注释。

## 三、本类商品归类要点

### （一）矿产品的分布情况

除特殊规定外，矿产品都分布于第五类，主要是从陆地或海洋里直接提取的原产状态或只经过洗涤、粉碎等有限加工的矿产品（例如仅切割成矩形的大理石）及矿渣、矿灰；而矿产制品（例如表面经磨光的大理石）则一般归入第十三类。

非金属矿产品一般不得经过煅烧、混合或超过品目所列的加工范围，只包括原产状的或只经过洗涤、粉碎或机械物理方法精选过的货品。金属矿产品则主要是指冶金工业中提炼汞、放射性金属、贵金属及贱金属的矿物，即使这些矿物不用于冶金工业，但不包括以非冶金工业正常加工方法处理的各种矿物。有机矿产品可经过较深的加工，固体矿物燃料可用干馏方法加工，矿物油可经蒸馏处理。

### （二）本类与《协调制度》其他类的关系

矿产品、化工品类商品在《协调制度》中属于第五类、第六类和第七类，归类范围从第二十五章至第四十章，各章之间的关联关系如图 6-1 所示。

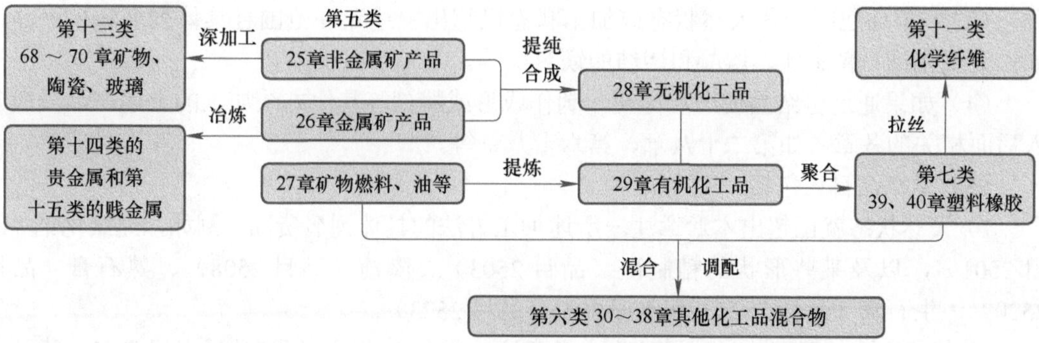


图6-1　第二十五至第四十章各章关联关系图

# 任务一

## 盐；硫磺；泥土及石料；石膏料、石灰及水泥的归类

### 知识准备

## 一、本章商品范围及结构

第二十五章包括天然状态的矿产品，或只允许有限加工的矿产品。

本章共 29 个品目，其排列顺序为：2501 ～ 2504 盐、未焙烧的黄铁矿、硫磺、天然石墨→ 2505 ～ 2522 各种天然砂、土、石料、石膏、石灰等→ 2523 水泥、水泥熟料→ 2524 ～ 2526、2528、2529 石棉、云母、天然冻石、天然硼酸盐、长石等→ 2530 其他品目未列名的矿产品（包括稀土金属矿）。

## 二、本章注释简介

本章共有四条章注释。

章注一说明本章矿产品的加工程度；章注二明确了该章不包括的商品范围；章注三指

明了该章的优先品目 2517；章注四明确了特殊品目 2530 的货品范围。

## 三、本章商品归类要点

### （一）本章矿产品允许的加工方式

（1）本章包括天然状态的矿产品，或只允许下列加工方法：洗涤（包括用化学品清除杂质而不改变矿物本身结构）、破碎、磨碎、研粉、淘洗、细筛、粗筛以及用浮选、磁选或其他机械或物理方法（不包括结晶法）。本章产品可经加热，以除去水分、杂质或达到其他目的，但此种热处理不应改变产品的化学或晶形结构。除了品目条文有明确规定的以外，其他热处理（例如，焙烧、熔融或煅烧）是不允许的。譬如，促使品目 2513 及品目 2517 的产品发生化学或晶形结构变化的热处理是允许的，因为这些品目的品目条文已列明可进行热处理。

（2）本章货品不得经过焙烧、煅烧、混合或超过品目所列的加工范围，但品目条文及本章章注四另有规定的除外，如 2507 的品目条文规定高岭土“不论是否煅烧”，说明高岭土可不受上述条件的限制。

（3）本章还包括一些天然状态或加工状态已超出上述允许范围且具体列名的矿产品，如：纯氯化钠、精制硫、熔凝和烧结的镁氧矿等。

（4）如果通过再结晶使产品提纯，制作成形或雕刻等其他方法加工的上述产品一般归入后面相关的各章，如第二十八章、第六十八章等。

（5）本章品目还包括：

1）天然状态就已超出本章章注一所述加工方法的具体列名货品。例如，纯氯化钠（品目 2501），以及某些形状的精制硫（品目 2503）、陶渣（品目 2508）、熟石膏（品目 2520）、生石灰（品目 2522）和水凝水泥（品目 2523）。

2）其状况或加工方法虽然已超出本章章注一所允许范围，但在品目上已列名的货品。例如，毒重石（品目 2511）、硅质化石粗粉和类似的硅质土（品目 2512）及白云石（品目 2518）可经锻炼；菱镁矿及镁氧矿（品目 2519）可经熔凝或煅烧［僵烧（烧结）或轻烧］。对于僵烧（烧结）镁氧矿，为了便于烧结，可加入其他氧化物（例如，氧化铁、氧化铬）。同样，品目 2506、2514、2515、2516、2518 及 2526 的材料可用锯或其他工具修整或简单切割成矩形（包括正方形）板、块状。

### （二）部分矿产品及其制品的归类

#### 1. 盐（氯化钠）的归类

普通盐、食用盐和纯氯化钠归入品目 2501；加调味料的盐，如芹盐，归入品目 2103；装于安瓿的氯化钠注射液归入品目 3004；每颗重量不低于 2.5 克的培养氯化钠晶体归入品目 3824；氯化钠光学元件归入品目 9001。

#### 2. 黄铁矿的归类

黄铁矿俗称硫铁矿，呈淡黄色粒状或块状，有金属光泽，分为未焙烧和已焙烧两种。未焙烧的黄铁矿主要用于提炼硫，因此按非金属矿归入品目 2502；而已焙烧的黄铁矿因已失去硫，主要成分为三氧化二铁，所以按铁矿砂归入品目 2601。

#### 3. 硫磺的归类

普通硫磺，如自然硫、精制硫、研磨硫，归入品目 2503；升华硫磺、沉淀硫磺及胶态硫磺归入品目2802；配定剂量制成药的硫磺归入品目3004；作为杀菌剂等并制成零售形状或包装的硫磺归入品目3808。

### 4. 石墨及其制品的归类

天然石墨归入品目2504；人造石墨（与天然石墨极为相似，但纯度较高而表观比重较低）归入品目3801；切成特殊形状、经表面加工等制成的石墨制品，非电气用，归入品目6815；经陶瓷般烧制而成的耐火石墨材料归入品目6902或6903；石墨（碳）电极、碳刷归入品目8545。

### 5. 高岭土及其他黏土的归类

高岭土又称陶土，是一种白色或近乎白色的黏土，用于陶瓷和造纸工业。高岭土（不论是否煅烧）归入品目2507；膨润土、脱色土、耐火黏土等普通黏土（不论是否煅烧）归入品目2508；活性黏土归入品目3802、膨胀黏土（用作轻质混凝土的集料或隔热材料）归入品目6806。

### 6. 大理石、花岗岩的归类

（1）大理石是一种硬质的钙质石，结构均匀，颗粒精细，通常为结晶体，不透明或半透明，常因含氧化矿物质而有各种不同的颜色（颜色纹理的大理石、条纹大理石等），但也有纯白色的。原状（指仅按石料天然劈开的石块或石板，其表面通常起伏且凸凹不平），粗加修整或仅切、锯或其他方法加工成矩形的块状、板状的大理石归入品目2515；粒状、碎片或粉状的大理石归入品目2517；经进一步加工，超出本章所允许加工范围的大理石归入品目6802。

（2）花岗岩是一种非常坚硬的粒状结构火成岩，由石英晶体与长石和云母集块而成，其颜色有灰色、绿色、粉红色、红色等。原状，粗加修整或仅切、锯或其他方法加工成矩形的块状、板状的花岗岩归入品目2516；粒状、碎片或粉状的花岗岩归入品目2517；经进一步加工，超出本章所允许加工范围的花岗岩归入品目6802。

## 工作任务

江苏恒诚报关有限公司申报进口大理石板，包括经过简单切割并粗加修整的大理石和边缘斜切的大理石板。请对以上商品进行归类。

## 任务实施

### 1. 经过简单切割并粗加修整的大理石

（1）判断归类属性。大理石属于矿产品，归类时应按矿产品归入第二十五章。

（2）引用归类依据。本商品的加工方式是经过简单切割并粗加修整，符合第二十五章“简单加工”的加工程度，归类时应按矿产品归入品目2515。

（3）确定商品编码。根据归类总规则一及六的规定，本商品应归入商品编码2515.1100。

### 2. 边缘斜切的大理石板

（1）判断归类属性。大理石板边缘已斜切，属已加工的板石，不属粗制品。

（2）引用归类依据。本商品归类时不能按原状或粗加修整的大理石归入品目2515，而应依据品目6802的条文“简单切削或锯开并具有一个平面的其他碑石或建筑用石及其制品”的大理石归入品目6802。

（3）确定商品编码。根据归类总规则一及六的规定，本商品应归入商品编码 6802.2110。

## 任务训练

请对以下商品进行归类：

1．大理石板材，规格120厘米×200厘米，表面、底面切割平整，并且表面经过磨平、抛光处理，用于建筑装修。

2．煅烧过的菱锶矿。

3．升华硫磺。

4．氟碳铈镧矿，用于制取铈族稀土元素。

5．氧化镁（符合化学定义、非培养晶体、非光学元件）。

# 任务二

## 矿砂、矿渣及矿灰的归类

## 知识准备

### 一、本章商品范围及结构

第二十六章包括各种冶金工业的金属矿砂、矿渣及矿灰。也就是在商业上，用于提取第七十一章所列的贵金属（金、银、铂、铱、锇、钯、铑、钌），第十五类所列的贱金属[铁及钢、铜、镍、铝、铅、锌、锡、钨、钼、钽、镁、钴、铋、镉、钛、锆、锑、锰、铍、铬、锗、钒、镓、铪、铟、铌（钶）、铼、铊、汞]及品目 2844 所列金属的矿砂（即使这些矿砂不用于冶金工业，也包括在本章内）。

本章还包括“含铅汽油的淤渣及含铅抗震化合物的淤渣”（品目 2620.21），“焚化城市垃圾所产生的灰、渣”（品目 2621.10）及含有砷、汞、铊及其混合物的矿渣、矿灰及残渣。

本章共 21 个品目，其排列顺序为：2601 铁矿砂→ 2602 ～ 2617 其他贱金属及贵金属矿砂→ 2618 ～ 2621 冶炼金属所产生的熔渣及其他矿渣、矿灰。

### 二、本章注释简介

本章共有三个章注和两个子目注释。

章注一明确了该章的货品范围，章注二明确了品目 2601 ～ 2617 的“矿砂”的概念以及品目 2601 ～ 2617 的商品范围，章注三明确了品目 2620 的货品范围。子目注释一、二分别限定了品目 2620.21 与 2620.60 的货品范围。

### 三、本章商品归类要点

#### （一）品目2601～2617产品的加工范围

可经煅烧、焙烧或燃烧（不论是否烧结）加工（不论引起何种变化）；在不改变所要提炼金属的基本化合物化学成分的前提下，可经过在提炼金属上属正常工序的其他加工

（不包括经多次物理变化制得的近乎纯净产品或改变了基本矿砂的化学成分或晶体结构的精矿），包括物理、物理—化学或化学加工。

（1）物理或物理—化学加工包括：破碎、磨碎、磁选、重力分离、浮选、筛选、分级、矿粉造块（例如通过烧结或挤压等制成粒、球、砖、块状，不论是否加入少量黏合剂）、干燥、燃烧、焙烧以使矿砂氧化、还原或使矿砂磁化等（但不得使矿砂硫酸盐化或氯化等）。

（2）化学加工（例如溶解加工）主要为了清除不需要的物质。

### （二）铁矿砂的种类及其归类

铁矿砂按成分不同分为赤铁矿、黄铁矿、褐铁矿、磁铁矿、菱铁矿。粉状的铁矿砂在冶炼前一般要烧结成粒状或块状。这些矿砂中除未焙烧的黄铁矿归入品目 2502 外，其余均归入品目 2601。

### （三）冶炼钢铁所产生的熔渣的归类

冶炼钢铁所产生的粒状熔渣（如用出高炉后倒入水中的液体浮渣制得粒状熔渣，又俗称熔渣砂）归入品目 2618，冶炼钢铁所产生的非粒状熔渣、浮渣、氧化皮及其他废料归入品目 2619，经破碎并粗略分级的筑路用熔渣归入品目 2517，含碱熔渣（“碱性熔渣”或“托马斯炉熔渣”）归入第三十一章。

### （四）混合矿砂的归类原则

含有一种以上矿物的矿砂及精矿当品目条文有规定时按品目条文归类，否则按归类总规则三（二）或三（三）办理，即按照基本特征或从后归类办理。

**思考题：**

请在网络上查询了解我国矿产资源的分类。

## 工作任务

江苏恒诚报关有限公司申报一批进口黄铁矿，其中部分未焙烧，部分已经焙烧。请对以上商品进行归类。

## 任务实施

### 1. 未焙烧的黄铁矿

（1）判断归类属性。黄铁矿主要由硫化铁组成，为灰色或淡黄色，清除其杂质后有金属光泽，粉状时通常为浅灰色。未焙烧的黄铁矿主要用于提炼硫。因此本商品应按照非金属矿归入第二十五章。

（2）引用归类依据。依据品目 2502 条文的具体列名“未焙烧的黄铁矿”，本商品应归入品目 2502。

（3）确定商品编码。根据归类总规则一及六的规定，本商品应归入商品编码 2502.0000。

2. 已焙烧的黄铁矿

（1）判断归类属性。已焙烧的黄铁矿是指已提炼了硫磺的硫铁矿，由于已去硫，其主要成分已是氧化铁，属于炼铁的原料。因此，本商品归类时不能按非金属矿产品归入第二十五章，而应按金属矿产品归入第二十六章。

（2）引用归类依据。依据品目 2601 条文的具体列名"铁矿砂及其精矿，包括已焙烧的黄铁矿"，本商品应归入品目 2601。

（3）确定商品编码。根据归类总规则一及六的规定，本商品应归入商品编码 2601.2000。

## 任务训练

请对以下商品进行归类：

1．原状铁矿砂（平均粒度大于6.3毫米）。

2．钨矿砂。

3．铜矿砂。

4．生锑。

5．天然朱砂。

# 任务三

## 矿物燃料、矿物油及其蒸馏产品；沥青物质；矿物蜡的归类

## 知识准备

### 一、本章商品范围及结构

第二十七章包括煤及其他天然矿物燃料、石油及从沥青矿物提取的油、这些油的蒸馏产品以及用任何其他方法获得的类似产品，也包括矿物蜡及天然沥青物质。本章的货品可以是天然的，也可以是精制的；除甲烷及丙烷以外，其余的如果是单独的已有化学定义的有机化合物或处于商业纯状态的，应归入第二十九章。第二十七章的煤、石油、天然气可以进行化学提取和其他加工，但经化学提取得到的化工产物能归入本章的仅是一些粗产品，如果经进一步化学提纯，则应归入第二十九章。

本章共有品目 16 个，其排列顺序为：2701 ～ 2703 煤→ 2704 ～ 2708 煤的蒸馏产品→ 2709 原油→ 2710 ～ 2711 矿物油制品、石油气→ 2712 ～ 2715 矿物蜡、沥青等其他产品→ 2716 电力。

### 二、本章注释简介

本章共有三条章注释，五条子目注释。

#### （一）章注释

章注一明确了本章不包括的货品范围，章注二明确了品目 2710 的货品范围。章注二中有一条区别品目 2710 与第三十九章产品的标准，即品目 2710 不包括温度在 300℃时，

压力转为 1 013 毫巴后减压蒸馏出的液体合成聚烯烃的体积计小于 60% 的货品，这些货品归在第三十九章。章注三明确定义了品目 2710 所称的“废油”，并指出了三种主要类型的“废油”。

### （二）子目注释

五条子目注释明确定义了 2701.11“无烟煤”、2701.12“烟煤”、2707.10“粗苯”、2707.20“粗甲苯”、2707.30“粗二甲苯”、2707.40“萘”、2710.12“轻油及其制品”、2710 的子目所称的“生物柴油”。

## 三、本章商品归类要点

### （一）从沥青矿物提取的油及类似油的归类

从沥青矿物提取的油及类似油（还包括那些用任何方法提取的主要含有不饱和烃混合物的油），若非芳族成分的重量超过芳族成分，归入品目 2710；若非芳族成分重量低于芳族成分，则归入品目 2707。

### （二）直接灌注香烟打火机用液体燃料或液化气燃料的归类

包装容器的容量超过 300 立方厘米的归入品目 2711，不超过 300 立方厘米的归入品目 3606。

### （三）沥青的归类

从煤焦油或其他矿物焦油所得的沥青归入商品编码 2708.1000；石油沥青归入商品编码 2713.2000；天然沥青（地沥青）归入商品编码 2714.9010；以天然沥青（地沥青）、石油沥青、矿物焦油沥青为基本成分的沥青混合物归入商品编码 2715.0000；沥青制品（如成卷的沥青）归入商品编码 6807.1000。

### （四）矿物蜡的归类

矿物蜡（不论是原蜡或精制蜡，相互混合蜡或着色蜡，还是用合成方法制得）归入品目 2712；用矿物蜡经化学改性的人造蜡、用矿物蜡同动物蜡、植物蜡等其他材料混合制得的调制蜡、具有人造蜡性质的固体氯化石蜡归入品目 3404；其他氯化石蜡，归入品目 3824。

**【知识拓展】**

守护国之重“气”，保障国家能源战略安全

能源是我国国民经济和社会发展的重要基础，在加强国际合作方面，我国海关发挥职能优势，积极作为，守护国家能源安全。

（1）海关发挥职能优势，保障“一带一路”能源合作，提升我国在国际能源市场的话语权和影响力，维护国家综合能源安全。

（2）海关支持清洁能源发展，服务国家能源重点项目落地见效。

（3）海关保障能源进口，有效平抑国内能源物价。

建设能源节约型社会，践行节能低碳环保的理念。节约无小事，人人皆可为，让我们从身边小事做起，节约每一滴水、每一度电，节约能源，养成正确健康的消费习惯和消费观念，成为国家能源战略的守护者。

（资料来源："中国口岸科学技术"微信公众号）

## 工作任务

江苏恒诚报关有限公司申报进口1 000立方米的液化煤气和液化天然气，请对以上商品进行归类。

## 任务实施

### 1. 液化煤气

（1）判断归类属性。煤气是由煤、焦炭、半焦炭等固体燃料经干馏或气化过程得到的气体产物的总称，包括干馏煤气和气体煤气，液化煤气是将煤气加压液化而成，归类时应作为矿物燃料归入第二十七章。

（2）引用归类依据。依据品目 2711 条文的具体列名"煤气、水煤气、炉煤气及类似气体，但石油气及其他烃类气除外"，本商品应归入品目 2705。

（3）确定商品编码。根据归类总规则一及六的规定，本商品应归入商品编码 2705.0000。

### 2. 液化天然气

（1）判断归类属性。天然气是埋藏在地下的古生物经过亿万年的高温和高压等作用而形成的可燃气，是一种无色无味无毒、热值高、燃烧稳定、洁净环保的优质能源。天然气其主要成分为甲烷。液化天然气是将天然气加压液化而成，归类时应作为矿物燃料归类。

（2）引用归类依据。依据品目 2711 条文的具体列名"石油气及其他烃类气"，本商品应归入品目 2711。

（3）确定商品编码。根据归类总规则一及六的规定，本商品应归入商品编码 2711.1100。

## 任务训练

请对以下商品进行归类：

1．石油原油。
2．天然沥青（地沥青）。
3．航空煤油。
4．润滑油。
5．用过的润滑油。
6．纯丙烷。
7．石蜡（按重量计含油量0.5%）。
8．石脑油。

9．化学纯的甲苯。

10．精制凡士林。

## 项目评价

**考核评价表**

| 学习目标 | 评价项目 | 自我评价（30%） | 组间评价（30%） | 教师评价（40%） |
|---|---|---|---|---|
| 专业知识（30分） | 矿产品的商品知识 | | | |
| | 矿产品的分类情况，与相关章的关系 | | | |
| | 本类矿产品允许的加工程度 | | | |
| | 重要的章注释、品目注释、品目条文 | | | |
| 专业能力（40分） | 准确把握归类依据 | | | |
| | 掌握重要矿产品的归类原则 | | | |
| | 准确运用归类总规则 | | | |
| 职业素养（30分） | 积极主动、团队合作精神 | | | |
| | 沟通协调能力 | | | |
| | 思辨能力 | | | |
| | 解决问题能力 | | | |
| | 谨慎细心的工作态度 | | | |
| 教师建议： | | 评价标准：<br>A．优秀（≥80分） B．良好（70～80分）<br>C．基本掌握（60～70分） D．没有掌握（<60分） | | |
| 个人努力方向： | | | | |

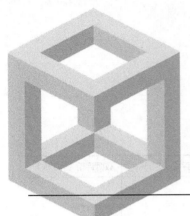

# 项目七
# 化学工业及其相关工业的产品的归类

## 学习目标

◆ **知识目标**

熟悉化工类商品的分布情况，其所在章之间的联系与区别，以及各章的商品范围及结构；了解必要的商品知识，熟悉相关的注释。

◆ **能力目标**

掌握日用化工品的归类要点，能正确运用归类依据对化工品进行准确归类。

◆ **素质目标**

通过对商品归类的训练，培养严谨规范的工作态度和精益求精的工匠精神。

## 项目导入

通过本类的学习，了解化工类商品的必要的商品知识，熟悉重要的注释和品目条文；掌握日用化工品的归类要点，对化工品进行准确归类。

**学习重难点：**

本类商品所涉及的归类原则，特别是优先归类原则；药品、肥料、着色料、感光材料的归类；易与本类商品混淆的商品的比较分析。

## 项目要点

### 一、本类商品范围

第六类共有 11 章（第二十八章至第三十八章），除高分子化工产品、作为材料使用的金属单质及部分石油化工产品外，包括几乎所有的化学工业产品及以化学工业产品为原料的相关工业的产品。本类产品绝大多数是由人工合成的（尤其是基本化工原料部分），例如无机化合物、有机化合物、化肥等。少数产品是以天然的动植物或矿物为原料，经过一系列复杂加工处理制得的，例如精油、明胶等。从总体上讲，本类可分为两大部分：

### （一）第一部分

第一部分由第二十八章的无机化学品（包括部分有机化学品）及第二十九章的有机化学品构成，这些产品都是基本的化工原料，是单独的已有化学定义的化学品（少数产品除外），用于合成或制造其他相关工业的各种制成品。

纯净的无机或有机化合物可以含有“允许杂质”，它们的加入未使产品改变其一般用途而专门适合于某些特殊用途。本部分不包括为了使产品改变一般用途而专门适合于某些特殊用途而故意加入了某些物质的产品（所加入的物质被称为“不允许杂质”），该类产品属于混合物。

### （二）第二部分

本部分商品基本上是不符合化学定义的混合物，是具有特定用途的相关化学工业的产品，按照用途分列章次。

第二部分由第三十章至第三十八章构成，包括药品、化肥、染料、颜料、涂料、香料、表面活性剂及其制品、蛋白质、炸药、感光材料以及杂项化学产品等，属成品范围，是非单独的已有化学定义的化学品（少数除外）。

## 二、本类注释

本类共有四条类注释。

类注一是优先归类条款，规定了可归入优先于本目录或本类其他品目归类的 5 个品目所属货品的归类原则。

类注二是优先归类条款，规定了由于按一定剂量或作为零售包装而可归入 12 个品目货品的优先归类原则。

类注三明确了由两种或两种以上成分（部分或全部成分属于本类）构成的配套货品应具备的条件；规定了该产品的归类原则。

注释四是优先归类条款，规定了其列名或功能既符合第六类中一个或多个品目，又符合品目 3827 的规定的产品，应按列名或功能归入相应品目，而不归入品目 3827。

## 三、本类商品归类要点

### （一）判断是否符合“单独的化学元素及单独的已有化学定义的化合物”的方法

判断一种化工品是否符合“单独的化学元素及单独的已有化学定义的化合物”，可以从以下几方面入手：

（1）单独的化学元素和单独的已有化学定义的化合物指由一种分子组成的物质。其中化学元素由一种元素组成，例如硫（由硫一种元素组成）、氧气（由氧一种元素组成）；化合物由两种或两种以上的元素组成，例如二氧化硫（由氧和硫两种元素组成的无机化合物）、甲醇（由碳、氢、氧三种元素组成的有机化合物），各元素的比例是固定的（如二氧化硫中氧和硫的比例是 2:1），其分子具有确定的结构。

（2）根据第二十八章章注一和第二十九章章注一有关条款的规定，含有杂质或溶于水的单独化学元素和已有化学定义的单独化合物仍归入第二十八章和第二十九章。这里的“杂质”，仅指那些在制造过程（包括纯化过程）中直接产生的存在于单项化学化合物中的物质。这些物质是由于制造过程中的种种原因而产生的，例如：未转化的原料；存在于原料中的杂质；制造过程（包括纯化过程）中所使用的试剂；副产品。但是，如果这些物质是为了改变产品的一般用途，使其适合于某些特殊用途而故意在产品中残留下来的，便不得视作允许存在的杂质。例如，为使乙酸甲酯更适合于作溶剂之用而故意留有甲醇，这种产品即不归入第二十九章，而应归入品目 3814。还有，如果为了使产品专门适合于某些特殊用途而故意加入了某些物质，所加入的物质不得视为可允许含有的杂质。

另外，这些元素和化合物如果溶于水以外的溶剂，就不得归入第二十八章和第二十九章。例如，溶于苯、氨的酒精溶液及溶于氢氧化铝的胶态溶液的氯氧化碳，应归入品目 3824。

（3）上述单独的已有化学定义的元素及化合物，如果为了安全、保存或运输的需要溶于水以外的溶剂或加入了稳定剂，以及为了识别和安全需要加入了抗尘剂或着色剂，只要不使产品改变其一般用途，则仍应归入本章。例如，加入硼酸稳定的过氧化氢仍归入品目 2847；但与催化剂混合的过氧化钠（为了产生过氧化氢用）不归入第二十八章，而应归入品目 3824。

（4）根据第二十九章章注一（二）的规定，第二十九章还包括同一有机化合物的异构体混合物，但无环碳氢异构体（立体异构体除外）的混合物除外。例如，由于邻硝基甲苯与对硝基甲苯属于异构体，则邻硝基甲苯与对硝基甲苯的混合物仍应归入第二十九章。

### （二）本类优先归类原则

根据本类类注一的规定，涉及品目 2844、2845 和 2843、2846、2852 的化工品应优先归类。具体如下：

（1）凡符合品目 2844、2845 的商品，在整个 HS 编码范围内优先归类。即除了放射性矿砂归入第五类外，所有的放射性化学元素、放射性同位素及这些元素与同位素的化合物（不论是无机或有机，也不论是否已有化学定义），即使本来可能可以归入其他品目，也一律归入品目 2844。例如，放射性氯化钠及放射性甘油应归入品目 2844 而不分别归入品目 2501 和 2905；同样，放射性乙醇、放射性金及放射性钴也都一律归入品目 2844。

对于非放射性同位素及其化合物（不论无机或有机，也不论是否已有化学定义）一律归入品目 2845 而不归入其他品目。例如，碳的同位素应归入品目 2845，而不归入品目 2803。

（2）凡符合品目 2843、2846、2852 的商品，在第六类范围内优先归类。即除了品目 2844、2845 外，只要符合品目 2843（胶态贵金属、贵金属汞齐、贵金属的无机或有机化合物）、品目 2846（稀土金属、钇、钪及其混合物的无机或有机化合物）、品目 2852（汞的无机或有机化合物）的商品，应归入这三个品目中，而不归入第六类的其他品目。例如，酪朊酸银应归入品目 2843，而不归入品目 3501；硝酸银，即使已制成零售包装供摄影用，也应归入品目 2843，而不归入品目 3707。

（3）零售包装的化工品的归类。根据本类类注二的规定，如果一种化工品在形式上比较特殊，即制成一定剂量或制成零售包装而且同时符合品目 3004、3005、3006、3212、3303、3304、3305、3306、3307、3506、3707、3808 的规定，则应优先归入上述品目。例如，“零售包装的碱性染料”不能按子目 3204.1300 碱性染料的列名归类，因其处于一种特殊的形式零售包装，且同时符合品目 3212 的规定，因此应归入子目 3212.9000。同理，零售包装的作胶用的糊精应归入品目 3506，而不归入品目 3505。

### （三）化工产品归类流程

化工产品归类流程如图 7-1 所示。

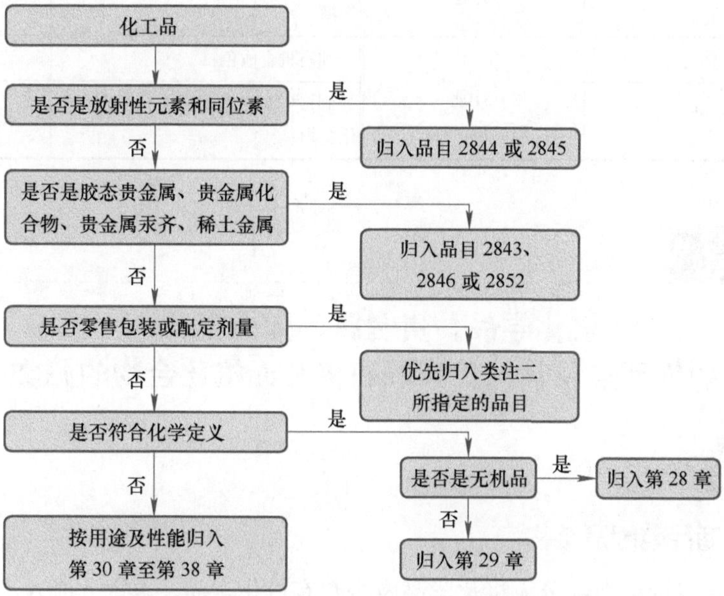


图7-1　化工产品归类流程图

### （四）配套的化工品的归类

根据本类类注三的规定，对于由两种或两种以上单独成分配套的货品，其部分或全部成分属于本类范围以内，混合后则构成第六类或第七类的货品，应按混合后产品归入相应的品目，但其组成成分必须同时符合下列条件：①其包装形式足以表明这些成分不需经过改装就可以一起使用的；②一起报验的；③这些成分的属性及相互比例足以表明是相互配用的。

例如由三种组分配套的某种胶，其中，甲组分是丙烯酸聚氨酯树脂，乙组分是安息香乙醚，丙组分是活性稀释剂，按一定比例配合后使用，如果符合上述三个条件，则应按照甲、乙、丙组分混合后构成的货品胶，归入品目 3506。

### （五）不归入第二十八章或第二十九章的纯净物

不归入第二十八章或第二十九章的纯净物见表 7-1。

表7-1　常见的不归入第二十八章或第二十九章的纯净物

| 商品名称 | 所归品目 | 商品名称 | 所归品目 |
|---|---|---|---|
| 纯氯化钠 | 2501 | 纯硝酸铵 | 3102 或 3105 |
| 纯氧化镁 | 2519 | 纯硫酸铵 | |
| 纯硝酸钠 | 3102 或 3105 | 纯硝酸钙及硝酸镁 | |

（续）

| 商品名称 | 所归品目 | 商品名称 | 所归品目 |
|---|---|---|---|
| 纯氰氨化钙 | 3102 或 3105 | 纯甲烷及丙烷 | 2711 |
| 纯乙醇 | 2207 或 2208 | 化学纯蔗糖 | 1701 |
| 纯尿素 | 3102 | 化学纯乳糖、麦芽糖、葡萄糖及果糖 | 1702 |
| 纯氯化钾 | 3104 | 纯有机合成色料 | 3204 |
| 纯硫酸钾 | | 制成零售包装的已有化学定义的化合物 | 按本类注释二归类 |

# 任务一

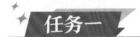

## 无机化学品；贵金属、稀土金属、放射性元素及其同位素的有机及无机化合物的归类

### 知识准备

#### 一、本章商品范围及结构

第二十八章包括绝大部分无机化学品及少数有机化学品。本章分成 6 个分章，共 51 个品目，按商品分子结构从简单到复杂排列，即按化学元素→非金属化合物→金属化合物→杂项产品顺序排列，其具体排列结构如下：

第一分章（品目 2801 ～ 2805）：化学元素。

第二分章（品目 2806 ～ 2811）：无机酸及非金属、无机氧化物。

第三分章（品目 2812 ～ 2813）：非金属卤化物及硫化物。

第四分章（品目 2814 ～ 2825）：无机碱和金属氧化物、氢氧化物及过氧化物。

第五分章（品目 2826 ～ 2842）：无机酸盐、无机过氧酸盐及金属酸盐、金属过氧酸盐。

第六分章（品目 2843 ～ 2853）：杂项产品。

#### 二、本章注释简介

本章有八条章注释，一条子目注释。

#### （一）章注释

章注一明确了除条文另有规定的外，本章各品目仅包括的五类货品范围。

章注二对归入本章的含碳化合物做了明确规定。除以有机物质稳定的连二亚硫酸盐及次硫酸盐（品目 2831），无机碱的碳酸盐及过碳酸盐（品目 2836），无机碱的氰化物、氧氰化物、氰络化物及氰络合物（品目 2837）无机碱的雷酸盐、氰酸盐及硫氰酸盐（品目 2842），品目 2843 至 2846 及 2852 的有机产品，以及碳化物（品目 2849）之外，本章仅包括下列品目的碳化物：2811、2812、2813、2842、2847、2853。

章注三为本章的不包括产品条款，列举了不归入本章的无机产品。但应注意，本条注释为不详尽条款，并不是说不归入本章的无机产品仅限于本条所列产品。有些产品根据类注二或三规定也不归入第二十八章。例如，已配定剂量或制成零售包装形式适合供治疗或预防疾病用的产品应归入品目 3004。

章注四对络酸的归类做了明确规定，即应归入品目 2811。

章注五对复盐及络盐的归类做了明确规定，即除条文另有规定的以外，复盐及络盐应归入品目 2842。

章注六是关于放射性元素及同位素问题，是类注一（一）的补充条款。该条款规定了品目 2844 的产品范围仅限于条款所列的产品。根据本条规定，天然或人造放射性化学元素，天然或人造放射性同位素以及它们的化合物、混合物、残渣均应归入品目 2844。

章注七说明了品目 2853 包括按重量计含磷量超过 15% 的磷化铜（磷铜）。

章注八指出经掺杂用于电子工业的化学元素（例如，硅、硒），如果拉制后未经加工或呈圆筒形、棒形，应归入本章；如果已切成圆片、薄片或类似形状，则归入品目 3818。

### （二）子目注释

子目注释对子目 2852.10 所称“已有化学定义”做出了明确定义。

## 三、本章商品归类要点

### （一）本章不符合化学定义的货品范围

本章的货品一般是单独的化学元素及单独的符合化学定义的纯净物，但是按照品目条文规定，某些不符合化学定义的化合物也归入本章。例如：胶态硫磺（品目 2802）、人造刚玉（品目 2818）、含氧化铁重量在 70% 及以上的土色料（品目 2821）、经有机物稳定的连二亚硫酸盐（品目 2831）、汞的无机或有机化合物，不论是否已有化学定义（品目 2852）。这里的“已有化学定义”是指无机物分子中所含各元素的重量比是固定不变的，即化学计量比不变。

### （二）不归入本章的单独的化学元素及单独的符合化学定义的无机化合物的范围

单独的化学元素及单独的符合化学定义的纯净的无机化合物通常应归入本章，但是按照条文或注释的规定某些单独的化学元素及单独的符合化学定义的无机化合物因为用途等原因不归入本章，而归入其他类、章。这些无机化学品主要包括：

（1）第二十五章的某些符合化学定义的矿产品，例如氯化钠（品目 2501）、硫磺（品目 2503）、氧化镁（品目 2519）等。

（2）第三十一章的某些符合化学定义的无机化学肥料，例如硝酸钠（品目 3102 或 3105）。

（3）人造石墨（品目 3801）。

（4）符合化学定义的宝石、次宝石（金刚石等）、贵金属单质（第七十一章）。

（5）大多数金属单质（第十四类、第十五类）。

（6）某些制成一定剂量或零售包装等状态的纯净的无机化学品，应按其用途分别归类，例如药品（第三十章），颜料（第三十二章），黏合剂及胶（第三十五章），照相用化学制剂（第三十七章），杀虫剂、杀菌剂、除草剂及植物生长调节剂等（第三十八章），经掺杂用于电子工业的高纯度化学元素薄片（第三十八章）。

### （三）不按第三十章至第三十八章所列用途归类的无机化学品

本章有些货品虽然具有与第三十章至第三十八章所属货品相同的用途，但却不归入第三十章至第三十八章，如作肥料用的符合化学定义的氯化铵应归入商品编码 2827.1010。

### （四）放射性物质及同位素的归类

放射性化学元素及放射性同位素（包括可裂变或可转换的化学元素及同位素）及其化合物归入品目 2844；放射性的矿砂归入第五类。

### （五）汞及其汞齐的归类

汞应归入商品编码 2805.4000；贵金属的汞齐应归入商品编码 2843.9000；非贵金属的汞齐应归入商品编码 2853.9090；其他汞的无机或有机化合物归入品目 2852；药用汞的胶态溶液及悬浮液，例如胶体汞（未配定剂量、非零售包装）应归入品目 3003。

### （六）金属元素（单质）的归类

碱金属、碱土金属、稀土金属（镧系）、钪、钇及汞（唯一在室温下呈液态的金属）归入品目 2805；放射性化学元素和同位素归入品目 2844；稳定同位素（非放射性）归入品目 2845；胶态贵金属（即贵金属的胶态悬浮体）归入品目 2843；贵金属单质归入第七十一章；贱金属单质归入第七十二至第八十一章。

### （七）本章部分无机化学品俗名或商业名与化学名对照表（见表7-2）

表7-2　部分无机化学品俗名或商业名与化学名对照表

| 化学名 | 俗名或商业名 | 所属品目 | 化学名 | 俗名或商业名 | 所属品目 |
|---|---|---|---|---|---|
| 汞 | 水银 | 2805 | 氢氧化钠 | 烧碱 | 2815 |
| 六氟铝酸钠 | 人造冰晶石 | 2826 | 碳酸氢钠 | 小苏打 | 2836 |
| 氯化氢水溶液 | 盐酸 | 2806 | 氢氧化钾 | 苛性钾 | 2815 |
| 氯酸钾 | 洋硝 | 2829 | 氧化氘 | 重水 | 2845 |
| 碳酰氯 | 光气 | 2812 | 一氧化铅 | 铅黄、黄丹 | 2824 |
| 碳酸钠 | 纯碱、苏打 | 2836 | 过氧化氢水溶液 | 双氧水 | 2847 |

## 工作任务

江苏恒诚报关有限公司申报一批进口放射性氯化钠和放射性铜矿砂，请对以上商品进行归类。

## 任务实施

### 1. 放射性氯化钠

（1）判断归类属性。氯化钠俗称盐，是一种无机物，归类时似应按盐归入第二十五章，也可按无机物归入第二十八章。

（2）引用归类依据。根据第二十八章章注三（一）的规定，第二十八章不包括氯化钠（不论是否纯净），因此氯化钠应归入商品编码 2501.0020。但对于放射性氯化钠，依据第六类类注释一（一）：如果一种化工品属于放射性化学元素、放射性同位素及它们的无机或有机化合物，应优先归入品目 2844、2845。放射性同位素及它们的无机或有机化合物归入品目 2844；对于非放射性同位素及其化合物，应归入品目 2845。因此，本商品应归入品目 2844。

（3）确定商品编码。根据归类总规则一及六的规定，本商品应归入商品编码 2844.4390。

### 2. 放射性铜矿砂

（1）判断归类属性。铜矿砂是用于提炼金属铜的矿砂，归类时应按金属矿产品（矿砂）归入第二十六章商品编码 2603.0000。但本任务为“放射性铜矿砂”则需考虑是否应归入第二十八章。

（2）引用归类依据。根据第六类类注释一（一）的规定，所有的放射性化学元素及同位素以及它们的化合物（放射性矿砂除外），即使本来可归入 HS 税则其他品目，也应一律归入品目 2844。因此放射性矿砂，仍按矿砂归类。

（3）确定商品编码。根据归类总规则一及六的规定，本商品应归入商品编码 2603.0000。

**思考题：**

危险化学品与危险货物的区别是什么？相关的国际国内的主要法律法规有哪些？

## 任务训练

请对以下商品进行归类：

1．贵金属汞齐。
2．钴60。
3．纯净丙三醇（俗称甘油）。
4．重醋酸。
5．硫化汞。
6．纯碱（化学纯）。
7．放射性乙醇。
8．纯氧化镁。
9．硝酸银（零售包装的摄影制剂）。

# 任务二

## 有机化学品的归类

## 知识准备

### 一、本章商品范围及结构

第二十九章包括大部分已有化学定义的有机化工品，并按化工品分子结构从简单到复杂排列。但不是所有单独的、已有化学定义的化合物均归入第二十九章。如纯净的甲烷及丙烷，不归入本章而归入品目 2711；天然或合成再制的维生素原和维生素等的混合物，仍归入本章的品目 2936；激素（不符合化学定义）仍归入本章的品目 2937。

本章分成 13 个分章，共有 42 个品目，按照商品分子结构从简单到复杂排列。其排列顺序如下：

第一分章（品目 2901 ～ 2904）：烃类及其衍生物。

第二分章（品目 2905 ～ 2906）：醇类及其衍生物。

第三分章（品目 2907 ～ 2908）：酚、酚醇及其衍生物。

第四分章（品目 2909 ～ 2911）：醚、过氧化醇等、缩醛及半缩醛及其衍生物。

第五分章（品目 2912 ～ 2913）：醛基化合物。

第六分章（品目 2914）：酮基化合物及醌基化合物。

第七分章（品目 2915 ～ 2918）：羧酸、酸酐、酰卤化物、过氧化物和过氧酸及其衍生物。

第八分章（品目 2919 ～ 2920）：非金属无机酸酯及其盐及其衍生物。

第九分章（品目 2921 ～ 2929）：含氮基化合物。

第十分章（品目 2930 ～ 2935）：有机－无机化合物、杂环化合物、核酸及其盐以及磺（酰）胺。

第十一分章（品目 2936 ～ 2937）：维生素原、维生素及激素。

第十二分章（品目 2938 ～ 2939）：天然或合成再制的苷（配糖物）、生物碱及其盐、醚、酯和其他衍生物。

第十三分章（品目 2940 ～ 2942）：其他有机化合物。

## 二、本章注释简介

本章有八条章注释和两条子目注释。

### （一）章注释

章注一明确了除条文另有规定的以外，本章各品目适用的 8 类货品。

章注二是排他条款，列出了不能归入本章的 11 类货品。

章注三规定了可以归入本章两个或两个以上品目货品的从后归类规定。

章注四明确了 2904 等品目包括复合衍生物；规定了硝基及亚硝基不应作为品目 2929 的含氮基官能团；明确了 2911 等品目的“含氧基”的含义。

章注五规定了酯、金属醇化物、盐及羧酸酰卤化物、配位化合物等化学品的归类原则。

章注六对品目 2930 及 2931 所属化合物做出了明确定义；强调了不包括某些磺化或卤化衍生物。

章注七是排他条款，列出了品目 2932、2933 及 2934 所列环化功能形成的环内杂原子的化合物的除外货品。

章注八明确了品目 2937 所称的“激素”及“主要起激素作用的”货品的适用范围。

### （二）子目注释

子目注释一阐述了任一品目项下的一种（组）化合物的衍生物在子目的归类规定。

子目注释二明确了章注三阐述的品目从后归类规定不适合本章子目归类。

## 三、本章商品归类要点

（1）归入本章的有机化工品，大多属于单独的已有化学定义的有机化合物，为纯净物。

但也有例外。

1）注意不归入本章的符合化学定义的有机化学物的范围。本章包括单独的已有化学定义的有机化合物，但并不是所有的已有化学定义的有机化合物都归入本章，不归入本章的符合化学定义的有机化学物主要有：化学纯蔗糖（品目 1701）；化学纯乳糖、麦芽糖、葡萄糖及果糖（品目 1702）；乙醇（品目 2207 或 2208）；甲烷及丙烷（品目 2711）；尿素（品目 3102 或 3105）；合成有机色料（包括颜料），以及用作荧光增白剂的合成有机产品（品目 3204）

2）注意归入本章的不符合化学定义的有机化学品的范围。归入本章的不符合化学定义的有机化学品主要有：过氧化酮（品目 2909）、卵磷脂及其他磷氨基类脂（品目 2923）、核酸及其盐（品目 2934）、维生素原及维生素（包括浓缩物及相互混合物）（品目 2936）、激素（品目 2937）、生物碱及其衍生物（品目 2939）、抗生素（品目 2941）。

（2）本章的有机纯净物可以含有杂质，但仅指那些在制造过程（包括纯化过程）中直接产生的、存在于单项化学化合物中的物质。所允许杂质的主要类型有：未转化原料、存在与原料中的杂质、制造过程中使用的试剂、副产品。

归入本章的单一成分的有机化合物同时还包括：它们的水溶液、非水溶液（如丙酮、乙醇等溶液，不得使产品改变一般用途而专门适用于某种用途），为了保存或运输方便而加入稳定剂、抗尘剂、着色剂等添加剂。

（3）本章的某些有机化工品作为生产药品的原料药，必须是未配定剂量、未构成零售包装的形式，若已配定剂量或已构成零售包装，则归入品目 3004。本章具体列名的用做制药的原料有：商品编码 2918.2210 的阿司匹林、商品编码 2924.2920 的对乙酰氨基酚、品目 2936 的维生素、品目 2937 的激素、商品编码 2933.1920 的安乃近、品目 2941 的抗生素［常见的有：青霉素、链霉素、四环素、氯霉素、红霉素、庆大霉素、先锋霉素（主要为头孢类）、麦迪霉素、乙酰螺旋霉素］等。例如：商品编码 2933.1920 的安乃近只包括原料药，如果制成“安乃近”片剂则要归入品目 3004。

（4）本章部分有机化学品俗名或商业名与化学名对照表（见表 7-3）。

**表7-3　部分有机化学品俗名或商业名与化学名对照表**

| 化学名 | 俗名或商业名 | 所属品目 | 化学名 | 俗名或商业名 | 所属品目 |
|---|---|---|---|---|---|
| 三氯甲烷 | 氯仿 | 2903 | 乙二酸 | 草酸 | 2917 |
| 三硝基甲苯 | TNT | 2904 | 邻乙酰水杨酸 | 阿司匹林 | 2918 |
| 丙三醇 | 甘油 | 2905 | 环己基氨基磺酸钠 | 甜蜜素 | 2929 |
| 甲醛水溶液 | 福尔马林 | 2912 | 甲硫氨酸 | 蛋氨酸 | 2930 |
| 乙酸 | 醋酸 | 2915 | 头孢三嗪 | 头孢曲松 | 2941 |

**【知识拓展】**

环戊丙酸睾酮申报不实案

江苏某药业集团股份有限公司委托上海成禾国际货物运输代理有限公司，于2021年2月23日向海关申报出口一般贸易项下货物一票，其中第二项申报为环戊丙酸睾酮40千克，总价CIF 19 600美元，申报商品编号2937290099，报关单号223320210000265015。经海关查验并归类认定，上述出口货物的实际商品编号应为2937290024，与申报不符，需提供“药品出口准许证”。此外当事人于2020年9月2日至2021年1月15日期间出口上述相同货物三票，实际商品编号均应为2937290024，需提供“药品出口准许证”。上述事实业已构成违反海关监管规定的行为。

根据《中华人民共和国海关法》第八十六条第（三）项、《中华人民共和国海关行政处罚实施条例》第十五条第（三）项的规定，对当事人做出如下行政处罚：科处当事人罚款人民币70 000元。

（资料来源：中华人民共和国海关总署官网）

## 工作任务

江苏恒诚报关有限公司申报一批生产维生素的原料，包括维生素$B_2$原药（粉状；8千克装）、维生素$B_2$药丸、维生素C和维生素E的混合物（未配定剂量）。请对以上商品进行归类。

## 任务实施

### 1. 维生素$B_2$原药（粉状；8千克装）

（1）判断归类属性。维生素 $B_2$ 可从酿酒、发酵残余物以及牛肝中提取，但常通过合成制得，为橙黄色结晶体。该商品仅是一种成分，且未配定剂量也未制成零售包装，所以应按纯净有机物归入第二十九章。

（2）引用归类依据。依据品目 2936 条文的具体列名“天然或合成再制的维生素原和维生素（包括天然浓缩物）及其主要用作维生素的衍生物”，本商品应归入品目 2936。

（3）确定商品编码。根据归类总规则一及六的规定，本商品应归入商品编码 2936.2300。

### 2. 维生素$B_2$药丸

（1）判断归类属性。该商品仅是一种成分，归类似可纯净有机物归入第二十九章，并归入品目 2936。

（2）引用归类依据。根据第六类类注二的规定，制成一定剂量或零售包装而可归入品目 3004 的货品，不论是否可归入其他品目，应一律归入品目 3004。

（3）确定商品编码。根据归类总规则一及六的规定，本商品应归入商品编码 3004.5000。

### 3. 维生素C和维生素E的混合物（未配定剂量）

（1）判断归类属性。本商品为混合维生素，归类时似可按有机物归入第二十九章的品目 2936，也可按药品归入第三十章的品目 3004。

（2）引用归类依据。查阅品目 2936 条文，本章商品包括品目 2936 同一品目商品的混合物。

（3）确定商品编码。根据归类总规则一及六的规定，本商品应归入商品编码 2936.9090。若该商品已配成剂量或制成零售包装，则应归入商品编码 3004.5000。

## 任务训练

请对以下商品进行归类：

1．500毫升瓶装化学纯级乙酸乙酯。

2．福尔马林。

3．头孢拉啶（先锋霉素类抗生素原药）。

4．奎宁碱（从金鸡纳树等植物的皮中提制出来的生物碱）。

5．尼龙66盐。

6．磺胺嘧啶（零售包装）。

7．大豆卵磷脂（按重量计算磷脂含量为65%，用于食品工业）。

8．氢化可的松（未配定剂量，非零售包装）。

9．醋酸甲酯（为了使醋酸甲酯能更好地作为溶剂而加入了甲醇）。

10．金霉素原药（未配定剂量、未制成零售包装）。

# 任务三

# 药品的归类

## 知识准备

### 一、本章商品范围及结构

第三十章包括药品及用于医疗、外科、牙科或兽医用的产品，还包括因超过有效保存期等原因而不适用于作原用途的废药品。

归入本章的货品可以分成性质截然不同的两类：具有治病或防病价值的产品；本身没有治病或防病价值，但可单独供医疗、外科、牙科或兽医用的产品。

本章共有 6 个品目，其排列顺序为：3001 ～ 3002 供治疗或预防疾病用的人体或动物制品、疫苗→ 3003 ～ 3004 药品→ 3005 ～ 3006 医药用品。

### 二、本章注释简介

本章共有四条章注释、两条子目注释。

#### （一）章注释

章注一为本章的不包括产品条款，规定了某些货品不应作为药品归入第三十章，即使有些产品具有治疗或预防疾病的作用。

章注二对品目 3002 的“免疫制品”做了定义，限定了归入品目 3002 的商品种类。

章注三对品目 3003、3004 及本章章注四（四）所称的混合产品及非混合产品做了定义，规定了什么样的产品应作为非混合产品归类，什么样的产品应作为混合产品归类。

章注四对品目 3006 的商品范围进行了明确，规定了符合本章章注四所列的产品应归入品目 3006，而不得归入本税则其他品目。

### （二）子目注释

子目注释一明确了子目 3002.13 及 3002.14 所述的非混合产品、纯物质及混合产品的归类要求。

子目注释二对子目 3003.60 及 3004.60 包括的药品的活性成分做出了说明。

## 三、本章商品归类要点

### （一）用于医疗的人体或动物制品的归类

用于医疗的人体或动物制品有以下几类：

（1）腺体及其他器官（如脑、脊髓、肝、肾、脾、胰腺、乳腺等），但必须是已制成干燥的，才能归入本章的品目 3001；其他情况，只能按动物产品归入第一类的有关品目。具体情况见第二章的有关部分。

（2）腺体、其他器官及其分泌物的提取物归入品目 3001。但如果将这些提取物进一步加工（如提纯）而得到已有化学定义的单独化合物及第二十九章的其他产品，例如，氨基酸、维生素、激素等，则应按化工品归入第二十九章。

（3）肝素及其盐归入品目 3001。肝素是哺乳动物体内的一种黏多糖，它与蛋白质结合在一起存在于肠黏膜、肺、肝等器官内。肝素与蛋白质分离提取后，具有抗凝血等多种生理活性。

（4）其他，例如用于永久移植的骨骼、器官及其他人体或动物组织，它们一般装入无菌包装并标有使用说明等，应归入品目 3001。

以上用于医疗的人体或动物制品，如果具有品目 3003 或 3004 所列药品特征，则应归入品目 3003 或 3004。

### （二）供治疗或预防疾病用的人体或动物制品、血制品的归类

已干燥的器官疗法用动物腺体及其他器官（例如：脑、脊髓、肝、肾、脾、胰腺、乳腺、睾丸、卵巢），不论是否制成粉末，归入品目 3001；鲜、冷、冻或其他方法暂时保藏的腺体及其他动物器官，归入第二章或第五章。供治病、防病或诊断用的人血、动物血、抗血清及其他血液组分归入品目 3002，其他用途的动物血归入品目 0511。

### （三）药品的归类

药品在归类时要区分是单一成分还是多种成分，是否已配定剂量或已制成零售包装。

品目 3003 和品目 3004 的药品大多是由第二十八章或二十九章的化工原料制成的，其中品目 3003 必须是由两种及两种以上成分混合而成的、未配定剂量或未制成零售包装的药品；品目 3004 必须是已配定剂量或制成零售包装的药品，可以是单一成分，也可以是多种成分。废药品归入品目 3006。

#### 1. 单一成分

未配定剂量或未制成零售包装的制药用化工原料归入第二十八章或第二十九章；未配定剂量或未制成零售包装的制药用植物浸膏归入品目 1302；已配定剂量或制成零售包装

的药品归入品目 3004。

### 2. 多种成分

未配定剂量或未制成零售包装的药品归入品目 3003；已配定剂量或制成零售包装的药品归入品目 3004。

归入本章的药品必须具有治疗或预防疾病的功能，如不具备治疗或预防疾病功能的营养品、糖尿病食品、强化食品、保健食品、滋补饮料等应归入第四类，不作治疗及预防疾病用的血清蛋白归入品目 3502。

但需要注意以下两点：①归入第四类的上述食品均为口服，若是供静脉摄入用的滋养品，则按药品归入品目 3003 或品目 3004。②某些具有治疗或预防疾病功能或加有药料的商品，仍不归入本章。例如具有治疗及预防疾病作用的化妆品仍归入品目 3303 至品目 3307，加有药料的肥皂仍归入品目 3401。

## （四）医疗用品的归类

只有经过药物浸涂或制成零售包装供医疗、外科、牙科或兽医用的软填料、纱布、绷带及类似物品才归入品目 3005；未制成零售形式或包装的供医疗、外科、牙科或兽医用的含氧化锌绷带、橡皮膏以及骨折用石膏绷带不归入本品目。经过特殊煅烧或精细研磨的牙科用熟石膏归入品目 2520，以熟石膏为基本成分的牙科用制品归入品目 3407，“牙科用蜡”或“牙科造型膏”的制品归入品目 3407。归入品目 3006 的医疗用品，必须是本章章注四列名的商品，因为本章章注四规定“品目 3006 仅适用于下列物品”。

## （五）本章优先归类品目

本章品目 3004、3005、3006 是优先归类的品目。凡配定剂量或零售包装可归入品目 3004、3005 或 3006 的，除非符合品目 2844、2845、2843、2846、2852 的规定，否则一律归入以上三个品目中的某个品目（参见第六类类注二）。例如，用于局部麻醉的普鲁卡因针剂，既可按含氧基氨基化合物归入品目 2922，又可按配定剂量的药品归入品目 3004，根据第六类类注二应优先归入品目 3004。

## 工作任务

江苏恒诚报关有限公司申报一批出口药品，药品为“由维生素C和银翘为原料混合制成的药剂（未配定剂量）”和“维生素C制剂”。请对以上商品进行归类。

## 任务实施

### 1. 由维生素C和银翘为原料混合制成的药剂（未配定剂量）

（1）判断归类属性。本商品为药剂，归类时应按药品归入第三十章，由于该药剂是由两种或两种以上成分混合而成的未配定剂量药品。

（2）引用归类依据。查阅品目 3003 条文“两种或两种以上成分混合而成的治病或防病用药品（不包括品目 3002、3005 或 3006 的货品），未配定剂量或制成零售包装”，本商品符合品目 3003 条文的商品范畴。

（3）确定商品编码。根据归类总规则一及六的规定，本商品应归入商品编码 3003.9000。

### 2. 维生素C针剂

（1）判断归类属性。维生素 C 针剂是一种已配定剂量的注射药品，归类时应按药品归入第三十章。

（2）引用归类依据。查阅品目 3004 条文“由混合或非混合产品构成的治病或防病用药品（不包括品目 3002、3005 或 3006 的货品），已配定剂量（包括制成皮肤摄入形式的）或制成零售包装”，本商品因为是“针剂”因此按照“已配定剂量”的包装归入品目 3004。

（3）确定商品编码。根据归类总规则一及六的规定，本商品应归入商品编码 3004.5000。

## 任务训练

请对以下商品进行归类：

1．新冠病毒感染疫苗针剂。

2．跌打损伤敷料（胶粘）。

3．含有头孢克洛的药品（未配定剂量）。

4．氯霉素眼药水，10毫升/支。

5．配套牙科黏固剂（由分开包装的金属氧化物、氯化锌、塑料构成）。

6．从制盐原料获得的供治病用的矿泉水（非零售包装）。

7．用作局部麻醉的普鲁卡因制剂。

8．达菲，一种抗H5N1型禽流感病毒的口服药物（0.25克/粒），化学名称磷酸奥司他韦。

9．云南白药药粉，含多种名贵中药材成分，有止血消炎等功效，5千克装。

10．胶态硫磺（零售包装、供治病用）。

# 任务四

# 肥料的归类

## 知识准备

### 一、本章商品范围及结构

第三十一章主要包括通常用作天然或人造肥料的绝大多数产品。但本章不包括虽能改良土壤，但不能增加肥力的物质，例如石灰（品目 2522）、泥灰及腐殖质土（品目 2530）、泥煤（品目 2703）等，还不包括已制成的植物生长培养介质，例如盆栽土（品目 2530），尽管这些产品可含有少量的氮、磷或钾肥料要素。

本章共 5 个品目，其排列顺序为：3101 动、植物肥→ 3102 矿物氮肥及化学肥→ 3103 矿物磷肥及化学磷肥→ 3104 矿物钾肥及化学钾肥→ 3105 制成片状及类似形状或每包毛重不超过 10 千克的本章各类货品。

## 二、本章注释简介

本章共有六条章注释。

章注一为本章的不包括产品条款。

章注二、三、四分别对品目 3102、3103 及 3104 的商品范围做了明确规定。在理解这三条注释时，应特别注意下列两点：

（1）在注释中没有列名的产品，即使有时作肥料用，也不应归入第三十一章。例如氯化铵，不论是否作肥料用，均应归入品目 2827。

（2）即使某些产品有时不作肥料用，但在注释中已明确列名，则仍应归入本章。例如硝酸钠，不论是否作肥料用，均应归入品目 3102。

章注五对磷酸二氢铵及磷酸氢二铵以及它们之间的混合物的归类做了明确的规定，即应归入品目 3105 项下。

章注六对品目 3105 项下的“其他肥料”做了定义，即仅适用于其基本成分至少含有氮、磷、钾中一种肥料要素的肥料用产品。

## 三、本章商品归类要点

肥料的归类原则：

（1）某些矿产品或化学产品（不论是否纯净），即使明显不作为肥料使用，也归入第三十一章，例如尿素、硝酸铵、硫酸铵、氯化钾、硫酸钾、磷酸氢二铵、磷酸二氢铵。

（2）某些含氮、磷、钾或复合肥效元素的符合化学定义的无机化合物，即使用作肥料，也不归入第三十一章而归入第二十八章，例如氯化铵、硝酸钙、碳酸氢铵、磷酸二氢钾、碳酸钾、硝酸钾。

（3）凡是制成片及类似形状或每包毛重不超过 10 千克的本章各项货品应归入子目 3105.1000。

（4）微量元素肥料以及间接肥料均不归入本章，它们均应按各自的结构或属性归类。例如，用于改良酸性土壤的生石灰若属于纯净状态则归入子目 2825.9090，其余通常应归入品目 2522。

## 工作任务

江苏恒诚报关有限公司申报一批出口硝酸钾肥料和由过磷酸钙和硫酸钾混合的肥料（包装重为6千克/包），请对以上商品进行归类。

## 任务实施

### 1. 硝酸钾肥料

（1）判断归类属性。硝酸钾，得自硝酸钠和氯化钾，为无色晶体、玻璃化团块或白色晶体粉末，用于制火药、玻璃、火柴，并用作肥料和分析试剂等。

（2）引用归类依据。本商品虽用作肥料，但由于不符合第三十一章章注的规定，因此，不能按肥料归入第三十一章，而应按化工原料归入第二十八章。

（3）确定商品编码。根据归类总规则一及六的规定，本商品应归入商品编码 2834.2110。

### 2. 由过磷酸钙和硫酸钾混合的肥料（包装重为6千克/包）

（1）判断归类属性。过磷酸钙属于磷肥，硫酸钾属于钾肥。本商品是一种将两种肥料产品加以混合的化学肥，归类时应按肥料归入第三十一章，并按混合肥料归类。

（2）引用归类依据。依据品目 3105 条文“含氮、磷、钾中两种或三种肥效元素的矿物肥料或化学肥料”，本商品应归入品目 3105。

（3）确定商品编码。根据归类总规则一及六的规定，本商品应归入商品编码 3105.6000。

## 任务训练

请对以下商品进行归类：

1．未经化学处理的海鸟粪（浅黄色粉末，包装重20千克）。

2．20千克装、化学纯级粉末状硝酸钠。

3．尿素（每包毛重大于10千克）。

4．硫酸铵（每袋5千克）。

5．每袋毛重10千克的过磷酸钙。

6．磷酸二氢铵（每袋毛重15千克）。

7．分析纯的氯化钾。

8．硝酸铵，25千克包装。

9．制砖瓦用的碱性熔渣（包装重为6千克/包）。

10．氯化铵（肥料用）。

# 任务五

## 鞣料浸膏及染料浸膏；鞣酸及其衍生物；染料、颜料及其他着色料；油漆及清漆；油灰及其他类似胶粘剂；墨水、油墨的归类

## 知识准备

### 一、本章商品范围及结构

第三十二章包括用于鞣制及软化皮革的鞣料，也包括植物、动物或矿物着色料及有机合成着色料，以及用这些着色料制成的大部分制剂（油漆、陶瓷着色颜料、墨水等），还包括清漆、干燥剂及油灰等各种其他制品。

本章大部分产品为不符合化学定义的混合物，但也有部分产品是符合化学定义的纯净物（它们仍归入本章，而不要误归入第二十八章或第二十九章）。例如，品目 3206 的动植物着色料，品目 3204 用做荧光增白剂或发光体的有机产品，品目 3206 用作发光体的无机产品，品目 3212 制成零售形式或包装的染料及其他着色料。

本章共有 15 个品目，其排列顺序为：3201 ～ 3202 鞣料→ 3203 ～ 3207 着色料→ 3208 ～ 3210 油漆→ 3211 配制的催干剂→ 3212 零售形状及零售包装的着色料→ 3213 艺术家、学

生用零售包装的颜料→ 3214 嵌缝胶→ 3215 墨水。

## 二、本章注释简介

本章有六条章注释。

章注一是排他条款，列出了不能归入本章的三类货品。

章注二明确了品目 3204 包括制偶氮染料的混合物。

章注三规定了品目 3203 ～ 3206 适用及除外的某些货品。

章注四明确了品目 3208 包括由品目 3901 ～ 3913 所列产品溶于挥发性有机溶剂（溶剂重量超过溶液重量的 50%）的溶液（胶棉除外）。

章注五规定了不能视为本章所称“着色料”的货品。

章注六说明了品目 3212 所称“压印箔”的含义。

## 三、本章商品归类要点

### （一）优先归类原则

零售形状或包装的染料及其他着色料应优先归入品目 3212。

### （二）鞣料的归类

鞣料主要用于鞣制皮革。鞣料按来源可分为植物鞣料和合成鞣料，其中合成鞣料又分为无机鞣料和有机鞣料。植物鞣料归入品目 3201，合成鞣料归入品目 3202，有机合成鞣料与植物鞣料混合或有机合成鞣料与无机合成鞣料混合，仍归入品目 3202。但是，如果某种鞣料属于单独的已有化学定义的化合物，则应归入第二十八章或第二十九章的相应品目。主要不用作鞣料的皮革工业用整理剂、加速染料着色或固定的染料载体及其他产品和制剂（例如，修整剂和媒染剂）不归入本章，应归入品目 3809。

### （三）溶于挥发性有机溶剂的第三十九章所含聚合物溶液的归类

由品目 3901 ～ 3913 所列商品，溶于挥发性有机溶剂的溶液，且溶剂重量超过溶液重量的 50% 归入品目 3208。

由品目 3901 ～ 3913 所列商品，溶于挥发性有机溶剂的溶液，溶剂重量不超过溶液重量的 50% 归入第三十九章。溶于挥发性溶剂的火胶棉，不论其溶剂比例均归入品目 3912。

### （四）着色料的归类

着色料一般包括染料与颜料，两者的区别在于颜料在整个染色过程中能保留其结晶或微粒形状的色料，而染料在溶解或蒸发过程中晶体结构会消失（尽管在染色的后阶段晶体结构会恢复）。染料主要用于各种纤维的染色，也用于纸张、皮革、木材等方面；颜料主要用于油漆、油墨、塑料、橡胶、搪瓷等方面。着色料在归类时要区分是天然着色料还是合成着色料，若是天然着色料还要区分是动植物着色料还是矿物着色料，若是合成着色料要区分是有机的还是无机的。无机着色料是由无机物为主要成分组成的，有机着色料包括有机染料和有机颜料。

### 1. 染料的归类

天然及有机合成染料应归入本章。天然着色料（动植物质着色料）及染料浸膏如天然靛蓝、乌贼染料、紫胶染料等应归于品目 3203；天然着色料（矿物着色料）归入品目 3206；有机合成染料应归入品目 3204；无机合成染料由于没有在本章有关品目条文列名，应按“其他着色料”归入品目 3206；零售包装的各类染料应归入品目 3212。

对于有机着色料，在归入品目 3204 下的子目时，应掌握如下原则：

（1）既可作还原染料又可作还原颜料用的商品应按还原染料归入子目 3204.15。

（2）可归入 3204.11 ～ 3204.17 中两个或多个子目的商品，应按从后原则归入最后一个有关子目。

（3）既可归入子目 3204.11 ～ 3204.17 的某一具体子目，又可归入 3204.19（其他）子目的有机合成染料，应归入具体列名子目。

（4）可归于 3204.11 ～ 3204.19 不同子目中的两种或两种以上产品的混合物应归入子目 3204.1990，但归于同一子目的两种及两种以上产品的混合物，仍应归入原子目。

### 2. 颜料的归类

颜料的归类应随其来源、化学组成、制造及加工程度和方法的不同而不同。天然矿物颜料（未进行颜料化加工）中除按重量计 $Fe_2O_3$ 含量≥ 70%（云母氧化铁不受此限制）的土色料外均应归入第二十五章；符合化学定义的人造无机颜料、人造体质颜料、按重量计 $Fe_2O_3$ ≥ 70% 的土色料及虽不符合化学定义，但第二十八章中有具体列名的商品（未进行颜料化加工），如铅白，应归入第二十八章；符合化学定义的有机颜料（未进行颜料化加工），如醋酸铜，应归入第二十九章；金属颜料（未进行颜料化加工）应归入第十四类、第十五类；其他颜料、经过颜料化加工的上述所列商品及混合颜料制品（自相混合的黏土除外）应归入第三十二章。

## （五）涂料的归类

涂料的多数品种应归入第三十二章。溶剂型涂料和非水分散体涂料中以合成聚合物或化学改性天然聚合物为主要成分的品种应归入品目 3208，其他应归入品目 3210；水性涂料中以合成聚合物或化学改性天然聚合物为主要成分的品种应归入品目 3209，其他应归入品目 3210；对无溶剂涂料、粉末涂料和水浆涂料，一般应归入品目 3210，腻子应归入品目 3214。一般来说，只能作涂料用的商品应归入第三十二章。

## 工作任务

江苏恒诚报关有限公司申报一批进口碱性染料，分别为50千克铁桶装碱性染料、500克装的碱性染料。请对以上商品进行归类。

## 任务实施

### 1. 50千克铁桶装碱性染料

（1）判断归类属性。碱性染料是在水溶性中能解离生成阳离子色素的染料，适用于改性丙烯酸纤维、改性尼龙纤维、改性聚酯纤维或未漂泊纸张的着色。碱性染料是由不同的化学成分混合配置而成的，因此需按染料归入第三十二章。本商品报验状态是“50 千克铁桶装”，属于非零售包装。

（2）引用归类依据。依据品目 3204 的条文“有机合成着色料及本章章注三所述的以有机合成着色料为基本成分的制品”，本商品应归入品目 3204。

（3）确定商品编码。根据归类总规则一及六的规定，本商品应归入商品编码 3204.1300。

### 2. 500克装的碱性染料

（1）判断归类属性。碱性染料是由不同的化学成分混合配置而成，因此需按染料归入第三十二章。对于染料而言，如果包装为“千克”“铁桶”装则为非零售包装，包装为“克”则为零售包装。

（2）引用归类依据。依据 3212 的品目条文“零售形状及零售包装的染料或其他着色料”，本商品应归入品目 3212。

（3）确定商品编码。根据归类总规则一及六的规定，本商品应归入商品编码 3212.9000。

## 任务训练

请对以下商品进行归类：

1．50千克铁桶装染布用灰色分散染料。

2．还原靛蓝（非零售包装）。

3．钢笔用的蓝黑墨水。

4．酸性红B（一种有机合成染料，红色，主要用于化学纤维染色，25千克包装）。

5．“立邦”梦幻系列硝基木器漆，以硝酸纤维素为基本成成分，加上有机溶剂、颜料和其他添加剂调制而成。

6．直接染料（铁桶装）。

7．由80%白色颜料、10%黏合剂、10%填料组成的水浆涂料（非零售包装）。

8．溶于挥发性有机溶剂的乙烯聚合物（按重量计含乙烯聚合物60%、有机溶剂40%）。

9．溶于水介质的乙烯聚合物（按重量计含乙烯聚合物40%、水60%）。

10．玻璃（粉状）。

# 任务六

## 精油及香膏；芳香料制品及化妆盥洗品的归类

## 知识准备

### 一、本章商品范围及结构

第三十三章商品范围包括两组：芳香物质（例如，精油、香膏等）；某些芳香物质的制品（例如，香水、香粉等，即使这些芳香物质不是制品的主要成分），这些制品主要用于使人体更具魅力。

本章共有 7 个品目，其排列顺序为：3301 精油及香膏→ 3302 工业用混合香料及其制品→ 3303 ～ 3307 化妆盥洗品。

本章不包括：凡士林（品目 2712），但制成零售包装供润肤用的除外；具有芳香料制品、化妆品或盥洗品等辅助用途的药品（品目 3003 或 3004）；用于人类或兽药的凝胶制剂，作为外科手术或体检时躯体部位的润滑剂，或者作为躯体和医疗器械之间的耦合剂（品目 3006）；肥皂及用肥皂或洗涤剂浸渍、涂布、包覆的纸、絮胎、毡呢及无纺织物（品目 3401）。

## 二、本章注释简介

本章共有四条章注释。

章注一为本章的不包括产品条款。本章不包括：①品目 1301 或 1302 的天然油树脂或植物浸膏；②品目 3401 的肥皂及其他产品；③品目 3805 的脂松节油、木松节油和硫酸盐松节油及其他产品。

章注二说明品目 3302 所称“香料”，仅指品目 3301 所列的物质、从这些物质离析出来的香料组分以及合成芳香剂。

章注三对品目 3303 ～ 3307 的商品范围做了补充说明，规定这些品目还包括适合作这些品目所列用途的零售包装产品，不论其是否混合；但精油水馏液及水溶液，不论是否相互混合，均应归入品目 3301。

章注四说明了归入品目 3307 的“芳香料制品及化妆盥洗品”的范围。

## 三、本章商品归类要点

### （一）优先归类原则

凡零售包装或配定剂量可归入品目 3303 ～ 3307 的货品应优先归类这些品目中的某个品目，而不归入 HS 编码的其他品目（品目 2843 ～ 2846 及品目 2852 的货品除外），例如零售包装的护肤用凡士林，应归入品目 3304 而不归入品目 2712。

### （二）香料及香料制品的归类

香料分为天然香料和人造香料。只有单一成分的香料才归入品目 3301，若是多种成分的混合香料制品应归入品目 3302。这些混合香料常用作香料、食品、饮料工业的原料（如糖果、食品或饮料的芳香剂）或制皂用的原料。

### （三）化妆盥洗品的归类

化妆盥洗品主要根据其属性、用途归入品目 3303 ～ 3307，归类时需要注意三点：根据第三十章章注一（五）的规定，品目 3303 ～ 3307 的商品可以含有起辅助作用的药物或消毒成分，也可以具有辅助治疗或预防作用。

根据第三十四章章注一（三）的规定，含肥皂或其他有机表面活性剂的洗发剂、洁齿品、剃须膏及沐浴用制剂仍然归入品目 3305、品目 3306 及品目 3307，而不按肥皂或有机表面活性剂制品归入第三十四章。

化妆盥洗品主要包括：香袋，通常燃烧散发香气的制品，香纸及用化妆品浸渍或涂布的纸，隐形眼镜片或假眼用的溶液，用香水或化妆品浸渍、涂布、包覆的絮胎、毡呢及无纺织物，动物用盥洗品（如狗用香波归入该品目），室内除臭剂可以加香水或消毒剂。

## 工作任务

江苏恒诚报关有限公司申报一批进口薄荷醇和胡椒薄荷油，请对以上商品进行归类。

## 任务实施

### 1. 薄荷醇

（1）判断归类属性。薄荷醇，一种仲醇，是从薄荷油中单离得到的一种萜醇，为薄荷油的主要成分，可用作防腐剂、局部麻醉剂，也可以解除鼻塞。由于其属于化学合成的单独化学成分的香料，因此归类时不能按香料归入第三十三章，而应按单一的醇类有机物归入第二十九章。

（2）引用归类依据。依据品目 2906 的条文“环醇及其卤化、磺化、硝化或亚硝化衍生物”，本商品应归入品目 2906。

（3）确定商品编码。根据归类总规则一及六的规定，本商品应归入商品编码 2906.1100。

### 2. 胡椒薄荷油

（1）判断归类属性。薄荷油是由芳香草本植物薄荷的叶和茎经蒸馏而得的一种精油，归类时似应按精油归入第三十三章，并按单一的天然植物精油——非柑橘属果实的精油归类。

（2）引用归类依据。依据品目 3301 的条文“精油（无萜或含萜），包括浸膏及净油”，本商品应归入品目 3301。

（3）确定商品编码。根据归类总规则一及六的规定，本商品应归入商品编码 3301.2400。

## 任务训练

请对以下商品进行归类：

1. 隐形眼镜片用药水。

2. 隆力奇洗发香波，500毫升/瓶。

3. “舒适”牌男士抑汗清新喷雾，成分为三氯化铝、香精、防腐剂等，使用时喷于腋下，能有效抑制汗液，保持皮肤干爽。

4. 天使牌保养面膜，16片/盒，该面膜是将调配好的营养美容液（含有去除粉刺、死皮、老化角质、油污的清洁成分和保湿成分、皮肤营养成分）涂在薄型无纺布上，对改善肤质有一定效果。

5. 天然的檀香油。

6. 润肤用眼霜。

7. 用香水浸渍的絮胎。

8．液体口香糖，20克/支，成分为食用酒精、香精、巴斯甜、甘油、山梨醇等，使用时喷于口腔，起清新口气的作用。

9．食品工业用混合香料（由50%茴香油和50%茉莉花油构成）。

10．牙线（人造纤维制，清洁牙缝用，零售包装）。

# 任务七

# 肥皂、有机表面活性剂、洗涤剂、润滑剂、人造蜡、调制蜡、光洁剂、蜡烛及类似品、塑型用膏、“牙科用蜡”及牙科用熟石膏制剂的归类

## 知识准备

### 一、本章商品范围及结构

第三十四章主要包括通过工业处理油、脂或蜡而得的具有共同特点的各种产品（例如，肥皂、某些润滑剂、调制蜡、光洁剂及蜡烛）。但本章不包括已有化学定义的单独化合物，也不包括未混合或未经处理的天然产品。

本章共有 7 个品目，其排列顺序为：3401 肥皂等→ 3402 有机表面活性剂及其制品→ 3403 润滑剂→ 3404 人造蜡→ 3405 光洁剂→ 3406 蜡烛→ 3407 塑型用膏及零售包装的牙科用蜡等。

### 二、本章注释简介

本章共有五条章注释。

章注一为本章不包括产品条款。理解时应特别注意以下两点：

（1）食用动植物油、脂的混合物或制品，即使作脱模剂用，仍不改变其自然属性。因此本条注释规定其应归入第十五章。

（2）含肥皂或其他有机表面活性剂的洗发剂、洁齿品、剃须膏及沐浴用制剂，均为化妆盥洗品，分别在品目 3305、3306 及 3307 中已列名，本条注释规定它们不归入本章，而应归入第三十三章。

章注二对品目 3401 部分产品的商品范围进行了明确。应注意，该品目的肥皂仅仅包括水溶性肥皂（即一般性肥皂），非水溶性肥皂应归入其他章。例如，钙“皂”或其他金属“皂”应酌情归入第二十七章、第三十章或第三十八章。

章注三、四、五分别对本章的“有机表面活性剂”“石油及从沥青矿物提取的油类”及“人造蜡及调制蜡”的商品范围进行了定义。

### 三、本章商品归类要点

#### （一）肥皂和有机表面活性剂的归类

肥皂归入品目 3401，且归入本品目的肥皂必须满足本章章注二的条件，即只适用于水溶性肥皂。这些肥皂可以含有添加剂（如消毒剂、磨料粉、填料或药料）。含磨料粉

的产品，只有条状、块状或模制形状可以归入品目 3401，其他形状的应作为“去污粉及类似品”归入品目 3405。

有机表面活性剂大多归入品目 3402。归入品目 3402 的有机表面活性剂必须满足本章章注三的条件。

品目 3402 不包括品目 3401 的表面活性剂制品，例如，洁肤用的表面活性剂制品应归入品目 3401，不要误归入品目 3402。

### （二）润滑剂的归类

润滑剂在归类时要考虑润滑剂中的成分。只有从石油或沥青矿物中提取的油类含量小于 70%（按重量计）时才归入品目 3403，若其含量等于或大于 70% 则归入品目 2710。

### （三）蜡的归类

未经混合的动物蜡或植物蜡归入品目 1521（例如，虫蜡、棉蜡）；矿物蜡（不论是否混合）归入品目 2712（例如，地蜡）；人造蜡及调制蜡归入品目 3404（例如，化学改性的褐煤蜡）；蜡烛，归入品目 3406（例如，生日蜡烛）；牙科用蜡（成套、零售包装或制成片状、条状及类似形状的）归入品目 3407；经硫黄处理的蜡烛归入品目 3808。

## 工作任务

江苏恒诚报关有限公司申报进口一批洗化用品，包括含有有机表面活性剂的沐浴香波（500毫升瓶装）、非离子型有机表面活性剂（500克袋装）。请对以上商品进行归类。

## 任务实施

### 1. 含有有机表面活性剂的沐浴香波（500毫升瓶装）

（1）判断归类属性。沐浴香波是一种含有有机表面活性剂成分的、供沐浴用的盥洗品，归类时似可按盥洗品归入第三十三章，也可按洗涤剂归入第三十四章。

（2）引用归类依据。根据第三十四章章注一（三）的规定，含肥皂或有机表面活性剂的洗发剂、洁齿品、剃须膏及沐浴用制剂，应归入品目 3305、3306 及 3307。因此，含有有机表面活性剂的沐浴香波不能按洗涤剂归入第三十四章的品目 3402，而应按盥洗品归入第三十三章的品目 3307。

（3）确定商品编码。根据归类总规则一及六的规定，本商品应归入商品编码 3307.3000。

### 2. 非离子型有机表面活性剂（500克袋装）

（1）判断归类属性。“有机表面活性剂”，是指温度在 20℃时与水混合配成 0.5% 浓度的水溶液，并在同样温度下搁置一小时后成为透明或半透明的液体或稳定的乳浊液而未离析出不溶解物质；同时将水表面张力减低到每厘米 45 达因及以下的产品。本商品归类时应按有机表面活性剂归入第三十四章。

（2）引用归类依据。依据品目 3402 的条文“有机表面活性剂（肥皂除外）”，本商品应按“非离子型有机表面活性剂”归入品目 3402。

（3）确定商品编码。根据归类总规则一及六的规定，本商品应归入商品编码 3402.4200。

## 任务训练

请对以下商品进行归类：

1．洗手液，400毫升塑料袋装，含有有机表面活性剂、杀菌剂、香精等成分。

2．合成洗衣粉（非零售包装）。

3．药皂。

4．“美丽”牌柠檬香型亮光液，600毫升压力罐装，使用时喷于木家具表面。

5．“美孚”牌5w-40车用机油，由化学合成的基础油加上特有的添加剂配制而成，用于汽车发动机的润滑。

6．玻璃用去污粉。

7．用洗涤剂浸渍的无纺织物。

8．机器用润滑油（含矿物油60%）。

9．阳离子型有机表面活性剂（非零售包装）。

# 任务八

## 蛋白类物质；改性淀粉；胶；酶的归类

## 知识准备

### 一、本章商品范围及结构

第三十五章包括蛋白质及蛋白质衍生物及其他改性淀粉以及酶，还包括从这些物质或其他物质中制得的胶及酶制品。

本章共有 7 个品目，其排列顺序为：3501 ～ 3504 各种蛋白→ 3505 改性淀粉→ 3506 各种调制胶（包括零售包装的胶）→ 3507 酶。

### 二、本章注释简介

本章共有两条章注释。

章注一为本章不包括产品条款。在运用本条注释时，应特别注意，治病或防病用的血份应作为药品归入第三十章（例如，人血浆）；只有不具治病或防病作用的血份才能归入本章。

章注二对品目 3505 的“糊精”进行了定义，即指淀粉降解产品，其还原糖含量以右旋糖的干重量计不超过 10%。应特别注意，右旋糖含量超过 10% 的，应视为糖类归入品目 1702。

### 三、本章商品归类要点

#### （一）优先归类原则

零售包装且净重不超过 1 千克的调制胶及黏合剂，应优先归入品目 3506。

### （二）各种蛋白质的归类

蛋白质简称蛋白，是由多种氨基酸结合而成的高分子化合物，是生物体中的一种主要组成物质，可从肉类、鱼、鸡蛋、牛奶和豆类食品中摄取。归类时根据其成分归入品目3501～3504，其中未列名的蛋白质归入品目3504。

### （三）胶的归类

对胶进行归类时，首先判断是否为每件净重不超过1千克的零售包装，若满足这个条件优先归入品目3506；若不满足这个条件，则要根据其成分确定归类。品目条文中已列名的按列名的归类，其他品目未列名的按“其他调制胶”归入品目3506。

## 工作任务

江苏恒诚报关有限公司申报进口黏合剂，包括以聚酰胺为基本成分的黏合剂（零售包装，包装净重0.9千克）、以聚酯为基本成分的黏合剂（零售包装，包装净重2千克）。请对以上商品进行归类。

## 任务实施

### 1. 以聚酰胺为基本成分的黏合剂（零售包装，包装净重0.9千克）

（1）判断归类属性。本商品是以聚酰胺为基本成分的黏合剂，归类时似应按黏合剂归入第三十五章并按具体列名归入商品编码3506.9110。其报验状态为“零售包装，包装净重0.9千克”。

（2）引用归类依据。其包装净重不超过1千克，因此依据品目3506的条文“适于作胶或黏合剂用的产品，零售包装每件净重不超过1千克”，本商品应归入子目3506.1。

（3）确定商品编码。根据归类总规则一及六的规定，本商品应归入商品编码3506.1000。

### 2. 以聚酯为基本成分的黏合剂（零售包装，包装净重2千克）

（1）判断归类属性。本商品是以聚酯为基本成分的黏合剂，归类时应按黏合剂归入第三十五章。

（2）引用归类依据。根据其材质、包装净重，依据品目3506的条文“其他品目未列名的调制胶及其他调制黏合剂”，本商品应归入品目3506。

（3）确定商品编码。根据归类总规则一及六的规定，本商品应归入商品编码3506.9190。

## 任务训练

请对以下商品进行归类：

1．明胶（每件净重1千克）。

2．麦芽糖糊精（还原糖以右旋糖的干重量计9%）。

3．酪蛋白。

4．香烟滤嘴成型用热熔胶，由乙烯-乙酸乙烯酯共聚物树脂、增黏树脂、蜡、抗氧剂等组成，20千克/桶。

5．干卵清蛋白。

# 任务九

## 炸药；烟火制品；火柴；引火合金；易燃材料制品的归类

### 知识准备

#### 一、本章商品范围及结构

第三十六章包括发射药及配制炸药，即以本身含有燃烧所必需的氧气并在燃烧中产生大量高温气体为特征的混合物。

本章还包括：引爆时所需的辅助产品（即雷管、火帽、引爆管等）；用爆炸、发光、易燃或可燃材料制的用以产生光、声、烟、火焰或火花的制品（例如，烟火制品、火柴、各种形状的铈铁及其他引火合金及某些特定的易燃材料制品）也归入本章中（品目 3604、3605 及 3606）。但应注意，本章不包括单独的已有化学定义的化合物 [ 本章章注二（一）及（二）所述物品除外 ]，即使这些化合物也可爆炸。这些物品通常归入第二十八或第二十九章 [ 例如，品目 2904 的三硝基甲苯（TNT）]。

本章不包括闪光灯材料（品目 3707），也不包括通过化学发光现象产生光效应的物品（品目 3824）、硝化纤维素（品目 3912）及品目 9306 的物品（军火等）。

本章共有 6 个品目，其排列顺序为：3601 发射药→ 3602 配制炸药→ 3603 雷管等引爆时所需的辅助产品→ 3604 烟火制品→ 3605 火柴→ 3606 易燃材料制品。

#### 二、本章注释简介

本章共有两条章注释。

章注一为本章的不包括产品条款，明确了本章不包括已有化学定义的化合物及本款的例外规定。

章注二对品目 3606 的“易燃材料制品”的商品范围做了明确规定。

#### 三、本章商品归类要点

##### （一）与本章所列商品有关但属于单独的已有化学定义的化合物的归类

单独的已有化学定义的化合物，除了下列两项外，应归入第二十八章或第二十九章：

（1）制成片、条或类似形状供作燃料用的聚乙醛、六亚甲基四胺（六甲撑四胺）及类似物质。

（2）直接灌注香烟打火机及类似打火器用的液体燃料或液化气体燃料，其包装容器的容积不超过 300 立方厘米应归入品目 3606；超过 300 立方厘米，一般应归入品目 2711。

##### （二）炸药的归类

炸药分为发射药和配制炸药。发射药燃烧时能产生大量炽热气体的混合物，这些气体可产生推进作用，主要供猎枪、火器、火箭用；配制炸药燃烧时的反应比发射药更为剧烈，燃烧释放出大量的高温气体，瞬间产生巨大压力。

发射药和配制炸药均为含有多种成分的化学物质，前者归入品目 3601，后者归入品目3602。但是对于已有化学定义的化合物（即使这些化合物也可爆炸），通常归入第二十八章或第二十九章。

## 工作任务

江苏恒诚报关有限公司申报进口黑色火药和以硝酸甘油酯（硝化甘油）及乙二醇二硝酸酯（硝化甘醇）为基料的炸药，请对以上商品进行归类。

## 任务实施

### 1. 黑色火药

（1）判断归类属性。火药可由火花、火焰或点火器材引燃，是能在没有外界助燃剂的情况下进行迅速而有规律的燃烧的药剂；燃烧时能产生大量炽热气体，这些气体可产生推进作用。因火药是武器发射的能源，故又称“发射药”。

（2）引用归类依据。火药属于炸药的一类，归类时应按炸药归入第三十六章，依据品目3601条文“发射药”的列名，本商品应归入品目3601。

（3）确定商品编码。根据归类总规则一及六的规定，本商品应归入商品编码3601.0000。

### 2. 以硝酸甘油酯（硝化甘油）及乙二醇二硝酸酯（硝化甘醇）为基料的炸药

（1）判断归类属性。炸药是燃烧时反应比发射药更为剧烈的化学物质混合物，它们的燃烧释放出非常大量的高温气体，瞬间产生巨大压力。

（2）引用归类依据。归类时应按配制炸药归入第三十三章，依据品目3602条文“配制炸药，但发射药除外”的列名，本商品应归入品目3602。

（3）确定商品编码。根据归类总规则一及六的规定，本商品应归入商品编码3602.0090。

## 任务训练

请对以下商品进行归类：

1．容器容积300立方厘米的香烟打火机用液化丁烷。

2．烟花。

3．雷管。

4．固体酒精。

5．火箭用发射药。

# 任务十

## 照相及电影用品的归类

## 知识准备

### 一、本章商品范围及结构

第三十七章包括照相感光硬片、软片、纸、纸板及纺织物，不论是否已曝光或已冲洗

（品目 3701 至 3706），还包括照相用的各种化学制剂及某些未混合产品（品目 3707）。但本章不包括废碎料，它们应按其构成材料归入相应品目。

本章共有 7 个品目，其排列顺序为：3701 ～ 3702 未曝光的硬片卷片→ 3703 未曝光的纸、纸板及纺织物→ 3704 已曝光但未冲洗的硬片、软片、纸、纸板及纺织物→ 3705 ～ 3706 已曝光已冲洗的硬片、软片、纸、纸板及纺织物→ 3707 摄影用化学制剂。

## 二、本章注释简介

本章有两条章注释。

章注一为本章不包括产品条款，规定本章不包括废碎料。

章注二对本章所称的“摄影”进行了定义，是指光或其他射线作用于感光面上直接或间接形成可见影像的过程。

## 三、本章商品归类要点

### （一）优先归类原则

根据第六类类注二的规定，配定剂量或零售包装的摄影用化学制剂应优先归入品目 3707 而不归入 HS 编码的其他品目。例如，零售包装的硫代硫酸钠，应按摄影用定影剂优先归入品目 3707，而不按硫代硫酸盐归入品目 2832。同时还应注意，品目 3707 的优先级次于品目 2843 ～ 2846 及品目 2852。例如，零售包装的硝酸银，既可以按摄影用的感光剂归入品目 3707，又可以按含贵金属的无机化合物归入品目 2843，应优先归入品目 2843。

### （二）本章的感光材料归类

在归类时所考虑的因素有：是否曝光、是否冲洗、硬片还是软片、规格尺寸（如宽度）、若是软片有无齿孔。

### （三）摄影及电影用品的废碎料的归类

本章产品的废碎料即摄影及电影用品的废碎料一律不归入本章。主要用于回收贵金属的含贵金属或贵金属化合物的摄影或电影用品废碎料应归入品目 7112；其他的摄影或电影用品废碎料应根据其构成材料归类（例如，塑料的应归入品目 3915；纸的应归入品目 4707 等）

### （四）摄影用化学产品的归类

符合品目 2843 ～ 2846 及 2852 规定的产品（例如贵金属盐及其他产品）不论如何包装，也不论作何用途均应归入品目 2843 ～ 2846 及 2852（例如零售包装的硝酸银应归入 2843）；其他已混合或已配合的摄影用化学产品以及可立即使用并附有说明的定量包装或零售包装摄影用未混合产品应归入品目 3707；其他未混合产品应按其属性归类（例如，化学品归第二十八章或第二十九章、贱金属粉末归入第十五类）。摄影用上光漆、胶水、黏合剂及类似品不视为摄影用化学产品，应分别归入各自的品目。

## 工作任务

江苏恒诚报关有限公司申报一批进口摄影用品，包括未曝光的激光排版用平面软质胶片（宽300毫米，长100米）、未曝光的彩色摄影用胶卷（宽15毫米，长20米，有齿孔）。请对以上商品进行归类。

## 任务实施

### 1. 未曝光的激光排版用平面软质胶片（宽300毫米，长100米）

（1）判断归类属性。曝光是指感光材料受光作用的过程。激光排版用平面软质胶片属于感光材料，归类时应按照相用品归入第三十七章。本商品的报验状态及用途为“未受光作用（未曝光）、尺寸规格（宽 300 毫米，长 100 米）、激光排版用”。

（2）引用归类依据。根据商品的材质、报验状态及用途，本商品应归入品目 3701“未曝光的摄影感光硬片及平面软片，用纸、纸板及纺织物以外任何材料制成”。

（3）确定商品编码。根据归类总规则一及六的规定，本任务商品应归入商品编码 3701.3021。

### 2. 未曝光的彩色摄影用胶卷（宽15毫米，长20米，有齿孔）

（1）判断归类属性。本商品为未曝光的感光材料，归类时应按照照相用品归入第三十七章。该感光材料尚未曝光，材质为胶卷，其尺寸规格为宽 15 毫米、长 20 米，有齿孔，用途为摄影用。

（2）引用归类依据。依据品目 3702 条文“成卷的未曝光摄影感光胶片，用纸、纸板及纺织物以外任何材料制成”的列名，本商品应归入品目 3702。

（3）确定商品编码。根据归类总规则一及六的规定，本商品应归入商品编码 3702.5200。

## 任务训练

请对以下商品进行归类：

1．胶片长1.5米、宽度为35毫米的彩色胶卷（未曝光，有齿孔）。

2．零售包装供冲洗照相胶卷用显影剂。

3．未曝光的医用X光胶卷。

4．未曝光的黑白摄影用纸质感光片（宽800毫米，长100米，成卷状）。

5．一次成像平片，未曝光。

# 任务十一

## 杂项化学产品的归类

## 知识准备

### 一、本章商品范围及结构

第三十八章是第六类的最后一章。本章包括不能归入第二十八章至第三十七章的许多化学产品及相关工业产品。除品目 3801、3808、3813、3822、3824 所列的少数产品外，本章不包括单独的已有化学定义的化学元素及化合物。

本章共有 27 个品目，由于本章是“杂项”，所以其结构规律不明显，大致按照先各种化学产品后化学工业废物，化学品又按照“具体列名→一般列名→未列名”的规律编排。

## 二、本章注释简介

本章有七条章注释和四条子目注释。

### （一）章注释

章注一是排他条款，列出了不能归入本章的六类货品。

章注二明确了归入品目 3822 商品“有证标准样品”的定义及优先归类原则。

章注三明确规定归入品目 3824 的货品。

章注四界定了归入品目 3825 的“城市垃圾”的定义及范围。

章注五定义了归入品目 3825 的“下水道淤泥”的商品范围。

章注六注释规定了归入品目 3825 所称“其他废物”的商品种类。

章注七规定了归入品目 3826 所称“生物柴油”的定义。

### （二）子目注释

子目注释一明确了子目 3808.52 和 3808.59 所包含的商品范围。

子目注释二明确了子目 3808.61 ～ 3808.69 所包含的商品范围。

子目注释三明确了子目 3824.81 ～ 3824.88 所包含的商品范围。

子目注释四明确了子目 3825.41 和 3825.49 所称“废有机溶剂”的定义。

## 三、本章商品归类要点

### （一）优先归类原则

（1）品目 3808 是第六类类注二规定的优先归类品目的最后一个品目，制成零售包装的杀虫剂、杀菌剂等优先归入品目 3808。

（2）有证标准样品（除第二十八章和第二十九章的产品外）优先归入品目 3822。

### （二）农药的归类

这里的“农药”是泛指，包括用以杀灭致病病菌、害虫（蚊子、飞蛾、蟑螂等）、苔藓、霉菌、杂草、鼠类、野鸟等的一系列产品，也包括通过驱赶、引诱、化学绝育等手段达到驱赶、减少、杀灭害虫的化学产品。但具有药物（包括兽用药）基本特性的消毒剂、杀虫剂等则应按药品归入品目 3003 或 3004。

满足以下条件的“农药”归入品目 3808：

（1）制成零售包装（如金属容器或纸板盒），或其形状已明显表明通常供零售用（如圆球形、串球形、片剂形或板状）。制成这些形状的产品可以是混合物，也可以是非混合物。非混合产品主要是已有化学定义的化合物。例如，萘或 1,4- 二氯苯如果不制成上述形状，则应归入第二十九章。

（2）制成制剂，不论其形状如何。例如，滴滴涕（DDT）溶于溶剂得到的 25% 乳油，食物（小麦粒、糠、糖蜜等）与毒剂混合而成的毒饵。

（3）制成制品。例如，经硫处理的带条、杀虫灯芯及蜡烛（供住宅等的消毒、熏蒸用），捕蝇纸，果树用的涂油带，用于燃烧灭虫的高丙体六六六涂布纸等。

### （三）纺织助剂的归类

纺织助剂，指用于纺织工业对纱线、织物等进行处理的制剂。这些助剂归类时要判断是否为已列名的化工品，只有在其他品目未列名的“助剂”，才归入品目 3809；如果这些“助剂”在其他品目已有列名，则按列名归类。例如，用于纺织材料、皮革、毛皮或其他材料的油脂处理制剂，应根据其组成而归入品目 2710 或品目 3403；用于皮革处理的调制色料应归入第三十二章。

### （四）液压传动用油的归类

归入品目 3819 的液压传动用油，为不含石油或沥青矿物提取的油类或者尽管含有从沥青矿物提取的油类，但按重量计这种油类含量低于 70%；若含从石油或沥青矿物提取的油类，且这种油类的含量等于或大于 70%（按重量计），则归入品目 2710。

## 工作任务

江苏恒诚报关有限公司申报一批进口动物用香波，包括：狗用洗毛剂（香波），零售瓶装；含有除虫剂（可杀死虱子）的狗用香波，零售瓶装。请对以上商品进行归类。

## 任务实施

### 1. 狗用洗毛剂（香波），零售瓶装

（1）判断归类属性。狗用洗毛剂（香波）属于动物用盥洗品，归类时应按盥洗品归入第三十三章。

（2）引用归类依据。根据第三十三章章注四的规定，品目 3307 包括动物用盥洗品。本商品符合品目 3307 的商品范畴。

（3）确定商品编码。根据归类总规则一及六的规定，本商品应归入商品编码 3307.9000。

### 2. 含有除虫剂（可杀死虱子）的狗用香波，零售瓶装

（1）判断归类属性。本商品为具有除虫功能的洗涤制品，归类时似可按动物用盥洗品归入第三十三章的品目 3307，也可按杀虫剂归入第三十八章的品目 3808。

（2）引用归类依据。由于狗用香波的基本特征是杀虫剂，因此根据归类总规则三（二）的基本特征归类原则，本商品应按杀虫剂归入第三十八章。

（3）确定商品编码。因此运用归类总规则三（二）及六的规定，本商品应归入商品编码 3808.9119。

## 任务训练

请对以下商品进行归类：

1．早孕自测卡，纸质，涂有检测试剂，通过与尿液接触后的颜色变化来初步判断是

否怀孕。

2．附有证书的牛奶检定参照物（该奶粉具有确定的组分）。

3．从石油提取的油类为65%的闸用液压油。

4．F-1硝基漆防潮剂，由沸点较高、挥发速度较慢的酯类、醇类、酮类等有机溶剂混合而成，该防潮剂与硝基漆的稀释剂配合使用，可在湿度较高的环境下施工，以防止硝基漆发白。

5．唾液酒精快速检测条，将能与酒精起高特异性化学反应的双酶试剂固化于吸水纸上，使用时将检测试条的反应端沾上被测试者的唾液，根据颜色变化判定测试者体内酒精含量，用于交警部门检查酒后驾车。

6．下水道淤泥。

7．由贵金属氧化物固定于活性载体上构成的催化剂。

8．由65%邻苯二甲酸二辛酯、35%邻苯二甲酸二丁酯组合的增塑剂。

9．焚化从办公室收集的废纸得到的灰、渣。

10．木质活性炭（非零售包装，不具药物作用）。

## 项目评价

**考核评价表**

| 学习目标 | 评价项目 | 自我评价（30%） | 组间评价（30%） | 教师评价（40%） |
|---|---|---|---|---|
| 专业知识（30分） | 化工产品的商品知识 | | | |
| | 零售包装化工产品的货品范围 | | | |
| | 配套化工品的归类方法 | | | |
| | 重要的章注释、品目注释、品目条文 | | | |
| 专业能力（40分） | 准确把握归类依据 | | | |
| | 掌握常见化工产品的归类原则 | | | |
| | 准确运用归类总规则 | | | |
| 职业素养（30分） | 积极主动、团队合作精神 | | | |
| | 沟通协调能力 | | | |
| | 思辨能力 | | | |
| | 解决问题能力 | | | |
| | 谨慎细心的工作态度 | | | |
| 教师建议： | | 评价标准：<br>A．优秀（≥ 80 分）　B．良好（70 ～ 80 分）<br>C．基本掌握（60 ～ 70 分）　D．没有掌握（< 60 分） | | |
| 个人努力方向： | | | | |

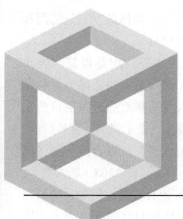

# 项目八
# 塑料及其制品；橡胶及其制品的归类

## 学习目标

◆ **知识目标**

熟悉由高分子聚合物组成的塑料与橡胶以及其制品的商品知识，掌握根据塑料、橡胶的各种形状判断其加工程度的方法。

◆ **能力目标**

掌握塑料、橡胶初级形状的共聚物和聚合物混合体的归类原则，能正确运用归类依据对塑料、橡胶制品进行准确归类。

◆ **素质目标**

通过对商品归类的训练，培养认真负责、一丝不苟的职业品格和行为习惯。

## 项目导入

通过本类的学习，了解塑料、橡胶等商品的结构范围，理解掌握并正确运用归类原则和方法对塑料、橡胶及制品进行正确归类。

**学习重难点：**

初级形状的聚合物的归类原则，以及易与本类商品混淆的商品的比较分析。

## 项目要点

### 一、本类商品范围

第七类只包括两章：第三十九章塑料及其制品，第四十章橡胶及其制品。这两章所包括的原料都属于高聚物，主要用于化学加工业，而其制品广泛应用于国民经济各个部门。除了按用途、功能或杂项货品等方式在其他类、章具体列名，或因为与其他材料混合制成等原因归入其他类、章以外，塑料或橡胶制品一般都应该归入本类。此外，对橡胶与塑料的界定不能简单凭货品名称确定，而是要通过对货品的化学结构进行区分后，再根据相关注释进行判断。例如氯化橡胶、盐酸橡胶、氧化橡胶、环化橡胶、乙丙橡胶（二元乙丙橡胶）、硅橡胶（聚硅氧烷），名称中有“橡胶”但不是橡胶而是塑料。

本类与第六类关系密切：本类的有机高分子物质除天然的以外，均是以第六类第二十九章的有机化合物为原料聚合得到的，例如用品目 2901（第六类）的乙烯为原料聚合可得到品目 3901（第七类）的聚乙烯塑料粒子。反之，第六类某些章的有关品目的化工产品是由本类的有机高分子物质为原料配制得到的，例如以橡胶（第七类）、有机溶剂、填料和其他添加剂配制得到的调制黏合剂应归入品目 3506（第六类）；以合成树脂（第七类）、有机溶剂、颜料、干燥剂、填充剂等配制得到的油漆应归入品目 3208（第六类）。塑料和橡胶作为材料，所加工得到的制品在很多情况下应归入其他有关类。例如，塑料制仿首饰应归入品目 7117（第十四类），塑料制的表壳应归入品目 9111（第十八类），橡胶制的帽子应归入品目 6506（第十二类）。

高分子物质最重要的是塑料、橡胶、纤维三大材料。塑料、橡胶归入本类，而纤维则归入第十一类。其中，化学纤维中的合成纤维与人造纤维分别由第三十九章的合成聚合物与“人造”聚合物为原料经纺丝得到。

## 二、本类注释

本类有两条类注。

类注一明确了由两种或两种以上成分（部分或全部成分属于本类）构成的配套货品应具备的条件；规定了该产品的归类原则。

类注二规定了以所印花纹、文字、图画等作为主要用途的塑料及橡胶制品的归类原则。

## 三、本类商品归类要点

### （一）两种或两种以上单独成分组成的配套产品的归类

根据第七类类注一的规定，当配套产品中的部分或全部成分属于第七类的产品，各成分混合后构成第六类或第七类产品的特征，且这种配套产品同时符合以下三个条件时，按混合后的产品归入相应品目：

（1）其包装形式足以表明这些成分不经过改装就可以一起使用。

（2）一起报验。

（3）这些成分的属性及相互比例足以表明是相互配用。

但是，如果在使用时各成分不是预先混合而是相继加入的，则该产品不能按混合后的产品归类。这些产品若是零售包装，应按归类总规则三（二）归类，若不是零售包装，则按各单独成分分别归类。

### （二）印有花纹、字符或图画的塑料及橡胶制品的归类

根据本类类注二的规定，除品目 3918 和品目 3919 的商品（塑料铺地制品、糊墙品和自粘塑料板、片、膜）可以印有花纹、字符或图画以外，其他印有花纹、字符或图画的塑料及橡胶制品并将其印刷的内容作为主要用途的不归入本类，而要归入第四十九章。

# 任务一

## 塑料及其制品的归类

### 知识准备

#### 一、本章商品范围及结构

第三十九章商品范围包括塑料的初级形状（如液状、糊状、粒状、粉片及类似形状，参见本章章注六），也包括塑料的废碎料、下脚料及各种塑料的半制成品和制成品（如卫生洁具、塑料糊墙物、塑料衣服及衣着附件零件、装饰品等）；但不包括天然树脂（归入第十三章），酯树胶、再熔胶（归入第三十八章），溶于挥发性有机溶剂（溶剂重量超过溶液重量50%）的第三十九章的部分聚合物（归入品目3208）。易误归入本章的货品主要有：天然树脂（第十三章）；酯胶、再熔胶（第三十八章）；按用途、功能或杂项货品等方式在其他类、章具体列名的塑料制品，例如塑料游泳帽（第六十五章）、塑料制液体泵（第八十四章）、塑料椅子（第九十四章）、塑料玩偶（第九十五章）、塑料扣子（第九十六章）、塑料制的卫生巾（护垫）及止血塞、婴儿尿布及尿布衬里和类似品（品目9619）等。

本章共有26个品目，本章包括初级形状的高聚物及其半制品和制品，按照原料、半制品和制成品，被分成两个分章。第一分章包括初级形状的聚合物，共有14个品目；第二分章包括废碎料及下脚料、半制品、制成品，共有12个品目。本章的基本结构是按照产品的加工程度分类，先初级产品后制品，按其加工的复杂程度而逐步深入：初级形状→丝、条、杆等类似形状→管状→板、片、膜等形状→制品。

本章共有26个品目，其排列顺序如下：3901～3914初级形状的塑料→3915塑料的废碎料→3916丝、条、杆等类似形状→3917管状→3918～3921板、片、膜等形状→3922～3926制品。

#### 二、本章注释简介

本章有十一条章注释和两条子目注释。

##### （一）章注释

章注一对本目录所称“塑料”做出了明确定义，强调包括钢纸但不包括第十一类的纺织材料。

章注二是排他条款，列出了不能归入本章的25类货品。

章注三明确了品目3901～3911包括的货品范围。

章注四明确了本章所称“共聚物”的含义，规定了共聚物在本章的归类原则。

章注五明确了本章所称“化学改性聚合物”的含义，规定了化学改性聚合物的归类原则。

章注六明确了本章所称“初级形状”（品目3901～3914）的形状范围。

章注七规定了品目3915不适用于已制成初级形状的单一的热塑材料废碎料及下脚料（品目3901至3914）。

章注八明确了品目3917所称“管子”的含义及其货品范围。

章注九阐述了品目 3918 所称“塑料糊墙品”适用货品及其具备特征。

章注十阐述了品目 3920 及 3921 所称“板、片、膜、箔、扁条”的适用货品特征。

章注十一列举了品目 3925 仅适用的 9 类物品。

### （二）子目注释

子目注释一规定了本章任一品目项下聚合物及化学改性聚合物的归类原则。

子目注释二明确了子目 3920.43 所称“增剂”包括“次级增朔剂”。

## 三、本章商品归类要点

### （一）初级形状的聚合物的归类

根据本章章注六的规定：

品目 3901 ～ 3914 所称初级形状，只限于下列各种形状：①液状及糊状，包括分散体（乳浊液及悬浮液）及溶液；②不规则形状的块、团、粉（包括压型粉）、颗粒、粉片及类似的散装形状。

但是，根据本章章注二（五）的规定，如果品目 3901 ～ 3913 的产品溶于挥发性有机溶剂，并且溶剂的重量超过溶液重量的 50%，所形成的溶液（胶棉除外）应归入品目 3208。

聚合物根据来源不同，可分为合成聚合物与“人造”聚合物。

#### 1. 合成聚合物（品目3901～3911）

合成聚合物是指将有机单体物质（低分子）加以聚合（化学合成）而制得的聚合物（高分子）。

聚合物按照单体的个数可分为均聚物与共聚物。前者由一种单体聚合而成，如由乙烯聚合而成的聚乙烯；后者由两种或两种以上的单体共同聚合，生成同一高分子结构中含有两种或两种以上单体单元的聚合物，如由乙烯与丙烯聚合而成的乙烯 - 丙烯共聚物。但是，根据本章章注四的规定，“所称共聚物，包括在整个聚合物中按重量计没有一种单体单元的含量在 95% 及以上的各种聚合物”，在 HS 编码中，由 96% 的丙烯单体单元及 4% 的乙烯单体单元组成的聚合物，不能视为是一种共聚物。

（1）共聚物的归类。

品目的确定：根据本章章注四的规定，除条文另有规定的以外，共聚物应按聚合物中重量最大的那种共聚单体单元所构成的聚合物归入相应品目。为此，聚合物所含的归入同一品目的共聚单体单元，应整体视作一种单一的共聚单体单元对待。如果没有任何一种共聚单体单元重量为最大，共聚物应按号列顺序归入其可归入的最末一个品目。

具体方法：首先将属于同一品目下的单体单元的含量相加，然后按含量高的品目归类，如果含量相等则“从后归类”。

例如，氯乙烯 - 乙酸乙烯酯共聚物，如果含有 55% 的氯乙烯单体单元应归入品目 3904（因为氯乙烯单体单元的聚合物归入品目 3904，乙酸乙烯酯单体单元的聚合物归入品目 3905，现氯乙烯单体单元的含量超过了乙酸乙烯酯单体单元，所以归入品目 3904），但如果含有 55% 的乙酸乙烯酯单体单元则归入品目 3905；再如，由 45% 乙烯、35% 丙烯及 20% 异丁烯的单体单元组成的共聚物应归入品目 3902，因为丙烯及异丁烯单体单元的聚合物均归入品目 3902，两者合起来占共聚物的 55%，超过了乙烯单体单元。

子目的确定：根据本章子目注释一的规定，应分成两种情况分别进行判断。子目的归类应先判断在同级子目中是否有列名为“其他”的子目。例如，品目 3901 项下有一级子目 3901.9“其他”，而品目 3909 项下则没有列名为“其他”的一级子目。其他级别的子目也是如此。

1）在同级子目中有一个“其他”子目的：

①子目所列聚合物名称冠有“聚”的（如聚乙烯及聚酰胺 6,6），是指列名的该种聚合物单体单元含量在整个聚合物中按重量计必须占 95% 及以上。例如，由 15% 乙烯、85% 氯乙烯的单体单元组成的共聚物应归入子目 3904.4000，而不能归入子目 3904.1，因为子目 3904.1 的聚氯乙烯是指氯乙烯单体单元必须占 95% 及以上。

②子目中有具体列名的共聚物，是指该种共聚单体单元含量在整个聚合物中按重量计占 95% 及以上，如子目 3901.9010 的乙烯－丙烯共聚物，子目 3903.3 的丙烯腈－丁二烯－乙烯共聚物，但子目 3904.4000 的其他氯乙烯共聚物不属于这种情况。根据子目注释一（一）2 可知子目 3901.30、3901.40、3903.20、3903.30 及 3904.30 所列的共聚物指该种共聚单体单元含量在整个聚合物中按重量计占 95% 及以上。

例如，由 61% 的氯乙烯、35% 的乙烯乙酸酯和 4% 的马来酐的单体单元组成的共聚物（属于品目 3904 的聚合物），应作为氯乙烯－乙烯乙酸酯共聚物归入子目 3904.3000，因为氯乙烯和乙烯乙酸酯两者的单体单元含量在整个聚合物中已占 96%。再如，由 60% 的苯乙烯、30% 的丙烯腈和 10% 的甲苯乙烯的单体单元组成的共聚物（属于品目 3903 的聚合物），应归入子目 3903.9000（列明为“其他”的子目）而不归入子目 3903.2000（具体列名为苯乙烯－丙烯腈共聚物的子目），因为苯乙烯和丙烯腈两者的单体单元含量在整个聚合物中仅占 90%。

③其他共聚物，应按聚合物中重量最大的那种单体单元所构成的聚合物归入该级其他相应子目（归入同一子目的聚合物单体单元应作为一种单体单元对待）。先将属于同一级子目下的单体单元的含量相加，然后按含量高的子目归类，如果含量相等则“从后归类”。

例如，由 40% 的乙烯和 60% 的丙烯的单体单元组成的乙烯－丙烯共聚物（属于品目 3902 的聚合物），应作为一种丙烯共聚物归入子目 3902.3010。再如，由 45% 乙烯、35% 丙烯和 20% 异丁烯的单体单元组成的共聚物（属于品目 3902 的聚合物）应归入子目 3902.3090，因为只有同一品目下丙烯和异丁烯的单体单元进行比较（乙烯单体单元不参与比较），而丙烯单体单元超过了异丁烯单体单元。

2）在同级子目中没有列名为“其他”子目的：

当同级子目中没有列名为“其他”子目时，共聚物在归入子目时直接按聚合物中重量最大的那种单体单元所构成的聚合物归入该级相应子目（归入同一子目的聚合物单体单元应作为一种单体单元对待）。先将属于同一级子目下的单体单元的含量相加，然后按含量高的子目归类，如果含量相等则“从后归类”。

例如，含有聚碳酸酯和聚对苯二甲酸乙二酯的单体单元的共聚物，如果前者重量大于后者应归入子目 3907.4；如果后者重量大于前者应归入子目 3907.6，因为在同级子目中没有列明为“其他”的子目。

（2）聚合物混合体的归类。

聚合物混合体是指由两种或两种以上不同的聚合物（既可以是均聚物，也可以是共聚物）通过机械混合而形成的产物，例如将聚乙烯与聚丙烯按一定比例混合在一起就属于一种聚合物混合体。

品目的确定：根据本章章注四的规定，除条文另有规定的以外，聚合物混合体与共聚物一样，也应按聚合物中重量最大的那种共聚单体所构成的聚合物归入相应品目。

例如，由 60% 的聚苯乙烯（属于品目 3903 的聚合物）与 40% 的聚丙烯腈（属于品目 3906 的聚合物）组成的聚合物混合体，应归入品目 3903，因为苯乙烯单体单元的含量超过了丙烯腈单体单元的含量。

子目的确定：根据本章子目注释一的规定，“聚合物混合体应按单体单元比例相等、种类相同的聚合物归入相应子目”。例如，由 96% 的聚乙烯和 4% 的聚丙烯组成，比重大于 0.94 的聚合物混合体，应作为聚乙烯归入子目 3901.2000，因为乙烯单体单元占整个聚合物含量的 95% 以上。再如，由 60% 的聚酰胺 -6 和 40% 的聚酰胺 6,6 组成的聚合物混合体应归入子目 3908.9090（“其他”子目），因为聚合物中两者的单体单元含量均未达到整个聚合物含量的 95% 及以上。

（3）化学改性聚合物的归类。

化学改性聚合物是指聚合物主链上的支链通过化学反应发生了变化的聚合物。例如聚乙烯经氯化反应（化学改性）得到的氯化聚乙烯。

品目的确定：根据本章章注五的规定，化学改性聚合物应按未改性的聚合物的相应品目归类。例如，氯化聚乙烯应按未改性的聚乙烯归入品目 3901。

子目的确定：根据本章子目注释一（一）3 和一（二）2 的规定，当在同级子目中有子目“其他”时，化学改性聚合物如无具体列名，应归入子目“其他”。例如，氯化聚乙烯在归入品目 3901 的子目时，由于品目 3901 有一级子目“其他”，且无氯化聚乙烯的具体列名，所以化学改性聚乙烯应归入子目 3901.9090（“其他”子目）。当在同级子目中没有子目“其他”时，化学改性聚合物则只能按相应的未改性聚合物的子目归类。例如，乙酰化的酚醛树脂在归入品目 3909 的子目时，由于品目 3909 没有一级子目“其他”，所以化学改性酚醛树脂应按酚醛树脂归入子目 3909.4000。

### 2. “人造”聚合物（品目3912～3913）

与合成聚合物不同，“人造”聚合物不是由低分子聚合得到的高分子聚合物，而是指天然的高分子聚合物与经化学改性加工的天然高分子聚合物。它们包括：

（1）纤维素及其化学衍生物。纤维素是天然高分子聚合物，来源于木材、棉花、棉短绒、麦草、稻草、芦苇、麻、甘蔗渣等。一般是将这些原料用亚硫酸盐或碱溶液经过一系列处理而制得纤维素。纤维素的化学衍生物是将纤维素通过一定的化学反应而得到的产物，主要包括纤维素醚与纤维素酯两类。例如纤维素酯中比较重要的乙酸纤维素（又称醋酸纤维素），是以乙酸酐和乙酸在催化剂（如硫酸）存在的情况下处理纤维素（通常是棉籽绒或溶解级化学木浆）而制得。其他纤维素酯还有硝酸纤维素（硝化纤维素）、乙酸丁酸纤维素及丙酸纤维素等。

（2）其他天然聚合物及改性天然聚合物。其他品目未列名的天然聚合物，例如藻酸（主要存在于海藻中的一种多糖醛酸）、葡聚糖（一种由葡萄糖结合而成的多糖）、糖原（又称牲粉、动物淀粉，是由葡萄糖结合而成的一种支链多糖）、壳多糖（主要存在于动物贝壳中的一种多糖）以及木质素（存在于植物中的一种芳香族高分子化合物）等。

### 3. 离子交换剂（品目3914）

归入品目 3914 的是以品目 3901 ～ 3913 的聚合物为基本成分的初级形状的离子交换剂。离子交换剂是含有活性离子基团（通常有磺基、羧基、酚基或氨基）的交联聚合物，一般为颗粒状。这些活性离子基团使聚合物与电能溶液接触时能够用自己的离子与溶液中所含的离子（相同的正或负离子）交换，可用于水的软化、牛奶的软化、色谱分析、从酸溶液中回收铀、从肉汤培养基中回收链霉素以及其他各种工业用途。

### （二）塑料的废碎料及下脚料的归类

“塑料的废碎料及下脚料”（品目 3915）是指明显不能再作为原用途使用的破损塑料物品，以及制造加工过程中产生的废料（刨花、粉屑、边角料等）。热固性塑料的废碎料及下脚料，由两种或两种以上热塑性塑料的废碎料、下脚料构成的混合物（即使加工成初级形状）以及废碎的塑料制品都应按“塑料的废碎料及下脚料”归入品目 3915；但制成初级形状的单一热塑性塑料的废碎料及下脚料应按初级形状的塑料归入品目 3901 ～ 3914 的相应品目。

### （三）塑料半制成品的归类

塑料半制成品主要包括塑料丝、条、杆、型材及异型材，塑料管、板、片、膜等，这些半制成品根据列名归入品目 3916 ～ 3921。其中归入本章的单丝截面直径要超过 1 毫米，扁条宽度要超过 5 毫米，否则按纺织纤维归入第五十四章。品目 3918 的“塑料糊墙品”，适用于墙壁或天花板装饰用的成卷产品，且有宽度要求，即不小于 45 厘米。

### （四）塑料的制成品的归类

塑料的制成品基本上按照该制品的用途来归类。

卫生洁具归入品目 3922。归入该品目的卫生洁具一般永久固定于房舍内或某一地点上，通常与供水系统或下水道相连接，例如浴缸、洗涤槽；还包括类似规格及用途的其他卫生洁具，例如便携式坐浴盆、婴儿浴盆及野营用的盥洗设备。而肥皂盘、毛巾架、牙刷架、卫生纸架、毛巾钩等则不能作为本品目的卫生洁具，它们如果是供永久固定安装在墙内、墙上或建筑物的其他地方，应归入品目 3925，否则应作为盥洗用具归入品目 3924。包装或运输用品归入品目 3923，归入该品目的包括容器（如盒、箱、包、桶、罐、瓶等）、卷轴、纡子、筒管及类似品，另外还有塞子、盖子及类似品。餐具（如餐盘、汤碗、刀、叉等）、厨房用具（如水盘、厨用壶、贮藏罐、擀面杖等）、其他家庭用具（如烟灰缸、热水瓶、垃圾箱、窗帘、台布等）及卫生或盥洗用具（如痰盂、便盆、肥皂盘、毛巾架、牙刷架、卫生纸架等）归入品目 3924。建筑用品，即符合本章章注十一规定的建筑用塑料制品，归入品目 3925，如门、窗及其框架、阳台、栏杆、窗板、百叶窗等。其他，即其他品目未列名的塑料制品，归入品目 3926，如围裙、腰带、雨衣、小雕塑品及其他装饰品、螺丝、螺栓等。

### （五）塑料与纺织材料复合制品的归类

（1）用塑料浸渍、涂布、包覆或层压的毡呢，按重量计纺织材料含量在 50% 及以下的归入本章；含量超过 50% 的则按纺织品归入品目 5602。

（2）完全嵌入塑料或两面均涂覆塑料的无纺物，所涂覆的塑料能用肉眼分辨出来（无含量的限制）的归入本章；用肉眼无法辨别出是否经浸渍、涂布、包覆或层压的，按纺织品归入品目 5603。

（3）刚性的复合制品即经塑料浸渍、涂布、包覆或层压的纺织物，在温度为 15 ～ 30℃

时，用手工将其绕于直径 7 毫米的圆柱体上会发生断裂的归入本章；非刚性的归入第十一类的相应品目。如在温度为 15 ～ 30℃时，用手工将其绕于直径 7 毫米的圆柱体上会发生断裂的合成革和人造革归入本章，而不断裂的归入第五十九章。

（4）纺织物仅起增强作用的泡沫塑料板、片或带归入本章。两面均用纺织物盖面的泡沫塑料板、片及带，不论织物的性质如何，都不归入本章，通常归入品目 5602、5603 或 5903。

【知识拓展】

“禁塑令”之可降解一次性用品的归类浅析

2020年年初，国家出台《关于进一步加强塑料污染治理的意见》，到2020年底，全国范围餐饮行业禁止使用不可降解一次性塑料吸管。

禁止使用一次性塑料吸管，催生了大量可降解吸管的市场需求。目前，市场上普遍推广的可降解吸管主要有两种：一种是纸质吸管（4823.60），另一种是聚乳酸可降解吸管（3926.90）。

聚乳酸可降解吸管，是以玉米、甘蔗等作物为原料，经过一系列复杂工艺生产而成。在堆肥的条件下，这种吸管只需要90天就会降解完成，通俗讲就是会消失不见。塑料吸管禁令的实施给可降解吸管的实际需求带来巨大增量。

此外，市场人士建议，可降解吸管的推广并不代表可以在使用完成后随意丢弃，因为其在纯自然条件下降解速度较慢，所以仍然需要合理回收。同时，为促进资源循环利用，可借鉴国外流行的竹子吸管（4421.90）、玻璃吸管（7020.00）、不锈钢制吸管（7323.93）等可循环使用吸管。

（资料来源：“上海市报关协会”微信公众号）

## 工作任务

江苏恒诚报关有限公司申报一批进口原材料用来加工塑料：乙烯-乙酸乙烯酯-氯乙烯接枝共聚物，其中乙烯单体单元为4%，氯乙烯单体单元为66%，乙酸乙烯酯单体单元为30%，外观为白色粉末，未加增塑剂；乙烯-乙酸乙烯酯-氯乙烯接枝共聚物，其中乙烯单体单元为85%，乙酸乙烯酯单体单元为10%，氯乙烯单体单元为5%，外观为白色粉末，未加增塑剂。请对以上商品进行归类。

## 任务实施

**1. 乙烯-乙酸乙烯酯-氯乙烯接枝共聚物，其中乙烯单体单元为4%，氯乙烯单体单元为66%，乙酸乙烯酯单体单元为30%，外观为白色粉末，未加增塑剂**

（1）判断归类属性。该共聚物由三种单体单元组成，而且都不属于同一个品目，因此不能合并重量，按重量最大的单体单元来归类。

（2）引用归类依据。根据子目注释一（一）2 的规定，3904.30 所列的共聚物，如果该种共聚单体单元含量在整个聚合物中按重量计占 95% 及以上，而在本商品中乙酸乙烯酯占 30%，氯乙烯占 66%，总共为 96%，超过 95%。

（3）确定商品编码。根据归类总规则一及六的规定，本商品应归入商品编码3904.3000。

**2. 乙烯-乙酸乙烯酯-氯乙烯接枝共聚物，其中乙烯单体单元为85%，乙酸乙烯酯单体单元为10%，氯乙烯单体单元为5%，外观为白色粉末，未加增塑剂**

（1）判断归类属性。该共聚物由三种单体单元组成，而且都不属于同一个品目，因此不能合并重量，按重量最大的单体单元来归类。

（2）引用归类依据。因此按重量最大的乙烯归类，四位数品目为3901，由于乙烯（85%）加乙酸乙烯酯（10%）的单体单元达到95%，因此归入品目3901。

（3）确定商品编码。根据归类总规则一及六的规定，本商品应归入商品编码3901.3000。

**思考题：**

我们的生活似乎离不开塑料：水杯、餐具、包装袋……塑料是个“大家族”，一般会在产品底部用1～7的数字标明“身份”，但塑料制品底部的数字代表什么呢？

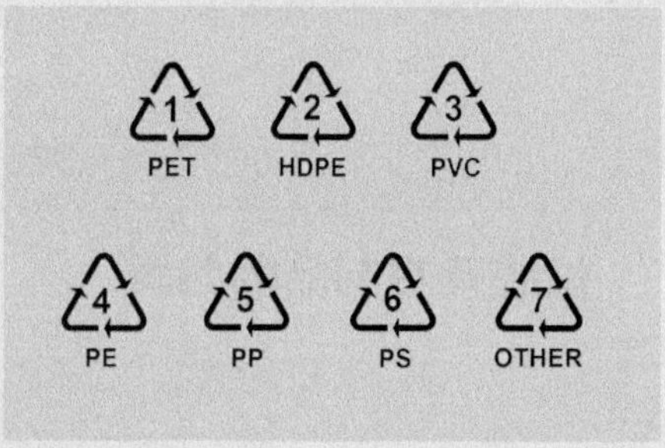


## 任务训练

请对以下商品进行归类：

1. 由95%乙烯与5%丙烯的单体单元组成的共聚物粒子（比重0.93）。
2. 由35%乙烯、35%丙烯及30%异丁烯的单体单元组成的初级形状的共聚物。
3. 聚乙烯（密度0.93）下脚料。
4. 粒子状的聚乙烯（密度0.93）下脚料。
5. MS非泡沫板[MS即甲基丙烯酸甲酯（单体单元占30%）和苯乙烯（单体单元占70%）的共聚物]。
6. 乙烯（65%）、乙酸乙烯酯（10%）、氯乙烯（25%）共聚物，外观为白色粉末。
7. 乙烯（85%）、丙烯（10%）、氯乙烯（5%）的共聚物，外观为白色粉末。
8. 聚丙烯颗粒（由纯聚丙烯制品的废料制得）。
9. 氯乙烯-乙酸乙烯酯共聚物，按重量计含氯乙烯单体单元为45%，乙酸乙烯酯单体单元为55%（水分散体，初级形状）。
10. 由20%氯乙烯、20%乙酸乙烯酯、30%丙烯、30%异丁烯的单体单元组成的共聚物（粉末状）。
11. 聚丙烯（比重0.92）与聚乙酸乙烯酯组成的聚合物混合体（颗粒状），按占聚合物混合体总重量计算：丙烯单体单元为50%、乙酸乙烯酯单体单元为50%。

12. 用机器将回收的废“可乐”饮料瓶粉碎成的细小碎粒（该饮料瓶是由化学名称为聚对苯二甲酸乙二酯的热塑性塑料制成的，黏数为80毫升/克，非切片）。

13. 聚氯乙烯制、宽度为2厘米的成卷电工用绝缘胶带。

14. 有机玻璃板（有机玻璃的化学名称为聚甲基丙烯酸甲酯）。

15. 一次性的聚氯乙烯垃圾袋。

16. 纳米隔热膜，宽1.524米，成卷，一种新型的汽车用隔热膜，它将氮化钛材料用真空溅射技术在优质的聚对苯二甲酸乙二酯薄膜上形成的纳米级涂层，起隔热、防紫外线、防爆等效果。

17. ABS（丙烯腈-丁二烯-苯乙烯共聚物，苯乙烯单体单元占60%）塑料粒子。

18. 北京奥运会游泳馆“水立方”使用的一种ETFE薄膜材料，中文名称是乙烯-四氟乙烯共聚物（其中四氟乙烯单体单元占75%），厚0.1毫米，宽1.5米，长30米。

19. “LOCK&LOCK”牌食品储藏盒。每套由不同大小、形状的盒子组成，用于厨房间存放各种食品和调料，由聚碳酸酯制成。

20. TPU薄膜（TPU是Thermoplastic Urethane的缩写，中文名称为热塑性聚氨酯弹性体），规格为300毫米×100米，用于制作手机按键。

# 任务二

## 橡胶及其制品的归类

### 知识准备

#### 一、本章商品范围及结构

第四十章包括天然橡胶以及天然橡胶物理性质相似的产品。本章按照产品的加工程度由浅至深列目，先原料，再半制品，后制品。

本章所称的橡胶是指天然橡胶与合成橡胶。天然橡胶可以从近500种不同的植物中获得，但主要是从热带植物橡胶树中取得。天然胶乳经过采集、凝聚、洗涤、干燥等工序，即可得到天然橡胶、从油类中提取的油膏及上述物品的再生品。

合成橡胶是人工合成的类似橡胶的弹性体。橡胶在外力的作用下能发生较大的形变，当外力解除后，能迅速恢复其原有的形状。

本章包括的“橡胶”（除条文另有规定的以外）是指不论是否硫化或硬化的下列产品：天然橡胶；巴拉塔胶、古塔波胶、银胶菊胶、糖胶树胶及类似的天然树胶；合成橡胶。

本章共有17个品目，按照橡胶属性、加工程度及用途设置品目，其排列顺序为：4001～4003初级形状及板、片、带状天然橡胶、合成橡胶及再生橡胶→4004废碎料→4005～4006其他未硫化橡胶及其制品→4007～4009硫化橡胶半制成品→4010～4016硫化橡胶制品→4017硬质橡胶及其制品。

#### 二、本章注释简介

本章有九条章注释。

章注一明确了本目录所称“橡胶”的含义及其货品范围。

章注二是排他条款，列出了不能归入本章的六类货品。

章注三明确了本章所称“初级形状”（品目 4001 ～ 4003 及 4005）的形状范围。

章注四明确了本章章注一及品目 4002 所称“合成橡胶”的适用范围。

章注五明确了品目 4001 ～ 4002 适用及除外的含有其他物质的橡胶或橡胶混合物范围。

章注六对品目 4004 所称“废碎料及下脚料”做出了明确定义。

章注七阐述了全部用硫化橡胶制成的线的归类规定。

章注八说明了品目 4010 适用的货品范围。

章注九对品目 4001 ～ 4003、4005 及 4008 所称“板、片、带”及品目 4008 所称“杆、型材、异型材”做出了明确定义。

## 三、本章商品归类要点

### （一）未硫化橡胶的归类

未硫化橡胶应按照橡胶的分类及加工的形状来进行归类，其中形状的判定尤为重要。

#### 1. 初级形状

根据本章章注三的规定，品目 4001、4002、4003 及 4005 所称“初级形状”只限于下列形状：

（1）液状及糊状，包括胶乳（不论是否预硫化）及其他分散体和溶液。

（2）不规则形状的块、团、包、粉、粒、碎屑及类似的散装形状。

但是，根据本章章注五（一）的规定，由于品目 4001、4002 不适用于与有机溶剂相混合的橡胶，因此品目 4001、4002 不包括上述“其他分散体和溶液”这样的“形状”。

#### 2. 板、片、带

根据本章章注九的规定，品目 4001、4002、4003、4005 所称“板、片、带”，仅指未切割或只简单切割成矩形（包括正方形）的板、片、带及正几何形块，不论是否具有成品的特征，也不论是否经过印制或其他表面加工（如印制、压纹、整体着色、表面着色），但未切割成其他形状或进一步加工。

### （二）硫化橡胶的归类

硫化是指橡胶大分子与硫磺或其他硫化剂（如氯化硫）发生化学反应（不论是否需加热、加压以及通过高能或辐射），交联成为立体网状结构，使橡胶从主要为塑性状态转化为弹性状态的过程。硫化是橡胶加工中的一个重要工序，橡胶经过硫化，可以得到定型的具有实用价值的橡胶制品。为了进行硫化，除加入硫化剂外，通常还要加入其他物质，例如促进剂、活性剂、防焦剂、增塑剂、增量剂、填料、增强剂及其他本章章注五（二）款所述的添加剂。经过硫化后的橡胶称为硫化橡胶。

硫化橡胶（包括半制品和制品，不包括硬质橡胶）按照其加工形状的不同以及用途的不同而相应归入品目 4007 ～ 4016。

#### 1. 半制品

（1）线、绳。根据本章章注七的规定，品目 4007 的硫化橡胶线，其任一截面的尺寸应不超过 5 毫米。如果其任一截面的尺寸超过 5 毫米，应作为带、杆或型材及异型材归入品目 4008。绳是由多股线组成的，不论其每股线的粗细程度如何。

（2）板、片、带。根据本章章注九的规定，品目 4008 所称“板、片、带”，其含义与品目 4001、4002、4003、4005 一样，仅指未切割或只简单切割成矩形（包括正方形）的板、片、带及正几何形块，不论是否具有成品的特征，也不论是否经过印制或其他表面加工（如印制、压纹、整体着色、表面着色），但未切割成其他形状或进一步加工。例如仅通过将硫化橡胶板、片切成长方形而制得的成匹的橡胶铺地材料，不应按橡胶制品归入品目 4016，而应作为硫化橡胶板归入品目 4008。

（3）杆、型材、异型材。与上述“板、片、带”的情况类似，根据本章章注九的规定，品目 4008 所称“杆、型材、异型材”，仅指不论是否切割成一定长度或表面加工，但未经进一步加工的该类产品。

（4）管子。对于完全由硫化橡胶制成的管子，应归入品目 4009。而对于硫化橡胶与其他材料（纺织物、金属等）组成的管子，如果其基本特征是硫化橡胶材料的，仍应归入品目 4009。例如橡胶中嵌有一层或多层纺织物的硫化橡胶管、外面包绕有薄的织物套及嵌心的硫化橡胶管、管外或管内加有金属螺旋线的硫化橡胶管，均应归入品目 4009。但是基本特征不是硫化橡胶材料的管子，则不能归入品目 4009。例如一种纺织材料制成的水龙管，为使其不透水而在管内用胶乳涂层或插入一根橡胶管，由于该管子的基本特征是纺织材料，因此应归入品目 5909。

2. 制品

硫化橡胶制品按照用途的不同来归类，例如传动带归入品目 4010，轮胎归入品目 4011 ～ 4012，内胎归入品目 4013，卫生及医疗用品归入品目 4014，服装归入品目 4015，其他制品归入品目 4016。

### （三）橡胶与纺织品组合物的归类

关于橡胶与纺织品组合物的归类，本章与第十一类的货品容易混淆，按照有关注释规定，下列货品归入本章：①用橡胶浸渍、深层、包覆或层压的毡呢，按重量计，含纺织材料在 50% 及以下，以及完全嵌入橡胶的毡呢。②无纺织物完全嵌入橡胶或两面全部用橡胶涂层或包覆，用肉眼可以辨出涂层或包覆的除外，但颜色变化可不予考虑。③用橡胶浸渍、涂层、包覆或层压的纺织物（按第五十九章章注一的定义），每平方米重量超过 1 500 克，并且按重量计，所含纺织材料在 50% 及以下。④与纺织物、毡呢或无纺织物组合的海绵橡胶板、片、带，其中纺织物仅起增强作用。

下列货品不归入本章：①以未硫化天然橡胶或合成橡胶浸渍或包覆的纺织线归入品目 5604。②用纺织材料包覆的硫化橡胶线，绳及用硫化橡胶包覆或浸渍的纺织线归入品目 5604。③以未硫化天然橡胶或合成橡胶浸渍或包覆的纺织线归入品目 5604。

### （四）橡胶的废碎料及下脚料的归类

根据本章章注六的规定，品目 4004 所称“废碎料及下脚料”，是指在橡胶或橡胶制品生产或加工过程中因切割、磨损或其他原因明显不能按橡胶或橡胶制品使用的废橡胶及下脚料。例如不能再翻新的磨损橡胶轮胎，以及由其制得的碎料。除硬质橡胶的废碎料及下脚料应归入品目 4017 外，其他橡胶（不管是未硫化橡胶还是硫化橡胶）的废碎料及下脚料应一律归入品目 4004。

### （五）初级形状的乙丙橡胶与乙丙非共轭二烯橡胶的区别

乙丙橡胶又称二元乙丙橡胶，是以乙烯、丙烯为单体共聚而得的合成橡胶，因分子中没有双键，所以属于饱和高聚物，按塑料归入第三十九章子目 3901.4010、3901.9010 或 3902.3010；由乙烯、丙烯和第三单体共聚而成的橡胶称为三元乙丙橡胶，第三单体为非共轭烃时，又称乙丙非共轭二烯橡胶，因分子中有双键，所以属于不饱和高聚物，按橡胶归入子 4002.7010。

## 工作任务

江苏恒诚报关有限公司申报一批进口硅橡胶（聚硅氧烷）、氯丁橡胶胶乳（氯丁二烯橡胶乳胶），请对以上商品进行归类。

## 任务实施

### 1. 硅橡胶（聚硅氧烷）

（1）判断归类属性。硅橡胶即聚硅氧烷，尽管商品名为“硅橡胶”，但由于不符合第四十章章注四有关“合成橡胶”的定义，不属于橡胶，而是一种聚合物。

（2）引用归类依据。本商品归类时应按“塑料”归入第三十九章，并按具体列名归入品目 3910。

（3）确定商品编码。根据归类总规则一及六的规定，本商品应归入商品编码 3910.0000。

### 2. 氯丁橡胶胶乳（氯丁二烯橡胶乳胶）

（1）判断归类属性。氯丁橡胶又名氯丁二烯橡胶，是以氯丁二烯单体为原料合成的不饱和聚合物。

（2）引用归类依据。本商品归类时应按橡胶归入第四十章，由于其符合第四十章章注四对初级形状的规定，所以应按初级形状的合成橡胶归入品目 4002。

（3）确定商品编码。根据归类总规则一及六的规定，本商品应归入商品编码 4002.4100。

## 任务训练

请对以下商品进行归类：

1. 硫化橡胶制劳保手套（放射科医生用）。
2. 烟胶片（简称R.S.S）。
3. 轮胎橡胶（未硫化，其中丁腈橡胶94%、增塑剂6%）。
4. 巴拉塔胶60%、丁腈橡胶40%的混合橡胶。
5. 硫化橡胶制汽车风挡胶条。
6. 乙丙非泡沫橡胶板（按重量计乙烯单体单元为35%）。
7. 硫化橡胶输送带，用蓝色纯涤纶机织物增强。
8. 摩托车用新的充气橡胶轮胎。
9. 天然胶乳。
10. 非海绵乙丙非共轭二烯硫化橡胶板（矩形）。

# 项目评价

**考核评价表**

| 学习目标 | 评价项目 | 自我评价（30%） | 组间评价（30%） | 教师评价（40%） |
|---|---|---|---|---|
| 专业知识（30分） | 塑料及其制品的商品知识 | | | |
| | 橡胶及其制品的商品知识 | | | |
| | 初级形状高聚物的分类 | | | |
| | 重要的章注释、品目注释、品目条文 | | | |
| 专业能力（40分） | 准确把握归类依据 | | | |
| | 掌握常见塑料、橡胶制品的归类原则 | | | |
| | 准确运用归类总规则 | | | |
| 职业素养（30分） | 积极主动、团队合作精神 | | | |
| | 沟通协调能力 | | | |
| | 思辨能力 | | | |
| | 解决问题能力 | | | |
| | 谨慎细心的工作态度 | | | |
| 教师建议： | | 评价标准：<br>A．优秀（≥ 80 分） B．良好（70 ～ 80 分）<br>C．基本掌握（60 ～ 70 分） D．没有掌握（＜ 60 分） | | |
| 个人努力方向： | | | | |

# 项目九

# 生皮、皮革、毛皮及其制品；鞍具及挽具；旅行用品、手提包及类似容器；动物肠线（蚕胶丝除外）制品的归类

## 学习目标

◆ **知识目标**

熟悉皮革、毛皮及其制品的分类方法，了解皮革、毛皮及其制品必要商品知识，掌握皮革类商品所在类各章的商品范围及结构。

◆ **能力目标**

掌握皮革类商品的归类要点；能正确运用归类依据对皮革类商品进行准确归类。

◆ **素质目标**

通过对商品归类的训练，培养严谨细致的工作作风，增强学生的遵纪守法意识。

## 项目导入

通过本类的学习，掌握皮革、毛皮及其制品必要商品知识以及皮革类商品所在类各章的商品范围及结构。

**学习重难点：**

皮革、毛皮类商品的归类要点，以及易与本类商品混淆的纺织品的比较分析。

## 项目要点

### 一、本类商品范围

第八类系统地介绍了生皮、皮革、毛皮（含人造毛皮）及其相关产品的归类，包括了绝大部分的皮革行业的动物原料以及多种材料制作的具有皮革特征的制品。例如未经加工或仅经简单加工的生皮及未鞣毛皮，通常作为皮革行业的原材料使用，故应归入本类。

本类商品的原料是第一类活动物被宰杀后剩下的生皮，对生皮进行保藏加工、鞣制加工及制造加工后的产品都属于本类，所以第八类的商品是在第一类商品的基础上进一步加工的产品。

但有些用皮革和毛皮加工的产品不归入本类。例如，带羽毛或羽绒的整张或部分鸟皮不归入本类而归入第五章或第六十七章。

本类包括生皮、皮革、毛皮及其制品等商品，其结构规律如下：第四十一章主要是生皮和皮革（是原材料，按照加工程度由低到高排列），第四十二章主要是皮革行业制品（包括具有此特征且用其他材料制成的货品）和动物肠线制品，第四十三章是适合加工毛皮的带毛生皮、毛皮、毛皮制品。

## 二、本类注释

本类无类注释。

## 三、本类商品归类要点

（1）本类中包括皮革及毛皮加工成的制品，但当制品的基本特征属于其他类所包括的范围时，该制品应归入其他类。如按第四十二章章注一和第四十三章章注二的规定，皮鞋归入第六十四章，皮帽子归入第六十五章。

（2）本类是用第一类活动物被宰杀后剥下的生皮作原料，按第四十一章章注一（三）的规定，分别归入第四十一章与第四十三章的动物生皮。

（3）第四十一章与第四十二章是加工顺序关系。

（4）第四十三章内品目按加工顺序编排。

本类商品在归类时应考虑材料属性（是带毛的皮张还是不带毛的皮张）及加工程度（是原料还是制品）。

# 任务一

## 生皮（毛皮除外）及皮革的归类

### 知识准备

## 一、本章商品范围及结构

第四十一章包括生皮（毛皮除外）及皮革。本章的生皮仅包括制革用的动物皮张，不包括可食用的动物皮张（例如，供食用的鲜猪皮），可食用的动物皮张经简单加工的归入第二章或第三章，复杂加工的归入第十六章。需要注意的是，经过鞣制的带毛生皮归第四十三章。

本章主要包括不带毛的生皮。但带毛生皮若是以皮革特征体现其主要经济价值的，应归入本章。

本章共有 11 个品目，按商品的加工程度顺序排列：4101 ～ 4103 生皮→ 4104 ～ 4106 经鞣制但未经进一步加工的皮及其坯革→ 4107、4112 及 4113 经鞣制或坯革处理后进一步加工的皮革→ 4114 特种皮革→ 4115 再生皮革及皮革的边角废料。

## 二、本章注释简介

本章共三条章注释。

章注一指出本章不包括的商品，如生皮的边角废料（品目 0511）、带羽毛或羽绒的鸟皮（品目 0505 或 6701）、带毛的生皮（有例外商品）。

章注二规定品目 4104 ～ 4106 逆鞣（包括预鞣）加工的皮（酌情归入品目 4101 ～

4103）；同时规定品目 4104 ～ 4106 所称“坯革”，包括在干燥前经复鞣、染色或加油（加脂）的皮。

章注三规定本协调制度所称“再生皮革”，仅指品目 4115 的皮革。

### 三、本章商品归类要点

#### （一）生皮的归类

通常情况下，不带毛的生皮归入第四十一章，带毛的生皮归入第四十三章，但是也有例外。根据本章章注一（三）的规定，有些动物的生皮即使带毛也归入第四十一章，这些动物包括：牛、马、绵羊、羔羊、山羊或小山羊、猪、小羚羊、瞪羚、骆驼、驯鹿、麋、鹿、狍或狗。所以，本章章注一（三）所指动物的生皮不论是否带毛均归入品目 4101 ～ 4103，而其他动物的生皮只有不带毛时才归入品目 4101 ～ 4103，若带毛则归入第四十三章。

#### （二）皮革的归类

生皮经鞣制后成为皮革，根据其加工程度归入品目 4104 ～ 4115 内不同的品目，但是本章只包括经鞣制后不带毛的皮革，若经鞣制后带毛的毛皮应归入第四十三章。

#### （三）皮革的边角废料及相关产品的归类

不能当作原制品使用或不能用来制造皮革制品的皮革碎片及破旧皮革制品应该归入品目 4115；可供制造皮革制品的皮革碎片及破旧皮革制品，应作为皮革归入适当的品目；旧皮鞋和皮帽应归入品目 6309。

## 工作任务

江苏恒诚报关有限公司申报两批进口货物：一批是整张蓝湿牛皮（粒面剖层革），另一批是黄牛皮（鞣制并干燥后剖为三层的中间一层皮，用于制沙发）。请对以上商品进行归类。

## 任务实施

### 1. 整张蓝湿牛皮（粒面剖层革）

（1）判断归类属性。蓝湿牛皮又叫熟牛皮，已经过鞣制工艺，属于湿革，是牛皮加工的半制成品，其报验状态是“粒面剖层革”及属于头层皮。

（2）引用归类依据。本商品符合品目 4104 的条文“经鞣制的不带毛牛皮”，因此归入品目 4104。

（3）确定商品编码。根据归类总规则一及六的规定，本商品应归入商品编码 4104.1111。

### 2. 黄牛皮（鞣制并干燥后剖为三层的中间一层皮，用于制沙发）

（1）判断归类属性。牛皮革如未剖层，属于“全粒面未剖层革”；如经剖层，则外表的一层属于“粒面剖层革”，又称头层皮。故剖为三层的中间一层皮革应按“其他”归入第四十一章。

（2）引用归类依据。由于黄牛皮已经鞣制并干燥，故应按“鞣制的牛皮坯革”归入品目 4104。

（3）确定商品编码。根据归类总规则一及六的规定，本商品应归入商品编码 4104.4990。

## 任务训练

请对以下商品进行归类：

1．整张新鲜的去毛生鹿皮（重8千克）。

2．经鞣制的蛇皮。

3．全粒面未剖层牛皮干革。

4．镀金属牛皮革。

5．再生牛皮革，宽1米，成卷。

6．供人食用干的生牛皮（整张皮，每张干燥重量6千克）。

7．制革用干的生牛皮（整张皮，每张干燥重量6千克）。

8．仅经过逆鞣处理的绵羊皮（未浸酸）。

9．漆皮。

10．衣领和袖口为狐狸毛皮，其余部分为羊皮的女式大衣。

# 任务二

## 皮革制品；鞍具及挽具；旅行用品、手提包及类似容器；动物肠线（蚕胶丝除外）制品的归类

## 知识准备

### 一、本章商品范围及结构

第四十二章商品范围包括：皮革制品；鞍具、挽具；旅行用品、手提包及类似容器；动物肠线（蚕胶丝除外）制品。第四十二章大部分是由第四十一章的原料经进一步加工制得的制品，同时还包括几乎由任何材料制成的包及旅行用品。

本章共有 5 个品目，其排列顺序为：4201 各种动物用鞍具、挽具→ 4202 各种箱、包、盒等容器→ 4203 皮革制服装→ 4205 其他皮革制品→ 4206 动物肠线制品。

### 二、本章注释简介

本章共四条章注释。

章注一对“皮革”的定义进行了界定。

章注二指出本章不包括的商品。

章注三规定品目 4202 及 4203 的制品，如果装有用贵金属、包贵金属、天然或养殖珍珠、宝石或半宝石（天然、合成或再造）制的零件，即使这些零件不是仅作为小配件或小饰物的，只要其未构成物品的基本特征，仍应归入上述品目。但如果这些零件已构成物品的基本特征，则应归入第七十一章。

章注四规定品目 4203 所称“衣服及衣着附件”主要适用于分指手套、连指手套及露指手套（包括运动手套及防护手套）、围裙及其他防护用衣着、裤吊带、腰带、子弹带及腕带，但不包括表带（品目 9113）。

## 三、本章商品归类要点

### （一）品目4202包括的两组货品的区别

品目 4202 包括两组货品，第一组货品，如衣箱、提箱、小手袋、公文箱、公文包、书包、眼镜盒、望远镜盒、照相机套、乐器盒、枪套及类似容器，可以用任何材料（除天然或养殖的珍珠、宝石或半宝石，或贵金属或包贵金属）制成。第二组货品，如旅行包、食品或饮料保温包、化妆包、帆布包、手提包、购物袋、钱夹、钱包、地图盒、烟盒、烟袋、工具包、运动包、瓶盒、首饰盒、粉盒、刀叉餐具盒等，必须用皮革或再生皮革、塑料片、纺织材料、钢纸或纸板制成或者其全部或大部分用所列材料或纸包覆制成。

### （二）皮革或再生皮革制的衣服及衣着附件的归类

品目 4203 除了包括衣服如上衣、大衣等，还包括分指手套、连指手套及露指手套（包括运动手套及防护手套）、围裙、袖套及其他防护用衣着、背带、腰带、子弹带、紧身褡、领带及腕带。装有电热元件的上述货品仍归入本品目。

本品目不包括用有皮革增强的纺织材料制成的服装（第六十一章或第六十二章），不包括第九十五章的物品（如板球或曲棍球护胫以及击剑面罩、胸铠等运动保护器具），但皮革运动服和运动手套仍归入本品目。

按照第四十三章章注二（三）的规定，用皮革与毛皮或用皮革与人造毛皮制成的分指手套、连指手套及露指手套归入本章品目 4203，在皮革制服装上可用其他材料进行装饰，如在皮革衣服上装一个毛皮领子，只要装饰材料不构成衣服的基本特征，还是按皮革衣服归类（品目 4203）。

## 工作任务

江苏恒诚报关有限公司申报两批进口货物：一批是“鳄鱼”牌牛皮公文包，另一批是拳击手套（皮革制）。请对以上商品进行归类。

## 任务实施

### 1. “鳄鱼”牌牛皮公文包

（1）判断归类属性。牛皮公文包应归入第八类“生皮、皮革、毛皮及其制品；鞍具及挽具；旅行用品、手提包及类似容器……”。当按用途归类时应按容器归入品目 4202，当按货品所用材料归类时应按牛皮容器归入品目 4205。

（2）引用归类依据。鉴于品目 4202 明确列出公文包，比品目 4205 皮革或再生皮革的其他制品具体，依据总规则三（一）具体列名优先的方法，本商品应按公文包归入品目 4202。

（3）确定商品编码。根据归类总规则三及六的规定，本商品应归入商品编码 4202.1190。

### 2. 拳击手套（皮革制）

（1）判断归类属性。拳击手套能够贴合双手，分散冲击力，起到有效缓冲和减震的作用，因此拳击手套应作为运动手套归类。

（2）引用归类依据。依据第九十五章章注一（二十二）的排他规定以及第四十二章章注三阐述的“衣服及衣着附件”主要包括的货品范围，作为运动手套的皮革制拳击手套应按附件归入品目 4203。

（3）确定商品编码。根据归类总规则一及六的规定，本商品应归入商品编码 4203.2100。

**思考题：**

皮革是生活中常见的材料，比如鞋、包、皮带、沙发、床、软包装饰等都用到了真皮。那什么是真皮？它的分类及其加工工艺是什么？

## 任务训练

请对以下商品进行归类：

1．木制的衣箱。
2．木制的首饰盒。
3．用玉米皮直接编制的手提包。
4．女式小提包，包面用手工将珍珠穿结而成。
5．牛皮制的女士提包，包外表面嵌有白金制的商标。
6．供狗用的纯毛针织外套。
7．皮制的密封垫圈。
8．女式分指保暖手套（外层是羊皮革，里层是人造毛皮）。
9．ABS塑料制公文包。
10．绵羊皮制的汽车座椅套。

# 任务三

## 毛皮、人造毛皮及其制品的归类

## 知识准备

### 一、本章商品范围及结构

本章包括毛皮、人造毛皮及其制品。

本章共有 4 个品目，按加工顺序编排，其排列顺序为：4301 毛皮原料→ 4302 已鞣毛皮→ 4303 毛皮制品→ 4304 人造毛皮及其制品。

### 二、本章注释简介

本章有五条章注释。

章注一规定《协调制度》所称“毛皮”，是指已鞣制的各种动物的带毛毛皮，但不包括品目 4301 的生毛皮。

章注二规定了第四十三章不包括的商品。例如按章注二（三）规定，“用皮革与毛皮或用皮革与人造毛皮制成的手套”应归入品目 4203，而不考虑皮革或毛皮（人造毛皮）所占的比例。带羽毛或羽绒的整张或部分鸟皮，不能作为毛皮对待，应归入品目 0505 或 6701。

章注三指出了品目 4303 包括的部分商品。

章注四规定了以毛皮或人造毛皮衬里或作面的衣服及衣着附件该如何归类。

章注五对本协调制度所称“人造毛皮”的定义进行了界定，是指以毛、发或其他纤维黏附或缝合于皮革、织物或其他材料之上而构成的仿毛皮，但不包括以机织或针织方法制得的仿毛皮（一般应归入品目 5801 或 6001）。

## 三、本章商品归类要点

### （一）生毛皮的归类

不是所有的生毛皮都入本章，品目 4301 只包括第四十一章章注一（三）所列动物以外的生毛皮。

### （二）毛皮服装的归类

毛皮制服装，毛皮做面、纺织品做衬里或纺织品做面、毛皮做衬里的服装归入品目 4303，毛皮或人造毛皮仅作为装饰用的服装按服装面料归入相应的品目。

### （三）人造毛皮及其制品的归类

人造毛皮（指以毛、发或其他纤维黏附或缝合于皮革、织物或其他材料之上而构成的仿毛皮）及制品归入品目 4304。品目 4304 不包括以机织或针织方法制得的仿毛皮（一般归入品目 5801 或 6001）。例如，将毛缝于针织或钩编材料上形成的长毛绒（仿毛皮），归入品目 4304，但用针织方法织成的类似长毛绒则归入子目 6001.10。

### （四）皮革与毛皮组合制的衣着附件的归类

用皮革与毛皮（或人造毛皮）组合制的手套应归入品目 4203；其他衣着附件应归入第四十三章（毛皮仅起装饰作用的除外）。

**【知识拓展】**

上海海关查获赤狐皮毛背心

2021年12月，上海海关所属浦东机场海关关员在对进出境快件开展日常监管时，一批次准备寄往中国香港、申报品名为“背心”、申报价格为20美元的快件引起现场关员的注意。经现场关员开箱，发现确为背心一件，但经过仔细鉴别确认其为赤狐（银狐）毛皮制，重0.5公斤。

据上海海关介绍，赤狐为国家二级重点保护动物。近年来，赤狐皮愈显贵重，过度的人为猎捕致使其数量急剧减少。目前，相关物品已移交相关部门做后续处置。

上海海关提醒：根据《中华人民共和国野生动物保护法》《中华人民共和国濒危野生动植物进出口管理条例》规定，出口国家重点保护野生动物及其制品的，应当办理野生动植物出口证书。

## 工作任务

江苏恒诚报关有限公司申报出口一批面料为纯毛、衬里为羊毛皮的大衣和一批皮革制的羊皮夹克。请对以上商品进行归类。

## 任务实施

### 1. 面料为纯毛、衬里为羊毛皮的大衣

（1）判断归类属性。面料为纯毛、衬里为羊毛皮的大衣，应考虑是按照毛皮制品还是皮革制品归类。

（2）引用归类依据。根据第四十三章章注四规定，“以毛皮或人造毛皮衬里或作面（仅饰边的除外）的衣服及衣着附件”应分别归入品目4303或4304，由于该大衣是纯毛为面，因此该商品应归入品目4303。

（3）确定商品编码。根据归类总规则一及六的规定，本商品应归入商品编码4303.1010。

### 2. 皮革制的羊皮夹克

（1）判断归类属性。皮制的羊皮夹克属于第四十二章的范围，夹克属于“衣服及衣着附件”。

（2）引用归类依据。依据品目4203的条文“皮革或再生皮革制的衣服及衣着附件”，本商品应归入品目4203。

（3）确定商品编码。根据归类总规则一及六的规定，本商品应归入商品编码4203.1000。

## 任务训练

请对以下商品进行归类：

1．男式大衣，布料为纯羊毛华达呢，衬里为兔毛皮。

2．已鞣制的整张狐狸毛皮（未缝制）。

3．化纤制梭织男式防寒短上衣（衬里为人造毛皮）。

4．男式大衣，外表材料为针织面料（含50%棉、50%涤纶），衬里为兔皮。

5．已鞣制的整张狐皮（带头、尾和爪）。

6．可拆换水貂皮领子。

7．棉布做面料，兔毛皮衬里的手套。

8．牛皮做面料，兔毛皮衬里的手套。

9．未鞣制的整张皮毛皮。

10．人造毛皮制的可拆卸大衣领（面料由10毫米长粘胶纤维黏附于针织物底布上构成）。

# 项目评价

**考核评价表**

| 学习目标 | 评价项目 | 自我评价（30%） | 组间评价（30%） | 教师评价（40%） |
|---|---|---|---|---|
| 专业知识（30分） | 生皮及皮革的商品知识 | | | |
| | 皮革及毛皮制品的商品知识 | | | |
| | 皮革的加工工序 | | | |
| | 重要的章注释、品目注释、品目条文 | | | |
| 专业能力（40分） | 准确把握归类依据 | | | |
| | 掌握常见皮革、毛皮制品的归类原则 | | | |
| | 准确运用归类总规则 | | | |
| 职业素养（30分） | 积极主动、团队合作精神 | | | |
| | 沟通协调能力 | | | |
| | 思辨能力 | | | |
| | 解决问题能力 | | | |
| | 谨慎细心的工作态度 | | | |
| 教师建议： | | 评价标准：<br>A．优秀（≥80分） B．良好（70～80分）<br>C．基本掌握（60～70分） D．没有掌握（＜60分） | | |
| 个人努力方向： | | | | |

# 项目十
# 木及木制品；木炭；软木及软木制品；稻草、秸秆、针茅或其他编结材料制品；篮筐及柳条编结品的归类

## 学习目标

◆ **知识目标**

熟悉本类商品的结构范围，理解本类中相关商品的名词解释，熟悉相关的注释。

◆ **能力目标**

掌握木及木制品的归类要点，能正确运用归类依据对木及编结类商品进行准确归类。

◆ **素质目标**

通过对商品归类的训练，增强法制意识及风险防范意识。

## 项目导入

通过本类的学习，熟悉本类商品的结构范围，理解本类中相关的商品名词解释，掌握木制品及编结品归类的要点。

**学习重难点：**

木制品及编结品的归类的原则，以及易与本类商品混淆的商品的比较分析。

## 项目要点

### 一、本类商品范围

第九类共分三章（第四十四章至第四十六四章），按照木及木制品→软木及软木制品→编结材料制品的顺序排列。第四十四章主要包括木及木制品，木制品还包括竹子制品；第四十五章主要包括软木及软木制品；第四十六章主要包括各种编结材料制品、篮筐及柳条编结品。

本类从原料到制品都是植物类产品，包括木材工业的原料和大部分木材工业的制品以及编结材料制品。原木、天然软木等虽然是未经过加工或仅经过了有限的简单加工的植物产品，但因为它们通常是作为木材等工业原材料使用的，所以不归入第二类而归入本类。本类有些货品（如某些编结材料制品）的加工程度高于第二类的编结材料，应该

注意搞清楚这两类商品间的不同之处，避免发生归类错误。

二、本类注释

本类无类注。

三、本类商品归类要点

本类商品的原材料主要来自于植物（属第二类的商品），本类商品是对植物材料（尤其是木材）加工后的产品及制品，其加工程度已超过了第二类商品的加工程度，所以本类商品是对第二类的植物材料经加工后的产品，这两类商品之间有加工顺序的关系。例如，一棵树归入第六章，把树干锯下后作为木材的原料归入本类第四十四章，作为编结用的植物材料（如藤条、柳条）归入第十四章，把它们编成篮子归入本类第四十六章，将其打造成木制家具则归入品目 9403。

## 任务一

## 木及木制品；木炭的归类

### 知识准备

#### 一、本章商品范围及结构

第四十四章商品范围包括：木及木制品；木炭。从整体上看，本章品目是按产品的加工程度排列的，顺序为粗加工的木材→半成品→制成品。

本章所称“木”，也包括竹及其他木质材料，如筷子、牙签等竹制品。但并非所有的木产品都归入本章，如主要作香料、药料、杀虫、杀菌或类似用途的木片、刨花、木碎、木粒或木粉不归本章而归入品目 1211。

本章共有 21 个品目，按照加工程度由浅至深的顺序排列：4401 ～ 4406 木材原料→ 4407 ～ 4409 经简单加工的木材→ 4410 ～ 4413 木质碎料板、木纤维板等复杂加工的木材→ 4414 ～ 4421 木制品。

#### 二、本章注释简介

本章有六条章注和四条子目注释。

##### （一）章注释

章注一列出了本章不包括的货品。

章注二对品目 4413 的“强化木”做了定义，明确“强化木”是指经过化学或物理方法处理，从而增加了密度或硬度并改善了机械强度、抗化学或抗电性能的木材。

章注三明确品目 4414 ～ 4421 的制品适用于木质碎料板或类似木质材料板、纤维板、层压板或强化木的制品。换言之，品目 4414 ～ 4421 的制品既可用天然木制成，也可以用品目 4410 ～ 4413 所列木材制成。

章注四是对品目4410～4412的产品范围的限定，既可加工成品目4409所述的各种形状，也可以加工成弯曲的、瓦楞形的、多孔的或其他形状（正方形或长方形除外），以及未具有归入其他品目制品特性的其他任何加工。

章注五对品目4417的木制工具做了限定，即该品目木制工具不包括装有第八十二章章注一规定材料（如贱金属）制成的刀片、工作面或其他工作部件的工具。例如，木槌（头和把手都是木制的）归入品目4417，而榔头（在木柄上装有金属头）则应归入子目8205.20。

章注六明确第四十四章“木”的范围也包括除章注一另有规定以外的竹子和具有木质材料性质的其他材料。归类时应注意与章注一（二）和章注一（六）结合起来考虑。例如竹子，只有当确定其不是主要用于编结的植物材料，也不属于第四十六章的货品时，才归入第四十四章。归入第四十四章的竹子其状态明显适用于普通木材加工。

### （二）子目注释

子目注释4401.31、4401.32、4407.13、4407.14分别对“木屑棒”“木屑块”“云杉－松木－冷杉”“铁杉－冷杉”做了定义。

## 三、本章商品归类要点

### （一）木板材的归类

一般由原木经简单锯、削等加工后得到的板材，按其厚度归入品目4407或品目4408；若在端部和侧面制成连续形状（如带有槽、榫等）则归入品目4409。木质碎料板、木纤维板、胶合板及强化木板归入品目4410～4413；若木质碎料板、木纤维板及胶合板的端部和侧面加工成连续形状（如带有槽、榫等）后，仍归入品目4410～4412中各自的品目。

品目4411项下的一级子目是按纤维板的生产工序分类的，子目4411.1的中密度纤维板（MDF）只包括用干法生产工序获得的纤维板，按其厚度和密度确定各级子目；而子目4411.9的其他木纤维板一般是用湿法生产工序获得的纤维板，主要按其密度确定各级子目。

中密度纤维板即用干法生产工序加工的纤维板，在生产过程中为了加强黏合，在干木质纤维中添加了热固性树脂，其密度通常在0.45克/立方厘米至1克/立方厘米。

### （二）木地板的归类

天然木地板（又称实木地板，其侧面带有槽和榫）归入品目4409；碎料板制木地板（其侧面不论是否制成品目4409所列的连续形状）归入品目4410；纤维板制木地板（其侧面不论是否制成品目4409所列的连续形状）归入品目4411；胶合板制木地板（其侧面不论是否制成品目4409所列的连续形状）归入品目目4412；强化木地板归入品目4418。

### （三）木制品的归类

大部分木制品归入品目4414～4421。其中品目4421为其他木制品，但不是所有未列名的木制品都可归入该品目，必须是其他品目未列名的和本章章注一未排除的，例如，木制的衣箱归入品目4202，木制的手杖归入6602，木制的活动房屋归入品目9406，木制的刷子归入品目 9603，木制的积木归入品目 9503。

### （四）木制容器的归类

普通包装用的木箱、木盒、板条箱、圆桶及类似包装容器归入品目 4415；由桶木箍制成的大桶、琵琶桶、盆等归入品目 4416；木制的衣箱、提箱、小手袋、公文箱、公文包、书包、眼镜盒、望远镜盒、照相机套、乐器盒、枪套及类似容器归入品目 4202；木制的首饰盒、装刀具用的木制盒归入品目 4420；木制的餐具及厨房用具，如盘、碗、罐等归入品目 4419；木制的鸟笼、蜂箱、饲料槽、棺材等归入品目 4421；木制的碗橱、书柜等家具归入第九十四章。

**【知识拓展】**

进口木材数量申报不实，影响海关统计准确性

2019年1月22日，浙江杭州某进出口有限公司委托宁波某报关代理有限公司，以一般贸易监管方式向海关申报出口一票货物，申报货物共有四项，其中第一项申报品名为木盖，申报总价为8 064美元，申报商品编码为44219990.90，对应的出口退税率为13%。经海关查验，并经检验，发现上述木盖的材质为白蜡木，应归入商品编码44219990.20项下，对应的出口退税率为0%，申报商品编码与实际不符，且出口需提交濒危物种允许出口证明书。经计核，上述木盖的申报价格计人民币5.55万元。

当事人出口货物，商品编码申报不实，影响国家出口退税管理和许可证件管理，依据《中华人民共和国海关行政处罚实施条例》第十五条第（五）项之规定，决定对当事人做出如下行政处罚：科处罚款人民币7 200元。

（资料来源：中华人民共和国宁波海关）

## 工作任务

江苏恒诚报关有限公司申报一批进口木板，包括：木块芯胶合板，厚12毫米，由两面是针叶木包饰面、中间层为碎木料（厚8毫米）胶合而成；一种强化复合地板，规格700毫米×190毫米×10毫米，由耐磨层（三氧化二铝膜）、表层（印木纹的纸）、基层（干法生产的中密度纤维板，密度0.85克/立方厘米，厚9.5毫米）、背板平衡层（一种纸）经树脂浸渍后高温强压复合而成，边、端制成榫接企口以便于安装；红松实木地板，规格910毫米×122毫米×18毫米。请对以上商品进行归类。

## 任务实施

**1. 木块芯胶合板，厚12毫米，由两面是针叶木包饰面、中间层为碎木料（厚8毫米）胶合而成**

（1）判断归类属性。胶合板又称三合板，是指用多层薄板黏合、压制而成的板材，归类时应按木材归入第四十四章。

（2）引用归类依据。查阅品目，品目 4412 已有多层板列名，根据板材的厚度（8 毫米）和材质（中间层为碎木料），本商品应归入品目 4412。

（3）确定商品编码。根据归类总规则一及六的规定，本商品应归入商品编码 4412.9940。

**2. 一种强化复合地板，规格700毫米×190毫米×10毫米，由耐磨层（三氧化二铝膜）、表层（印木纹的纸）、基层（干法生产的中密度纤维板，密度0.85克/立方厘米，厚9.5毫米）、背板平衡层（一种纸）经树脂浸渍后高温强压复合而成，边、端制成榫接企口以便于安装**

（1）判断归类属性。强化复合地板是由纤维板制成（不考虑由纸构成的表层和背层），并且根据第四十四章章注四的规定，边、端制成榫接企口（即连续形状）的该地板应归入品目 4411“木纤维板或其他木质材料纤维板，不论是否用树脂或其他有机黏合剂黏合”。中密度纤维板一般是将热固性树脂添加到干质纤维中用压机压制而成，即所谓的“干法生产”。

（2）引用归类依据。本商品应按其厚度、密度、压机压制等条件归入品目 4411，而不能归入品目 4413 的“强化木”，因为“强化木”是指经过化学或物理方法处理从而增加了密度或硬度并改善了机械强度、抗化学或抗电性能的木材，即必须是木材本身的变化，而本任务中的强化地板仅仅是在木材表面加上了耐磨层，因此不能归入“强化木”。

（3）确定商品编码。根据归类总规则一及六的规定，本商品应归入商品编码 4411.1419。

**3. 红松实木地板（四边制成连续形状，规格910毫米×122毫米×18毫米）**

（1）判断归类属性。实木地板是天然木材经烘干、加工后形成的地面装饰材料，又名原木地板，是用实木直接加工成的地板。

（2）引用归类依据。四边制成连续形状的实木地板，应归入品目 4409“任何一边、端或面制成连续形状的木材（包括未装拼的拼花地板用板条及缘板），不论其任意一边或面是否刨平、砂光或端部接合”。根据品目 4403 可知红松属于“针叶木”，故红松实木地板应归入品目 4409。

（3）确定商品编码。根据归类总规则一及六的规定，本商品应归入商品编码 4409.1010。

**思考题：**

请查询目前市场上木地板的主要分类及其优缺点。

## 任务训练

请对以下商品进行归类：

1．竹制的一次性筷子。

2．一次性木制压舌片。

3．表层为西非红豆木薄板，其他两层为针叶木薄板压制的三合板（每层薄板厚度为 1 毫米）。

4．由芯层为柚木、面底层为巴西红木复合而成的胶合板（每层厚 7 毫米）。

5．竹衣架。

6．制胶合板用巴拷红柳按木薄板（板厚 3 毫米）。

7．木制衣箱。
8．木制沙发（带软垫、纺织物制面）。
9．果核炭。
10．餐刀木柄。

## 任务二

# 软木及软木制品的归类

## 知识准备

### 一、本章商品范围及结构

第四十五章包括各种形状的天然软木及其半制成品和制成品、压制软木及其制品。本章是按软木产品的加工程度排列的，即按原料、半制成品、制成品的顺序编排。

本章共有 4 个品目，其排列顺序如下：4501 天然软木→ 4502 天然软木半制成品→ 4503 天然软木制品→ 4504 压制软木及其制品。

### 二、本章注释简介

本章有一条章注释。这条注释明确本章不包括的货品，即：第六十四章的鞋靴及其零件、第六十五章的帽类及其零件、第九十五章的物品。可以看出，排除的这些产品不是按材料属性分类而是按用途分类的，这种排他方式在本目录的许多类或章的注释中经常见到。

### 三、本章商品归类要点

天然软木制品的归类：天然软木制的各种塞子，包括圆边的坯件；天然软木的圆片、垫片及薄片；用于瓶颈内部的软木衬或壳；切割成矩形（包括正方形）以外其他形状的天然软木块、板、片及条；救生圈、渔网的浮子、浴室防滑垫、桌垫、打字机垫及其他垫；各种柄类（刀柄夹等）、垫圈及密封垫（品目 8484 所列的各式成套垫圈及密封垫除外）归入品目 4503。本品目不包括下列物品：第六十四章的鞋靴及其零件，包括可换的内鞋底（鞋垫）；第六十五章的帽类及其零件；衬有软木圆片的贱金属制皇冠盖（品目 8309）；软木弹垫（品目 9306）；玩具、游戏品和运动用品及其零件，包括钓鱼竿浮子（第九十五章）。

## 工作任务

江苏恒诚报关有限公司申报一批进口软木制品，包括涂塑的保温瓶的软木塞和压制的软木砖。请对以上商品进行归类。

## 任务实施

### 1. 涂塑的保温瓶的软木塞

（1）判断归类属性。本商品由塑料盒软木两种材质组成，归类时似可按塑料材质归入

第三十九章，也可按软木材质归入第四十五章。

（2）引用归类依据。涂塑的保温瓶的软木塞虽在软木塞的基础上已加入其他材料（涂塑），但由于涂塑材料并未改变软木的基本特征，因此根据归类总规则三（二）的“基本特征”的归类原则，本商品仍按软木塞归入第四十五章，而不按塑料塞归入第三十九章。

（3）确定商品编码。根据归类总规则三（二）及六的规定，本商品应归入商品编码4503.1000。

### 2. 压制的软木砖

（1）判断归类属性。压制软木通常是将软木碎、软木粒或软木粉用高温加压制得。

（2）引用归类依据。本商品归类时应按软木制品归入第四十五章，根据其制成品的加工程度，应归入品目4504。

（3）确定商品编码。根据归类总规则一及六的规定，本商品应归入商品编码4504.1000。

## 任务训练

请对以下商品进行归类：

1. 天然软木制的浴室防滑垫。
2. 软木制鱼竿浮子。
3. 压制的软木制镶板。
4. 天然软木（切成矩形）。
5. 软木制渔网浮子。

# 任务三

# 稻草、秸秆、针茅或其他编结材料制品；篮筐及柳条编结品的归类

## 知识准备

### 一、本章商品范围及结构

第四十六章主要包括：稻草、秸秆、针茅或其他编结材料编成的缏条和席子以及各种编结材料制品；篮筐及柳条编结品；丝瓜络制品。它们是用第十四章的稻草、秸秆、针茅或其他编结材料编结而成的制品。除丝瓜络制品以外，本章包括经交织、编织或类似方法将未纺材料组合起来的半制成品及某些制成品。

本章共2个品目，按产品的加工程度排列，其结构规律如下：4601用稻草、秸秆、针茅或其他编结材料编成的缏条和席子以及各种编结材料制品→4602篮筐及柳条编结品；丝瓜络制品。

### 二、本章注释简介

本章有三条章注释。

章注一阐述了本章所称“编结材料”的含义，用列举和排他方式进一步明确了“编结材料”范围和种类。

章注二是排他条款，列出了不能归入本章的五类货品。

章注三对品目 4601 所称“平行连结的成片编结材料、缏条或类似的编结材料产品”做出了明确定义。

## 三、本章商品归类要点

### （一）归入本章具备的条件

“用编结方法加工以及以编结材料为原材料”是归入本章货品必须具备的条件。

### （二）编结材料的范围

编结材料是指其状态或形状适于编结、交织或类似加工的材料，主要包括稻草秸秆、柳条、竹子、藤、灯芯草、芦苇、木片条、其他植物纤维扁条（如酒椰叶、狭叶或从阔叶获取的条、树皮条）、未纺的天然纺织纤维、塑料单丝及扁条（截面尺寸超过 1 毫米的塑料单丝及表观宽度超过 5 毫米的扁条）。

### （三）常用于编结的非编结材料的范围

用于编结的非编结材料主要包括皮革扁条、再生皮革扁条、毡呢或无纺织物的扁条、人发、马毛、纺织粗纱或纱线以及第五十四章的单丝和扁条（截面尺寸不超过 1 毫米的化纤单丝及表观宽度不超过 5 毫米的化学纤维纺织材料制扁条及类似品）。

## 工作任务

江苏恒诚报关有限公司申报一批进口编结席子，包括灯芯草编结的席子和皮革条编结的席子。请对以上商品进行归类。

## 任务实施

### 1. 灯芯草编结的席子

（1）判断归类属性。本商品是以灯芯草为原料，采用编结工艺而制成的席子。归类时应按编结品归入第四十六章。

（2）引用归类依据。根据第四十六章章注一的规定，本章所称的“编结材料”包括灯芯草，本商品属于第四十六章编结品所规定的编结材料范畴，因此应归入品目 4601。

（3）确定商品编码。根据归类总规则一及六的规定，本商品应归入商品编码 4601.2911。

### 2. 皮革条编结的席子

（1）判断归类属性。本商品是以皮革条为原料，采用编结工艺而制得的席子，归类时似应按编结品归入第四十六章。

（2）引用归类依据。根据第四十六章章注一的规定，本章所称“编结材料”不包括皮革，本商品不属于第四十六章编结品所规定的编结材料范畴，因此不能按编结品归入第四十六章，而应按皮革制品归入第四十二章，并归入品目 4205。

（3）确定商品编码。根据归类总规则一及六的规定，本商品应归入商品编码 4205.0090。

## 任务训练

请对以下商品进行归类：

1．柳条编结成的提箱。

2．竹制鸟笼。

3．由表观宽度为 6 毫米的聚酯扁条编结的衣箱。

4．由表观宽度为 5 毫米的聚酯扁条编结的垫子。

5．塑料丝编制的茶杯套（丝的细度为 2 毫米）。

# 项目评价

**考核评价表**

<table>
<tr><th>学习目标</th><th>评价项目</th><th>自我评价（30%）</th><th>组间评价（30%）</th><th>教师评价（40%）</th></tr>
<tr><td rowspan="4">专业知识<br>（30 分）</td><td>木制品的商品知识</td><td rowspan="4"></td><td rowspan="4"></td><td rowspan="4"></td></tr>
<tr><td>编结制品的商品知识</td></tr>
<tr><td>木材的加工工序</td></tr>
<tr><td>重要的章注释、品目注释、品目条文</td></tr>
<tr><td rowspan="3">专业能力<br>（40 分）</td><td>准确把握归类依据</td><td rowspan="3"></td><td rowspan="3"></td><td rowspan="3"></td></tr>
<tr><td>掌握常见木制品及编结品的归类原则</td></tr>
<tr><td>准确运用归类总规则</td></tr>
<tr><td rowspan="5">职业素养<br>（30 分）</td><td>积极主动、团队合作精神</td><td rowspan="5"></td><td rowspan="5"></td><td rowspan="5"></td></tr>
<tr><td>沟通协调能力</td></tr>
<tr><td>思辨能力</td></tr>
<tr><td>解决问题能力</td></tr>
<tr><td>谨慎细心的工作态度</td></tr>
<tr><td colspan="2">教师建议：</td><td colspan="3" rowspan="2">评价标准：<br>A．优秀（≥ 80 分） B．良好（70 ～ 80 分）<br>C．基本掌握（60 ～ 70 分） D．没有掌握（< 60 分）</td></tr>
<tr><td colspan="2">个人努力方向：</td></tr>
</table>

# 项目十一 木浆及其他纤维状纤维素浆；回收（废碎）纸或纸板；纸、纸板及其制品的归类

## 学 习 目 标

◆ **知识目标**

通过本类的学习，了解纸品及纸制品的分布情况，理解本类中相关商品的名词解释，熟悉本类各章的商品范围及结构。

◆ **能力目标**

掌握纸及纸制品的归类要点，能够正确运用归类依据对纸品及纸制品进行准确归类。

◆ **素质目标**

通过对商品归类的训练，培养风险责任意识、法制意识，以及灵活处理问题的能力。

## 项目导入

通过本类的学习，熟悉本类商品的结构范围，理解本类中相关的商品名词解释，掌握纸制品归类的要点。

**学习重难点：**

纸浆的加工方式及纸制品的归类的原则，以及易与本类商品混淆的商品的比较分析。

## 项目要点

### 一、本类商品范围

第十类分三章，按照加工深度排列章次，先是造纸原料纸浆，再是纸，最后是印刷品。其商品范围大致分为：植物纤维纸浆（第四十七章）、纸及制品（第四十八章）、印刷品（第四十九章）。

需要特别注意，类标题不具有法律效力，虽然第四十七章和第四十八章的商品都是由植物纤维构成的，但是并不要求第四十九章的印刷品必须以纸作为文字等的载体材料。

### 二、本类注释

本类没有类注释。

### 三、本类商品归类要点

本类商品的原料是纸浆，对纸浆进行加工制得各种纸（板），对制得的各种纸（板）进一步加工制得纸（板）的制品及印刷品等，因此，了解本类包括的3章商品是明显的按加工顺序编排，对理解本类包括的内容及掌握各章商品的归类有一定的帮助。

经加工制得的纸（板）的各种制品大部分包括在本类中，但某些经加工的纸（板）及制品的基本特征已属于其他章时，则应归入其他章。因此，并不是所有纸（板）及制品都归入本类，归类的原则是按商品的基本特征及各章所包括的加工范围和章内各商品的列名情况而决定。例如，感光纸归入品目3703，肥皂纸归入品目3401。

## 任务一

## 木浆及其他纤维状纤维素浆；回收（废碎）纸或纸板的归类

### 知识准备

### 一、本章商品范围及结构

第四十七章商品主要包括造纸的各种纸浆，通过对植物材料进行机械的、化学的、半化学的处理，加工成主要含有水的及一部分植物纤维素的均匀的纸浆，如机械木浆、化学木浆、半化学木浆等。也可把含有水的纸浆过滤后制成湿的或干的，呈块状、卷状、粉末状、粉片状或成张大包捆扎状。

本章商品仅包括各种纸浆及回收（废碎）纸或纸板。而纸浆的原料主要为从各种植物材料或植物质纺织废料中获得的纤维素纤维。这些原料不包括在本章中，应分别归入其他有关章。

本章共有7个品目，其排列顺序为：4701机械木浆→4702化学木浆，溶解级→4703碱木浆或硫酸盐木浆，但溶解级的除外→4704亚硫酸盐木浆，但溶解级的除外→4705用机械与化学联合制浆法制得的木浆→4706其他纤维状纤维素浆→4707回收（废碎）纸或纸板。

### 二、本章注释简介

本章仅有一条章注释。章注释对品目4702所称“化学木浆，溶解级”做出了明确定义。

### 三、本章商品归类要点

纸浆是以植物纤维为原料，经不同加工方法制得的纤维状物质，一般多用于制造纸张和纸板。国际贸易上最重要的纸浆是木浆，其他用于制纸浆的材料包括：棉短绒，回收（废碎）纸或纸板，破布（尤其是棉布、亚麻布或大麻布）及其他纺织废料（例如，旧绳），稻草、针茅、亚麻、苎麻、黄麻、大麻、西沙尔麻、蔗渣、竹及各种草和芦苇。

纸浆可根据所用纤维原料分为木浆、草浆、蔗浆、竹浆等，也可根据加工方法分为“机械木浆”“化学木浆”“半化学木浆”“化学－机械木浆”。最常用的制浆木材是松木、云杉木及杨木，但也使用一些较硬的木材，例如山毛榉木、栗木、桉木及某些热带树木。

机械木浆：指通过机械碾磨将木材研磨成木质纤维的方法而获得的纸浆。此种方法得浆率较高，但纸浆纤维较短，成纸后的强度较低。

化学木浆：指先将木材切成木片或木粒，然后用化工品加以处理获得的纸浆。这种方法对纤维的破坏性较轻，成纸后的强度较高，但得浆率较低。

半化学木浆或化学－机械木浆：指通过机械和化学联合制浆法生产出来的木浆。

本章是按照纸浆的类型及制浆方法排列品目的，归类时应注意纸浆的类型及加工方式。

纸浆及其制品的归类比较简单：主要由纤维态的植物纤维构成的纸浆应归入第四十七章，合成纤维片构成的合成纸浆归入第三十九章，主要由第四十七章纸浆构成的纸浆制品归入第四十八章品目 4812、4818、4822 及 4823。

## 工作任务

江苏恒诚报关有限公司申报一批进口货物，包括漂白亚硫酸盐松木浆（非溶解级）和半化学木浆。请对以上商品进行归类。

## 任务实施

### 1. 漂白亚硫酸盐松木浆（非溶解级）

（1）判断归类属性。松木属于针叶木，漂白亚硫酸盐松木浆（非溶解级）是亚硫酸盐木浆。

（2）引用归类依据。依据品目 4704 的条文“亚硫酸盐木浆，但溶解级的除外”，本商品应归入品目 4704。

（3）确定商品编码。根据归类总规则一及六的规定，本商品应归入商品编码 4704.2100。

### 2. 半化学木浆

（1）判断归类属性。半化学木浆是用化学药剂与机械磨解两种制浆方法结合使用，纸浆得率为 66% ～ 84% 的纸浆，应作为用机械与化学联合法制得的木浆归类。

（2）引用归类依据。依据品目 4705 条文“用机械和化学联合制浆法制得的木浆”，本商品应归入品目 4705。

（3）确定商品编码。根据归类总规则一及六的规定，本商品应归入商品编码 4705.0000。

## 任务训练

请对以下商品进行归类：

1．褐色磨木浆（桦木）。

2．棉短绒纸浆。

3．漂白桦木硫酸盐木浆（非溶解级）。

4．成捆的旧姑苏晚报报纸。

5．漂白亚硫酸盐杉木浆（非溶解级）。

# 任务二

## 纸及纸板；纸浆、纸或纸板制品的归类

### 知识准备

#### 一、本章商品范围及结构

第四十八章包括由第四十七章的木浆或其他纤维状纤维素浆制成的纸、纸板及其制品，也包括复合纸或复合纸板的制品。但并非所有的纸和纸板或含纸和纸板的产品都归入本章，不包括在本章的纸制品中最主要的是印刷品（第四十九章）。易误归入本章的货品主要有：玻璃纸，又称“赛璐玢纸”（子目 3920.7100）；钢纸（子目 3920.7900）。

本章共有 23 个品目，按照加工深度由浅至深的顺序列目，其排列顺序为：4801 ～ 4805 未经特殊加工的纸→ 4806 ～ 4811 经进一步加工的纸→ 4812 ～ 4814、4816 特定用途的纸→ 4817 ～ 4822 具体列名的纸制品→ 4823 切成一定尺寸的纸、纸板及其他纸制品。

#### 二、本章注释简介

本章有十二条章注释，七条子目注释。

#### （一）章注释

章注一规定本章所称的“纸”包括纸板，明确了纸与纸板不以厚度或每平方米重量划分。

章注二列举了 16 项不包括在本章的货品。章注二（七）对用纸强化的层压塑料板、用塑料覆盖或涂布的单层纸或纸板，按所含塑料的厚度做了限定，如塑料层的厚度占总厚度一半以上的应归入第三十九章（壁纸除外）。

章注三指出品目 4801 ～ 4805 的纸和纸板可以经过研光、高度研光、釉光或类似处理、仿水印、表面施胶等加工；纸、纸板、纤维素絮纸及纤维素纤维网纸可用各种方法本体着色或染成斑纹。除品目 4803 另有规定外，品目 4801 ～ 4805 不适用于经过其他方法加工（如涂布或浸渍）的纸、纸板、纤维素絮纸或纤维素纤维网纸。

章注四规定了本章所称“新闻纸”的定义。

章注五规定了品目 4802“书写、印刷或类似用途的纸及纸板”及“未打孔的穿孔卡片和穿孔纸带纸”的含义。

章注六规定了本章所称“牛皮纸及纸板”的定义。

章注七规定，一种产品如可同时归入品目 4801 ～ 4811 中两个或两个以上品目的，应按序号归入有关品目中最后一个品目。这一规定与归类总规则三（三）是一致的。

章注八对品目 4803 ～ 4809 的纸、纸板、纤维素絮纸及纤维素纤维网纸的“形状”尺寸规格做了规定。

章注九对品目 4814“壁纸及类似品”的范围做了如下限定：①宽度不小于 45 厘米，但不超过 160 厘米，适于装饰墙壁的成卷纸张；②经本注释（一）1 ～ 4 加工，适于装饰墙壁或天花板用的纸边及纸条（不论是否成卷）；③由几幅拼成的壁纸，成卷或成张，贴到墙上可组成印刷的风景画或图案。

应注意，既可作铺地制品、也可作壁纸的以纸或纸板为底的产品，应归入品目 4823。

按本注释规定，上述前两种糊墙品限于下列加工：①起纹、压花、染面、印有图案或经其他表面装饰的（如起绒）、不论是否用透明的防护塑料涂布或覆盖的；②表面饰有草粒或木粒而凹凸不平的；③表面用塑料涂布或覆盖并起纹、压花、染面、印有图案或经其他装饰的；④表面不论是否平行连结或编织的编结材料覆盖的。

章注十阐述了品目 4820 不包括的纸品范围。

章注十一明确了主要适用于品目 4823 的纸品种类。

章注十二阐述了以所印文字、图案等为主要用途的纸品的归类规定。

### （二）子目注释

本章七条子目注释分别对“牛皮衬纸”“袋用牛皮纸”“半化学的瓦楞原纸”“亚硫酸盐包装纸”及“轻质涂布纸”做了定义，并对“草浆瓦楞原纸”及“强韧箱纸板”的范围做了解释。

## 三、本章商品归类要点

### （一）纸张及其制品的归类

（1）由 50% 及以上纺织纤维（本目录）为原料抄造的纸张，应按无纺织物归类，归入品目 5603。

（2）由纤维素化学衍生物为原料构成的纸状物应归入第三十九章，如矩形钢纸和赛璐玢纸应归入品目 3920。

（3）塑料与纸混合制成的纸状物，壁纸应归入品目 4814；其他用塑料覆盖或涂布的单层纸当塑料部分占总厚度的一半以上时归入第三十九章，否则归入第四十八章。

（4）经特殊加工或因其他原因失去了纸及其纸制品的基本特征或功能时，不能归入第四十八章。例如：纸纱线及纸纱线纺织物（第十一类）、纸带编结制品（第四十六章）、纸或纸板衬底的贱金属箔（第十五类）、砂纸（第六十八章）、香纸及化妆品浸渍或涂布的香水纸（第三十三章）、用肥皂或洗涤剂以及光洁剂等浸渍、覆盖或涂布的清洁纸或纤维素絮纸（第三十四章）、感光纸或感光纸板（第三十七章）、诊断或实验用试剂浸渍的试纸，捕蝇纸及浸渍水杨酸的保存果酱用纸归入第三十八章；纸制鞋靴一般归第六十四章；纸帽归第六十五章；纸制玩具等归第九十五章；纸制杂项制品归第九十六章；完全由沥青包裹的纸归第六十八章；用纸增强的塑料板归第三十九章，等等。

（5）其他纸张一般应归入第四十八章。

（6）以第四十八章纸为原料的纸制品除上述第（4）条款所述商品外一般亦应归入第四十八章；以所印图案、文字或图画作为主要用途的，以第四十八章纸为载体的印刷、手稿、打字稿及设计图纸（品目 4814 已印刷的壁纸和品目 4821 已印刷的标签的货品除外）归入第四十九章。

（7）回收（废碎）纸应归入品目 4707，废纸制品应归入第四十八章。例如，废纸制成的纸丝应归入商品编码 4823.9090。

### （二）本章纸品的加工范围

本章加工范围及加工深度对纸品归类的影响主要体现在加工方法限于正常造纸工

艺流程之内，具有由纤维构成的不平整的自然表面的纸品应归入品目 4801 ～ 4806（部分）；加工方法除正常造纸工艺流程外，还经过了特殊加工的纸品，应归入品目 4806（部分）～ 4811。其中变性加工纸应归入品目 4806（或第三十九章）；未经涂布的复合纸，应归入品目 4807；经涂布或浸渍加工的复写纸及转印纸类应归入品目 4809；用无机物进行涂布加工的涂布加工纸如铜版纸等，应归入品目 4810；用有机物进行涂布以及经塑料涂布、浸渍或覆盖的纸（其塑料层不超过总厚度的一半的单层纸，不含壁纸）如彩色相纸用双面涂塑纸、绝缘纸和热敏纸等，应归入品目 4811。

### （三）纸品的优先归类规定

（1）除品目条文另有规定的以外，符合品目 4801 ～ 4811 中两个或两个以上品目条文所规定的纸、纤维素絮纸及纤维素纤维网纸，应按品目顺序归入最后一个有关品目。

（2）既可作壁纸也可作铺地制品的以纸或纸板为底的产品，应按铺地制品归入品目 4823。

### （四）不同规格尺寸纸张的归类

#### 1. 品目4801列名的纸张

本章章注四规定，品目 4801 所称“新闻纸”仅适用于下列规格的纸：成条或成卷，宽度超过 28 厘米；或成张矩形（包括正方形），一边超过 28 厘米，另一边超过 15 厘米（以未折叠计）。

#### 2. 品目4803～4809尺寸规定

本章章注八规定，若属于品目 4803 ～ 4809 列名的品种，还必须符合以下条件：成条或成卷时，宽度要大于 36 厘米；成矩形（包括正方形）时，一边超过 36 厘米，另一边要超过 15 厘米（以未折叠计）。不符合这些条件的纸张要归入后面的相应品目。

例如，不符合品目 4803 尺寸规定的卫生纸则归入品目 4818；不符合品目 4804 尺寸规定的牛皮纸则归入品目 4823；不符合品目 4805 尺寸规定的滤纸则归入品目 4823；不符合品目 4806 尺寸规定的植物羊皮纸、防油纸、描图纸、半透明纸则归入品目 4823；不符合品目 4809 尺寸规定的复写纸、拷贝纸等则归入品目 4816。

#### 3. 壁纸

本章章注九（一）规定：第四十八章品目 4814 的“壁纸”形状尺寸限定：成卷状且宽度在 45 ～ 160 厘米之间。

### （五）本章经涂布的纸及纸板的归类

涂布的纸及纸板是指单面或双面加以涂布，以产生特殊的光泽或适合特定需要的纸及纸板。其归类原则如下：

（1）成卷或成张矩形（包括正方形）的涂布或浸渍的油印蜡纸或胶印版纸归入品目 4809 或品目 4816。

（2）成卷或成张矩形（包括正方形）的经高岭土或其他无机物质涂布的纸及纸板，归入品目 4810，例如，铜版纸、玻璃卡纸。

（3）成卷或成张矩形（包括正方形）的经无机物质以外的其他物质（例如，塑料、沥青、焦油、蜡）涂布的纸及纸板，则归入品目 4811，例如，涂塑相纸、绝缘纸、沥青纸。

（4）非成卷或成张矩形（包括正方形）经涂布的纸及纸板，归入品目 4823。

【知识拓展】

出口纸张伪报商品编码骗税

某公司在2015年到2018年三年期间出口申报“纸或纸板制的各种标签”、商品编码48219000（出口退税率为13%），并申报出口退税509笔，实际获得退税额16 680 224.73元，未退税额374 248.20元。经海关抽取涉案纸张样品进行税则号列归类认定，为“纸制标签”、商品编码为48114100.00或者48119000.00（出口退税率为0）。

海关查实，该公司实控人孙某明知公司报关用的发票、箱单、合同上的品名、HS编码和订舱用的品名、HS编码不同，且二者出口退税率不同，在出口货物过程中向海关申报不实的货物品名和税则号，获取不当的出口退税。

被告单位出口商品虽然被海关查验后放行，但海关因被告单位及被告人未如实申报等因素未查验出其正确编码归属，并不影响其隐瞒出口商品编码这一事实真相的认定，因此，其行为构成骗取出口退税罪。最终，法院认定该公司及孙某构成骗税罪，对公司判处罚金，判处孙某有期徒刑10年并处罚金人民币2 670万元。

（资料来源：中国裁判文书网）

## 工作任务

江苏恒诚报关有限公司申报两批进口货物：一批是用作加工咖啡过滤袋的纸（宽25厘米，成卷），另一批是经表面施胶的胶版印刷纸（100%化学针叶木浆制造，80克/平方米，规格为880毫米×1092毫米）。请对以上商品进行归类。

## 任务实施

### 1. 用作加工咖啡过滤袋的纸（宽25厘米，成卷）

（1）判断归类属性。用于咖啡过滤的纸属于过滤纸，似乎可以按“滤纸”归入品目 4805“成卷或成张的其他未经涂布的纸及纸板”。

（2）引用归类依据。由于其宽度只有 25 厘米，根据本章章注八的规定，该过滤纸不能归入品目 4805 项下的列名“滤纸”的子目 4805.4000，而是应归入品目 4823“切成一定尺寸或形状的滤纸”。

（3）确定商品编码。根据归类总规则一及六的规定，本商品应归入商品编码 4823.2000。

### 2. 经表面施胶的胶版印刷纸（100%化学针叶木浆制造，80克/平方米，规格为880毫米×1092毫米）

（1）判断归类属性。胶版印刷纸是未经加工的印刷用纸。

（2）引用归类依据。依据本章章注三关于品目 4801 ～ 4805 包括经表面施胶的纸及纸板的规定，“经表面施胶”未超过品目 4802 的允许加工程度。880 毫米 ×1092 毫米规格的纸应按成张的印刷用纸归入品目 4802。

（3）确定商品编码。根据归类总规则一及六的规定，本商品应归入商品编码 4802.5700。

**操作题：**

请通过网络了解我国造纸术的发明历史。

## 任务训练

请对以下商品进行归类：

1．自粘胶粘纸（宽6厘米，成卷）。

2．成卷的新闻纸（宽度36厘米，45克/平方米，所含机械方法制得的纤维为65%）。

3．玻璃卡纸（100%漂白化学木浆抄造，300克/平方米，规格为787毫米×1092毫米）。

4．一次性纸杯（木浆制）。

5．用于生产学生练习本的纸（化学浆制，60克/平方米，宽1.2米，成卷）。

6．沥青黏合而成的双层牛皮纸（成卷，宽度为60厘米）。

7．餐巾纸（规格为40厘米×30厘米）。

8．化学实验用的过滤纸（圆形，直径8厘米）。

9．自印复写纸（规格为12厘米×6厘米）。

10．铜版纸（成卷，不含用机械方法制得的纤维，宽度为420毫米，160克/平方米）。

11．印有图画的新年贺卡。

12．壁纸（用木粒饰面，纸为底基，宽60厘米，成卷）。

13．纸纱线。

14．“清风”牌盒装面巾纸，规格19厘米×20厘米，200张/盒。

15．胶版纸（机械木浆含20%，150克/平方米，规格为400毫米×250毫米）。

16．经研光处理的书写纸[（A4规格（21厘米×29.7厘米），80克/平方米，用化学木浆制得）]。

17．牛奶包装盒（由3种材料组成，共计5层，在铝箔、纸板外层涂有聚乙烯，已印有图案，制成盒状，但未封底）。

18．香纸（长35厘米，宽54厘米）。

19．卷烟纸（尺寸规格20厘米×10厘米）。

20．可用于铺地的压花壁纸（尺寸规格150厘米×50厘米）。

# 任务三

## 书籍、报纸、印刷图画及其他印刷品；手稿、打字稿及设计图纸的归类

## 知识准备

### 一、本章商品范围及结构

第四十九章包括书籍、报纸等印刷品，还包括手稿、打字稿及设计图纸。较常见的印

刷品有书籍、报纸、小册子、图画、广告品等，除此之外还包括印刷的转印贴花纸（移画印花法用图案纸），印刷的图画明信片、贺卡，印刷的日历、地图、设计图表及绘画，邮票、印花税票及类似票证。本章包括的印刷品，除极个别物品外均以所印花纹图案、文字或图画为其基本性质或用途。但本章不包括以所印文字、图案为主要用途的品目 4814 及品目 4821 的纸品（例如，已印制的纸标签）。

本章的货品一般是印在纸上，但也可印在其他材料上。不过对于商店招牌或橱窗用的带印刷图画或文字内容的字母、数字、标志及类似符号等货品，如果用陶瓷、玻璃或贱金属制成的，应分别归入品目 6914、7020 及 8310；如果带有照明装置的，则应归入品目 9405。

本章共有 11 个品目，其排列顺序为：4901 ～ 4902 书籍、报刊→ 4903 儿童图画书→ 4904 乐谱原稿或印本→ 4905 各种地图等→ 4906 手绘、手写的原稿等→ 4907 ～ 4910 邮票、各种票据、转印贴花纸、明信片、日历→ 4911 其他印刷品。

## 二、本章注释简介

本章设有六条章注释。

章注一是排他条款，列出了不能归入本章的四类货品。

章注二明确了本章所称“印刷”适用的方式。

章注三规定了用纸以外材料装订成册的报纸、杂志和期刊以及一期以上装订在同一封面里的成套报纸、杂志和期刊的归类原则。

章注四列出了品目 4901 适用的货品范围。

章注五明确了主要做广告用的出版物的归类规定。

章注六明确本章所称“儿童图画书”是指以图画为主、文字为辅，供儿童阅览的书籍。

## 三、本章商品归类要点

### （一）印刷品的归类

大部分印刷品归入本章，但也有些商品印刷有文字、图案而不归入本章，因为这些文字、图案不构成商品的主要用途。例如，已印刷的壁纸和标签仍归第四十八章。

本章所指“印刷”的范围比传统意义上印刷的范围广，不仅包括以普通手工印刷（如雕版印刷或木版印刷，但雕版画及木版画原本除外）或机械印刷（如活版印刷、胶版印刷、平版印刷、照相凹版印刷等）的几种复制方法，还包括用复印机复制、在计算机控制下打印绘制、打印、感光复印、热敏复印或打字。不论印刷文字的形式如何（如任何一种字母、数字、盲字等），但“印刷”一词不包括着色、装饰性或重复图案的印制。

印刷品所用的材料大多为纸张，但也允许用其他材料，例如：用塑料印制的贺卡仍归入品目 4909，用木材、塑料印制的日历仍归入品目 4910。

### （二）地图、地球仪的归类

只有表面为“平的”地图、地球仪才归入本章，若表面凸凹不平，有立体感的地图、地球仪则应归入品目 9023。

### （三）邮票及类似票证的归类

在承认或将承认其面值的国家流通或新发行并未使用过的邮票及类似票证，应归入品目 4907（例如，未经使用的中国 2001 年发行的北京申奥成功纪念邮票）；使用过的（例如，已经使用的中国 2001 年发行的北京申奥成功纪念邮票），或所在国不承认其面值的邮票及类似票证（不论是否使用过），均应归入品目 9704（例如，美国 2001 年发行的冬奥会纪念邮票）。

我国发行的未经使用的新邮票归入品目 4907；外国发行的未经使用的新邮票归入品目 9704；已经使用的所有邮票归入品目 9704；超过 100 年的邮票归入品目 9704。

### （四）报纸、杂志和期刊的归类

用纸以外材料装订成册的报纸、杂志和期刊以及一期以上装订在同一封面里的成套报纸、杂志和期刊，应归入品目 4901（例如，用塑料封皮装订成册的中国日报）；其他的报纸、杂志和期刊应归入品目 4902。

## 工作任务

江苏恒诚报关有限公司申报两批进口货物，一批是印在塑料上的苏州地图（单张），另一批是音乐会海报（无商业价值）。请对以上商品进行归类。

## 任务实施

### 1. 印在塑料上的苏州地图（单张）

（1）判断归类属性。“印在塑料上的苏州地图”应该按照“印有花纹、文字、图画的塑料、橡胶及其制品”归类。

（2）引用归类依据。依据第七类类注二的排他条款，印有花纹、文字、图画的塑料、橡胶及其制品，如果所印花纹、字画作为其主要用途，应归入第四十九章。

（3）确定商品编码。根据归类总规则一及六的规定，本商品应归入商品编码 4905.9000。

### 2. 音乐会海报（无商业价值）

（1）判断归类属性。广告用的出版物似应该按照“书籍、小册子、散页印刷品及类似印刷品”归入品目 4901。

（2）引用归类依据。依据第四十九章章注五的规定：品目 4901 不包括主要作广告用的出版物（例如，小册子、散页印刷品、商业目录、同业公会出版的年鉴、旅游宣传品），这类出版物应归入品目 4911。

（3）确定商品编码。根据归类总规则一及六的规定，本商品应归入商品编码 4911.1010。

## 任务训练

请对以下商品进行归类：

1．我国新发行的纪念邮票（未经使用）。

2．我国1878年发行的并使用过的大龙邮票。

3．儿童画册（图画为主、内容适合儿童阅读）。

4．用塑料封皮装订成册的新华日报。

5．在计算机控制下打印绘制的保修卡（单张折叠）。

6．印有邮票印记的美术明信片。
7．没印有邮票印记的美术明信片。
8．印制的纸质的歌剧票（成本）。
9．印在不透明底基上的汉英字典缩微本。
10．手绘的地形设计图纸原稿。

## 项目评价

**考核评价表**

<table>
<tr><th>学习目标</th><th>评价项目</th><th>自我评价（30%）</th><th>组间评价（30%）</th><th>教师评价（40%）</th></tr>
<tr><td rowspan="4">专业知识<br>（30分）</td><td>纸品的商品知识</td><td rowspan="4"></td><td rowspan="4"></td><td rowspan="4"></td></tr>
<tr><td>纸张及其制品加工程度</td></tr>
<tr><td>印刷品的商品范围</td></tr>
<tr><td>重要的章注释、品目注释、品目条文</td></tr>
<tr><td rowspan="3">专业能力<br>（40分）</td><td>准确把握归类依据</td><td rowspan="3"></td><td rowspan="3"></td><td rowspan="3"></td></tr>
<tr><td>掌握常见纸品及印刷品的归类原则</td></tr>
<tr><td>准确运用归类总规则</td></tr>
<tr><td rowspan="5">职业素养<br>（30分）</td><td>积极主动、团队合作精神</td><td rowspan="5"></td><td rowspan="5"></td><td rowspan="5"></td></tr>
<tr><td>沟通协调能力</td></tr>
<tr><td>思辨能力</td></tr>
<tr><td>解决问题能力</td></tr>
<tr><td>谨慎细心的工作态度</td></tr>
<tr><td colspan="2">教师建议：</td><td colspan="3" rowspan="2">评价标准：<br>A．优秀（≥80分）　B．良好（70～80分）<br>C．基本掌握（60～70分）　D．没有掌握（<60分）</td></tr>
<tr><td colspan="2">个人努力方向：</td></tr>
</table>

# 项目十二
# 纺织原料及纺织制品的归类

## 学习目标

◆ **知识目标**

了解纺织纤维、纱线、纺织物、纺织制品的分类，熟悉本类各章的商品范围及结构，熟悉相关的注释。

◆ **能力目标**

掌握纺织纤维、纱线、纺织物及纺织制品的归类方法；能够熟练运用归类依据对纺织品进行准确归类。

◆ **素质目标**

通过对商品归类的训练，培养高度的风险意识和社会责任感。

## 项目导入

通过本类的学习，熟悉本类商品的结构范围，理解本类中相关的商品名词解释，掌握纺织原料及纺织制品归类的要点。

**学习重难点：**

纺织原料及服装的归类原则，以及易与本类商品混淆的商品的比较分析。

## 项目要点

### 一、本类商品范围

第十一类包括纺织工业上用的各种纺织原料（如丝、毛、棉、化纤等），也包括各种纺织半制品或中间产品（如纱线、机织物等）和纺织制成品（如地毯、服装、装饰品等）。

本类共有 14 章（第五十章至第六十三章），根据各章所包括商品的特性排列，本类又可分成两个部分。

第一部分从第五十章至第五十五章，包括普通纺织原料、纱线和织物。这部分是按原料的性质分章，排列顺序为动物纺织原料、植物纺织原料，然后是化学纺织原料，各种纺织原料一般又根据纤维长度按先长后短的顺序排列。例如，天然纺织原料：蚕丝（第五十章）→羊毛（第五十一章）→棉花（第五十二章）→非棉植物纤维（第五十三章）；化学纺织原料：化学纤维长丝（第五十四章）→化学纤维短纤（第五十五章）。

第二部分从第五十六章至第六十三章，是按纺织品织造的方式、产品用途、特点分章。本部分包括各种纺织制成品及一些以特殊方式或工艺制成的或有特殊用途的纱、线、织物及制成品。这些章中，除品目 5809 及 5902 以外，凡四位数级品目所列产品，不分纺织原料的性质，而按货品名称列目。例如，品目 6105 列名为针织或钩编的男衬衫，在品目级不分原料，只列出货品名称，而在其下进一步按原料细分出子目。

## 二、本类注释

本类设有十五条类注释，两条子目注释，除第五十章和第五十二章、五十三章以外，其他各章都有章注。

### （一）类注释

类注一规定了第十一类不包括的 21 种货品，其中值得注意的是：类注一（三）第十四章的棉短绒或其他植物材料；类注一（四）石棉纤维（品目 2524）及石棉制品（纱线 6812，织物衣服等 6812 或 6813）；类注一（八）明确不包括第三十九章的用塑料浸渍、涂布、包覆或层压的机织物、针织物或钩编织物、毡呢或无纺织物及其制品；类注一（十六）明确规定碳纤维及其制品应归入品目 6815；类注一（十七）玻璃纤维及其制品（第七十章），但在可见底布上用玻璃线刺绣的刺绣品除外。

类注二明确规定对可归入第五十章至第五十五章及品目 5809 或 5902 的由两种或两种以上纺织材料混合制成的货品，应按其中重量最大的那种纺织材料归类。当没有一种纺织材料重量较大时，应按可归入的有关品目中最后一个品目所列的纺织材料归类。

类注三对应作为“线、绳、索、缆”归类的纱线做了具体规定，凡符合该注释规定的纱线应归入品目 5607，而不能归入其他品目。

类注四对归入第五十章、第五十一章、第五十二章、第五十四章和第五十五章的“供零售用”纱线的包装方式和重量做了限定，只有符合本注释规定的纱线才能归入有关品目。

类注五明确规定品目 5204、5401 及 5508 的“缝纫线”的适用条件。

类注六对本类的“高强力纱”做了限定，要求此种纱线达到本注释规定的断裂强度标准。

类注七对本类纺织制成品做了规定，共有 7 条，只要符合其中任一条的规定，即可视为本类“制成的”产品归类，一般应归入第六十一章、第六十二章、第六十三章。

类注八明确了第五十章至第六十章不包括的货品范围。

类注九明确了第五十章至第五十五章的机织物包括由若干层平行纱线以锐角或直角相互层叠，在纱线交叉点用黏合剂或以热黏合法黏合而成的织物。

类注十明确了纺织材料和橡胶线制成的弹性产品归入本类。

类注十一明确了本类所称“浸渍”包括“浸泡”。

类注十二明确了本类所称“聚酰胺”包括“芳族聚酰胺”。

类注十三对本目录所称的“弹性纱线”做出了明确定义。

类注十四明确规定，除条文另有规定的以外，各种服装即使成套包装供零售用，也应分别归入各自品目。例外的情况有：西服套装、便服套装、滑雪套装。

类注十五明确了具有本类货品基本特征的装有化学、机械或电子组件的纺织品、服装和其他纺织品应归入第十一大类。

### （二）子目注释

子目注释一对本类及本目录所用的一些纺织名词术语做了明确定义，这些术语包括：未漂白纱线、漂白纱线、着色（染色或印色）纱线、未漂白机织物、漂白机织物、染色机织物、色织机织物、印花机织物及平纹组织。这些定义在做必要修改后也适用于针织或钩编织物。

子目注释二对第五十六章至第六十三章的由两种或两种以上纺织材料构成的产品归类做了明确规定，即根据类注二的规定确定归类。在应用该注释时应注意以下几点：①酌情考虑按归类总规则三确定归类；②对由底布和绒面或毛圈面构成的纺织品，在归类时不考虑底布的属性；③对品目 5810 的刺绣品及其制品，归类时应只考虑底布的属性，但不见底布的刺绣品及其制品应根据绣线的属性确定归类。

## 三、本类商品归类要点

第十一类分为四种商品，归类时首先判断商品是属于哪种：①纺织纤维（纺织品的原料，例如：毛、丝、棉花、化纤）；②纱线（用纺织纤维制成的线）；③织物（属于半制成品）；④服装（制成品）。第十一类就是对这四种商品进行归类。

### （一）纺织纤维的归类

纺织纤维按其来源可分为天然纤维和化学纤维两大类。天然纤维是自然界里原有的或人工培植而获得的纤维，主要有丝、毛、棉、麻等。化学纤维是用化学方法制得的，根据原料和制造方法的不同，化学纤维又分为人造纤维与合成纤维。纺织纤维的分类如图 12-1 所示。

纤维是纺织原料，除品目 5601 的纤维外，其他的纺织纤维归入第一部分（第五十至五十五章），直接根据纤维的属性就可以来判断其可归入具体的章节和品目，比较简单。

当纺织纤维进行混纺后（即纺织材料不是由一种纤维制成，而是由两种以上的纺织纤维制成），按下面的方法归类：首先看混纺纤维中的各个纤维属于哪一章的纤维，将属于同一章的不同纺织材料的重量相加后进行比较，归入重量大的那一章；如果重量相等，则根据归类总规则三，按“从后归类”的原则归类。

依据第十一类的类注二，其他混纺的纺织品（混纺纱线、混纺织物、混纺制成品）的归类步骤同混纺纤维一样，也是按照此归类步骤进行归类的。

应用上述规定时，应注意以下几点：①马毛粗松螺旋花线和含金属纱线应作为一种单一的纺织材料对待，其重量应为它们在纱线中的合计重量。②同一章或同一品目所列各种不同的纺织材料应作为单一的纺织材料对待。在归类时，它们的重量应合并计算，在选择合适的品目时，应首先确定章，然后再确定该章的有关品目，对不归入该章的其他材料则不予考虑。③在机织物的归类中，金属线应作为一种纺织材料。④当归入第五十四章及第五十五章的货品与其他章的货品进行比较时，应将这两章作为一个单一的章对待，即化学纤维长丝和短纤的重量应合并计算。

### （二）纱线的归类

对纱线进行归类的时候，应按照以下步骤：

（1）首先确定纱线是特种纱线还是普通纱线，如果是普通纱线，则根据是否为缝纫线、是否供零售用、是否为单一纤维等确定品目。

（2）如由一种纤维制成，按纱线原料的性质归入相应的章（第五十章至第五十五章）的品目。由多种纤维制成的混纺纱线，则根据混纺纱线的归类步骤来归类。

（3）如为特种纱线，则归入品目 5604 ～ 5607。这四个特殊纱线的品目分别为：5604 与橡胶或塑料复合的纱线；5605 含金属纱线；5606 粗松螺旋花线、绳绒线、纵行起圈纱线等；5607 符合类注三规定的“线、绳、索、缆”。

纱线的归类如图 12-2 所示。

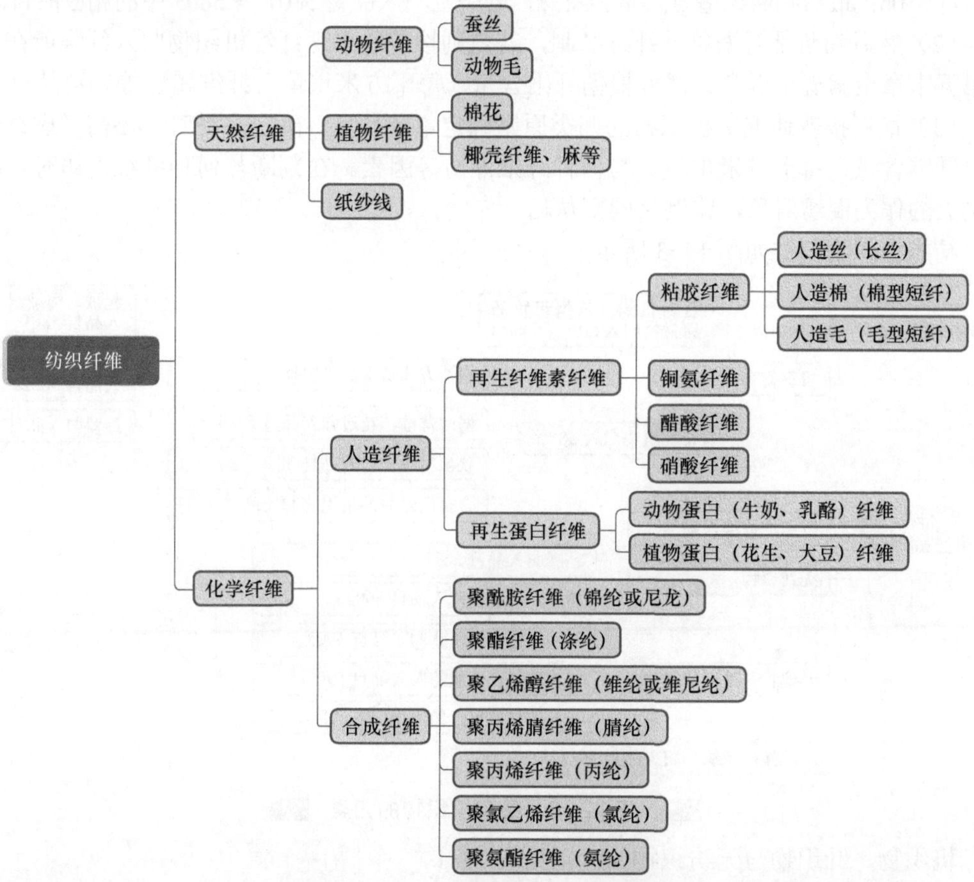


图12-1 纺织纤维的分类

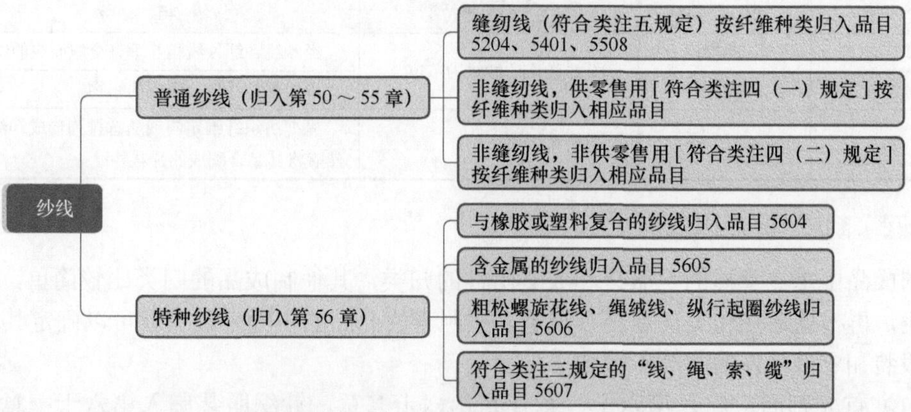


图12-2 纱线的归类

### （三）关于织物的归类

纺织机织物归类步骤：

（1）首先判断是否为特殊机织物。若是则归入第五十八章或第五十九章的相应品目。根据第五十八章章注一规定“本章不适用于第五十九章的货品”，所以在判断是否为特殊机织物时，应按以下顺序：首先判断是否经非纺织材料浸渍、涂布、包覆或层压或具有其他第五十九章的特征，若是则归入第五十九章相应品目；其次判断是否为狭幅机织物，若是则归入品目 5806；最后判断织造方式是否特殊，若是则归入品目 5801 ～ 5803 中的相应品目。

（2）然后判断是否为单一纤维纺制，若是则按普通单一纤维机织物归入纤维所在章，即第五十章至第五十五章。然后根据纤维含量、每平方米重量、纤维属性等确定品目。

（3）最后按普通混纺机织物的归类原则确定章及品目。确定品目时，还需考虑纤维属性、纤维含量、每平方米重量、与何种纤维混纺等因素。在判断与何种纤维混纺时，应将比例大的作为混纺对象，比例相同则从后。

纺织机织物归类如图 12-3 所示。

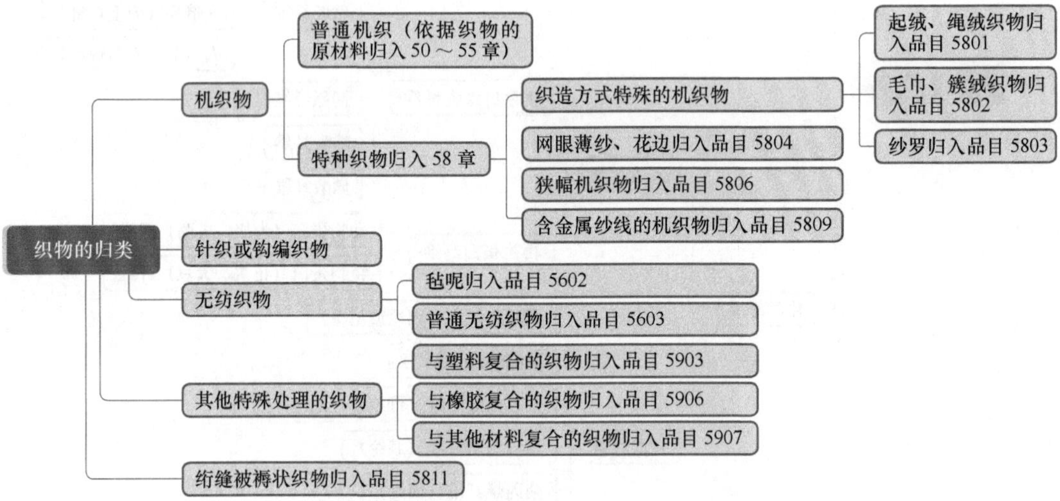


图12-3　纺织机织物的归类

机织物、针织物与无纺织物的区别见表 12-1。

表12-1　机织物、针织物与无纺织物的区别

| 序　号 | 织　物 | 加工最小单位 | 特　点 |
|---|---|---|---|
| 1 | 机织物 | 纤维纺成的纱线为单位 | 经纱线、纬纱线相互垂直交织而成的织物 |
| 2 | 针织物 | | 以线圈相互串套而成的织物 |
| 3 | 无纺织物 | 以纤维为单位 | 先把纺织纤维定向或随意排列形成纤维片网，然后将其黏合制成的片状物 |

### （四）制成品的归类

制成品中重点掌握的是服装和衣着附件的归类，其他制成品的归类比较简单，按照标题查找，再根据章注和类注是否有规定，按照查找商品的步骤来归类就可以确定其品目。

服装和衣着附件的归类步骤如下：

（1）首先判断应归入第六十一章还是第六十二章，针织服装归入第六十一章（品目 6212 商品除外），非针织（如机织）服装归入第六十二章。

（2）然后判断是否是婴儿服装及衣着附件，如果是婴儿服装或婴儿的衣着附件，应优先归入品目 6111（针织）或者是品目 6209（非针织）。

（3）再次判断是否是特殊材料（特殊材料指的是品目 5602、品目 5603、品目 5903、品目 5906、品目 5907 的织物）制成的服装。如果是用品目 5903、5906、5907 的材料制造的针织服装，优先归入品目 6113（针织）；如果是用品目 5602、5603、5903、5906、5907 的材料制造的织服装，优先归品目 6210（非针织）。

（4）最后，根据性别（男、女）、服装款式（大衣、西服、衬衣、内衣等）、纤维的种类归入相应的编码。

服装的纤维种类的确定要运用子目注释二（一）。即确定服装子目的时候，要判断服装的原材料是什么。运用子目注释二（一）的规定，比照第五十章至第五十五章对此类商品的原则办理。对由第五十章至第五十五章商品为原材料的制成品，先按上述原则确定所用原材料的纤维属性，再以所确定的原材料的纤维属性作为制品的纤维属性并据此归类。

纺织服装及衣着附件的归类如图 12-4 所示。

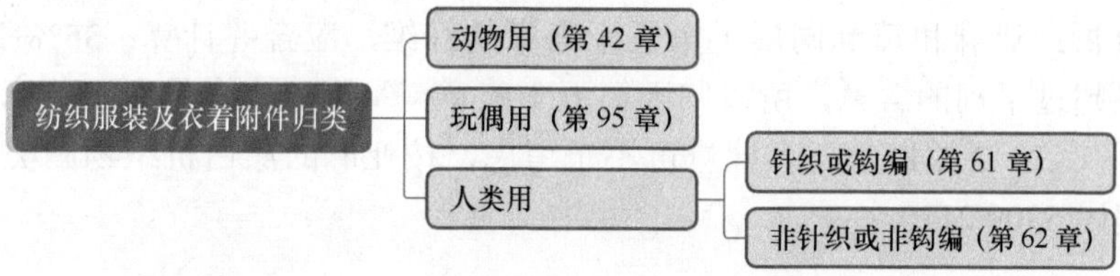


**图12-4　纺织服装及衣着附件的归类**

## （五）混纺产品的归类原则

混纺产品按混纺材料中重量最大的那种材料归类，当没有一种纺织材料重量较大时，归入可归的品目中最后一个品目。

当计算不同纤维的含量时，应注意：

（1）首先确定所在章，将属于同一章不同纺织材料的重量相加后进行比较，归入重量较多的那一章，如果重量相等则“从后归类”；同时考虑到纺织纤维的特性，第五十四与五十五章同属化学纤维，所以当这两章在与其他章比较时，这两章纺织材料的重量应合并计算。其次确定四位品目数，与确定章的方法一样，将属于同一品目的不同纺织材料的重量相加后进行比较，归入含量较大的那个品目，如果重量相等则“从后归类”

（2）特殊纱线，如马毛粗松螺旋花线（品目 5110）和含金属纱线（品目 5605）均应作为一种单一的纺织材料计算，其重量应为它们在纱线中的合计重量，在机织物的归类中金属线视作一种纺织材料。混纺的纱线、织物及制成品也适用这一原则。

**例1：按重量计含以下比例纤维的机织物：40%的合成纤维短纤，35%的精梳羊毛，25%的粗梳山羊绒毛。**

归类分析：精梳羊毛和粗梳山羊绒毛同属于第五十一章的纤维，应合并计算：35%+25%=60%。它们的含量超过了合成纤维的含量，所以该机织物应归入第五十一章。又因精梳羊毛的含量大于粗梳山羊绒毛的含量，故按精梳羊毛或精梳动物细毛的机织物归入品目 5112，由于合成纤维短纤含量为 40%，因此该商品应归入子目 5112.3000。

**例2：按重量计含有以下比例纤维的每平方米重量为210克的色织机织物：40%的棉，30%的人造纤维短纤，30%的合成纤维短纤。**

归类分析：人造纤维短纤和合成纤维短纤均属于第五十五章的纤维，两者合并计算：30%+30%=60%。它们的含量超过了棉的含量，故归入第五十五章。又因人造纤维短纤和合成纤维短纤的含量相同，比较品目 5514（合成纤维短纤制的机织物，按重量计合成纤维短纤含量在 85% 以下，主要或仅与棉混纺，每平方米重量超过 170 克）和品目 5516（人造纤维短纤机织物），归入最末一个品目，所以最终该机织物归入品目 5516，再根据棉含量占 40% 以及“色织机织物”的条件，归入商品编码 5516.4300。

**例3：按重量计含有以下比例纤维的漂白机织物：35%的亚麻，25%的黄麻，40%的棉。**

归类分析：亚麻和黄麻同属于第五十三章的纤维，应合并计算：35%+25%=60%。它们的含量超过了棉的含量，所以归入第五十三章，又因亚麻含量大于黄麻含量，根据本类注释二（二）2 的规定，含棉量可不予考虑，按亚麻的漂白机织物归类，所以最终归入商品编码 5309.2120。

**例4：按重量计含有以下比例纤维的染色机织物：35%的合成纤维长丝，25%的合成纤维短纤，40%的精梳棉。**

归类分析：合成纤维长丝和合成纤维短纤分别属于第五十四章和五十五章的纤维，应合并计算：35%+25%=60%。它们的含量超过了羊毛的含量，又因合成纤维长丝的含量超过了合成纤维短纤的含量，所以归入第五十四章品目 5407，再根据棉含量占 40%、染色机织物的条件，归入商编码 5407.8200。

### （六）纺织材料制的纱线、线、绳、索、缆的归类

纺织材料制的纱线、线、绳、索、缆的归类见表 12-2。

**表12-2　纱线、线、绳、索、缆的归类**

| 种　类 | 确定归类的特征 | 品目归类 |
|---|---|---|
| 用金属线加强的 | 任何情况 | 5607 |
| 含金属纱线制 | 任何情况 | 5605 |
| 粗松螺旋花线（品目 51.10 及 56.05 所列货品除外）、绳绒线及纵行起圈纱线 | 任何情况 | 5606 |
| 编织的纺织纱线 | 1. 紧密编结，结构密实<br>2. 其他 | 5607<br>5808 |
| 其他：丝或绢丝制 | 1. 细度在 20 000 分特及以下<br>2. 细度在 20 000 分特以上 | 第五十章<br>5607 |
| 羊毛或其他动物毛制 | 任何情况 | 第五十一章 |

（续）

| 种　类 | 确定归类的特征 | 品目归类 |
|---|---|---|
| 亚麻或大麻制 | 1．加光或上光的：<br>（1）细度在 1 429 分特及以上<br>（2）细度在 1 429 分特以下<br>2．未加光或上光的：<br>（1）细度在 20 000 分特及以下<br>（2）细度在 20 000 分特以上 | <br>5607<br>第五十三章<br><br>第五十三章<br>5607 |
| 椰壳纤维制 | 1．一股或两股的<br>2．三股及以上的 | 5308<br>5607 |
| 纸制 | 任何情况 | 5308 |
| 棉或其他植物纤维制 | 1．细度在 20 000 分特及以下<br>2．细度在 20 000 分特以上 | 第五十二章或五十三章<br>5607 |
| 化学纤维（包括第五十四章的两根及多根单丝制的纱线）制 | 1．细度在 10 000 分特及以下<br>2．细度在 10 000 分特以上 | 第五十四章或五十五章<br>5607 |

## （七）零售纱线与非零售纱线的区别

零售纱线与非零售纱线的区别见表 12-3。

**表12-3　零售纱线与非零售纱线的区别**

| 包装方式 | 纱线类型 | 零售用条件 |
|---|---|---|
| 绕于纸板、线轴、纱管等 | 1．蚕丝、绢丝或化纤长丝纱线<br>2．羊毛、其他动物细毛、棉或化纤短纤纱线 | 重量（包括芯子）在 85 克及以下<br>重量（包括芯子）在 125 克及以下 |
| 绕成团、绞、束 | 1．细度在 3 000 分特以下的化纤长丝纱线，蚕丝或绢丝纱线<br>2．细度在 2 000 分特以下的其他纱线<br>3．其他纱线 | 重量在 85 克及以下<br><br>重量在 125 克及以下<br>重量在 500 克及以下 |
| 绕成绞或束，每绞或每束中有若干用线分开使之相互独立的小绞或小束 | 1．蚕丝、绢丝或化纤长丝纱线<br>2．羊毛、其他动物细毛、棉或化纤短纤纱线 | 每小绞或小束的重量相等并且重量在 85 克及以下<br>每小绞或小束的重量相等并且在 125 克及以下 |

但下列纱线不能视为供零售用：

（1）丝、绢丝、棉或化纤的单纱，不论何种包装。

（2）羊毛或动物细毛的单纱，经漂白、染色或印花的，细度在 5000 分特及以下，不论何种包装。

（3）丝或绢丝的未漂白多股纱线或缆线，不论何种包装。

（4）棉或化纤的未漂白多股纱线或缆线，成绞或成束的。

（5）丝或绢丝的多股纱线或缆线，经漂白、染色或印花的，细度在 133 分特及以下。

（6）任何纺织材料的单纱、多股纱线或缆线，交叉绕成绞或束的。

（7）任何纺织材料的单纱、多股纱线或缆线，绕于纱芯上（例如，绕于纱管、加捻管、纬纱管、锥形筒管或锭子上），或以其他方式卷绕（例如，绕成蚕茧状以供绣花机使用的，或离心式纺纱绕成饼状的），明显用于纺织工业的。

## （八）缝纫线的归类

缝纫线必须满足下列条件才归入品目 5204、品目 5401 及品目 5508：

（1）绕于芯子（如线轴、纱管），重量（包括芯）不超 1 000 克。

（2）上过浆的。

（3）终捻为反手（Z 捻）的。

## （九）纺织制成品的判断标准

根据本类类注七的规定，本类所称的纺织品只要符合下列条件就可视为制成品：

（1）裁剪成除正方形或长方形以外的其他形状的。

（2）呈制成状态，无须缝纫或进一步加工（或仅需剪断分隔连线）即可使用的（例如，某些抹布、毛巾、台布，方披巾，毯子）。

（3）裁剪成一定尺寸，至少有一边为带有可见的锥形或压平形的热封边，其余各边经本注释其他各项所述加工，但不包括为防止剪边脱纱而用热切法或其他简单方法处理的织物。

（4）已缝边或绲边，或者在任一边带有结制的流苏，但不包括为防止剪边脱纱而锁边或用其他简单方法处理的织物。

（5）裁剪成一定尺寸并经抽纱加工的。

（6）缝合、胶合或用其他方法拼合而成的（将两段或两段以上同样料子的织物首尾连接而成的匹头，以及由两层或两层以上的织物，不论中间有无胎料，层叠而成的匹头除外）。

（7）针织或钩编成一定形状，不论报验时是单件还是以若干件相连成幅的。

纺织原料及纺织制品的归类如图 12-5 所示。

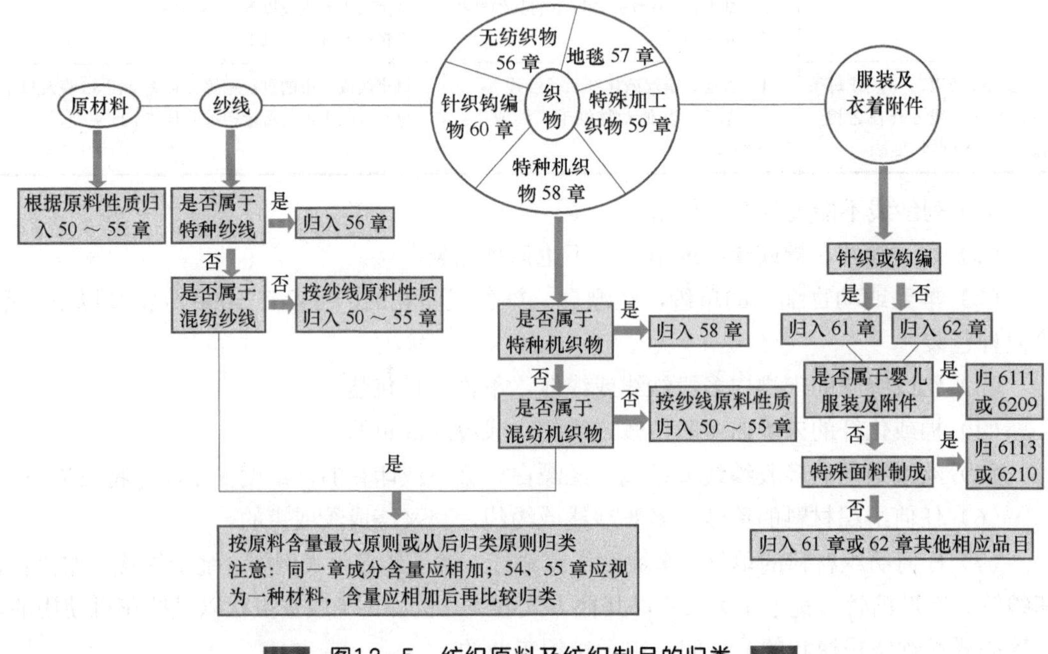


图12-5　纺织原料及纺织制品的归类

## 任务一

# 蚕丝的归类

### 知识准备

#### 一、本章商品范围及结构

第五十章包括丝的原料、废丝、普通丝纱线和普通丝机织物，还包括蚕胶丝以及作为丝归类的混纺纱线和混纺机织物。本章共有 7 个品目，其排列顺序为：5001 蚕茧→5002 生丝→5003 废丝→5004～5006 零售与非零售用的丝纱线及绢纺纱线→5007 各种丝、绢丝机织物。

#### 二、本章注释简介

本章无章注释。

#### 三、本章商品归类要点

（1）“丝”的范围。本章所称“丝”，不仅包括家蚕（桑蚕）丝，也包括野蚕丝、蜘蛛丝、海丝及贝足丝。野蚕丝中最重要的品种是柞蚕丝（食柞树叶的蚕所吐的丝）。

（2）本章纱线归类时应注意纱线的品种、是否供零售用。本章的纱线归类时，有“供零售用”及“非供零售用”的区别，因此在具体归类时，应按类注四的规定确定。

本章的纱线归类时不要求其细度如何，但须注意，当该纱线的细度达到 20 000 分特以上时，根据类注三的规定，它们应作为具有“线、绳、索、缆”的特征，归入品目 5607。

本部分的纱线包括全部用蚕丝纤维纺成的纱线，也包括用本章的丝纤维与其他章包括的纤维进行混纺（以蚕丝纤维为主要成分）后制成的纱线。这时应按类注二的规定进行归类。

例如，由 60% 的蚕丝短纤与 40% 的涤纶短纤混纺的纱线，该纱线绕在纱管上，总重 1 千克。该纱线的归类首先从纤维的百分含量看，蚕丝短纤的百分比多，所以该混纺纱线归本章的绢纺（蚕丝短纤）纱线；从它的包装看，根据类注四的规定，属于非供零售用，因此以上特征的纱线应归入商品编码 5005.0090。

丝纱线（绢纺纱线除外），非供零售用归入品目 5004；绢纺纱线，非供零售用归入品目 5005；供零售用丝纱线及绢纺纱线、蚕胶丝归入品目 5006。

（3）本章不包括特殊纱线（第五十六章）和特殊机织物（第五十八章或第五十九章）。

### 工作任务

江苏恒诚报关有限公司申报一批出口柞蚕土丝，包括未加捻柞蚕土丝和已加捻、零售包装的柞蚕土丝。请对以上商品进行归类。

### 任务实施

#### 1. 未加捻柞蚕土丝

（1）判断归类属性。柞蚕是一种以柞树树叶为食的蚕，在化蛹前用其吐出的丝所结成的蚕茧为柞蚕茧，蚕茧经缫制而得到的丝为柞蚕丝。而“土丝”是指用手工缫制的丝。蚕丝加捻的目的就是让丝条变成纱或纱、线变成股线。“未加捻”的丝为生丝。

（2）引用归类依据。依据品目 5002 的条文“生丝（未加捻）”，本商品应归入品目 5002。

（3）确定商品编码。根据归类总规则一及六的规定，本商品应归入商品编码 5002.0020。

### 2. 已加捻、零售包装的柞蚕土丝

（1）判断归类属性。“已加捻”的丝为纱线，柞蚕土丝（已加捻、零售包装）应作为“丝纱线”进行归类。

（2）引用归类依据。依据品目 5006 的条文“丝纱线及绢纺纱线，供零售用”，根据本商品丝纱线的种类（柞蚕丝）及包装状态（零售包装），应将其归入品目 5006。

（3）确定商品编码。根据归类总规则一及六的规定，本商品应归入商品编码 5006.0000。

## 任务训练

请对以下商品进行归类：

1. 蚕胶丝（100%柞蚕丝，非供零售用）。
2. 纯绢丝练白机织物（幅宽110厘米）。
3. 纯桑蚕丝漂白双绉（幅宽110厘米）。
4. 白厂丝（未加捻）。

# 任务二

## 羊毛、动物细毛或粗毛；马毛纱线及其机织物的归类

## 知识准备

### 一、本章商品范围及结构

第五十一章包括羊毛、其他动物细毛或粗毛的原料、普通纱线及机织物，也包括作为本章产品归类的混纺（或混合）材料产品，马毛纱线及机织物也归在本章。本章不包括马毛及废马毛（品目 0503），以及加工后供制假发或类似品的羊毛（品目 6703）。

本章有 13 个品目，其排列顺序为：5101 ～ 5105 羊毛、动物细毛或粗毛及废料→ 5106 ～ 5110 粗梳、精梳的羊毛、动物毛纱线（包括零售与非零售）→ 5111 ～ 5113 羊毛、动物细毛或粗毛、马毛的机织物。

### 二、本章注释简介

本章有三条章注释。章注一至章注三依次解释了本目录所称“羊毛”“动物细毛”和“动物粗毛”的含义。

### 三、本章商品归类要点

（1）本章的动物毛机织物归类时应考虑的因素有：动物毛的种类（细毛还是粗毛）及梳理方式（粗梳还是精梳）、动物毛的含量、每平方米克重、幅宽（是否超过 30 厘米）等。

（2）本章“羊毛”的范围指绵羊或羔羊身上长的天然纤维，不包括山羊毛。

（3）本章“动物细毛”的范围指下列动物的毛：羊驼、美洲驼、驼马、骆驼、牦牛、安哥拉山羊、西藏山羊、喀什米尔山羊及类似山羊（普通山羊除外）、家兔（包括安哥拉兔）、野兔、海狸、河狸鼠或麝鼠。

（4）本章“动物粗毛”的范围指以上未提及的其他动物的毛，但不包括制刷用鬃、毛（品目 0502）以及马毛（品目 0511）。

## 工作任务

江苏恒诚报关有限公司申报进口羊毛机织物，包括纯羊毛纱线织造的华达呢织物（150克/平方米，幅宽180厘米）和由60%粗梳羊毛和40%精梳羊毛混纺的机织物（幅宽180厘米）。请对以上商品进行归类。

## 任务实施

### 1. 纯羊毛纱线织造的华达呢织物（150克/平方米，幅宽180厘米）

（1）判断归类属性。华达呢织物是以精纺羊毛为原料，用机织的方法纺织而成的织物，并应按羊毛织物归类。

（2）引用归类依据。依据品目 5112 的条文“精梳羊毛机织物”，根据其羊毛含量（纯羊毛即 100% 羊毛）及织物重（150 克 / 平方米），本商品应归入品目 5112。

（3）确定商品编码。根据归类总规则一及六的规定，本任务商品应归入商品编码 5112.1100。

### 2. 由60%粗梳羊毛和40%精梳羊毛混纺的机织物（幅宽180厘米）

（1）判断归类属性。本商品是以精梳羊毛和粗梳羊毛为原料，用机织的方法纺织而成的织物，归类时应按动物纤维机织物归入第五十一章。从成分看，60% 粗梳羊毛属于品目 5111 的商品，40% 精梳羊毛属于品目 5112 的商品，二者比较，粗梳羊毛的成分超过了精梳羊毛的含量。

（2）引用归类依据。根据第十一类类注二（一）的规定，可归入第五十章至第五十五章的由两种或两种以上纺织材料混合制成的货品，应按其中重量最大的那种纺织材料归类。因此，本商品应以粗梳羊毛为主要特征归入品目 5111。

（3）确定商品编码。根据归类总规则一及六的规定，本商品应归入商品编码 5111.9000。

## 任务训练

请对以下商品进行归类：

1．精梳美洲驼毛机织物（150克/平方米，幅宽110厘米）。

2．未梳山羊绒。

3．棉40%、已梳兔毛25%、粗梳羊毛35%组成的混纺纤维。

4．马毛纱线（供零售用）。

5．已梳的山鼠毛纱线。

6．蓝色机织物，按重量计含40%合成纤维短纤维、35%精梳羊毛、25%的粗梳动物细毛（每平方米210克，幅宽180厘米）。

7．混色中灰精纺机织物，按重量计含有50%的绵羊毛、50%涤纶短纤维（200克/平方米，幅宽180厘米）。

8．纯羊毛纱线织造的派力斯织物（精纺毛织物，170克/平方米，幅宽180厘米）。

9．纯羊毛大衣呢织物（粗纺毛织物，560克/平方米，幅宽180厘米）。

10．精梳纯克什米尔山羊绒纱线（非供零售用）。

11．散装未梳碳化绵羊毛（新西兰产）。

## 任务三

## 棉花的归类

### 知识准备

#### 一、本章商品范围及结构

第五十二章包括棉花原料、废棉、已梳棉、普通棉纱线和普通棉机织物，也包括作为棉归类的混纺材料；但不包括棉短绒（品目 1404）以及经药物浸渍或零售用的药棉和绷带。

本章共有 12 个品目，其排列顺序为：品目 5201 ～ 5203 未梳棉、废棉、已梳棉→ 5204 ～ 5207 棉缝纫线、零售与非零售的棉纱线→ 5208 ～ 5212 普通棉机织物。

#### 二、本章注释简介

本章设有子目注释一条。本章子目注释对子目 5209.42 及 5211.42 的“粗斜纹布”（劳动布）做了明确规定，即指三线或四线斜纹织物，包括破斜纹组织的织物，这种织物以经纱为面，经纱为同一种颜色，纬纱未漂白或经漂白、染成灰色或比经纱稍浅的颜色。

#### 三、本章商品归类要点

##### （一）棉纤维的归类

棉纤维的归类须注意其未梳理与已梳理的加工区别和加工后的状态。

##### （二）棉纱线的归类

对于棉纱线，在归类时要注意其是缝纫线（按类注五的规定）还是其他纱线；而其他纱线要分清是纱还是线，该纱或线是粗疏还是精梳，是供零售用还是非供零售用（按类注四的规定），其纱线的细度是多少分特，含棉量百分比是多少，如果是混纺的，要按类注二的规定归类。另需注意的是，能归入本章的纱线的细度应是类注三以外的情况，即细度在 20 000 分特及以下，在 20 000 分特以上及用金属线加强的纱线归入品目 5607。本章的纱线不分颜色、结构。

##### （三）棉机织物的归类

棉机织物的归类，要注意含棉量的百分比。如果是混纺的，要按类注二规定判断主要特征的纤维、机织物每平方米的重量、该织物是经哪种染整加工的（如漂白、染色、印花、色织）、该织物是以哪种经纬组织制成的（平纹、斜纹及其他）。

## 工作任务

江苏恒诚报关有限公司申报一批进口纱线，包括精梳全棉纤维纺制的多股纱线（每盒400克，有5个线团）和精梳全棉纤维纺制的多股纱线（每根单纱细度为50公支）。请对以上商品进行归类。

## 任务实施

对于多股纱线的归类首先要判断其是否是特种纱线（品目 5604、5605、5606、5607 所列商品），如果是普通纱线则按纱线原料的性质归入第五十章至第五十五章的相应品目。

### 1. 精梳全棉纤维纺制的多股纱线（每盒400克，有5个线团）

（1）判断归类属性。精梳全棉纤维纺制的多股纱线（每盒 400 克，有 5 个线团），不属于第五十六章的特种线，根据其成分全棉，归入第五十二章。

（2）引用归类依据。据题目已知条件，结合类注五，本商品不属于缝纫线。再根据题目中的已知条件“每盒 400 克，有 5 个线团”，结合类注四（一）2（3）的“绕成团，其他纱线，不超过 500 克”，确定其“供零售用”，因此本任务商品应按“棉纱线（缝纫线除外），供零售用”归入品目 5207。

（3）确定商品编码。根据归类总规则一及六的规定，本商品应归入商品编码 5207.1000。

### 2. 精梳全棉纤维纺制的多股纱线（每根单纱细度为50公支）

（1）判断归类属性。精梳全棉纤维纺制的多股纱线不属于第五十六章的特种线，根据其成分全棉，归入第五十二章。

（2）引用归类依据。根据题目中的已知条件，本商品不属于缝纫线，也不是供零售用的，因此确定按照普通的全棉纱线归入品目 5205“纱线（缝纫线除外），按重量计含棉量在 85% 及以上，非供零售用”，再根据“精梳全棉纤维”“每根单纱细度为 50 公支”确定子目。

（3）确定商品编码。根据归类总规则一及六的规定，本商品应归入商品编码 5205.4300。

## 任务训练

请对以下商品进行归类：

1．纯棉精梳单纱（细度100分特，非零售用）。

2．纯棉漂白平纹机织物（织物重为50克/平方米，幅宽110厘米）。

3．平纹印花纯棉布，每平方米重量150克，幅宽超过30厘米。

4．全棉的漂白平纹机织物，250克/平方米。

5．按重量计，由2%的蚕丝、10%的精梳羊毛、33%的粘胶短纤和55%的精梳棉织成的匹状、色织平纹机织物（该织物每平方米重量为190克，幅宽不超过30厘米）。

6．棉短绒。

7．供零售用纯棉缝纫线。

8．纯棉劳动布（经纱藏蓝色，纬纱浅灰色，织物重为210克/平方米，幅宽110厘米）。

9．纯棉漂白平纹机织物（织物重为50克/平方米，幅宽110厘米）。

10．磨蓝纯棉牛仔布（四线斜纹色织物，270克/平方米，幅宽为110厘米）。

11．棉涤纶三线斜纹布，按重量计含棉50%、涤纶短纤维50%（由漂白纱线和蓝色纱线交织而成，210克/平方米，幅宽110厘米）。

12．机织纯棉毛巾织物。

13．由橡胶将平行的未漂白棉纱线黏合而成的无纬织物（1 450克/平方米，幅宽为110厘米，制输送带用）。

14．由粗梳棉70%和涤纶短纤30%纺制的缆线（每根单丝10公支，非供零售用）。

15．精梳多股纱线，按重量计含有55%棉花、45%的腈纶短纤维（每根单纱细度为97分特，非零售，非缝纫线）。

## 任务四

### 其他植物纺织纤维；纸纱线及其机织物的归类

#### 知识准备

##### 一、本章商品范围及结构

第五十三章包括除棉以外的各种植物纺织材料的原料、普通纱线和普通机织物，也包括纸纱线及其机织物，以及作为本章产品归类的混合（或混纺纺织）材料。

本章共有 10 个品目，其排列顺序为：5301 ～ 5303、5305 各种植物纺织纤维→ 5306 ～ 5308 各种植物纤维纱线及纸纱线→ 5309 ～ 5311 植物纤维机织物及纸纱线机织物。

##### 二、本章注释简介

本章无注释。

##### 三、本章商品归类要点

本章归类应注意纤维属性、加工程度，本章的纱线不论细度（但应属于类注三以外的细度），不论是否供零售用；包括以本章植物纤维为主的混纺材料纺成的纱线，不论漂白、染色、印色，但要区分纱或线。对于苎麻纱线的归类要区分其成分（85% 以上或 85% 以下）、未漂白、漂白与其他，符合类注三的纱线应归入品目 5607。本章的机织物不论织物组织，不论每平方米的重量，以本章植物纤维为主的混纺机织物要区别纤维的百分比及染整加工的情况。本章不包括特殊纱线（第五十六章）和特殊机织物（第五十八章或第五十九章），例如，当本章机织物的幅宽不超过 30 厘米时，应归入品目 5806。

#### 工作任务

江苏恒诚报关有限公司申报两批进口机织物：按重量计，由35%的亚麻、25%的黄麻和40%的棉花织成的匹状印花机织物（110克/平方米，幅宽40厘米）；由椰壳纤维35%、大麻纤维20%、羊毛纤维45%组成的未漂白机织物（幅宽超过30厘米）。请对以上商品进行归类。

## 任务实施

**1. 按重量计，由35%的亚麻、25%的黄麻和40%的棉花织成的漂白机织物（110克/平方米，幅宽40厘米）**

（1）判断归类属性。本商品是以亚麻、黄麻和棉花纤维为原料，用机织的方法混纺制得的织物。首先，从章看，亚麻和黄麻属于第五十三章的天然纤维，由于亚麻和黄麻两者可视为同一种纤维，两者含量相加为60%，超过了棉花含量，且幅宽超过30厘米，因此本商品应按麻机织物归入第五十三章。

（2）引用归类依据。由于亚麻含量超过黄麻含量，因此，本商品应按亚麻机织物归入品目5309“亚麻机织物”。

（3）确定商品编码。根据归类总规则一及六的规定，本商品应归入商品编码5309.2900。

**2. 由椰壳纤维35%、大麻纤维20%、羊毛纤维45%组成的未漂白机织物（幅宽超过30厘米）**

（1）判断归类属性。本商品是以椰壳纤维、大麻纤维、羊毛纤维为原料，用机织的方法混纺制得的织物。从章看，椰壳纤维和大麻纤维属于第五十三章的植物纤维纺织品，羊毛纤维属于第五十一章的动物纤维纺织品。

（2）引用归类依据。根据第十一类类注二（一）的归类规定，由两种或两种以上的纺织材料混合制成的货品，应按其中重量最大的那种纺织材料归类。由于椰壳纤维和大麻纤维同属第五十三章，二者相加为55%，超过羊毛纤维的含量，因此，本商品应归入第五十三章；又由于椰壳纤维含量大于大麻纤维，因此该混纺材料应按椰壳纤维归入品目5311。

（3）确定商品编码。根据归类总规则一及六的规定，本商品应归入商品编码5311.0090。

## 任务训练

请对以下商品进行商品归类：

1. 菠萝纤维纱线。
2. 含亚麻纤维50%、芦荟属叶纤维50%的色织机织布（幅宽180厘米）。
3. 由35%亚麻、25%黄麻及40%棉花加工而得的纺织纤维。
4. 用金属包覆的纸纱线。
5. 亚麻纤维（打成麻）。

# 任务五

## 化学纤维长丝；化学纤维纺织材料制扁条及类似品的归类

## 知识准备

### 一、本章商品范围及结构

第五十四章包括化学纤维长丝、普通纱线和普通机织物以及作为化纤长丝归类的混纺材料。本章不包括的商品主要有：化学纤维长丝废料（第五十五章）；化学纤维长丝丝束

（品目 5501 ～ 5504）；截面尺寸超过 1 毫米的化纤单丝或表观宽度超过 5 毫米的扁条及类似品（第三十九章）及其编织品（品目 4601）。

本章共有 8 个品目，其排列顺序为：5401 ～ 5403、5406 化纤长丝纱线（包括缝纫线、零售与非零售的）→ 5404 ～ 5405 化纤单丝和扁条→ 5407 ～ 5408 机织物。

## 二、本章注释简介

本章有两条章注释：

章注一对本目录所称的“化学纤维”做了明确定义，即指通过下列任一方法加工制得的有机聚合物的短纤或长丝：

（1）合成纤维是将有机单体物质加以聚合而制得的纤维，例如聚酰胺（如尼龙、锦纶）、聚酯（如涤纶）、聚氨基甲酸酯（氨纶）、聚丙烯腈（腈纶）等。

（2）人造纤维将天然有机聚合物经化学变化而制得的长丝或短纤，例如粘胶纤维、醋酸纤维、铜氨纤维、藻酸盐纤维。

同时章注一强调“化学纤维”不适用于“化学纤维纺织材料制扁条及类似品”。

章注二明确了品目 5402 及 5403 不适用的货品。

## 三、本章商品归类要点

### （一）长丝纱线的归类

归入本章的纱线，其细度应不超过 10 000 分特，否则根据十一类类注三，应按“线、绳、索、缆”归入品目 5607。本章纱线也不是第五十六章的特种纱线。

对于本章的化纤长丝纱线在归类时首先需要判断其是缝纫线（按类注五的规定）还是其他纱线。缝纫线归入品目 5401，其他纱线归入品目 5402 ～ 5406。其次需要判断其是否供零售用（按类注四的规定），供零售用的归入品目 5406，其他纱线归入品目 5402 ～ 5405。然后在确定其他纱线品目时，需区分是合成纤维还是人造纤维纺制及单丝的细度。子目归类时还需要根据纱线的细度、捻度来确定，以及区分高强力纱、变形纱线或其他普通纱线。

对于混纺纱线，要分清成分并按十一类类注二的规定确定构成主要特征的纤维，尤其当混纺纱线中同时有第五十四章和第五十五章及其他章的纤维时，应将第五十四章及第五十五章的纤维百分比相加后再与其他章进行比较。

### （二）化学纤维长丝机织物的归类

化学纤维长丝机织物按纤维的属性（合成纤维和人造纤维）归入品目 5407 和 5408，然后再根据纤维种类、含量、染整方式（未漂白或漂白、染色、色织、印花）等因素确定各级子目，第十一类类注九所列的机织物也归入品目 5407。

化学纤维短纤机织物中的合成纤维机织物按纤维含量、与之混纺的纤维每平方米的重量等因素归入品目 5512 ～ 5515，人造纤维机织物归入品目 5516。

### （三）单丝与扁条及其制品的归类

单丝截面尺寸未超过 1 毫米，扁条表面宽度未超过 5 毫米归入品目 5404 及 5405。

单丝截面尺寸未超过 1 毫米，扁条表面宽度未超过 5 毫米的机织物归入第五十四章。

单丝截面尺寸超过 1 毫米，扁条表面宽度超过 5 毫米归入第三十九章。

单丝截面尺寸超过 1 毫米，扁条表面宽度超过 5 毫米制成的鞭条、编织物归入第四十六章。

化学纤维长丝及扁条的归类流程如图 12-6 所示。

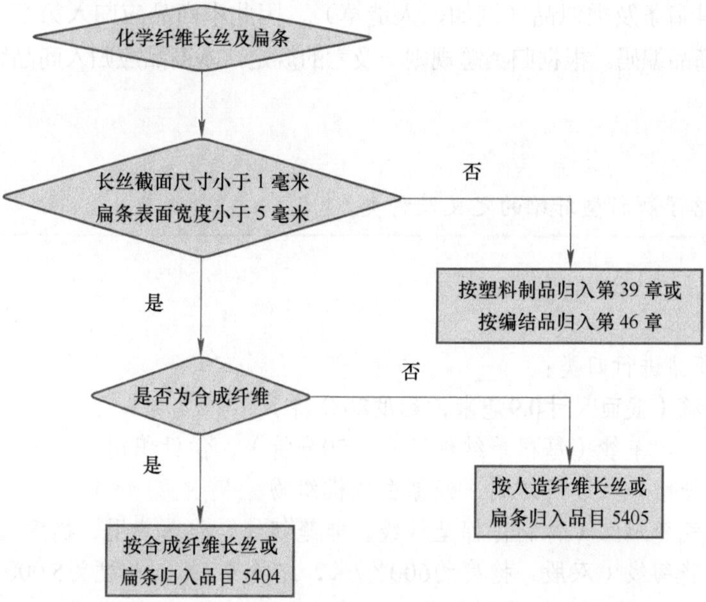


图12-6　化学纤维长丝及扁条的归类流程

### （四）弹力丝与弹性纱线的区别与归类

弹力丝是一种变形纱线，本身不具有弹性。例如：涤纶弹力丝归入子目 5402.331，尼龙弹力丝归入子目 5402.311 或 5402.321。

弹性纱线本身具有弹性，不属于变形纱线。例如：氨纶纱线归入商品编码 5402.4410 或 5402.6920。

## 工作任务

江苏恒诚报关有限公司申报一批进口纺织材料聚丙烯扁条，但表面宽度不同，共两种规格：表面宽3毫米及表面宽6毫米（非发泡，非自粘）。请对以上商品进行归类。

## 任务实施

### 1. 聚丙烯扁条（表面宽3毫米）

（1）判断归类属性。聚丙烯是化学纤维中的合成纤维。扁条属于长丝纱线中的一种，归类时应按化学纤维长丝归入第五十四章。

（2）引用归类依据。依据品目 5404“表观宽度不超过 5 毫米的合成纤维纺织材料制扁条及类似品”，本任务商品“表面宽 3 毫米”的聚丙烯扁条属于品目 5404 的商品范畴。

（3）确定商品编码。根据归类总规则一及六的规定，本任务商品应归入商品编码 5404.9000。

### 2. 聚丙烯扁条（表面宽6毫米，非发泡，非自粘）

（1）判断归类属性。扁条属于长丝纱线中的一种，归类时似应按化学纤维长丝归入第五十四章。本商品报验状态为“表面宽 6 毫米，非发泡，非自粘”。

（2）引用归类依据。根据第十一类类注一（七）的规定，第十一类不包括表面宽度超过 5 毫米的塑料扁条及类似品（例如，人造草），因此本商品应归入第三十九章。

（3）确定商品编码。根据归类总规则一及六的规定，本商品应归入商品编码 3920.2090。

**操作题：**

通过网络了解新型纤维的定义及种类。

## 任务训练

请对以下商品进行归类：

1．粘胶单丝（截面尺寸0.9毫米，细度80分特）。

2．涤纶弹力丝单纱（每根单纱细度小于50分特），供针织用。

3．由粘胶纤维长丝纱线纺制、经漂白的机织物。

4．粘胶空气变形丝（竹制仿棉型纱线，非缝纫线，非零售用，捻度为100捻/米）。

5．涤纶丝缝纫线（双股，捻度约600捻/米，终捻变Z捻，长度为5 000米，卷绕成单边宝塔形，经硅油乳液处理，总重量小于1 000克）。

6．涤纶弹力丝织物（黑色，幅宽110厘米）。

7．蓝色涤纶丝织的丝绸（幅宽110厘米，所用单纱断裂强度为60厘米牛顿/特克斯）。

8．用尼龙-6,6长丝浸渍橡胶制得的高强力纱线。

9．用金属丝增强的锦纶-6,6丝多股纱线（单纱细度50特克斯）。

10．按重量计含40%棉、35%合成纤维长丝和25%人造纤维短纤的漂白机织物。

# 任务六

## 化学纤维短纤的归类

## 知识准备

### 一、本章商品范围及结构

第五十五章包括化学纤维短纤、化学纤维长丝丝束、普通纱线和普通机织物，以及可视为化学短纤产品归类的混纺产品。化学纤维长丝或短纤的废料（包括落棉、废纱和拉松的废碎化学纤维布）也归入本章，易误归入本章的货品主要有：长度不超过 5 毫米的化学纤维屑（子目 5601.30）；灯芯绒、平绒和长毛绒（品目 5801）；毛巾布（品目 5802）等。

本章共有 16 个品目，其排列顺序为：5501 ～ 5507 化学纤维长丝丝束、化学纤维短纤及化纤废料→ 5508 ～ 5511 化学纤维短纤缝纫线及化学纤维短纤纱线→ 5512 ～ 5516 化学纤维短纤机织物。

## 二、本章注释简介

本章有一条章注释。本条章注释阐述了仅适于品目 5501 和 5502 的货品范围及其规格要求。

## 三、本章商品归类要点

### （一）化学纤维短纤的归类

本章的短纤归类时要分清属合成纤维短纤还是人造纤维短纤，是未梳还是已梳。

### （二）化学纤维纱线的归类

本章的纱线在归类时要分清以合成纤维短纤为主还是以人造纤维短纤为主，是普通纱线还是缝纫线（按类注五的规定），是单纱还是股线，是供零售用还是非供零售用（按类注四的规定）；如果是混纺的纱线还要分清占主要基本特征的纤维及占主要基本特征的纤维主要与哪一种纤维混纺。

例如，混纺纱线，含 30% 涤纶短纤、30% 粘胶短纤、40% 羊毛，非供零售用。分析该纱线的成分，其中涤纶短纤和粘胶短纤都属第五十五章的，应把同章的两种相加后与羊毛的百分比比较，确定按第五十五章归类；而其中涤纶短纤与粘胶短纤的百分比一样多，应从后归类，属于非供零售用的纱线是品目 5509 与品目 5510；而品目 5510 包括的人造纤维短纤制的纱线排在后，所以确定以粘胶短纤为主要基本特征，归入品目 5510；除粘胶短纤成分外，剩下的两种（涤纶短纤与羊毛）成分百分比，羊毛更多，所以可确定该混纺纱线是以粘胶短纤为主且主要与羊毛混纺的纱线，应归入商品编码 5510.2000。须注意，本章的纱线是属于类注三所述以外的纱线。

### （三）化学纤维机织物的归类

本章的机织物分布在品目 5512 ～ 5516，其中，以合成纤维短纤为主要基本特征的机织物归入品目 5512 至 5515，以人造纤维短纤为主要基本特征的机织物归入品目 5516。在具体归类时须注意短纤的百分比、机织物经染整后的表面特征（漂白、染色、印花、色织）、织物的组织、每平方米的重量，以及合成纤维中的具体品种等。

例如，由 30% 涤纶短纤、20% 粘胶短纤、50% 棉组成的混纺印花平纹机织物，重量 150 克 / 平方米。该混纺机织物在归类时应先分清占基本特征的纤维品种，其中两种化纤短纤同在第五十五章，相加的百分比为 50%，与棉比较百分比相同，按从后归类规则，应归入第五十五章；而两种化纤短纤中涤纶短纤的百分比多，因此，本机织物为以涤纶短纤为基本特征且主要与棉混纺的机织物，应归入商品编码 5513.4100。当本章机织物的幅宽不超过 30 厘米时，应归入品目 5806。

## 工作任务

江苏恒诚报关有限公司申报一批进口机织物，包括：按重量计，含羊毛45%、粘胶短纤30%、锦纶短纤25%，190克/平方米的色织平纹精纺机织物（幅宽180厘米）；由40%

的棉、30%的人造纤维短纤和30%的合成纤维短纤混纺制成的未漂白机织物（220克/平方米，幅宽超过30厘米）。请对以上商品进行归类。

## 任务实施

### 1. 按重量计，含羊毛45%、粘胶短纤30%、锦纶短纤25%，190克/平方米的色织平纹精纺机织物（幅宽180厘米）

（1）判断归类属性。本商品是以羊毛、粘胶短纤、锦纶短纤为原料混纺制成的机织物。羊毛属于第五十一章的天然纤维，粘胶短纤和锦纶短纤同属于第五十五章的化学纤维短纤，两者含量为55%，超过了羊毛的含量。

（2）引用归类依据。根据第十一类类注二（一）两者比例应按重量最大的归类规定，本商品应按化学纤维机织物归入第五十五章。其次，从品目上看，由于粘胶短纤超过了锦纶短纤含量，因此，本商品应按粘胶短纤归入品目5516。

（3）确定商品编码。根据归类总规则一及六的规定，本商品应归入商品编码5516.3300。

### 2. 由40%的棉、30%的人造纤维短纤和30%的合成纤维短纤混纺制成的未漂白机织物（220克/平方米，幅宽超过30厘米）

（1）判断归类属性。本商品是以棉和化学、短纤维原料，用机织的方法混纺制得的机织物。棉属于第五十二章的天然纤维，人造纤维短纤和合成纤维短纤二者同为第五十五章的化学纤维短纤，二者含量相加为60%，超过了棉的含量。

（2）引用归类依据。根据第十一类类注二（一）两者比例应按重量最大的归类规定，本商品应按化学纤维短纤机织物归入第五十五章。其次，从品目看，由于人造纤维短纤和合成纤维短纤成分含量一样，根据第十一类类注二，比例相同时从后归类，本商品应按人造纤维短纤纺制的机织物归入品目5516。再次，从子目看，又由于棉花比例高于合成纤维比例，因此，本任务商品的主要混纺对象应确定为棉花。本商品应视作按重量计人造纤维短纤含量在85%以下，主要与棉混纺的未漂白机织物，归入品目5516。

（3）确定商品编码。根据归类总规则一及六的规定，本商品应归入商品编码5516.4100。

## 任务训练

请对以下商品进行归类：

1．蓝色平纹机织物，按重量计含棉40%、粘胶短纤30%、锦纶短纤30%（210克/平方米，幅宽110厘米）。

2．每平方米重210克的漂白机织物，含40%棉、20%合成纤维短纤和40%人造纤维短纤。

3．按重量计含涤纶短纤50%、醋酸短纤25%、粘胶纤维短纤25%，每平方米重170克的四线斜纹色织机织物（幅宽110厘米）。

4．由黄色的人造棉线与漂白的棉线织成的平纹机织物，300克/平方米，棉和人造棉含量各为50%。

5．聚丙烯长丝丝束。

6．聚酯短纤（60%）和羊毛（40%）制成的纱线（非零售用）。

7．腈纶棉纤维。

8．玉米纤维短纤（以玉米淀粉发酵制得的乳酸为原料，经聚合成聚乳酸，再经纺织而成纤维）。

9．粘胶纤维短纤维制成的多股纱线，12 000分特。

10．棉（30%）、羊毛（30%）、涤纶短纤（25%）、腈纶短纤（15%）制成的浅黄色平纹机织物，250克/平方米。

## 任务七

## 絮胎、毡呢及无纺织物；特种纱线；线、绳、索、缆及其制品的归类

### 知识准备

#### 一、本章商品范围及结构

第五十六章主要包括絮胎、毡呢、无纺织物各种非织造类纺织物；还包括特种纱线及线、绳、索、缆及其制品。

本章共有 9 个品目，其排列顺序为：5601 ～ 5603 非织造类纺织物→ 5604 ～ 5606 特种纱线→ 5607 ～ 5609 包括线、绳、索、缆及其制品。

#### 二、本章注释简介

本章共有四条章注释。

章注一规定了本章不包括的六种货品，值得注意的是：章注一（一）用各种物质或制剂〔如香水（第三十三章）、洗涤剂（第三十四章）等〕浸渍、涂布、包覆的絮胎、毡呢或无纺织物，其中纺织材料仅作为承载介质的，应归入相应制剂所属章内。章注一(二)品目 5811 由一层或两层织物夹一层絮胎、无纺织物组合的被褥状纺织品。

章注二明确了本目录所称“毡呢”适用的货品范围。

章注三阐述了品目 5602 及 5603 各自包括的货品范围以及不适用的货品类别。

章注四明确了 5604 不适用的货品特征及其范围。

#### 三、本章商品归类要点

##### （一）毡呢及无纺织物的归类

品目 5602 及 5603 分别包括各种性质的塑料或橡胶浸渍、涂布、包覆或层压的毡呢及无纺织物，但下列除外：

（1）毡呢与橡胶、塑料复合的，按重量计含纺织材料 50% 及以下者，或完全嵌入塑料或橡胶内的毡呢（第三十九章或第四十章）。

（2）完全嵌入塑料或橡胶内的无纺织物，以及两面均用塑料或橡胶涂布的无纺织物（第三十九章、第四十章）。

（3）与毡呢或无纺织物混制的泡沫塑料或海绵胶板、片或扁条，而纺织材料仅在其中起增强作用（归第三十九章或第四十章）。织物仅起增强作用一般是指，织物无花纹、未漂白、已漂白、均匀染色或未经更精细加工，且仅一面附有塑料。

##### （二）线、绳、索、缆的归类

线、绳、索、缆归入品目 5607，不论是否编织或编结而成，也不论是否用橡胶或塑料浸

渍、涂布、包覆或套裹都归入该品目。另外有些单纱、多股纱线或缆绳，只要符合第十一类注释三（一）的条件就要按线、绳、索、缆归入本品目。例如，以金属线加强的纺织纱线一律归入本品目。它不同于品目 5605 的含金属纱线，本品目的金属线通常较粗，仅用作加强用途而无装饰用途。

### （三）纺织材料制网状产品的归类

针织或钩编织成的成匹网状产品归入品目 6002 ～ 6006；纺织材料制发网归入品目 6505；纺织材料制网球网、捞鱼网等运动或嬉戏娱乐用网归入第九十五章；纺织材料制渔网及其他网归入品目 5608。

## 工作任务

江苏恒诚报关有限公司申报一批纺织原料，包括用橡胶浸渍的聚酯长丝纱线和用橡胶浸渍的聚酯绳索。请对以上商品进行归类。

## 任务实施

### 1. 用橡胶浸渍的聚酯长丝纱线

（1）判断归类属性。聚酯是化学纤维中的合成纤维。用橡胶浸渍的聚酯长丝纱线，归类时似应按化学纤维长丝归入第五十四章，但由于其经橡胶浸渍加工，因此，不能视为普通纱线而应按照特种纱线归类。

（2）引用归类依据。本商品应根据其浸渍材料（橡胶）归入品目 5604“用橡胶或塑料浸渍、涂布、包覆或套裹的纺织纱线”。

（3）确定商品编码。根据归类总规则一及六的规定，本商品应归入商品编码 5604.9000。

### 2. 用橡胶浸渍的聚酯绳索

（1）判断归类属性。由纺织纤维组成的具有一定细度的连续的线型集合体称为纱线。直径较粗的多股纱线称为绳索。绳索属于第五十六章商品，无论是否用橡胶浸渍加工，仍归入第五十六章。

（2）引用归类依据。由于品目 5607 已有“线、绳、索、缆”的具体列名，因此，本商品应归入品目 5607。

（3）确定商品编码。根据归类总规则一及六的规定，本商品应归入商品编码 5607.5000。

## 任务训练

请对以下商品进行归类：

1．香云纱，我国特有的一种绸布，以上等桑蚕丝机制成布（幅宽大于30厘米），使用天然染料染色，再经河中黑泥涂抹、漂洗、曝晒，反复多次而成。

2．粘胶纤维短纤维制成的多股纱线，12 000分特。

3．一种金拉线，又称烟用拆封拉带，材料是涂有特种黏合剂的聚丙烯，主要用于开拆装卷烟条盒和小盒的薄膜，也可用于光碟、扑克等外包装薄膜的拆封，厚25微米，宽2.5毫米，长5 000米。

4．用于作枕头填充料的棉制絮胎。

5. 马毛粗松螺旋花线。
6. 正方形台布，涤纶短纤维无纺织物裁切而成（110克/平方米，塑料袋装）。
7. 松紧线（纺织材料包覆的橡胶线）。
8. PU（聚氨酯）涂布涤纶毡呢片。
9. 聚酯短纤无纺织物（每平方米110克，未经浸渍）。
10. 裁切成长方形的锦纶短纤维无纺织物制床单（70克/平方米）。

## 任务八

## 地毯及纺织材料的其他铺地制品的归类

### 知识准备

#### 一、本章商品范围及结构

第五十七章包括使用时以纺织材料作面的地毯及其他纺织材料铺地用品，也包括具有纺织材料铺地用品特征（如厚度、硬挺度及强度）但作其他用途的物品（如挂在墙上、铺在桌面上或做其他装饰用途的）。

本章共有 5 个品目，其排列顺序为：5701 结织栽绒地毯→ 5702 机织地毯→ 5703 簇绒地毯→ 5704 毡呢地毯→ 5705 其他地毯。

#### 二、本章注释简介

本章共有两条章注释。

章注一对本章所称“地毯及纺织材料的其他铺地制品”进行了定义。

章注二明确规定本章不包括铺地制品衬垫。铺地制品衬垫是指置于地板与地毯之间的粗糙织物或毡呢衬垫，这些物品应按其构成材料归类。

#### 三、本章商品归类要点

##### （一）本章商品的范围

本章包括的“地毯及纺织材料的其他铺地制品”是指使用时必须是以纺织材料作面的铺地制品，也包括具有纺织材料铺地制品特征但作其他用途的物品。这是在章注一中明确规定的，因此本章不包括用其他材料作面的地毯，如塑料地毯（第三十九章）、橡胶地毯（第四十章）、植物材料的编结地毯（第四十六章）等不能归入本章，应按材料归入相应的各章。

本章的地毯及铺地制品的加工方法与普通机织物（第五十章至第五十五章）及某些特种机织物的加工方法相同，但地毯及铺地制品与机织物的根本区别在于厚度、硬度及牢度，因此，它们只能做地毯及铺地制品的用途。它们可以是制成的（即直接制成一定尺寸、镶边、加衬、加穗、拼合等），呈小方地毯、床边地毯、炉边地毯形状的，或是呈供布置房间、走廊、过道或楼梯的毯料形状，不论是大段供剪裁的或是制成的。它们还可以经浸渍（如用乳胶浸渍）或用机织物、无纺织物、海绵橡胶或泡沫塑料衬背。

本章不包括：铺地制品衬垫（参见章注二的规定），即置于地板与地毯之间的粗糙织物或毡呢衬垫（按其构成材料归类）；列诺伦（油漆布）及其他以织物为底布加以涂层或盖面的铺地用品（品目 5904）；手织装饰毯及手工针绣嵌花装饰毯，不论是否制成的（品目 5805）；毡呢（品目 5602）；分布在第五十章至第五十五章中的不具有地毯特征的机织物粗纤维绒的机织物。

### （二）地毯及铺地用品的归类

本章的地毯及铺地制品若单独进口，即使其用途是装在汽车、轮船或飞机上的，不按汽车、轮船或飞机的零部件归类，应按本章的地毯及铺地制品归类，因为本章的地毯及铺地制品是具体列名的。

对底布和绒面或毛圈面是由两种及以上纺织材料制成的地毯归类时，应按照十一类子目注释二（二）2 的规定确定归类，即地毯构成是由底布和绒面或毛圈面构成，在归类时不考虑底布的属性。

以纺织材料作面的新、旧地毯及铺地用品归入第五十七章，对由底布和绒面构成的地毯及铺地用品，在子目归类时按绒面的纤维属性归类；以非纺织材料作面、纺织材料作底的地毯及铺地用品归入第五十九章；非纺织材料制的铺地用品按构成材料归类；超过 100 年、十分珍稀且有收藏价值的地毯及铺地用品归入第九十七章。

## 工作任务

江苏恒诚报关有限公司申报一批进口毛毯，包括具有铺地用品特征但用于挂在墙上装饰的簇绒羊毛挂毯及用于小汽车的尼龙簇绒地毯。请对以上商品进行归类。

## 任务实施

### 1. 具有铺地用品特征但用于挂在墙上装饰的簇绒羊毛挂毯

（1）判断归类属性。该羊毛挂毯虽具有铺地用品特征，但非用于铺地，而是用于装饰。

（2）引用归类依据。根据第五十七章章注一的规定，第五十七章包括使用时以纺织材料为面的地毯及其他纺织材料铺地用品，也包括具有上述铺地用品特征但作其他用途（如挂在墙上或铺在桌上的等）的物品，因此，本商品仍按地毯归入第五十七章，根据其织造方法应按簇绒地毯归入品目 5703。

（3）确定商品编码。根据归类总规则一及六的规定，本商品应归入商品编码 5703.1000。

### 2. 用于小汽车的尼龙簇绒地毯

（1）判断归类属性。用于小汽车的羊毛簇绒地毯，归类时似可按汽车零件考虑归入第八十七章的品目 8708，又可按地毯考虑归入第五十七章的品目 5703。

（2）引用归类依据。根据归类总规则三（一）列名具体优先于列名一般的归类原则，本商品应按“簇绒地毯”的具体列名归入品目 5703，并根据其材质（尼龙）确定子目。

（3）确定商品编码。根据归类总规则三（一）及六的规定，本商品应归入商品编码 5703.2900。

## 任务训练

请对以下商品进行归类：

1. 用于制铺地制品的毡呢衬垫（非针刺，经层压）。

2．结织栽绒地毯（按重量计算，栽绒层含羊毛45%、粘胶短纤维30%、涤纶短纤维25%）。

3．羊毛植绒地毯。

4．粘胶簇绒地毯。

5．波斯地毯（丝制结织栽绒地毯，有150年历史）。

## 任务九

# 特种机织物；簇绒织物；花边；装饰毯；装饰带；刺绣品的归类

## 知识准备

### 一、本章商品范围及结构

第五十八章包括品种繁多的纺织品，这些产品的组成一般可由任何纺织材料构成并按加工工艺分类，其中大部分是经特殊方法加工制得的织物；也有一些是符合类注所述的“制成品”，即包括特种机织物、簇绒织物、花边、壁毯、装饰带、刺绣品以及衣着、装饰和类似用途的金属线机织物。本章不包括：经浸渍、涂层、包覆或层压的纺织物及工业用纺织制品（第五十九章）；线、绳、索结制的网状织物（品目 5608）。

本章共有 11 个品目，其排列顺序为：5801 起绒机织物、绳绒织物→ 5802 毛巾织物、簇绒织物→ 5803 ～ 5804 纱罗及网眼织物→ 5805 装饰毯→ 5806 狭幅机织物→ 5807 ～ 5808 标签、徽章（非绣制）、成匹的编带等→ 5809 金属线、含金属纱线机织物→ 5810 刺绣品→ 5811 被褥状纺织品。

### 二、本章注释简介

本章共有七条章注释。

章注一明确了本章不适用于第五十九章的货品。

章注二明确了品目 5801 包括未割绒的纬起绒织物。

章注三说明了品目 5803 所称“纱罗”的含义。

章注四明确了不适用于品目 5804 的货品。

章注五说明了品目 5806 所称“狭幅机织物”的含义。

章注六说明了品目 5810 所称“刺绣品”的含义。

章注七说明了本章包括用于衣着、装饰等类似用途的金属线制品。

### 三、本章商品归类要点

#### （一）狭幅机织物的归类

狭幅机织物归入品目 5806，包括三种织物：

（1）幅宽不超过 30 厘米的机织物，不论是否织成或从宽幅料剪成，但织物两边必须有织成的、胶黏的或用其他方法织成的布边。

（2）压平宽度不超过 30 厘米的圆筒机织物。

（3）折边的斜裁滚条布，其未折边时的宽度不超过 30 厘米。

狭幅机织物应归入品目 5806，流苏状的狭幅织物应归入品目 5808。例如：魔术贴（尼龙搭扣）由公带和母带组成，若成条卷状进口，则应作为狭幅起绒机织物归入商品编码 5806.1090；若已做成制品进口，则应作为其他纺织物制品归入商品编码 6307.9090。

### （二）起绒机织物的归类

起绒机织物归入品目 5801。起绒机织物指在专用的起绒织机上生产的经起绒或纬起绒织物。一般由绒面和底布构成，绒面可以是绒头（割绒的），也可以是毛圈构成（不割绒的）。起绒机织物分为两种：经起绒织物，如丝绒、长毛绒、绒头织物、天鹅绒等；纬起绒织物，如平绒、灯芯绒等。

这些特种机织物在确定子目时可根据第十一类子目注释二（二）2 的规定，对由底布与绒面或毛圈构成的纺织品不考虑底布的属性，仅按绒面或毛圈中重量最大的纺织材料归类。

### （三）刺绣品的归类

刺绣品归入品目 5810，由底布和绣线两部分组成，一般分为不见底布和可见底布。对于可见底布的刺绣品在确定子目时根据第十一类子目注释二（二）3 的规定，归类时只考虑底布的属性；对于不见底布的刺绣品及其制品应按照绣线的属性确定归类。经刺绣的标签、徽章及类似品归入品目 5810，而不归入品目 5807。

刺绣织物的制成品不归入本章，应按用途归入相应品目（如第六十一章、第六十二章、第六十三章或第六十五章）。例如，刺绣的手帕、围巾、衣领、服装、托盘巾、窗帘等不归入本章。

### （四）被褥状纺织品的归类

用一层或几层纺织材料与胎料经绗缝或其他方法组合制成的被褥状纺织品，归入品目 5811。该品目下的产品为半制品，成匹状，是由几层材料组成的成匹纺织品，通常一层为针织或机织物，另一层为胎料（如絮胎、毡呢化学纤维），或两层织物中间夹一层胎料。各层材料通常用黏合剂黏合起来，或由热黏合、针刺黏合或直接缝合，针迹可直线或形成图案（包括缝编），但缝合应主要起绗缝作用，而不是使产品具有刺绣品特征。这类产品常用于生产绗缝外套、被褥、床罩、坐垫等。如果是被褥状的制品，即制成品，应归入品目 9404。例如，绗缝被褥状纺织品（成匹状，其表层和底层均为涤棉混纺府绸机织物，胎料为腈纶棉），该商品成匹状，是未制成品，按其胎料纤维属性归入商品编码 5811.0040；纯棉印花机制布做面料和里料的绗缝丝棉被，该商品已制成棉被制品，应归入商品编码 9404.9030。

### （五）雪尼尔织物的归类

用雪尼尔线（绳绒线）织成的织物，有机织和针织两类。雪尼尔机织物通常采用腈纶针织线、中长线和雪尼尔线为原料，织造时以雪尼尔线和普通纱线作纬。雪尼尔机织物又称作绳绒织物，归入第五十八章品目 5801 或 5806，雪尼尔针织物归入第六十章。

## 工作任务

江苏恒诚报关有限公司申报一批进口灯芯绒机织物，包括：全棉染色的灯芯绒机织物（已割绒），450克/平方米；含棉40%、涤纶短纤40%、桑蚕丝20%的灯芯绒，已割绒、已染色，250克/平方米。请对以上商品进行归类。

## 任务实施

该任务中商品都为灯芯绒机织物，但由于其成分不同，则应归入不同商品编码，此处这两种商品，其中一个商品为单一纤维机织物，另一个商品为混合纤维机织物。因此二者的归类方法也不同。

### 1. 全棉染色的灯芯绒机织物（已割绒），450克/平方米

（1）判断归类属性。起绒机织物分为两种：经起绒织物，例如长毛绒等；纬起绒织物，例如灯芯绒等。因为本任务商品是纬起绒机织物，归类时根据其织造工艺（起绒）应按特种机织物归类。

（2）引用归类依据。依据品目 5801 的条文“起绒机织物”，本商品按纬起绒机织物归入品目 5801。

（3）确定商品编码。根据归类总规则一及六的规定，本商品应归入商品编码 5801.2200。

### 2. 含棉40%、涤纶短纤40%、桑蚕丝20%的灯芯绒，已割绒、已染色，250克/平方米

（1）判断归类属性。本商品是以棉、涤纶短纤和桑蚕丝为原料经混纺制成的起绒机织物，归类应按特种机织物归入第五十八章。

（2）引用归类依据。已割绒灯芯绒应按起绒机织物归入品目 5801。根据第十一类子目注释二（一）的规定，“含有两种或两种以上纺织材料的第五十六章至第六十三章的产品，应根据本类注释二对第五十章至第五十五章或品目 5809 的此类纺织材料归类的规定来确定归类”，以及第十一类类注二（一）的规定，由于题目中的灯芯绒是由棉、涤纶、桑蚕丝三种纺织材料混纺而成，其中涤纶属于化学纤维，棉和桑蚕丝属于天然纤维，而棉和涤纶含量相等，因此本商品应按“化学纤维（涤纶）制的起绒机织物”归入品目 5801。

（3）确定商品编码。根据归类总规则一及六的规定，本商品应归入商品编码 5801.3200。

## 任务训练

请对以下商品进行归类：

1．床罩用被褥状纺织品，由一层全棉针织布和一层胎料组成，幅宽60厘米。

2．已割绒的棕色机织长毛绒，绒面按重量计含羊毛50%、涤纶短纤50%（幅宽110厘米，每平方米重360克）。

3．由羊毛50%和醋酸50%混纺制成的平绒机织物（纬起绒，幅宽110厘米，每平方米360克）。

4．按重量计含羊毛60%、亚麻40%的平纹印花机织物（每平方米100克，幅宽20厘米）。

5．纯腈纶短纤维雪尼尔机织物（幅宽30厘米）。

6．按重量计算，绣料（亚麻机织布）占绣品总重45%，纯羊毛绣线占绣品总重55%的刺绣品（宽度大于30厘米）。

7．丝织五梭罗，幅宽110厘米（罗组织织造）。

8．机绣的涤纶短纤维机织底布标签（成条）。

9．已割绒的印花机织灯芯绒，绒面按重量计含羊毛50%、涤纶短纤50%（幅宽110厘米，每平方米重360克）。

10．色织斜纹机织物，按重量计含棉40%、粘胶短纤维30%、锦纶短纤维30%（210克/平方米，幅宽30厘米）。

# 任务十

## 浸渍、涂布、包覆或层压的纺织物；工业用纺织制品的归类

### 知识准备

#### 一、本章商品范围及结构

第五十九章主要包括各种用浆料、塑料或橡胶浸渍、涂布、包覆或层压的纺织物以及常用于工业、机械或技术上的织物或制品。

本章共有 11 个品目，其排列顺序为：5901 ～ 5907 为浸渍、涂布、包覆或层压的纺织物→ 5908 ～ 5911 工业、机械或技术上用纺织制品。

#### 二、本章注释简介

本章共有八条章注释。

章注一规定了本章所称“纺织物”仅适用的货品范围。

章注二规定了适用于品目 5903 的货品范围。

章注三对所称“用塑料层压的纺织物”做出了明确定义。

章注四对品目 5905 所称“糊墙织物”做出了明确定义，强调了不适用的糊墙物品范围。

章注五说明了品目 5906 所称“用橡胶处理的纺织物”的含义，明确了不适用的货品范围。

章注六是排他条款，列出了不能归入品目 5907 的八类货品。

章注七是排他条款，列出了不能归入品目 5910 的两类货品。

章注八规定了适用于品目 5911 的货品范围。

#### 三、本章商品归类要点

##### （一）本章品目条文中所指“纺织物”的范围

仅适用于第五十章至第五十五章、品目 5803 及 5806 的机织物、品目 5808 的成匹编带和装饰带以及品目 6002 ～ 6006 的针织物或钩编织物。不包括第五十六章的毡呢和无纺

织物以及品目 6001 的针织或钩编的起绒织物。例如，用塑料或橡胶浸渍、涂布、包覆或层压的毡呢和无纺织物仍归入第五十六章。

## （二）纺织材料与塑料复合制品的归类

（1）一般用塑料浸渍、涂布、包覆或层压的纺织物，不论每平方米多重，以及塑料是紧密结构还是泡沫状，均归入品目 5903。

但下列情况不能归入品目 5903：

①用肉眼无法辨别出是否经过浸渍、涂布、包覆或层压的织物（通常归入第五十章至第五十五章、第五十八章或第六十章），但由于浸渍、涂布、包覆或层压所引起的颜色变化可不予考虑。

②温度在 15 ～ 30℃时，用手工将其绕于直径 7 毫米的圆柱体上会发生断裂的产品（通常归第入三十九章）。

③纺织物完全嵌入塑料内或在其两面均用塑料完全包覆或涂布，而这种包覆或涂布用肉眼是能够辨别出的产品，但由于包覆或涂布所引起的颜色变化可不予考虑（归入第三十九章）。

④用塑料部分涂布或包覆并由此而形成图案的织物（通常归入第五十章至第五十五章、第五十八章或第六十章）。

⑤与纺织物混制而其中纺织物仅起增强作用的泡沫塑料板、片或带（归入第三十九章）。

⑥品目 5811 的纺织品。

其中②和③是区分第三十九章的“人造革或合成革”与五十九章的“人造革或合成革”的主要条件。

（2）由品目 5604 的产品（用塑料浸渍、涂布、包覆或套裹的纱线、扁条或类似品）制成的织物也归入品目 5903。

## （三）纺织材料与橡胶复合制品的归类

以下三种情况均归入品目 5906：

（1）用橡胶浸渍、涂布、包覆或层压的纺织物：每平方米小于或等于 1 500 克，橡胶含量不限；每平方米大于 1 500 克，纺织材料含量≥ 50%（按重量计）。

（2）由品目 5604 的用橡胶浸渍、涂布、包覆或套裹的纱线、扁条或类似品制成的织物。

（3）平行纺织纱线经橡胶黏合的织物，不论每平方米重量多少。

但与纺织物混制而其中纺织物仅起增强作用的海绵橡胶板、片或带归入第四十章，也不包括品目 5811 的纺织品。

## （四）纺织材料与其他材料复合制品的归类

纺织材料与其他材料复合制品主要包括涂覆焦油、沥青的织物，涂蜡织物，涂覆化学物质的织物，涂覆金属粉末的纺织材料等。以上商品均归入品目 5907。

## （五）糊墙织物的归类

以纺织材料作面，固定在一衬背上或在背面进行处理（浸渍或涂布以便于裱糊），适于装饰墙壁或天花板，且宽度不小于 45 厘米的成卷产品归入品目 5905；以纺织纤维屑或粉末直接粘于纸上的糊墙品归入品目 4814；以纺织纤维屑或粉末直接粘于布底上的糊墙品归入品目 5907；以塑料为面的糊墙品归入品目 3918。

### （六）纺织材料制的传动带或输送带及带料的归类

（1）与有关机器或设备一同报验的传动带或输送带，不论是否已实际装配于机器上，均应与机器或设备一同归类。

（2）单独报验的纺织材料制的传动带或输送带：

①用橡胶浸渍、涂层、包覆或层压的织物制成的或用橡胶浸渍、涂层、包覆或套裹的纱线或绳制成的传送带或输送带，归入品目 4010；纺织材料仅起增强作用的硫化橡胶制传动带或输送带也归入品目 4010。

②纺织材料制的其他传动带或输送带，厚度不小于 3 毫米的，应归入品目 5910；厚度小于 3 毫米的，应按普通机织物归入第五十章至第五十五章或作为狭幅织物归入品目 5806 或作为第五十九章其他货品归类。

## 工作任务

江苏恒诚报关有限公司申报一批进口传动带带料，包括：本色纯棉斜纹机织物制传动带带料（厚度为2.5毫米，宽度30厘米，300克/平方米），本色纯棉斜纹机织物制传动带带料、经聚氯乙烯涂布（厚度为2.5毫米，非刚性，宽度大于30厘米）。请对以上商品进行归类。

## 任务实施

### 1. 本色纯棉斜纹机织物制传动带带料（厚度为2.5毫米，宽度30厘米，300克/平方米）

（1）判断归类属性。纺织材料制的传动带或输送带及带料是用于传送动力或输送货品的。它们通常用羊毛、棉花、化学纤维等经机织或编结制成，有各种幅宽，本商品传动带带料宽度为 30 厘米。

（2）引用归类依据。首先依据第十一类类注八的规定，第五十二章不包括第五十九章的货品；再依据第五十九章章注六的规定，品目 5910 不包括厚度小于 3 毫米的纺织材料制传动带带料或输送带带料，所以厚度为 2.5 毫米的本色纯棉斜纹机织物制传动带带料不应归入品目 5910；最后依据第五十八章章注五（三）中关于品目 5806 所称“狭幅机织物”的规定，宽度为 30 厘米的本色纯棉斜纹机织物制传动带带料应作为狭幅机织物归入品目 5806。如果本商品的宽度大于 30 厘米，则按棉机织物归入第五十二章品目 5209。

（3）确定商品编码。根据归类总规则一及六的规定，本任务商品应归入商品编码 5806.3100。

### 2. 本色纯棉斜纹机织物制传动带带料、经聚氯乙烯涂布（厚度为2.5毫米，非刚性，宽度大于30厘米）

（1）判断归类属性。本任务中纯棉斜纹机织物制传动带带料、经聚氯乙烯涂布，依据第五十九章章注一的规定，本商品符合第五十九章所称“纺织物”的规定。

（2）引用归类依据。依据第五十九章章注六的规定，品目 5910 不包括厚度小于 3 毫米的纺织材料制传动带带料或输送带料，所以厚度为 2.5 毫米的本色纯棉斜纹机织物制传动带带料不应归入品目 5910；再依据第三十九章章注二（十五）中的排他规定以及第五十九章章注二限定的品目 5903 的货品范围，非刚性的聚氯乙烯涂布的本色纯棉斜纹机织物制传动带带料应归入品目 5903。

（3）确定商品编码。根据归类总规则一及六的规定，本商品应归入商品编码 5903.1090。

## 任务训练

请对以下商品进行归类：

1．一种牛津布，用尼龙短纤织成机织物，染成黑色，然后其一面（此面作为背面）薄薄地涂上聚氨基甲酸酯（肉眼可见涂层）以防止雨水渗透，用于制作箱包。

2．尼龙-6高强力纱制的帘子布（已涂胶）。

3．尼龙长丝筛布（规格为120目，纱罗组织织造）。

4．尼龙纺织材料制的输送带（织物厚2毫米，幅宽20毫米）。

5．人发制的滤布（用于榨油机器，宽度大于30厘米）。

6．表层是硫化海绵橡胶，底层是起增强、装饰作用的色织平纹机织物（宽度大于30厘米）的矩形板（100克/平方米）。

7．成卷涤麻混纺糊墙织物（纸衬背，宽91.5厘米）。

8．用聚氯乙烯涂布的绝缘织物。

9．真丝筛布（规格为120目，纱罗组织织造，宽度大于30厘米）。

10．聚氯乙烯涂布的人造革（温度在15～30℃时，绕于直径7毫米的圆柱体上不会发生断裂）。

# 任务十一

## 针织物及钩编织物的归类

## 知识准备

### 一、本章商品范围及结构

第六十章包括使用第十一类所列任何纺织材料，不论是否加有弹性纱线或橡胶线制成的针织物和钩编织物，包括纬编针织物、经编针织物、缝编织物和钩编织物。其织造方式不同于经纬纱交织而成的机织物，而是通过一系列相互串联的线圈制成。本章还包括明显用作衣着，家具布等类似用途的细金属线制针织物与钩编织物。但本章不包括：钩编花边（品目 5804）；针织或钩编的标签、徽章及类似品（品目 5807）；归入第五十九章的浸渍、涂布、包覆或层压的针织物及钩编织物，但起绒的上述针织或钩编织物仍归品目 6001。

本章有 6 个品目，其排列顺序为：6001 针织或钩编的起绒织物及毛圈织物→ 6002 ～ 6003 宽度不超过 30 厘米的其他针织或钩编织物→ 6004 ～ 6006 宽度超过 30 厘米的其他针织或钩编织物。

## 二、本章注释简介

本章共有三条章注释，一条子目注释。

章注一是排他条款，列出了不能归入本章的三类货品。

章注二规定了本章包括用于衣着、装饰或类似用途的金属线织物。

章注三规定了本目录所称“针织物”包括的货品。

子目注释对子目 6005.35 的织物的重量、网眼尺寸及浸渍涂层的物质做出了限定。

## 三、本章商品归类要点

本章品目归类时应注意针织或钩编织物的织造方式、宽度及弹性纱线或橡胶线的含量。

### （一）钩编织物的含义

钩编织物是由手工通过钩针把一根连续长线钩成一系列的线圈，线圈与线圈相穿，按照线圈的不同编组方式而形成的素色织物或者具有紧密或透孔结构图案的装饰性织物。

### （二）针织物的含义

针织物是由织针将一根或若干根纱线，沿纬向或经向弯成线圈，再把线圈相互串套而成的织物。根据加工方式不同分为经编针织物和纬编针织物，也包括由纺织纱线用链式针法构成的缝编织物。例如，表面有毛圈的毛圈针织物、绒面的针织天鹅绒和针织长毛绒、薄型的汗布、中厚型的棉毛布等。根据加工方式不同又分成经编针织物和纬编针织。

（1）经编针织物：指由一组或几组沿纵向走向的经纱在经编针织机上同时编织成圈，相互串套而成的针织物。在这种织物中，一组经纱的每根纱线在一个线圈横列中只形成一个或两个线圈，然后在下一横列中再形成线圈。其产品品种繁多，可用作内衣、外衣和窗帘、花边等。

（2）纬编针织物：指由一根或几根纱线在纬编针织机上沿横向形成线圈，并把相邻线圈相互串套起来的针织物。由一根纱线形成的线圈沿着织物的纬向配置。织物可用于裁剪且缝制手套、内衣、运动服、外衣等。

### （三）长毛绒的含义

长毛绒分成机织长毛绒与针织长毛绒。

（1）机织长毛绒：由三组纱线交织而成。地经、地纬均用棉纱以平纹交织形成上、下两幅底布；起毛经纱用精纺毛纱或化纤纱连结于上、下两幅底布之间，织成双层绒坯，经剖绒刀割开，形成两幅长毛绒织物坯布。可以素色也可以印花，用于制大衣，衣里，衣领，冬帽，绒毛玩具及装饰用（品目 5801）。

（2）针织长毛绒：把纱线或纤维直接编织（或插入）在针织物的底布，毛纱或纤维与地纱一起形成毛圈，再割断使织物表面形成较长的绒毛。有纬编和经编两种。其产品外观接近天然毛皮，所以针织长毛绒，又称“人造毛皮”主要用于冬季服装（品目 6001）。

### （四）本章归类注意事项

（1）经浸渍、涂布、包覆或层压的针织物及钩编织物应归入第五十九章，但经浸渍、涂布、包覆或层压的起绒针织物及起绒钩编织物仍归入品目 6001。

（2）品目6001的针织或钩编起绒织物、毛圈织物与品目5801的起绒机织物主要区别在于6001产品的底布是纱线线圈相套形成的针织或钩编底布，而5801的产品其底布是经纬线相互交织制成的机织物。

（3）品目6002和品目6004的针织物或钩编织物必须含有5%及以上的弹性纱线或橡胶线，两品目的主要区别是幅宽不同。

## 工作任务

江苏恒诚报关有限公司申报一批出口针织与钩编织物，包括：含聚酯纤维50%、醋酸纤维50%的印花钩编织物（幅宽60厘米）；按重量计含蚕丝纤维40%、粘胶纤维40%、弹性纱线20%的针织物（非起绒，幅宽60厘米）。请对以上商品进行归类。

## 任务实施

### 1. 含聚酯纤维50%、醋酸纤维50%的印花钩编织物（幅宽60厘米）

（1）判断归类属性。钩编织物是指由手工通过钩针将一根连续长线钩成一系列线圈，线圈与线圈相穿，按照线圈的不同编组方式而形成的织物。本商品归类时应按钩编织物归入第六十章。

（2）引用归类依据。由于聚酯纤维所属的钩编织物属于子目6006.3项下商品，醋酸纤维所属的钩编织物属于子目6006.4项下商品，没有一个成分含量最大，因此，根据第十一类类注二（一）比例相同从后归类的规定，本织物应视为醋酸纤维钩编织物而进行归类，本任务商品应归入品目6006。

（3）确定商品编码。根据归类总规则一及六的规定，本商品应归入商品编码6006.4400。

### 2. 按重量计含蚕丝纤维40%、粘胶纤维40%、弹性纱线20%的针织物（非起绒，幅宽60厘米）

（1）判断归类属性。本商品为含弹性纱线的针织物，归类时应按针织物归入第六十章。

（2）引用归类依据。根据其弹性纱线含量（20%）及幅宽（60厘米），本商品应归入品目6004。由于蚕丝纤维所属的针织物属于商品编码6004.1020的商品，粘胶纤维所属的针织物属于商品编码6004.1040的商品，两者比较没有一个成分含量为最大，因此，根据第十一类类注二（一）比例相同从后归类的规定，本织物应视为人造纤维（粘胶纤维）针织物而归入品目6004。

（3）确定商品编码。根据归类总规则一及六的规定，本商品应归入商品编码6004.1040。

## 任务训练

请对以下商品进行归类：

1. 全棉针织长毛绒织物（幅宽60厘米）。
2. 腈纶短纤维蓝色棉毛布（纬编针织物，幅宽110厘米）。
3. 簇绒织物（以尼龙短纤维为原料的针织纬编底布，纯腈纶短纤维起绒纱线，幅宽110厘米）。
4. 纯棉漂白汗布（纬编针织物，幅宽110厘米）。
5. 尼龙短纤维针织罗纹布（纬编针织物，幅宽30厘米，蓝色）。

# 任务十二

## 针织或钩编的服装及衣着附件的归类

### 知识准备

#### 一、本章商品范围及结构

第六十一章包括针织或钩编的男式或女式服装（含童装）以及衣着附件，也包括这些货品针织或钩编的零件，但不包括针织或钩编的胸罩、束腰带、紧身胸衣、吊裤带、吊袜带、束袜带和类似品及其零件（品目 6212）。而且本章物品的归类不受带有仅起装饰作用的毛皮、金属（包括贵金属）、皮革、塑料等材料制作的小饰件或附件的影响。金属线制成的针织或钩编的服装及衣着附件也归入本章。

本章共有 17 个品目，按照先外衣后内衣、同类服装先男装后女装、然后是不分性别的服装、最后是衣着附件及零件的顺序排列，具体排列顺序为：6101 ～ 6104 针织外衣→ 6105 ～ 6108 针织内衣→ 6109 ～ 6114 不分性别的服装→ 6115 ～ 6117 衣着附件及零件。

#### 二、本章注释简介

本章共有十条章注释。

章注一明确了本章仅适用的货品类别。

章注二是排他条款，列出了不能归入本章的三类货品。

章注三说明了品目 6103 及 6104 所称“西服套装”及“便服套装”的含义。

章注四明确了品目 6105 及 6106 不包括的服装范围。

章注五明确了品目 6109 不包括的服装范围。

章注六说明了品目 6111 所称“婴儿服装及衣着附件”是指用于身高不超过 86 厘米幼儿的服装，同时规定了品目 6111 是本章归类时最优先的品目。

章注七说明了品目 6112 所称“滑雪服”“滑雪连身服”“滑雪套装”的含义。

章注八阐述了看起来可归入本章两个及以上品目货品的归类方法。

章注九规定了男式服装和女式服装的判断依据。凡门襟为左压右的视为男式服装；右压左的视为女式服装，但已明确说明是男式或女式的服装除外；无法判断男式或女式的视为女式服装。

章注十规定了本章货品可用金属线制成。

#### 三、本章商品归类要点

##### （一）服装归类的优先原则

第一优先：婴儿服装及衣着附件优先归入品目 6111 或 6209（即品目 6111 优先于

六十一章的其他品目；品目6209优先于六十二章的其他品目）。

第二优先：用特殊织物制成的服装优先归入品目6113或6210（即品目6113优先于六十一章除品目6111外的其他品目；品目6210优先于六十二章除品目6209外的其他品目）。

### （二）服装及衣着附件的归类流程

首先，按织法判断其归入第六十一章（针织或钩编的）还是六十二章（非针织非钩编的）；其次，考虑服装归类的优先原则，即是否符合品目6111、6113、6209和6210的条件；然后，根据服装的款式（男式、女式及大衣、西服、衬衫、背心等）和面料等条件确定归类。若是套装（西服套装、便服套装、滑雪套装），还应判断其是否符合相应章注的规定（如其面料是否用完全相同的织物制成的二件套或三件套），只有符合条件时才作为套装归类，否则分开归类。

### （三）西服套装的归类

西服套装指面料用完全相同织物制成的两件套或三件套的服装，包括：一件上装外套或短上衣，除袖子外，其面料片数应为四片或四片以上；可附带一件西服背心，背心的前片面料应与套装其他各件面料相同，后片面料应与外套的衬里料相同；一件下装为不带背带或护胸的长裤、马裤、短裤（游泳裤除外）、裙子或裙裤。按套装归类的条件：西服套装各种面料质地、颜色及构成必须完全相同，其款式、尺寸大小也须相互般配。

“西服套装”也包括不论是否完全符合上述条件的配套服装：常礼服、晚礼服（燕尾服）及无燕尾套装晚礼服。但如果数件下装同时进口或出口，构成男套装的应是一条长裤，女套装应是裙子或裙裤，其他服装则应分别归类。

例如：由同块涤纶短纤针织物制成的女式西服套装（上衣衣身由三片面料组成），由于该套装不符合“西服套装”但符合“便服套装”的规定，归类时应按针织女式便服套装归入商品编码6104.2300。

### （四）便服套装的归类

便服套装指用完全相同织物制成并作零售包装的几件套服装，包括：一件上装，但套衫及背心除外；一件或两件不同的下装，即长裤、护胸背带工装裤、马裤、短裤（游泳裤除外）、裙子或裙裤。

按便服套装归类的条件：各件面料质地、颜色及构成必须相同，其款式、尺寸大小也须相互般配。但便服套装不包括品目6112的运动套装及滑雪套装。

例如：成套零售包装服装，内有男式针织涤纶衬衫一件、男式针织纯棉长裤一条，由于该成套服装不符合套装的规定，即使成套零售包装也应分开归类，即男式针织涤纶衬衫归入品目6105，男式针织纯棉长裤归入品目6103。

## 工作任务

江苏恒诚报关有限公司申报一批出口服装套装，包括：1000套零售包装的女西服套装，每套内有一件针织棉西服上衣、一条针织棉裙子，上下装的颜色、尺寸大小相互般配；1000套婴儿全棉针织便服套装（供身高86厘米以下婴儿穿用，男式）。请对以上商品进行归类。

## 任务实施

**1. 零售包装的女西服套装，每套内有一件针织棉西服上衣、一条针织棉裙子，上下装的颜色、尺寸大小相互般配**

（1）判断归类属性。本商品是以针织物做面料制成的西服套装，归类时应按针织服装归入第六十一章。

（2）引用归类依据。根据第六十一章章注三（一）对西服套装的规定，本商品符合西服套装的定义范围，因此应归入品目 6104，并根据其材质（棉）确定子目。

（3）确定商品编码。根据归类总规则一及六的规定，本任务商品应归入商品编码 6104.1920。

**2. 婴儿全棉针织便服套装（供身高86cm以下婴儿穿用，男式）**

（1）判断归类属性。本商品是以针织布做面料制成的便服套装，归类时应按针织服装归入第六十一章。

（2）引用归类依据。本商品似可按男式便服套装归入品目 6103，又可按婴儿服装归入品目 6111。根据第六十一章章注六（二）的规定，似可归入品目 6111，又可归入本章其他品目的物品，应归入品目 6111，因此，本商品应按婴儿服装优先考虑归入品目 6111。

（3）确定商品编码。根据归类总规则一及六的规定，本商品应归入商品编码 6111.2000。

## 任务训练

请对以下商品进行归类：

1．针织束腰胸衣，材质按重量计棉占90%、莱卡（氨纶）占10%。

2．全棉针织婴儿服装。

3．单独进口的羊毛针织西服背心。

4．已剪成手套形的针织经编纯棉布。

5．精梳喀什米尔山羊绒制针织女式披巾。

6．门襟为左压右短袖衬衫，针织全棉。

7．适合身高86厘米婴儿穿用的针织棉制不分指手套。

8．针织女式裙子（成分含量：蚕丝50%、粘胶长丝50%）。

9．男式防寒短上衣，被褥状纺织品制（面料为涂有塑料的针织物，构成针织物的纺织材料按重量计含有60%的棉、40%的涤纶短纤维）。

10．下摆不收紧的纯棉针织女汗衫（无领、无门禁）。

# 任务十三

## 非针织或非钩编的服装及衣着附件的归类

## 知识准备

### 一、本章商品范围及结构

第六十二章包括用第五十章至第五十六章、第五十八章、第五十九章的纺织物（含毡呢及无纺织物，但絮胎除外）制成的男式或女式服装（包括童装）、衣着附件及其零件。除品目 6212 的胸罩、束腰带、紧身胸衣、吊裤带、吊袜带及类似品及其零件可以是针织或钩编的外，本章不包括针织或钩编材料制成的服装、衣着附件及零件。而且本章物品的归类不受带有仅起装饰作用的毛皮、金属（包括贵金属）、皮革、塑料等材料制作的小饰件或附件的影响。金属线制成的针织或钩编的服装及衣着附件也归入本章。

本章共有 17 个品目，其排列顺序与第六十一章基本相同，也是先外衣后内衣、同类服装先男装后女装、然后是不分性别的服装、最后是衣着附件及零件的顺序排列，具体排列顺序为：6201 ～ 6204 非针织外衣→ 6205 ～ 6208 非针织内衣→ 6209 ～ 6211 不分性别的服装→ 6212 ～ 6217 衣着附件及零件。

## 二、本章注释简介

本章共有十条章注。

章注一规定了本章仅适用的货品范围。

章注二是排他条款，列出了不能归入本章的两类货品。

章注三说明了品目 6203 及 6204 所称“西服套装”及“便服套装”的含义。

章注四明确了品目 6205 及 6206 不包括的货品范围。

章注五说明了品目 6209 所称“婴儿服装及衣着附件”的含义并规定了品目 6209 是本章归类时最优先的品目。

章注六阐述了看起来可归入本章两个及以上品目货品的归类方法。

章注七说明了品目 6211 所称“滑雪服”“滑雪连身服”“滑雪套装”的含义。

章注八阐述了正方形或近似正方形物品的归类规定。

章注九规定了男式服装和女式服装的判断依据。

章注十规定了本章货品可用金属线制成。

## 三、本章商品归类要点

### （一）本章优先归类原则

品目 6209 及品目 6210 是本章优先归类的品目，其中品目 6210 的优先级次于品目 6209。品目 6209 包括婴儿服装及衣着附件，指用于身高不超过 86 厘米幼儿的各种款式服装及衣着附件；品目 6210 包括用品目 5602、5603、5903、5906 或品目 5907 的织物制成的服装。

### （二）手帕的归类

正方形或近似正方形的围巾及围巾式样的纺织物品，如果每边均不超过 60 厘米，应作为手帕归类（品目 6213）；任何一边超过 60 厘米的手帕则应归入品目 6214；纸、纤维素絮纸或纤维素纤维网纸制的手帕归入品目 4818。

## 工作任务

江苏恒诚报关有限公司申报一批进口女式雨衣和女式连衣裙，其中：女式雨衣由涤纶机织物表面（单面）涂布高分子树脂的面料（涂层可明显看出）制成；女式连衣裙由按重量计含50%棉、27%化纤和23%羊毛的机织物制成。请对以上商品进行归类。

## 任务实施

### 1. 女式雨衣，由涤纶机织物表面（单面）涂布高分子树脂的面料（涂层可明显看出）制成

（1）判断归类属性。涤纶机织物制女式雨衣是机织面料服装类纺织商品，应归入第十一类“纺织原料及纺织制品”的第六十二章“非针织或非钩编的服装及衣着附件”。

（2）引用归类依据。涂布高分子树脂的机织物面料制女式雨衣既是女式雨衣（按用途），又是用品目 5903 所述“塑料浸渍、涂布、包覆或层压的纺织物”制的服装（按材料）。查阅第六十二章相关品目，当作为前者时似应归入品目 6202“女式大衣、短大衣、斗篷、短斗篷、带风帽的防寒短上衣（包括滑雪短上衣）、防风衣、防风短上衣及类似品，但品目 6204 的货品除外”；当作为后者时似应归入品目 6210“用品目 5602、5603、5903、5906 或 5907 的织物制成的服装”。从第六十二章章注六得知既可归入品目 6210，也可归入本章其他品目的服装，除品目 6209 所列的仍归入该品目外，其余的应一律归入品目 6210。因此本商品应归入品目 6210。鉴于女式雨衣是品目 6202 所列类型服装，故最终应归入以“品目 6202 所列类型的其他服装”列名的一级子目。

（3）确定商品编码。根据归类总规则一及六的规定，本商品应归入商品编码 6210.3000。

### 2. 按重量计含50%棉、27%化纤和23%羊毛的机织物制成的女式连衣裙

（1）判断归类属性。机织的服装归入第六十二章。本商品不是婴儿服装，也不是用特殊材料制造的服装，则根据性别、服装款式以及服装的原材料归类。

（2）引用归类依据。依据品目 6204 的条文“女式连衣裙”，本任务商品归入品目 6204。根据子目注释二（一）的规定，比照第五十章至五十五章对此类商品的原则办理。对由第五十章至第五十五章商品为原材料的制成品，先确定所用原材料的纤维属性，再以所确定的原材料的纤维属性，作为制品的纤维属性并据此归类。本商品中棉的重量大，因此裙子的原材料确定为棉制的。

（3）确定商品编码。根据归类总规则一及六的规定，本商品应归入商品编码 6204.4200。

## 任务训练

请对以下商品进行归类：

1. 适合身高86厘米婴儿穿的机织全棉制不分指手套。
2. 男式蓝色一次性浴衣（涤纶无纺织布制）。
3. 按重量计含50%丝、50%聚酯纤维的机织物制成的女式连衣裙。
4. 一条正方形的粘胶机织手帕，其中一边长为80厘米。
5. 一套零售包装的全棉男式服装，内有一件白衬衫、一条黑短裤，上下装的面料质地、尺寸大小相互般配。
6. 婚纱，由涤纶织物机织而成，连衣裙式样。
7. 男式全棉灯芯绒（机织）休闲西服上装。
8. 染色平纹机织物制女衬衫（布料按重量计含亚麻50%，含涤纶短纤50%）。
9. 印花机织物制正方形围巾（边长60厘米，按重量计算含棉50%、含涤纶短纤维50%）。
10. 一盒主要供滑雪时穿着的零售套装。内装有一件带风帽、由拉链扣合的羊毛制厚夹克（非针织物）和一条羊毛机织长裤（非针织物）。

# 任务十四

## 其他纺织制成品；成套物品；旧衣着及旧纺织品；碎织物的归类

### 知识准备

#### 一、本章商品范围及结构

本章分为三个分章：第一分章包括其他纺织制成品，是指用任何纺织物（机织物、针织物、毡呢，无纺织物等）制成的，且在其他章无更具体列名的物品；本分章也包括用网眼薄纱或其他网眼织物、花边织物、刺绣织物制成的物品。而且本分章的物品不因带有毛皮、金属（包括贵金属）、皮革、塑料等制作的小饰件或附件而影响其归类，但这些饰件或附件不能超出其仅为装饰作用的范围。

第二分章某些由机织物及纱线组成的零售包装成套货品，它们用于缝绣在地毯、壁毯、绣花台布、餐巾或类似的纺织品上。

第三分章是旧衣服、旧纺织物品及废碎纺织品。

本章所含的产品为前面各章不包括的其他纺织制成品，共有 10 个品目，具体排列顺序为：6301 ～ 6307 其他纺织制成品→ 6308 由机织物及纱线组成的零售包装成套货品→ 6309 ～ 6310 旧衣服、旧纺织物品及废碎纺织品。

#### 二、本章注释简介

本章共有三条章注释，一条子目注释。

章注一明确了本章第一分章仅适用的货品范围。

章注二明确了本章第一分章不包括的货品范围。

章注三明确了品目 6309 仅适用的货品范围。

子目注释对子目 6304.20 的货品范围做出了明确规定。

#### 三、本章商品归类要点

##### （一）床上用品的归类

本章包括的床上用品主要有毯子、床单被罩、毛巾被、无填充物的床罩等。充水、充气或无填充物的纺织材料制的床罩、褥垫、枕头及坐垫等类似货品应按材料归入本章；有填充物或直接用海绵、泡沫塑料等制造的同类货品应归入第九十四章。注意，归入本章的床罩应作为装饰用而非床上用纺织品归类。

##### （二）旧衣物的归类

根据本章章注三的规定，品目 6309 仅适用于以散装、捆装、袋装或类似的大包装形式报验并明显看得出穿用过的下列货品：纺织材料制成的衣着和衣着附件及其零件；毯子及旅行毯；床上、餐桌、盥洗及厨房用的织物制品；装饰用织物制品，但品目 5701 ～ 5705 的地毯及品目 5805 的装饰毯除外；用石棉以外其他任何材料制成的鞋帽类。不符合以上规定的旧衣物不能归入品目 6309（例如，旧羊毛簇绒地毯应归入品目 5703）。

### （三）纺织材料制的罩套（无填充物）的归类

纺织材料制灯罩，归入品目 9405；其他以装饰性为主的纺织材料制的罩套，按装饰品归入品目 6304（例如，床罩）；以防护性为主的纺织材料制的罩套，归入品目 6307（例如，伞套）。

**【知识拓展】**

入境旧衣服竟是国家禁止进口的固体废物

2022年7月，南宁吴圩国际机场海关查获一批空运入境的旧衣服共116件，净重73千克。经鉴定，该批衣物为国家禁止进口的固体废物。南宁吴圩国际机场海关已责令退运该批固体废物，并将案件移交缉私部门办理。

经查，该案中，某境外公司受人委托以国内某公司为收货人，将废旧衣物以男士针织衫、针织外套等品名向南宁吴圩国际机场海关申报进口。经海关查验，该批衣物外表陈旧、破损，与申报不符，且表面有明显污渍，可能含有致病菌，如果进入国内市场销售流通，存在卫生安全隐患。

《中华人民共和国固体废物污染环境防治法》第一百一十五条规定：违反本法规定，将中华人民共和国境外的固体废物输入境内的，由海关责令退运该固体废物，处50万元以上500万元以下罚款。承运人对前款规定的固体废物的退运、处置，与进口者承担连带责任。

（资料来源：南宁晚报）

## 工作任务

江苏恒诚报关有限公司申报一批进口床单，包括针织印花棉制床单和全棉无纺织物制的床单（层压：每平方米360克）。请对以上商品进行归类。

## 任务实施

### 1. 针织印花棉制床单

（1）判断归类属性。床单属于床上用品，本商品加工方式为“针织”，染整方式为“印花”。

（2）引用归类依据。依据品目 6302 的条文“床上、餐桌、盥洗及厨房用的织物制品”，本任务商品归入品目 6302。由于该床单是针织而成，故应归入一级子目“针织或钩编的床上用织物制品”，然后按“棉制”的条件归类。

（3）确定商品编码。根据归类总规则一及六的规定，本任务商品应归入商品编码 6302.2110。

### 2. 全棉无纺织物制的床单（层压：每平方米360克）

（1）判断归类属性。床单属于无纺织物制品，归类时似应按纺织制成品归入第六十三章。

（2）引用归类依据。由于该床单的材质为无纺织物，根据第六十三章章注二（一）的规定，“本章不包括第五十六章的货品”，因此本商品不能按床单归入第六十三章的品目 6302，而应按无纺布归入第五十六章的品目 5603。

（3）确定商品编码。根据归类总规则一及六的规定，本商品应归入商品编码 5603.9410。

## 任务训练

请对以下商品进行归类：

1．手工钩编的涤纶餐台布。

2．快速吸水浴巾，由一种新型超细纤维（70%涤纶和30%棉）织成的毛巾布制成。

3．手机挂绳，编带部分使用涤纶纱线在编带机上织成。

4．绵纶印花机织物制的窗帘。

5．旧的装饰用机织羊毛挂毯（起绒、已制成）。

6．一套零售包装物品，由一幅棉机织物、一筒羊毛绣花线、一支不锈钢钩针组成，用以制作绣花台布。

7．棉制手工针织床罩。

8．睡眠用眼罩，外表面为黑色尼龙针织面料，内表面为蓝色棉质无纺布，内衬丁苯橡胶海绵，用于旅行或日常休息，避免光线照射。

9．丙纶扁条机织物制包装大米用袋（丙纶扁条表观宽度为4毫米）。

10．书包（棉机织物作面）。

# 项目评价

**考核评价表**

| 学习目标 | 评价项目 | 自我评价（30%） | 组间评价（30%） | 教师评价（40%） |
|---|---|---|---|---|
| 专业知识（30分） | 纤维、纱线、织物、服装的商品知识 | | | |
| | 纺织品的加工方式 | | | |
| | 纺织品的优先归类原则 | | | |
| | 重要的章注释、品目注释、品目条文 | | | |
| 专业能力（40分） | 准确把握归类依据 | | | |
| | 掌握混纺纺织品的归类原则 | | | |
| | 准确运用归类总规则 | | | |
| 职业素养（30分） | 积极主动、团队合作精神 | | | |
| | 沟通协调能力 | | | |
| | 思辨能力 | | | |
| | 解决问题能力 | | | |
| | 谨慎细心的工作态度 | | | |

教师建议：

个人努力方向：

评价标准：
A．优秀（≥ 80 分）　B．良好（70 ～ 80 分）
C．基本掌握（60 ～ 70 分）　D．没有掌握（＜ 60 分）

# 项目十三

# 鞋、帽、伞、杖、鞭及其零件；已加工的羽毛及其制品；人造花；人发制品的归类

## 学习目标

◆ **知识目标**

熟悉本类各章商品的范围及排列结构，了解必要的商品知识，熟悉相关的注释。

◆ **能力目标**

掌握鞋帽类商品的归类要点；能正确运用归类依据对本类商品进行准确归类。

◆ **素质目标**

通过对商品归类的训练，增强遵纪守法的自觉意识，树立诚实守信的做事风格。

## 项目导入

通过本类的学习，熟悉本类商品的结构范围，理解本类中相关的商品名词解释，掌握鞋、帽、羽毛制品归类的要点。

**学习重难点：**

鞋、帽的归类的原则，以及易与本类商品混淆的商品的比较分析。

## 项目要点

### 一、本类商品范围

第十二类共分四章（第六十四章至第六十七章），商品范围包括：鞋、帽、伞、杖、鞭及其零件；已加工的羽毛及其制品；人造花；人发制品。其中，第六十四章主要包括各种形状、尺寸、用途及制造方法制的鞋靴；第六十五章主要包括各种材料（石棉除外）制成的任何用途（日用、戏剧用、化妆用、防护用等）的帽子（第九十五章的玩偶帽除外）和发网，且可带有各种材料制的装饰物；第六十六章主要包括各种材料制成的雨伞、阳伞、手杖、鞭子等；第六十七章主要包括已加工的羽毛和羽绒及其制品、人造花和人发制品。

## 二、本类注释

本类没有类注释。

## 三、本类商品归类要点

本类商品主要用第七类的塑料、橡胶，第八类的皮革、毛皮，第九类的木材，第十类的纸（板）及第十一类的纺织品作为原料经加工后制得，是按加工顺序的先后关系归类的。但制得的本类商品又不能归入第七类至第十一类，因为本类商品是具体列名。归类时须注意本类各章不包括的商品。

# 任务一

# 鞋靴、护腿和类似品及其零件的归类

## 知识准备

## 一、本章商品范围及结构

第六十四章包括除章注一另有规定的几种情况以外的各种类型鞋靴（包括套鞋），其中包括各种形状、尺寸、用途及制造方法制的鞋靴。如拳击靴、舞蹈鞋、无跟套鞋等，鞋靴由除石棉以外的任何材料（如橡胶、皮革、塑料、木材、软木、毡呢、无纺布、其他纺织品、毛皮、编织材料等）制成，并可带有任何比例的第七十一章所列材料。本章鞋靴分别按构成其外底及鞋面的材料归入不同品目。

本章共有 6 个品目，其排列顺序为：6401 橡胶或塑料制外底及鞋面的防水鞋靴→ 6402 橡胶或塑料制外底及鞋面的其他鞋靴→ 6403 ～ 6404 橡胶、塑料、皮革等制外底，皮革或纺织材料制鞋面的鞋靴→ 6405 其他鞋靴→ 6406 鞋靴零件。

## 二、本章注释简介

本章有四条章注释和一条子目注释。

章注一是排他条款，列出了不能归入本章的六类货品。

章注二明确了品目 6406 不包括的货品范围。

章注三说明了本章所称“橡胶”“塑料”“皮革”的含义。

章注四阐述了鞋面及外底材料的判定方法。

子目注释阐述了子目 6402.12、6402.19、6403.12、6403.19 及 6404.11 所称“运动鞋靴”仅适用的货品范围。

## 三、本章商品归类要点

本章鞋靴的范围可从鞋面仅由数条长短可调的条、带构成的凉鞋到长靴不等，不论鞋靴的大小、颜色及款式在本章范围内，鞋靴要按构成其外底及鞋面的材料分别归入品目 6401 ～ 6405。如果鞋面或鞋底由两种及以上的材料构成，则按章注四的规定确定其中一种材料作为其基本特征的材料进行归类。

本章的鞋靴在归类时要分清鞋面及鞋底所用的材料，还要分清鞋面是否用缝、铆、钉、旋、塞或类似方法固定在鞋底上的。本章所称“橡胶及塑料”，包括肉眼可辨其外表有一层橡胶或塑料的机织物或其他纺织产品，但颜色的变化可不予考虑。本章所称“皮革”，是指品目 4107、4112 ～ 4114 的皮革。

本章所称“运动鞋靴”仅适用于子目注释的范围，不包括类似的装有冰刀或轮子的滑冰鞋（品目 9506）。

### （一）鞋靴的归类

#### 1. 本章鞋靴的归类原则

（1）鞋靴按其外底及鞋面的材料归入相应品目。

（2）鞋面由两种或两种以上材料构成的，应以占鞋面表面面积最大的那种材料归类。计算表面面积时，不考虑附件及加固件（例如，护踝、裹边、鞋眼等），而且衬里材料不影响归类。

（3）外底的主要材料应以穿着时与地面接触面积最大的那种材料为准，计算接触面积时，不考虑鞋底钉、铁掌或类似附属件。

#### 2. 各种鞋靴的归类

（1）未用粘、缝或其他方法将外底固定或安装在鞋面上的纺织材料制鞋靴，归入第十一类。

（2）易损材料（例如，纸或塑料薄膜）制无外绱鞋底的一次性脚套或鞋套，按构成材料归类。

（3）矫形鞋或其他矫形器具及其零件，归入品目 9021。

（4）玩偶鞋、溜冰鞋、旱冰鞋及装有冰刀或轮子的溜冰靴，归入第九十五章。

（5）石棉制鞋靴，归入第六十八章。

（6）明显穿用过的旧鞋靴（石棉制除外），以散装、捆装、袋装或类似的大包装形式报验，归入品目 6309。

（7）其他鞋靴，归入本章。

### （二）鞋靴零件的归类

鞋靴零件归入品目 6406，但不包括：鞋钉、护鞋铁掌、鞋眼、鞋钩、鞋扣、饰物、编带、鞋带、绒球或其他装饰带（应分别归入相应品目）；纽扣、揿扣、按扣（归入品目 9606）；拉链（归入品目 9607）。

### （三）运动鞋靴的归类

对于运动鞋靴，在确定子目时应根据本章子目注释的规定，即本章部分子目所称的运动鞋靴只适用于下列情况：带有或可装鞋底钉、止滑栓、夹钳、马蹄掌或类似品的体育专用鞋靴，滑冰靴（不能装有冰刀或轮子）、滑雪靴及越野滑雪用鞋靴、角力靴、拳击靴及赛车鞋。

【知识拓展】

某鞋业有限公司货物商品编码、数量申报不符

2022年3月31日，某鞋业有限公司委托深圳市某报关有限公司以一般贸易方式向蛇口海关申报出口女装鞋12 060双，报关单号530420220040447022，柜号TGHU9470511。4月3日，经查验发现：所查货物商品编码、数量不符；申报商品编码为64039900.90，实际商品编码为64029921.00、64029929.00、64041990.00、64041910.00；申报数量为12 060双，实际数量为40 200双。当事人上述申报不实的行为违反海关的监管规定，影响国家出口退税管理。

依照《中华人民共和国海关法》第八十六条（三）项、《中华人民共和国海关行政处罚实施条例》第十五条（五）项的规定，决定对当事人做出如下行政处罚：科处罚款人民币13.13万元整。

（资料来源：中华人民共和国海关总署网站）

## 工作任务

江苏恒诚报关有限公司申报一批进口鞋靴及鞋套，包括：没有外绱底的涤纶无纺布制一次性鞋靴；不过踝旅游鞋（外底为橡胶材料，鞋面为尼龙机织物，在鞋面上缝有起加固作用的聚氨酯合成革条，肉眼所见织物面积小于合成革面积）。请对以上商品进行归类。

## 任务实施

### 1. 没有外绱底的涤纶无纺布制一次性鞋靴

（1）判断归类属性。涤纶无纺布是一种以聚酯纤维为原材料制成的无纺布，其制作过程中不需要编织和纺织步骤，而是通过热风或化学方法将聚酯纤维进行融合和压实，形成一种具有纤维网状结构的非织造布。

（2）引用归类依据。依据第六十四章章注一的排他规定，易损材料（例如，纸、塑料薄膜）制无外绱鞋底的一次性脚套或鞋套以及未用粘、缝或其他方法将外底装或绱在鞋面上的纺织材料制鞋靴，不应归入第六十四章。所以没有外绱底的涤纶无纺织物制一次性鞋靴应按其构成材料归入第十一类，按其他制成的衣着附件归入品目 6217。

（3）确定商品编码。根据归类总规则一及六的规定，本商品应归入商品编码 6217.1090。

### 2. 不过踝旅游鞋（外底为橡胶材料，鞋面为尼龙机织物，在鞋面上缝有起加固作用的聚氨酯合成革条，肉眼所见织物面积小于合成革面积）

（1）判断归类属性。旅游鞋主要的用料，大多是橡胶、塑料、海绵、尼龙、帆布等，可塑性大，富有弹性但通气性较差。本商品共用到橡胶、塑料与尼龙机织物三种材料。

（2）引用归类依据。依据第六十四章章注三的规定，应将聚氨酯合成革视为塑料材料。再依据第六十四章章注四的规定，本商品按以外底为橡胶材料，鞋面为塑料材料的鞋归类，应归入品目 6402。

（3）确定商品编码。根据归类总规则一及六的规定，本商品应归入商品编码 6402.9929。

**思考题：**

1. 拖鞋，超柔软摇粒绒鞋面、防滑橡胶鞋底构成，拖鞋中装有光线和重量传感器，当拖鞋在足够暗的区域穿着时，这些传感器会激活前端的LED 灯泡，通过内置的锂电池供电。该商品应归入子目（　　）。

A. 6404.11　　B. 6404.19　　C. 8512.20　　D. 8513.10

2. 电暖鞋，由100%PVC滴塑防滑底布（PVC点塑面积10%、涤棉防滑底布面积90%）外底、PET100%超柔布鞋面、发热体、接口插座、温控器等组成；通过温控器控制调节温度；坐着插电的时候双脚可以活动，同时也可以拔掉电源线行走。该商品应归入子目（　　）。

A. 6404.1　　B. 6405.2　　C. 6405.9　　D. 8516.7

## 任务训练

请对以下商品进行归类：

1．塑料薄膜制的一次性鞋套。
2．以木料制外底、纺织物制鞋面的拖鞋。
3．矫形鞋。
4．溜冰鞋。
5．赛车鞋（皮革制鞋面、塑料制鞋底）。
6．牛皮长筒靴，外底由塑料构成。
7．纯羊毛针织物制无脚部的暖腿套。
8．泡沫塑料凉鞋（用栓塞方法将鞋面与鞋底连接）。
9．泡沫塑料拖鞋（鞋面与鞋底为一体式）。
10．李宁牌网球鞋（外底为橡胶材料，鞋面为纺织材料）。

# 任务二

# 帽类及其零件的归类

## 知识准备

### 一、本章商品范围及结构

第六十五章包括不论用何种材料（石棉除外）制成及何种用途的（日用、戏剧用、化妆用、防护用等）各种各样的帽子，其可带有各种材料制的装饰物（如第七十一章珠宝及贵金属），也包括各种材料制的发网及帽类专用配件。本章不包括旧帽类（品目6309），石棉制帽类（品目6812），玩偶帽、其他玩具帽或狂欢节用品（第九十五章）。

本章共有6个品目，其排列顺序为：6501 毡呢制的帽坯、帽身、帽兜→ 6502 编结的帽坯→ 6504 编结帽→ 6505 针织或钩编帽、发网→ 6506 其他帽类→ 6507 帽类零件。

## 二、本章注释简介

本章有两条章注注释。

章注一是排他条款，列出了不能归入本章的三类货品。

章注二明确了品目 6502 不包括的货品范围。

## 三、本章商品归类要点

（1）未装在帽上的各种帽子装饰物（如扣子、别针、徽章、羽毛、人造花等），应按商品本身属性归入适当品目。

（2）编结帽类仍归入本章，不要误按编结品归入第四十六章；羽毛或人造花制的帽类归入品目 6506。

（3）对于具有其他功能的帽子，当这种功能在其他类章列名时通常应该归入那些类章，如供动物戴的帽子应归入品目 4201 等。

## 工作任务

江苏恒诚报关有限公司申报一批出口遮阳帽和石棉帽，分别是：用塑料（丙烯聚合物）扁条（宽度6毫米）编结的缏条缝合成的遮阳帽；石棉制安全帽（帽内衬有纯棉机织物制衬里）。请对以上商品进行归类。

## 任务实施

### 1. 用塑料（丙烯聚合物）扁条（宽度6毫米）编结的缏条缝合成的遮阳帽

（1）判断归类属性。本商品为编结帽，归类时似可按编结品归入第四十六章，也可按帽类归入第六十五章。

（2）引用归类依据。根据第四十六章章注二（三）的规定，第四十六章不包括第六十四章和第六十五章的鞋靴、帽类商品，因此，本商品不能按编结品归入第四十六章，而应按编结帽类归入第六十五章品目 6504。

（3）确定商品编码。根据归类总规则一及六的规定，本商品应归入商品编码 6504.0000。

### 2. 石棉制安全帽（帽内衬有纯棉机织物制衬里）

（1）判断归类属性。石棉是一种可以劈为极细且柔韧的纤维状硅酸盐矿物。本任务商品属于石棉制成品，归类时似可按帽类归入第六十五章，又可按石棉制品归入第六十八章。

（2）引用归类依据。根据第六十五章章注一（二）的规定，第六十五章不包括石棉制帽类（品目 6812），因此，本商品不能归入品目 6505，而应归入品目 6812。

（3）确定商品编码。根据归类总规则一及六的规定，本商品应归入商品编码 6812.9100。

## 任务训练

请对以下商品进行归类：

1. 摩托车用头盔。
2. 圣诞帽。
3. 用麦秸编结的缏条缝合成的遮阳帽。

4．羊毛毡呢帽坯。

5．人发制发网。

## 任务三

## 雨伞、阳伞、手杖、鞭子、马鞭及其零件的归类

### 知识准备

### 一、本章商品范围及结构

第六十六章包括各种材料制成的雨伞、阳伞、手杖、棍、鞭子及其类似品，并可镶有宝石或半宝石、贵金属等，还可以全部或部分用皮革或其他材料包覆；也包括上述物品的零件及装饰品。本章不包括丈量用杖及类似品（品目 9017），火器手杖、刀剑手杖、灌铅手杖及类似品（第九十三章），玩具雨伞及阳伞（第九十五章）。

本章只有 3 个品目，其排列顺序为：6601 雨伞及阳伞→ 6602 手杖、马鞭及类似品→ 6603 本章物品的零件及装饰品。

### 二、本章注释简介

本章共有两条章注释。

章注一是排他条款，列出了不能归入本章的三类货品。

章注二明确了品目 6603 不包括的零件、附件及装饰品范围以及归类规定。

### 三、本章商品归类要点

伞的零件及装饰品的归类：本章伞的零件及装饰品的归类可不考虑其构成的材料（包括用贵金属、包贵金属、天然、合成或再造的宝石或半宝石制成的）。它们包括：

（1）用于雨伞、阳伞、手杖、鞭子等的把柄（包括明显为未制成把柄的毛坯）。

（2）骨架，包括装在伞杆上的骨架、伞骨及撑杆。

（3）雨伞或阳伞的杆（杖），不论是否有把柄。

（4）鞭子或马鞭的握把。

（5）伞杆滑动件、伞骨头、开杯及梢杯、金属包头、弹簧、项圈、可调整伞面与伞杆角度的装置、大钉、带座手杖的地面板及类似品等。

本章伞的零件及装饰品不包括：手杖半成品（品目 6602）；伞骨及撑杆用的仅切割成一定长度的钢铁管及钢铁型材（第七十二章或第七十三章）。

此外由纺织材料制的品目 6601 或品目 6602 所列物品（伞、手杖、鞭子等）的零件、附件及装饰品或者任何材料制的罩套、流苏、鞭梢、伞套及类似品，即使与品目 6601 或品目 6602 的物品一同报验，只要未装配在一起，就应分别按材料属性归入各有关品目。

### 工作任务

江苏恒诚报关有限公司申报进口印花尼龙绸作伞面的折叠伞及玩具雨伞。请对以上商品进行归类。

## 任务实施

### 1. 印花尼龙绸作伞面的折叠伞

（1）判断归类属性。折叠伞，一种伞柄可以伸缩，伞骨分为数节，用铆钉铆合、可以折叠的伞，可缩小长度，便于携带和存放。按折叠次数分，有二节折叠伞、三节折叠伞等。本商品伞面材料为印花尼龙绸。尼龙绸是一种人造的多聚物。

（2）引用归类依据。伞是品目 6601 的列名货品，印花尼龙绸作伞面的折叠伞应归入该品目。

（3）确定商品编码。根据归类总规则一及六的规定，本商品应归入商品编码 6601.9100。

### 2. 玩具雨伞

（1）判断归类属性。玩具雨伞，归类似可按玩具归入第九十五章，也可按雨伞归入第六十六章。

（2）引用归类依据。根据第六十六章章注一（三）的规定，本章不包括第九十五章的货品（例如，玩具雨伞、玩具阳伞）。因此，本商品不能归入第六十六章，而只能归入第九十五章品目 9503。

（3）确定商品编码。根据归类总规则一及六的规定，本商品应归入商品编码 9503.0089。

## 任务训练

请对以下商品进行归类：

1．马鞭。

2．带有丈量功能的手杖。

3．军用刀剑手杖。

4．手杖伞。

5．包银材料制的伞骨。

6．防紫外线便携折叠伞套（尼龙制）。

# 任务四

## 已加工羽毛、羽绒及其制品；人造花；人发制品的归类

## 知识准备

### 一、本章商品范围及结构

除其他品目更为具体列名的货品及本章明确不包括的货品以外，第六十七章包括已加工的羽毛、羽绒及其制品；人造花和人发制品。

本章共有 4 个品目，其排列顺序为：6701 已加工的羽毛、羽绒及其制品→ 6702 人造花→ 6703 ～ 6704 已加工人发及人发制品。

## 二、本章注释简介

本章共有三条章注释。

章注一是排他条款，列出了不能归入本章的六类货品。

章注二阐述了品目 6701 不包括的货品范围。

章注三阐述了品目 6702 不包括的货品范围。

## 三、本章商品归类要点

### （一）带羽毛或羽绒制品的归类

品目 6701 与品目 0505“羽毛、羽绒”的区别主要在于加工程度：品目 0505 是经消毒、清洗或防腐等简单方法处理的；而品目 6701 是已超出消毒、清洗或防腐等简单方法处理的羽毛、羽绒（例如，经过漂白、染色、卷曲等加工）。

带羽毛或羽绒的普通制品（如羽毛扇子等）归入品目 6701；用羽毛或羽绒制的人造花、叶及其制品归入品目 6702；羽毛掸帚归入第九十六章；羽毛球归入第九十五章。

### （二）人造花、叶、果实的归类

由纺织材料、毡呢、纸、塑料、橡胶、皮革、金属箔片、羽毛、贝壳或其他动物质材料等制成（例如，海生动物材料制的人造叶，用经特别加工及染色的水螅或苔藓虫柔软尸体制成）的人造花、叶、果实归入品目 6702。但是，玻璃制的人造花、叶、果实不归入品目 6702，应归入第七十章。以陶器、石料、金属、木料或其他材料经模铸、锻造、雕刻、冲压或用其他方法整件制成形的人造花、叶或果实不归入品目 6702，应按上述材料的制品归入相应品目。

### （三）人发及假发的归类

经简单洗涤、清洁或按长度分拣（但未按发根和发梢整理）的人发及废人发归入品目 0501；经梳理或其他方法加工（例如，稀疏、脱色、染色、成波纹形或卷曲的人发）后用于制须发（例如，制造假发、卷发或假辫）或其他物品的人发归入品目 6703；由人发制成的假发归入品目 6704。

本章所称“梳理”，包括将每根头发按发根和发梢进行整理。

## 工作任务

江苏恒诚报关有限公司申报进口羽毛，其中包括已经防腐处理的羽毛及已经漂白加工的羽毛。请对以上商品进行归类。

## 任务实施

羽毛是鸟类动物所特有的毛，有护体、保温、飞翔等功能。

### 1. 已经防腐处理的羽毛

（1）判断归类属性。对于“已经防腐处理的羽毛”归类时似可归入第五章，也可归入第六十七章。

（2）引用归类依据。由于“已经防腐处理的羽毛”仅经过防腐处理，从加工程度看，其加工程度未超过品目 0505 的加工范围，因此，对于“已经防腐处理的羽毛”应归入品目 0505。

（3）确定商品编码。根据归类总规则一及六的规定，本商品应归入商品编码 0505.9090。

### 2. 已经漂白加工的羽毛

（1）判断归类属性。对于“已经漂白加工的羽毛”归类时似可归入第五章，也可归入第六十七章。

（2）引用归类依据。“漂白加工”已超过 0505 的加工范围，属于品目 6701 的商品。

（3）确定商品编码。根据归类总规则一及六的规定，本商品应归入商品编码 6701.0000。

## 任务训练

请对以下商品进行归类：

1. 经梳理加工的人发。
2. 粘胶纺织材料制的假发。
3. 塑料制人造花束。
4. 带有羽毛的鸟皮（经过消毒和染色处理）。
5. 已涂敷金色的植物叶。

## 项目评价

**考核评价表**

| 学习目标 | 评价项目 | 自我评价（30%） | 组间评价（30%） | 教师评价（40%） |
|---|---|---|---|---|
| 专业知识（30 分） | 鞋、帽的商品知识 | | | |
| | 羽毛制品、人发制品加工程度 | | | |
| | 人造花、叶、果实的商品知识 | | | |
| | 重要的章注释、品目注释、品目条文 | | | |
| 专业能力（40 分） | 准确把握归类依据 | | | |
| | 掌握常见鞋、帽类的归类原则 | | | |
| | 准确运用归类总规则 | | | |
| 职业素养（30 分） | 积极主动、团队合作精神 | | | |
| | 沟通协调能力 | | | |
| | 思辨能力 | | | |
| | 解决问题能力 | | | |
| | 谨慎细心的工作态度 | | | |
| 教师建议： | | 评价标准：<br>A. 优秀（≥ 80 分） B. 良好（70 ～ 80 分）<br>C. 基本掌握（60 ～ 70 分） D. 没有掌握（＜ 60 分） | | |
| 个人努力方向： | | | | |

# 项目十四

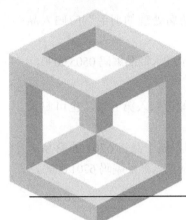

# 石料、石膏、水泥、石棉、云母及类似材料的制品；陶瓷产品；玻璃及其制品的归类

## 学习目标

◆ **知识目标**

熟悉本类各章商品的范围及排列结构，了解必要的商品知识，熟悉相关的注释。

◆ **能力目标**

掌握矿产制品、陶瓷及玻璃类制品的归类要点；能正确运用归类依据对本类商品进行准确归类。

◆ **素质目标**

通过对商品归类的训练，增强风险意识，维护国家利益。

## 项目导入

通过本类的学习，熟悉本类商品的结构范围，理解本类中相关的商品名词解释，掌握矿产制品、陶瓷及玻璃类制品归类的要点。

**学习重难点：**

矿产制品、陶瓷及玻璃类制品的归类原则，以及易与本类商品混淆的商品的比较分析。

## 项目要点

### 一、本类商品范围

第十三类共有三章：第六十八章石料、石膏、水泥、石棉、云母及类似材料的制品；第六十九章陶瓷产品；第七十章玻璃及其制品。

本类包括了石料、陶瓷产品，玻璃及其制品，但不是所有上述物品都属于本类。根据归类总规则，类章的标题不具有法律效力，具有法律效力的归类，应按品目条文和有关类注或章注确定。因此在章注中列明本章不包括的货品，例如品目 8546 绝缘子等，就不能作为本类的陶瓷产品归类。

## 二、本类注释

本类无类注释。

## 三、本类商品归类要点

本类商品共性是均为半制成品或制成品，大部分是由第二十五章的矿产品经进一步加工所制得的。它们的区别是：

第六十八章制品的特征：只经进一步加工而不需烧制的矿物制品。

第六十九章制品的特征：成形后经过烧制的产品。

第七十章玻璃的特征：已完全烧制成熔融状态，然后再制成半制成品、制成品。

# 任务一

## 石料、石膏、水泥、石棉、云母及类似材料的制品的归类

### 知识准备

## 一、本章商品范围及结构

第六十八章包括石料、石膏、水泥、石棉、云母及类似材料的制品。本章产品范围主要包括以下几部分：

（1）加工程度超过第二十五章章注一所允许范围的该章各种产品，而在第二十五章中货品加工程度只限于经过洗涤、破碎、磨碎等类似机械物理方法。

（2）第二十五章章注二（六）规定不属于该章的石，即：长方砌石、路缘石、扁平石、镶嵌石和类似石料及铺屋顶、饰墙面或防潮用的板岩。

（3）用属于第五类的矿物原料制成的某些物品，如水泥、石膏制品、已加工石棉等。

（4）用属于第二十八章的某些原料制成的物品，如人造研磨料。

本章共有 15 个品目，其排列顺序为：6801 ～ 6804 石料制品→ 6805 砂纸、砂布→ 6806 ～ 6810 矿渣棉、沥青、水泥、石膏等的制品→ 6811 ～ 6813 石棉制品→ 6814 ～ 6815 云母制品、其他矿物制品。

## 二、本章注释简介

本章共有两条章注释。

章注一列出十三项本章不包括的货品。例如，品目 8546 和品目 8547 绝缘材料制的配件，第九十四章的物品（如家具、灯具及照明装置，活动房屋）。

章注二对品目 6802 所称“已加工的碑石或建筑用石”的适用范围做了明确规定。

## 三、本章商品归类要点

### （一）已加工的碑石或建筑用石及其制品的归类

经过劈、粗切或锯方使其形成块、片、平板之后，又经过进一步加工的碑石或建筑用石及其制品归入品目 6802，它的加工程度已超出第二十五章的加工程度。其中石料的

范围只包括已加工的品目2515、品目2516所列各种石料，以及所有类似加工的其他天然石料（如石英岩、燧石、白云石及冻石），但不包括板岩。除经劈、锯、粗切成块（石面为矩形）外还需要经进一步加工。本品目包括石匠、雕刻家等制作的粗锯坯件（非矩形薄板）；各种形状的石料（包括石块、石板或石片，如饰面石板）、建筑用石料及其制品，如梯级、栏杆、梁托和支柱、门窗框架及过梁、门槛、窗台、石阶、壁炉台、界石、水槽、花瓶、碗、烟灰缸、十字架、动物雕刻像等，以石料为主要材料制成的其他装饰性货品一般仍归入本品目。

### （二）石棉及石棉制品的归类

石棉是一种纤维状的镁、铁硅酸盐矿物质。天然石棉纤维或仅按长度分等级、拍打或净化的应归入品目2524；如果石棉再经过进一步加工（如已梳理纤维和染色纤维）则应归入品目6812；石棉与碳酸镁等材料的混合物以及石棉和上述混合物的制品应归入品目6812；石棉中掺入水泥、水而构成一种硬化物品，用这些物品制成的制品应归入品目6811；石棉纤维制的纱线、织物、衣服等应归入品目6812；以石棉为基本材料制的未装配摩擦材料及其制品应归入品目6813（如供制动器等用的石棉衬料）。

### （三）石墨及其相关产品的归类

天然石墨（又称“黑铅”）是碳的一种，其特别之处是有光泽并且能在纸上留有明显印迹（因而被人用作铅笔芯）。天然石墨归入品目2504；人造石墨、胶态或半胶态石墨归入品目3801；以石墨为基料的膏状、块状、板状材料及其他形状的半制品归入品目3801；耐火材料制品（例如，石墨制坩埚）归入第六十九章第一分章；其他非电器用石墨制品（例如，石墨制轴承）归入品目6815；电器用石墨制品（例如，石墨制碳刷）归入品目8545。

### （四）云母制品的归类

云母具有半透明性、高耐热性及高绝缘性能，主要用于电气工业。原状的云母、云母片、云母粉及云母废料归入品目2525；用云母粉涂布（不同黏聚云母）的纸或纸板应归入品目4810～4814；用云母粉涂层的机织物应归入品目5907；一般非电气制品应归入品目6814（如烘箱炉的观察窗）；电气制品应归入第八十五章有关品目（如云母电容器归品目8532，云母制的绝缘子归品目8546，云母制的绝缘材料配件归品目8547）；云母制的风镜及其目镜归入品目9004。

## 工作任务

江苏恒诚报关有限公司申报一批进口花岗岩板，其中包括：仅经粗切的花岗岩板和经抛光打磨的花岗岩板。请对以上商品进行归类。

## 任务实施

矿产品的产品（经过简单加工）归入第二十五章的品目2516，矿产品的制品归入第六十八章的品目6802。

### 1. 仅经粗切的花岗岩板

（1）判断归类属性。花岗岩石一种非常坚硬的粒状结构火成岩，由石英晶体与长石和云母集块而成，由于所含以上三种物质的比例不同，以及氧化铁或氧化镁的含量不一，其颜色各异（有灰色、绿色、粉红色、红色等）。花岗岩属于矿产品。对于矿产品的归类，应考虑矿产品的加工方式。

（2）引用归类依据。矿产品的产品（经过简单加工）归入第二十五章的品目 2516，矿产品的制品归入第六十八章的品目 6802。“仅经粗切”属于简单加工，因此“仅经粗切的花岗岩板”应归入品目 2516。

（3）确定商品编码。根据归类总规则一及六的规定，本商品应归入商品编码 2516.1200。

### 2. 经抛光打磨的花岗岩板

（1）判断归类属性。花岗岩属于矿产品，对于矿产品的归类，应考虑矿产品的加工方式。

（2）引用归类依据。“经抛光打磨”属于进一步加工，因此“经抛光打磨的花岗岩板”应归入品目 6802。

（3）确定商品编码。根据归类总规则一及六的规定，本商品应归入商品编码 6802.9390。

## 任务训练

请对以下商品进行归类：

1. 印有花纹的石膏天花板。
2. 云母薄片（未黏聚或复制）。
3. 每边长 20 厘米、厚度为 1 厘米、一面经平面磨光的正方形大理石块。
4. 人造石墨制的轴承。
5. 成卷的沥青。
6. 未装支架的抛光石。
7. 石棉制手套（非青石棉制）。
8. 石墨制碳电极（用于半导体设备）。
9. 砂布。
10. 圆形天然大理石桌面（单独报验）。

# 任务二

# 陶瓷产品的归类

## 知识准备

### 一、本章商品范围及结构

第六十九章包括成形后经过烧制的陶瓷产品。本章陶瓷产品用下列两种方法制得：一种是将无机非金属材料（如泥土）或具有高熔点的材料与黏合剂相混合，经预先调制成形后进行烧结而成；另一种是将岩石（如，块滑石）成形后进行烧制而成。

本章根据组成成分和所采取的烧制工序分成两个分章。

第一分章品目 6901 ～ 6903 包括硅化石粉或类似硅土的制品及耐火材料制品。

第二分章品目 6904 ～ 6914 包括其他陶瓷产品，其按用途分为：建筑和工业用陶瓷器；实验室、化学和其他技术用陶瓷器，农业和运输用陶瓷容器；陶瓷卫生设备；陶瓷餐具及家用盥洗用陶瓷；其他陶瓷制品。

本章共有 13 个品目，其排列顺序为：6901 ～ 6903 硅化石粉或类似硅土的制品及耐火材料制品→ 6904 ～ 6907 建筑和工业用陶瓷器→ 6909 实验室、化学和其他技术用陶瓷器，农业和运输用陶瓷容器→ 6910 陶瓷卫生设备→ 6911 ～ 6912 陶瓷餐具及家用盥洗用陶瓷→ 6913 ～ 6914 其他陶瓷制品。

## 二、本章注释简介

本章共有两条章注释。

章注一明确了本章“陶瓷产品”的适用范围，即“适用于成形后经过烧制的陶瓷产品”。该章注明确了品目 6904 ～ 6914 仅适用于不能归入品目 6901 ～ 6903 的产品，并说明了陶瓷制品的原料范围。

章注二列出 12 项本章不包括的货品，如本章不包括品目 8113 的金属陶瓷、品目 8546 陶瓷制的绝缘子。

## 三、本章商品归类要点

### （一）陶器和瓷器的区别

陶器和瓷器的区别主要有三点：其一是原料不同，陶器是用陶土（成分主要是高岭石、水白云母、蒙脱石、石英和长石等）或黏土调制成型后烧制的，含杂质（砂粒和土粒等）较多；瓷器是瓷土（高岭土）经调制成型后烧制的。其二是性质不同，陶器质地较粗、多孔、不透明，断面具有吸水性，敲击不能发出清脆音响；瓷器坯体洁白细密，几乎完全玻璃化，较薄者呈半透明，不上釉也具有不渗透性，断面不具吸水性，敲击能发出清脆音响。其三是烧制时的温度不同，陶器烧制温度（950 ～ 1165℃）一般较瓷器低。

### （二）陶瓷制品的归类

大部分陶瓷制品归入本章，但有些陶瓷制品已在本章章注二排除的不归入本章。例如，陶瓷制的电器用绝缘子归入品目 8546。同时，也有一些陶瓷制品即使具有第十六类机器的特征或零件的特征，仍应归入本章。例如，陶瓷泵、陶瓷水龙头等不归入第十六类，应归入本章；陶瓷制人造花、果实、叶子等物品不能归入品目 6702 的人造花，根据第六十七章章注三的规定，应按陶瓷材料所属的章归类，所以陶瓷制人造花、果实、叶子等物品应归入品目 6913。

**【知识拓展】**

出口货物商品编码要如实申报

出口退税是国家为了鼓励企业出口而制定的一项税收政策，符合条件的出口货物均可享受退税。海关总署对各类出口货物制定了相对应的商品编码，编码不同，退税率也不同。如果企业在申报出口时错报、瞒报而报错了商品编码，就有可能造成退税率错误，导致出口违规，进而引发涉税风险。

A公司注册于宁波保税区，虽然主要经营各类货物的批发零售，但也从事进出口业务。2013年3月至2015年1月期间，A公司申报出口陶瓷纤维袋、陶纤布等16项货物，涉及报关单16票，申报的商品编码均为69039000.00，该商品编码对应的出口退税率为9%。保税区海关在对A公司出口情况进行分析时发现疑点，经调查发现，A公司出口的16项货物，其具体成分含量中三氧化二铝和二氧化硅含量之和在97%之上，其对应的商品编码应为69032000.00，而该商品编码对应的出口退税率为0%。

原来，A公司员工李某因业务不熟，在申报时马虎大意，填报了错误的商品编码，导致出口申报违规。宁波市国税局第三稽查局按照规定，对多退给A公司的税款予以追回，同时对该16笔业务视同内销征收增值税。

（资料来源：“宁波税务”微信公众号）

## 工作任务

江苏恒诚报关有限公司申报一批进口陶制茶杯和陶制烟斗，请对以上商品进行归类。

## 任务实施

### 1. 陶制茶杯

（1）判断归类属性。茶杯属于“餐具、厨房器具及其他家用或盥洗用陶器”。

（2）引用归类依据。对于陶制制品的归类应考虑第六十九章章注二列出的12项本章不包括的货品。陶制茶杯属于陶制品，归类时应按陶制品归入第六十九章品目6912。

（3）确定商品编码。根据归类总规则一及六的规定，本商品应归入商品编码6912.0010。

### 2. 陶制烟斗

（1）判断归类属性。“陶制烟斗”似可按陶制制品归入第六十九章。

（2）引用归类依据。本章章注二（十一）规定，本章不包括品目9614的物品（例如，烟斗），因此“陶烟斗”应归入品目9614。

（3）确定商品编码。根据归类总规则一及六的规定，本任务商品应归入商品编码9614.0010。

## 任务训练

请对以下商品进行归类：

1. 上过釉的瓷砖，用于厨房、卫生间的墙面装饰，规格：15厘米×15厘米。
2. 用于腐蚀性流体的瓷制龙头（莫氏硬度9以下的瓷制成）。
3. 用于贴墙的背衬纺织物的玻璃马赛克。
4. 装饰用瓷制大花瓶。

5. 陶制汤碗。
6. 金属陶瓷管。
7. 陶瓷制法兰。
8. 耐火材料制坩埚（石墨含量为 40%）。
9. 断路器瓷套管（由绝缘材料制成）。
10. 建筑用陶瓷砖。

# 任务三

## 玻璃及其制品的归类

### 知识准备

#### 一、本章商品范围及结构

第七十章包括各种玻璃及其制品。玻璃是以不同比例的某种碱金属硅酸盐（硅酸钠或硅酸钾）与一种或多种钙和铅的硅酸盐相混合，并附加钡、铝、锰、镁等组成的一种熔融均匀混合物。玻璃按其组分不同有许多品种（例如，玻希米亚玻璃、冕牌玻璃、铅晶质玻璃、氧化铅玻璃、斯特拉斯铅玻璃），这些不同类型的玻璃是非晶性（非晶质）的，而且是全部透明的。

在本章中玻璃组成成分并不影响各种玻璃的归类。玻璃的制造方法很多，诸如铸造、滚轧、浮法、吹制、拉拔或挤出、模制、挤压成型、灯工方法等。制造方法是影响玻璃归类的重要因素，应该按照品目条文对制法的不同要求区别对待。例如品目 7003 仅适用于铸制或轧制玻璃，品目 7004 仅适用于拉制或吹制玻璃。

一些作为机械设备或物品的玻璃制零件具有特定的用途，但仍要归入本章，如车辆用的后视镜、钟表玻璃等。

本章不包括玻璃制的仿首饰（归入品目 7117）、光缆（归入品目 8544）、光导纤维、经光学加工的光学元件、注射用针管、温度计、气压计、液体比重计（归入第九十章）。

本章共有 19 个品目，其排列顺序为：7001 ～ 7002 碎玻璃，未加工的玻璃球、棒及管→ 7003 ～ 7005 未经进一步加工的玻璃板、片等→ 7006 ～ 7008 经进一步加工的玻璃板、片等→ 7009 ～ 7011、7013 ～ 7020 玻璃制品。

#### 二、本章注释简介

本章有五条章注释和一条子目注释。

##### （一）章注释

章注一列出九条本章不包括的货品，主要包括：有永久固定电光源的灯具及照明装置，灯箱标志或铭牌和类似品及其零件（品目 9405）；光导纤维、经光学加工的光学元件、注射用针管、假眼、温度计等第九十章的其他物品。

章注二对品目 7003、7004 和 7005 有关词意的范围做了明确定义：

（1）明确玻璃在退火前的各种处理都不视为“已加工”。

（2）玻璃切割成一定形状并不影响其作为板片归类。

（3）所称“吸收、反射或非反射层”，是指极薄的金属或化合物（例如，金属氧化物）镀层，该镀层可以吸收红外线等光线或可以提高玻璃的反射性能，同时仍然使玻璃具有一定程度的透明性和半透明性；或者该镀层可以防止光线在玻璃表面的反射。

章注三明确规定品目 7006 的产品不论是否具有制成品的特性，只要符合品目条文列名，经弯曲、磨边、镂刻、钻孔、涂珐琅或其他加工都应归入该品目。

章注四和五分别对“玻璃棉”和“玻璃”做了明确定义。

### （二）子目注释

本章子目注释对子目 7013.22、7013.33 及 7013.91 所称“铅晶质玻璃”做了明确规定，即仅指按重量计氧化铅含量在 24% 及以上的玻璃。

## 三、本章商品归类要点

### （一）玻璃板、片的归类

玻璃板、片按是否经进一步加工归入不同的品目。如未经进一步加工的玻璃板、片归入品目 7003 ～ 7005；经进一步加工的玻璃板、片归入品目 7006 ～ 7008。其中“未经进一步加工”指未经弯曲、磨边、镂刻、钻孔、涂珐琅等加工，镀反射层、表面研磨和抛光及玻璃在退火前的各种处理均视为“未经进一步加工”。

### （二）光学元件的归类原则

#### 1. 玻璃制光学元件的归类

是否进行了抛光加工是判断玻璃制光学元件是否进行了光学加工的界限。因此仅经过抛光前的一道或数道工序加工而成的玻璃物件应归入第七十章；一个或多个表面、全部或部分经过抛光处理具备光学性能的玻璃元件，应归入第九十章。例如，未经抛光的信号玻璃器及其他玻璃制光学元件应归入品目 7014（如汽车车头灯的透镜）；视力矫正用玻璃及呈弧面的平光太阳镜片、平光变色镜片等应归入品目 7015；经光学加工的玻璃制光学元件应归入品目 9001（如玻璃制眼镜片）。

#### 2. 非玻璃制光学元件的归类原则

非玻璃材料制的光学元件，如氟石、塑料或金属制的光学元件及氧化镁、碱金属或碱土金属卤化物等人工培养晶体制成的光学元件，无论是否经过光学加工，均应归入第九十章。例如，无论是否经过光学加工的有机玻璃眼镜片，均应归入品目 9001。

### （三）玻璃假眼的归类

供玩偶、玩具动物使用的玻璃假眼如未装有闭眼装置归入品目 7018，如装有闭眼装置的玩偶假眼则归入品目 9503；供人使用的玻璃假眼归入品目 9021。

### （四）玻璃纤维及其制品的归类

玻璃纤维及其制品（如玻璃纤维的机织物）均归入品目 7019，由于玻璃纤维不属于第十一类的纺织纤维，所以不要误按纺织品归入第十一类。光导纤维应归入品目 9001。

## 工作任务

江苏恒诚报关有限公司申报一批进口高档玻璃，包括钟表玻璃及安全玻璃（钢化玻璃制未镶框，已制成一定形状，专用于飞机上）。请对以上商品进行归类。

## 任务实施

### 1. 钟表玻璃

（1）判断归类属性。钟表玻璃是钟表的一个零件，归类是似可按钟表玻璃归入第七十章，也可按钟表零件归入第九十一章。

（2）引用归类依据。根据归类总规则三（一）的具体列名归类原则，本商品应按钟表玻璃的具体列名归入第七十章的品目 7015，而不按钟表零件归入第九十一章的品目 9114。

（3）确定商品编码。根据归类总规则一及六的规定，本商品应归入商品编码 7015.9010。

### 2. 安全玻璃（钢化玻璃制未镶框，已制成一定形状，专用于飞机上）

（1）判断归类属性。安全玻璃实为专用于飞机的钢化玻璃，归类时似可按钢化安全玻璃归入第七十章，又可按飞机零部件归入第八十八章。

（2）引用归类依据。根据归类总规则三（一）列名比较具体的品目优先于列名一般的品目的规定，本商品应按钢化安全玻璃的具体列名归入品目 7007。

（3）确定商品编码。根据归类总规则一及六的规定，本商品应归入商品编码 7007.1110。

**操作题：**

请查询玻璃的分类。

## 任务训练

请对以下商品进行归类：

1．已成形的视力矫正眼镜用的变色玻璃片（未经光学加工）。

2．浮法夹丝玻璃板（边缘已经加工但未用其他材料镶框和装配）。

3．小轿车后视镜（已经镶框）。

4．落地式玻璃镜（木框架、供服装店试衣用）。

5．用玻璃制的仿宝石。

6．用玻璃制的仿珍珠项链。

7．乳白玻璃制灯罩。

8．配药用玻璃量筒（普通玻璃制）。

9．玻璃制近视眼镜片（度数为 500）。

10．玻璃纤维粗纱机织物（300 克 / 平方米，幅宽 60 厘米）。

# 项目评价

## 考核评价表

| 学习目标 | 评价项目 | 自我评价（30%） | 组间评价（30%） | 教师评价（40%） |
| --- | --- | --- | --- | --- |
| 专业知识（30 分） | 矿产制品的商品知识 | | | |
| | 陶瓷制品加工程度 | | | |
| | 玻璃制品加工程度 | | | |
| | 重要的章注释、品目注释、品目条文 | | | |
| 专业能力（40 分） | 准确把握归类依据 | | | |
| | 掌握矿产、陶瓷、玻璃制品的归类原则 | | | |
| | 准确运用归类总规则 | | | |
| 职业素养（30 分） | 积极主动、团队合作精神 | | | |
| | 沟通协调能力 | | | |
| | 思辨能力 | | | |
| | 解决问题能力 | | | |
| | 谨慎细心的工作态度 | | | |
| 教师建议： | | 评价标准：<br>A．优秀（≥ 80 分） B．良好（70 ～ 80 分）<br>C．基本掌握（60 ～ 70 分） D．没有掌握（< 60 分） | | |
| 个人努力方向： | | | | |

# 项目十五
# 天然或养殖珍珠、宝石或半宝石、贵金属、包贵金属及其制品；仿首饰；硬币的归类

## 学习目标

◆ **知识目标**

熟悉本类各章商品的范围及排列结构，了解必要的商品知识，熟悉相关的注释。

◆ **能力目标**

掌握贵金属及其制品的归类要点；能正确运用归类依据对本类商品进行准确归类。

◆ **素质目标**

通过对商品归类的训练，培养诚实守信、遵纪守法的职业品格。

## 项目导入

通过本类的学习，熟悉本类商品的结构范围，理解本类中相关的商品名词解释，掌握贵金属及其制品归类的要点。

**学习重难点：**

贵金属及其制品的归类原则，以及易与本类商品混淆的商品的比较分析。

## 项目要点

### 一、本类商品范围

本类只有一章，即第七十一章，其商品范围与第七十一章相同，具体内容包括：天然或养殖珍珠、宝石或半宝石、贵金属、包贵金属及其制品；仿首饰；硬币的归类。

### 二、本类注释

本类无类注释。

### 三、本类商品归类要点

本类商品归类要点同下列工作任务。

任务

# 天然或养殖珍珠、宝石或半宝石、贵金属、包贵金属及其制品；仿首饰；硬币的归类

知识准备

## 一、本章商品范围及结构

本章包括珍珠、宝石、贵金属、包贵金属及这些珠宝首饰、金银器及其制成品，并按商品的属性和加工程度分成三个分章。其中，前两个分章的商品为未制成品或半制成品，后一分章的商品为制成品。

本章有 18 个品目，其排列结构如下：

第一分章：7101 未成串或镶嵌的天然或养殖的珍珠→ 7102 未镶嵌的钻石→ 7103 ～ 7104 未成串或镶嵌的宝石或半宝石（天然或合成的）→ 7105 天然或合成的宝石或半宝石的粉末。

第二分章：7106 ～ 7107 银（未锻造、半制成或粉末状）及包银材料→ 7108 ～ 7109 金（未锻造、半制成或粉末状）及包金材料→ 7110 ～ 7111 铂（未锻造、半制成或粉末状）及包铂材料→ 7112 贵金属或包贵金属的废碎料。

第三分章：7113 贵金属或包贵金属的首饰及其零件→ 7114 ～ 7115 贵金属或包贵金属的金银器及其他制品→ 7116 珍珠、宝石或半宝石的制成品→ 7117 仿首饰→ 7118 硬币。

## 二、本章注释简介

本章共十一条章注释及三条子目注释。

### （一）章注释

章注一是对全部或部分由天然或养殖珍珠、宝石或半宝石（天然、合成或再造）或贵金属或包贵金属构成的制品均应归入本章的优先归类规定。

章注二对品目 7113、7114、7115、7116 所含商品范围做了界定。

章注三是本章的排除条款，列出了不能归入本章的 15 类货品。

章注四分别明确了“贵金属”“铂”的定义并规定了“宝石或半宝石”的商品范围。所称“贵金属”是指银、金及铂；“铂”是指铂、铱、锇、钯、铑及钌；“宝石或半宝石”不包括第九十六章章注二（二）所述的任何物质（琥珀、海泡石、黏聚琥珀、黏聚海泡石、黑玉及其矿物代用品）。

章注五对本章贵金属合金及其归类规则做了规定。

章注六明确规定，除条文另有规定的以外，本目录所称贵金属应包括上述注释五所述贵金属合金，但不包括包贵金属或表面镀以贵金属的贱金属及非金属。

章注七说明了协调制度所称“包贵金属”的含义。

章注八对贵金属或包贵金属的废碎料及用于回收贵金属的废碎料的优先归类做了明确规定。

章注九说明了品目 7113 所称“首饰”的含义并明确了首饰的范围。

章注十明确了品目 7114 所称“金银器”的货品范围。

章注十一说明了品目 7117 所称“仿首饰”的含义并明确了仿首饰的范围。

### （二）子目注释

子目注释一说明了 7106.10 等子目所称“粉末”的含义。

子目注释二明确了子目 7110.11 及 7110.19 的“铂”不包括铱、钯、铑及钌。

子目注释三明确规定，品目 7110 下子目所列合金归类应按所含铂、钯、铑、铱、锇、钌中重量最大的一种金属归类。

## 三、本章商品归类要点

### （一）优先归类原则（品目7112贵金属或包贵金属的废碎料及用于回收贵金属的废碎料的归类原则）

（1）含放射性贵金属及其化合物、贵金属同位素及其化合物的残渣应优先归入第二十八章的相应品目。

（2）其他贵金属或包贵金属的废碎料及用于回收贵金属的废碎料应归入品目 7112，即可归入品目 7112 的货品 [ 上述（1）款除外 ] 应优先归入品目 7112 而不归入本目录其他品目。

### （二）贵金属合金的归类原则

（1）贵金属合金的品目归类。含有贵金属的合金，只要其中任何一种贵金属的含量达到合金重量的 2%，即应视为贵金属合金，且按以下规则归类：①按重量计铂（或铂族）含量在 2% 及以上的合金，应视为铂合金；②按重量计金含量在 2% 及以上的非铂（或铂族）合金，应视为金合金；③按重量计银含量在 2% 及以上的非铂（或铂族）及金合金，应视为银合金。④按重量计含铂（或铂族）、金、银含量均在 2% 以下的合金，应视为贱金属合金。即在贵金属合金归类时，其优先顺序是铂（或铂族）合金，其次是金合金，最后是银合金。

（2）品目 7110 项下子目所列合金的归类归入该品目的合金应按所含铂、铱、锇、钯、铑及钌中重量最大的一种金属归类。

（3）其他子目所属贵金属合金的归类比照上述品目的归类原则办理。

贵金属合金归类流程如图 15-1 所示。

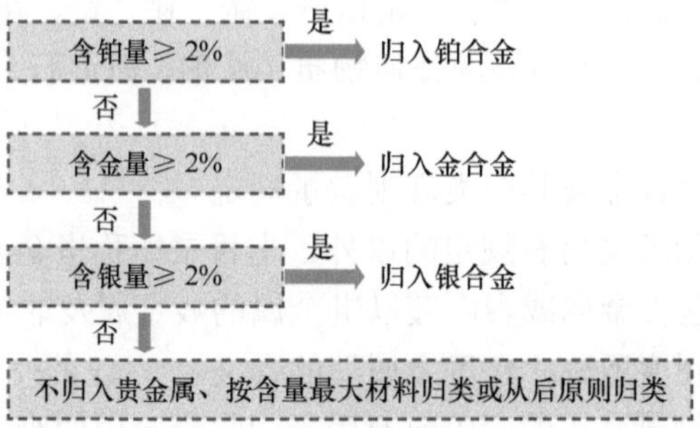


图15-1　贵金属合金归类流程

### （三）硬币的归类

（1）任何金属（包括贵金属）制成的硬币（法定货币及非法定货币）归入品目7118。

（2）装在胸针、领带夹等个人装饰品上的硬币归入品目7113、7117或9706。

（3）具有钱币学意义的收藏品及珍藏品归入第九十七章。

（4）只能作金属废碎料使用的废、碎的硬币归入材料所在的章。

### （四）“包贵金属”与“镀贵金属”的归类

“包贵金属”是指以贱金属为底料（包铂族贵金属材料也可以以银或金为底料，包金材料也可以以银为底料），在其一面或多面用焊接、熔接、热轧或类似机械方法覆盖一层任何厚度的贵金属材料。除品目条文另有规定以外，镶嵌贵金属的贱金属也视为包贵金属。“镀贵金属”是通过电解、蒸汽沉积、喷镀或用贵金属盐溶液浸渍等方法镀上贵金属，不论所镀贵金属有多厚，都应按其底料金属归入有关章。例如，餐刀（以不锈钢为底的包银材料制成）应按包贵金属制的金银器归入品目7114；餐刀（以不锈钢为底的镀银材料制成）应按贱金属餐具归入品目8215。

包贵金属与镀贵金属的归类见表15-1。

表15-1　包贵金属与镀贵金属的归类

| 商品名称 | 包贵金属 | 镀贵金属 |
|---|---|---|
| 相同点 | 表面均为贵金属 | |
| 不同点 | 通过焊接、熔接、热轧等机械方法制得 | 通过电镀等化学方法制得 |
| 归类 | 按贵金属归入第七十一章 | 按内部底料归类 |

### （五）首饰与仿首饰的归类

首饰与仿首饰的归类主要需弄清楚二者的区别：

（1）材料不同。品目7113的“首饰”是用贵金属或包贵金属制成（不论是否镶嵌珍珠、宝石或半宝石），品目7117的“仿首饰”是用贵金属、包贵金属、珍珠、宝石或半宝石以外的其他材料制成。

（2）范围不同。品目7113的“首饰”包括：①个人用小饰物（例如，戒指、手镯、项圈、饰针、耳环、表链、表链饰物、垂饰、领带别针、袖扣、饰扣、宗教性或其他勋章及徽章）；②通常放置在衣袋、手提包或佩戴在身上的个人用品（例如，雪茄盒或烟盒、鼻烟盒、口香糖盒或药丸盒、粉盒、链带、念珠）。而品目7117的“仿首饰”只包括个人用小饰物。

例如金项链与铜项链的归类，虽然都是项链，但材料不同。金是贵金属，铜是贱金属。因此，金项链按首饰归入品目7113，铜项链按仿首饰归入品目7117。

但需要注意的是章注十一所称的“仿首饰”是指不含天然或养殖珍珠、宝石或半宝石（天然、合成或再造）及贵金属或包贵金属（仅作为镀层或小零件、小装饰品的除外）的章注九（一）所述的首饰（不包括品目9606的纽扣及其他物品或品目9615的梳子、发夹及类似品）。

因此放置在衣袋的银制香烟盒属于首饰归入品目7113，但放置在衣袋的铁制香烟盒则不是仿首饰，而应按钢铁制品归入品目7326。

**【知识拓展】**

查获涉嫌走私出境的铂金58千克

2021年9月，深圳海关开展打击贵金属走私专项行动，捣毁一个涉嫌通过伪报品名走私贵金属出境的犯罪网络，抓获犯罪嫌疑人5名，现场查获涉嫌走私出境的铂金58.04千克。

某企业向深圳湾海关以一般贸易方式申报出口货物一批。经查验，海关工作人员发现申报货物中的“装饰用工艺条（铅制镀银）”“货不对板”，经鉴定为足铂金块58.04千克，市场价值1 435万元。深圳湾海关随即将该案件线索移交至缉私部门展开调查，最终将5名犯罪嫌疑人缉拿归案。

海关提醒：进出口企业应该守法经营，按照《中华人民共和国刑法》第一百五十一条规定，走私国家禁止出口的文物、黄金、白银和其他贵重金属或者国家禁止进出口的珍贵动物及其制品的，处5年以上10年以下有期徒刑，并处罚金；情节特别严重的，处10年以上有期徒刑或者无期徒刑，并处没收财产；情节较轻的，处5年以下有期徒刑，并处罚金。

（资料来源：“海关发布”微信公众号）

## 工作任务

江苏恒诚报关有限公司申报一批进口铜制镀金领带夹，以及一批含有金属银的纸灰（可用于回收金属银）。请对以上商品进行归类。

## 任务实施

### 1. 铜制镀金领带夹

（1）判断归类属性。该商品从用途上看是个人用的饰物，可以归入第七十一章“天然或养殖珍珠、宝石或半宝石、贵金属、包贵金属及其制品；仿首饰；硬币”；从商品所用材料上看，是贱金属铜，可以归入第七十四章铜及其制品。

（2）引用归类依据。依据第七十一章章注九及十一的规定，品目 7117 所称仿首饰是指不含天然或养殖珍珠、天然或合成及再造的宝石或半宝石以及贵金属或包贵金属的个人用小饰物。因此本商品应视为仿首饰，归入品目 7117。

（3）确定商品编码。根据归类总规则一及六的规定，本商品应归入商品编码 7117.1900。

### 2. 含有金属银的纸灰（可用于回收金属银）

（1）判断归类属性。含金属银的纸灰，可以按灰渣归入第二十六章，也可以按废金属银归入第七十一章。

（2）引用归类依据。依据第七十一章章注八关于第六类类注一（一）另有规定的以外，凡符合品目 7112 规定的商品，应归入该品目而不应归入其他品目，因此含有金属银的纸灰（可用于回收金属银）应归入品目 7112。

（3）确定商品编码。根据归类总规则一及六的规定，本商品应归入商品编码 7112.3010。

**思考题：**

贱金属制的硬币应如何归类？

## 任务训练

请对以下商品进行归类：

1．铑1%、钯1.5%、银97.5%的合金粉。

2．玛瑙制的烟灰缸。

3．镀银（以铝合金为底料）的领带别针。

4．以铜合金为底包银材料制造的餐勺（非成套）。

5．一种戴在手腕处的装饰品，用樟木制成圆珠状，再用线串成。

6．翡翠（1900年开采，未经加工）。

7．贱金属为底的包金纽扣。

8．用于制喷丝头的未锻造的金属合金锭，按重量计含铂2%、金2%、铜16%、铁80%。

9．纯金电镀用阳极片。

10．活动铅笔（银合金制笔杆）。

# 项目评价

**考核评价表**

| 学习目标 | 评价项目 | 自我评价（30%） | 组间评价（30%） | 教师评价（40%） |
|---|---|---|---|---|
| 专业知识（30分） | 贵金属的商品知识 | | | |
| | 贵金属与包贵金属的区别 | | | |
| | 仿首饰的商品范围 | | | |
| | 重要的章注释、品目注释、品目条文 | | | |
| 专业能力（40分） | 准确把握归类依据 | | | |
| | 掌握贵金属与包贵金属的归类原则 | | | |
| | 准确运用归类总规则 | | | |
| 职业素养（30分） | 积极主动、团队合作精神 | | | |
| | 沟通协调能力 | | | |
| | 思辨能力 | | | |
| | 解决问题能力 | | | |
| | 谨慎细心的工作态度 | | | |
| 教师建议： | | 评价标准：<br>A．优秀（≥80分）　B．良好（70～80分）<br>C．基本掌握（60～70分）　D．没有掌握（<60分） | | |
| 个人努力方向： | | | | |

# 项目十六
# 贱金属及其制品的归类

## 学习目标

◆ **知识目标**

熟悉本类各章商品的范围及排列结构，了解必要的商品知识，熟悉相关的注释。

◆ **能力目标**

掌握贱金属及其制品的归类要点；能正确运用归类依据对本类商品进行准确归类。

◆ **素质目标**

通过对商品知识的了解，培养创新意识、维护国家安全意识，增强自主创新能力。

## 项目导入

通过本类的学习，熟悉本类商品的结构范围，理解本类中相关的商品名词解释，掌握贱金属及制品的归类要点。

**学习重难点：**

贱金属及制品的归类原则，以及易与本类商品混淆的商品的比较分析。

## 项目要点

### 一、本类商品范围

第十五类所称的“贱金属”是指钢铁、铜、镍、铝、锌、锡、钨、钼、钽、镁、钴、铋、镉、钛、锆、锑、锰、铍、铬、锗、钒、镓、铪、铟、铌、铼、铊。本类包括上述贱金属及贱金属材料和大量技术含量低、结构简单的贱金属制品，还包括金属陶瓷及其制品。

本类共有 11 章，可分为三部分内容。第一部分钢铁及其制品：第七十二章钢铁；第七十三章钢铁制品。第二部分有色金属、金属陶瓷及其制品：第七十四章铜及其制品；第七十五章镍及其制品；第七十六章铝及其制品；第七十七章空缺；第七十八章铅及其制品；第七十九章锌及其制品；第八十章锡及其制品；第八十一章其他贱金属及其制品、金属陶瓷及其制品。第三部分结构较为简单的贱金属制品：第八十二章贱金属工具、器具、利口器、餐匙、餐叉及其零件；第八十三章贱金属杂项制品。归入第八十二章、第八十三章的贱金属制品不论其是何种贱金属制，只按其使用特性来归类。

易误归入本类的货品主要有：含于矿脉中的天然贱金属（第二十六章）；锍（铜锍、镍锍、钴锍除外）（第二十六章）、贱金属汞齐（品目 2853）；贱金属胶态悬浮液（通常归入品目 3003 或 3004）；金属线织成的机织物（品目 5809）；硬币（品目 7118）；已装配的铁道或电车道轨道（品目 8608）；金属丝刷（品目 9603）等。

## 二、本类注释

本类共有九条类注释。

类注一是排他条款，列出了不能归入本类的 13 类货品。

类注二用列举法明确了本目录所称“通用零件”的范围及所属的品目，规定了“通用零件”、本类货品零件及第八十二章、第八十三章所述物品的归类规定。

类注三用列举法明确了本目录所称“贱金属”适用的金属范围。

类注四对本目录所称“金属陶瓷”做出了明确定义。

类注五规定了合金的归类规则，强调了本类所称“合金”，包括金属粉末的烧结混合物、熔化而得的不均匀紧密混合物（金属陶瓷除外）及金属间化合物。

类注六是对贱金属定义的有条件扩展。

类注七规定了贱金属复合材料制品的归类规则。

类注八是对贱金属废碎料和贱金属粉末的定义进行了明确。

类注九对第七十四章至第七十六章以及第七十八章至第八十一章所述的“条杆”“型材及异型材”“丝”“板、片、带、箔”“管”做了名词解释。

## 三、本类商品归类要点

### （一）贱金属制品的优先归类

具有第八十二章、八十三章商品特性的贱金属制品优先归入这两章，而不按金属材料的属性归入第七十三章至第八十一章。例如，铜制挂锁优先按用途归入品目 8301，而不按铜的材质的属性归入第七十三章。

### （二）贱金属通用零件的归类

第十五类类注二对“通用零件”的范围做了明确的规定。单独进出口的“通用零件”，即便其本身用途、尺寸有专用性，仍不能作为制品的零件归类，应归入本类“通用零件”的相应品目。

熟悉类注二所列举的通用零件的品目相对应的“商品名称”：

7307：钢铁管子附件（如接头、肘管、管套）。

7312：非绝缘的钢铁绞股线、绳、缆、编带、吊索及类似品。

7315：钢铁链及其零件。

7317：钢铁制的钉、平头钉、图钉、波纹钉、U 形钉及类似品。

7318：钢铁制的螺钉、螺栓、螺母、方头螺钉、铆钉、销、开尾销、垫圈（包括弹簧垫圈）及类似品。

7320：钢铁制弹簧及弹簧片。

此外还有8301的各种钥匙；8302用于家具、门窗等的贱金属附件、架座、小脚轮等；8306.3000的贱金属制的框架和镜子；8308的扣、钩、环、眼等；8310的各种铭牌、标牌等。

钢铁制的通用零件归入第七十三章，有色贱金属制的通用零件归入第七十四章至第八十一章中相应品目。

### （三）贱金属合金的归类

根据第七十一章章注五及本类类注五的规定，含有贱金属的合金应按下列规则归类。

#### 1. 贱金属与贵金属的合金

如果合金中没有任何一种贵金属（银、金、铂）的重量达到合金重量的2%，这种合金应作为贱金属合金；否则，应按贵金属合金归入第七十一章。

#### 2. 贱金属与贱金属的合金

除铁合金及铜母合金以外，这类合金应按所含重量最大的一种金属归类。

#### 3. 本类的贱金属与非金属或品目2805的碱金属、碱土金属、稀土金属等构成的合金

除铁合金及铜母合金以外，如果这类合金中本类贱金属的总重量等于或超过其他元素的总重量，则这类合金应按贱金属合金归类；否则，这类合金通常归入品目3824。

### （四）复合材料的归类

（1）含有两种或两种以上贱金属的制品，应按其所含重量最大的那种贱金属的制品归类，品目另有规定的除外（如铜头的钢铁钉即使所含的铜不是主要成分，仍归入品目7415）。

（2）对于部分由非金属构成的制品，若计算各种金属的比例时，应考虑下列三点：①各种钢铁应视为同一种金属（如某种复合材料的管子中铜占40%、不锈钢占30%、硅锰钢占30%，此时不锈钢和硅锰钢均属于合金钢，应合并计算，两者含量之和超过铜的含量，所以按钢铁管归入第七十三章）。②作为某一种金属归类的合金，应视为一种金属（如由黄铜构成的铜制品应视为全部由纯铜构成）。③品目8113的金属陶瓷，应视为一种贱金属。

### （五）贱金属废旧料的归类

（1）能作为原物使用的金属制品按原制品归类。

（2）在金属生产或机械加工过程中产生的废料及废屑应归入以废碎料列名的品目。

## 任务一

## 钢铁的归类

### 知识准备

### 一、本章商品范围及结构

第七十二章包括生铁、镜铁、铁合金及其他冶炼钢铁的金属原料，锭状及其他初级形

状产品、半制成品，用初级形状产品、半制成品经进一步加工制得的各种钢材（平板轧材、条、杆、丝、角材、型材及异型材等）。本章不包括各种管材（归入第七十三章）。

本章共有29个品目，其排列顺序为：第一分章原料、粒状及粉状产品（7201～7205）→第二分章铁及非合金钢（7206～7217）→第三分章不锈钢（7218～7223）→第四分章其他合金钢、合金钢或非合金钢的空心钻钢（7224～7229）。

## 二、本章注释简介

本章有三条章注释和两条子目注释。

### （一）章注释

章注一有15项条款，对本章品目中出现的名词，例如生铁、镜铁、铁合金、钢、不锈钢、其他合金钢、供再熔的碎料钢铁锭、颗粒、半制成品、平板轧材、不规则盘卷的热轧条杆、其他条杆、角材/型材/异型材、丝和空心钻钢的成分、形态、用途等做出限制性定义。

章注二对一种钢铁包覆另一种不同的钢铁的归类做出规定。

章注三对使用特殊方法生产的钢铁产品做出规定。

### （二）子目注释

子目注释一对本章子目中出现的名词合金生铁、非合金易切削钢、硅电钢、高速钢、硅锰钢做合金成分方面的限制性规定。

子目注释二对多元铁合金的归类方法做出规定。

## 三、本章商品归类要点

### （一）本章商品知识

#### 1. 冶炼铁的常见方法

（1）高炉法，即将铁矿砂和焦炭在高炉中加热至熔化并转变成生铁的过程。采用这种方法炼制的铁呈熔融生铁状。这些熔融的生铁可用于炼钢厂直接炼钢，或用于铸造厂制成铁锭、块、铸铁管等，或制成不规则形状的团块，或注入水后成为铁粒。

（2）直接还原法，即通过用气态或液态烃等还原剂处理铁矿砂，使其直接还原转变成海绵铁或铁团块的过程。在这些过程中，还原温度比较低，以至不需经熔融状态便可获得海绵状、预还原粒状或团块状产品（通常称作海绵铁）。海绵铁的含碳量通常比高炉法所得的生铁低，所以大部分海绵铁用于炼钢。

#### 2. 钢的冶炼

炼钢的目的是把铁中的碳和杂质降低到所要求的范围内。炼钢的过程是用氧来氧化铁中的碳、锰、硅、磷、硫，并使其达到所要求的含碳量，最后添加合金元素以调整钢的含氧量和合金成分。炼钢的原料由熔融状或固体状的生铁或铸铁及直接还原法所得铁产品（海绵铁）与废碎铁混合组成，在这些原料中再加入生石灰、萤石、脱氧剂（如镁铁、硅、铁、铝）及各种合金元素等造渣添加剂。

炼钢方法主要分为两类：

（1）“气体”法，我国又称转炉法，即向转炉中的熔融生铁中吹入氧气进行冶炼。只有原料为熔融生铁时才使用此法，所以此法不需外部热源。

（2）“炉膛”法，即在平炉或电炉内进行冶炼。当原料为固体配料（如废碎铁、海绵铁及固体生铁）时使用此方法，所以平炉炼钢法需要外加热源。热源由重油或气体供应或由电能提供。

### 3. 钢的加工方法

钢常用的加工方法有：热轧、冷轧、锻造、热拉、挤压、拉丝等。

热轧，指在快速结晶点及开始熔化点之间的某一温度下轧制。一般情况下，热轧的最终工作温度约为900℃。

冷轧，指在室温条件下（即低于再结晶温度）进行的轧制。

锻造，指通过锤击机或锻压机使金属团块热变形，制成任何形状工件的方法。

热拉，指将钢加热并通过模具拉出条、管或各种形状的型材。

挤压，通常为冷加工法，指在模具及加压工具之间加以高压使块钢变形，模具与加压工具之间除材料通过的方位外其余各方位均为密闭，以形成所需形状。

拉丝，指高速拉拔不规则盘绕的条或杆，使其通过一个或数个模口，生产出直径更小的盘卷的钢铁丝。

### 4. 生铁、镜铁、铁合金的区别

（1）生铁：指无实用可锻性的铁碳合金，按重量计含碳量≥ 2%，并可含有一种或几种下列含量范围的其他元素：铬≤ 10%，锰≤ 6%，磷≤ 3%，硅≤ 8%；其他元素合计≤ 10%。

（2）镜铁：指按重量计含锰量在6% ～ 30% 的铁碳合金，其他方面符合生铁中所列的标准。

（3）铁合金：指铁与其他元素的合金，按重量计铁含量≥ 4%，并含有下列一种或几种其他元素：铬 >10%，锰 >30%，磷 >3%，硅 >8%；除碳以外的其他元素合计 >10%，但最高含铜量≤ 10%。

铁合金一般无实用可锻性，通常用于其他合金生产过程中的添加剂或在黑色金属冶炼中作除氧剂、脱硫剂及类似用途。

三者主要元素含量的区别见表 16-1。

表16-1 生铁、镜铁、铁合金主要元素含量的区别

| 元 素 | 生 铁 | 镜 铁 | 铁 合 金 |
|---|---|---|---|
| 铬 | ≤ 10% | ≤ 10% | >10% |
| 锰 | ≤ 6% | 6% ～ 30% | >30% |
| 磷 | ≤ 3% | ≤ 3% | >3% |

### 5. 钢的分类

在协调制度中，根据是否含有合金元素将钢分为非合金钢和合金钢，合金钢又根据所含元素的成分不同分为不锈钢、硅电钢、高速钢、硅锰钢等。

其中，不锈钢要符合本章章注一（五）的条件，硅电钢、硅锰钢、高速钢要符合子目注释一（三）～（五）的条件。

#### 6. 非合金钢钢材的分类

非合金钢钢材根据其形状分类如下：

板材：平板轧材。

线材：条杆类（盘卷、直条）、丝。

型材：角钢、工字钢、H 型钢、槽钢等。

其中，平板轧材、条杆、型材及丝要符合章注一（十）～（十四）的条件。

#### 7. 本章“初级形状”与“半制成品”的范围

“初级形状”的范围主要包括锭块、方块、团块、熟铁棒、板桩及熔融状态的钢等。这些产品是由冶炼好的熔融的钢水制得的。

“半制成品”的范围主要包括大方坯、小方坯、圆材坯、厚板坯、薄板坯、外观粗糙的粗锻件（这些产品是由品目 7206 的初级形状产品经进一步加工制得的），角材坯、型材坯、异型材坯及所有通过连续铸造制得的产品。

例如，一种被称为“钢锭”的产品，由废铁熔化后经锻轧而成，还需进一步加工成成品轧材，其规格为 115 毫米 ×115 毫米 ×6000 毫米，其成分为铁 97.31%、锰 1.81%、硅 0.88%。由于该产品已经锻压，结合其成分和形状，应归入商品编码 7207.1100。

### （二）铁合金的归类

铁合金指铁与其他元素的合金，按重量计铁含量≥ 4%，并含有下列一种或几种元素：铬 >10%，锰 >30%，磷 >3%，硅 >8%；除碳以外的其他元素合计 >10%，但最高含铜≤ 10%。铁合金一般无实用可锻性，通常用于其他合金生产过程中的添加剂或在黑色金属冶炼中作除氧剂、脱硫剂及类似用途。

（1）对于只有一种元素超出本章章注一（三）规定的最低百分比的铁合金，应作为二元合金归入相应的子目。以此类推，如果有两种或三种合金元素超出了最低百分比的，则可分别作为三元或四元合金。其中铁的含量不一定要超过其他金属的含量，只要在 4% 以上就可以。

若铁合金中只有硅的含量超出本章章注一（三）规定的最低百分比，假设硅含量 40%，即超过了 8%，则称此铁合金为硅铁二元合金，归入商品编码 7202.2900；若铁合金中有硅和锰两种元素超出本章章注一（三）规定的最低百分比，假设硅含量超过了 8%，锰含量超过了 30%，则称此铁合金为硅锰铁三元合金，归入商品编码 7202.3000。

（2）在运用本规定时，本章章注一（三）所述的未列名的“其他元素”，按重量计单项含量必须超过 10%。

若铁合金中除硅的含量超出本章章注一（三）规定的最低百分比外，其他元素中只有钨含量超过了 10%，则称此铁合金为硅钨铁三元合金，归入商品编码 7202.8020。

### （三）钢材的归类

#### 1. 钢材的分布情况

钢材分布于第七十二章、第七十三章，其具体划分如图 16-1 所示。

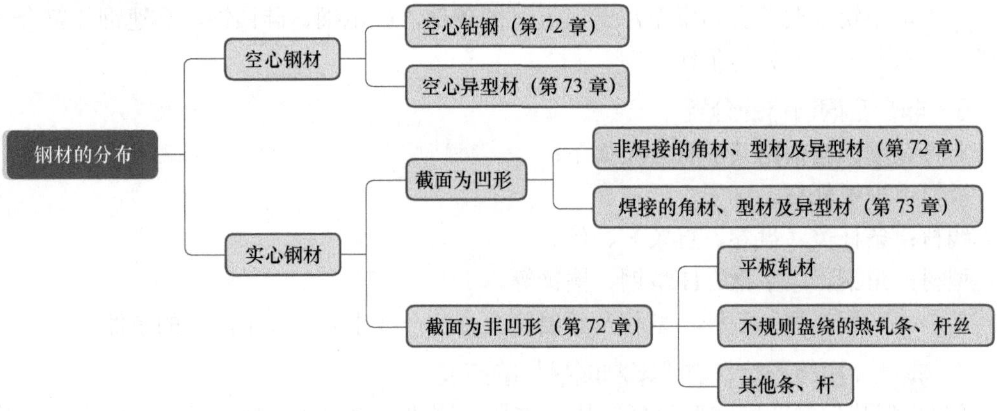


图16-1　钢材的分布情况

2．钢材的归类

钢材在归类时应严格按照注释中的规定办理，不能简单地按申报名称归类，其归类如下：

（1）首先判断是否空心。空心钢材若符合第七十二章章注一（十五）“空心钻钢”的定义，则按空心钻钢归入品目 7228；若不符合，则按空心异型材归入第七十三章，再根据其材质（铸铁、钢铁）、有无缝和截面形状（圆形、非圆形）确定品目。

（2）若为实心钢材，则判断截面形状是否凹形。

① 凹形钢材若是焊接的则归入品目 7301；反之则归入第七十二章，再根据其材质（铁及非合金钢、不锈钢、其他合金钢）归入相应分章角材、型材及异型材所在品目。

② 截面形状为非凹形的实心钢材，归入第七十二章；然后根据钢材的材质，确定分章；再根据钢材的外形尺寸（厚度及宽度）、报验状态（盘卷还是平直）、加工方式（冷或热）依据第七十二章章注一（十）～（十四）判断属于哪种钢材；最后再根据所给出的其他条件（例如，有无镀层等）确定该钢材应归入的品目。钢材的归类流程如图 16-2 所示。

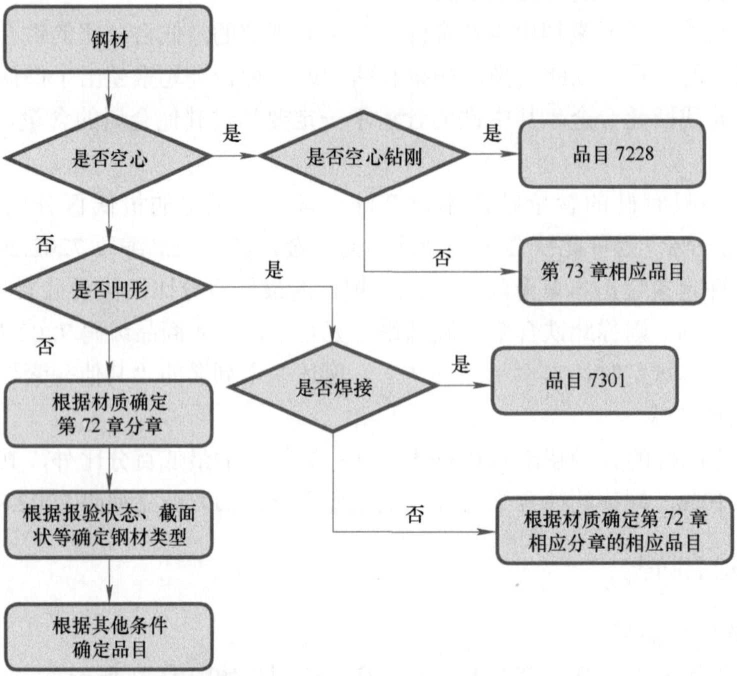


图16-2　钢材的归类流程

## （四）铁及非合金钢平板轧板，不规则盘绕的热轧条、杆，其他条杆，丝的归类

下面以第二分章铁及非合金钢为例，其他分章可参考第二分章。

### 1. 平板轧板的归类

符合条件：截面为矩形（正方形除外）的实心轧制产品（不符合协调制度中“半制成品”的条件）。外观为层叠的卷材或平直形状。但平直形状有如下尺寸要求：若其厚度 <4.75 毫米时，必须满足宽度 > 厚度的 10 倍；若厚度 ≥ 4.75 毫米时，必须满足宽度 >150 毫米，并且至少为厚度的两倍。

当产品有凸起式样（如凹槽、肋条形、格槽、珠粒、菱形）以及穿孔、抛光或制成瓦楞形时不影响归类。

归类时考虑的因素：轧材的宽度，厚度，轧制方式（热轧还是冷轧），报验状态（卷材还是平直形状），表面有无镀层、涂层、包覆，是否经进一步加工等。

对于矩形或正方形除外的其他规格的平板轧材，可视为其宽度 ≥ 600 毫米的产品，但不具有其他品目所列产品的特征。

### 2. 不规则盘绕的热轧条、杆，其他条杆，丝的归类

（1）不规则盘绕的热轧条、杆，归入品目 7213。其符合条件是：经热轧加工、不规则盘绕（非直条状）的实心产品，其截面不一定为圆形、也可是扇形、椭圆形、矩形（包括正方形）、三角形或其他外凸多边形（包括相对两边为弧拱形，另外两边为等长平行直线的“扁圆形”及“变形矩形”）。

（2）其他条杆根据加工方式归入品目 7214 ～ 7215。其符合条件是：全长截面呈圆形、扇形、椭圆形、矩形（包括正方形）、三角形或其他外凸多边形形状，且全长截面完全相同的非盘绕的（呈直条状或折叠捆状）条杆。若带有轧制过程中产生的凹痕、凸缘、槽沟或其他变形（钢筋）或轧制后扭曲的，不影响其归类。

品目 7214 与 7215 的主要区别是加工方式的不同：品目 7214 的产品均为热成形加工（热轧锻造、热拉拔等），而品目 7215 的产品均为冷成形加工（冷轧、冷挤压等）。

（3）丝归入品目 7217，其符合条件是：全长截面均为同样形状的盘卷冷成形实心产品（不符合平板轧材定义）。

铁及非合金钢条杆类与钢丝类的区别见表 16-2。

**表16-2　铁及非合金钢条杆类与钢丝类的区别**

| 货品类别 | 报验状态 | 轧制或成形状态 | 归　类 |
| --- | --- | --- | --- |
| 条杆类 | 不规则盘卷 | 热轧 | 7213 |
| | 笔直状态或折叠捆状 | 热成形 | 7214 |
| | | 冷成形、冷加工 | 7215 |
| 钢丝类 | 盘卷状态 | 冷成形 | 7217 |

## （五）角材、型材及异型材的归类

未焊接的角材、型材及异型材归入品目 7216、7222、7228；焊接的角材、型材及异型材归入品目 7301；由角材、型材及异型材焊接的钢结构体归入品目 7308。本章只包括普通的“工”字钢，但专用于铁轨的“工”字钢则归入品目 7302。

### （六）空心钻钢的归类

对于符合条件（最大外形尺寸在 15 ～ 52 毫米之间，最大内孔尺寸小于最大外形尺寸的 1/2，适合钻探用的各种截面的空心条、杆）的产品归入品目 7228（由合金钢或非合金钢制造）；不符合以上条件的产品则归入品目 7304。

### （七）截面为实心铁及非合金钢的归类流程

铁及非合金钢实心钢材如果截面形状为凹形且已焊接则归入品目 7301；未焊接的角材、型材及异型归入品目 7216，如果截面形状为非凹形则归入第七十二章第二分章，再根据第七十二章章注一（十）～（十四）判断归入相应品目。

下面以第二分章铁及非合金钢的归类为例，如图 16-3 所示。

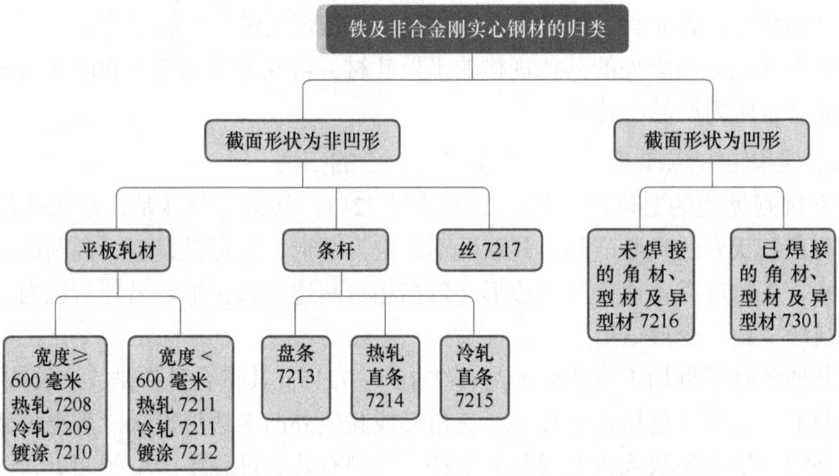


图16-3 铁及非合金钢的归类

## 【知识拓展】

中国造世界最薄“手撕钢”，价格堪比黄金！

薄如蝉翼、厚度只有头发丝的1/6，价格堪比黄金的“手撕钢”是航空航天等高精尖领域的宠儿，被誉为“钢铁行业皇冠上的明珠”。长期以来，“手撕钢”被少数国家垄断，我国依赖进口。

2016年，传统不锈钢产业巨头太原钢铁集团为了打破“高价买”和“卡脖子”的困境，决定从传统粗钢向“高精尖”产品全力转型，组建创新研发团队向“手撕钢”这个全新领域发起冲击。

近日，太钢集团越来越多的全球首发新产品正在诞生，18种特殊钢产品为国内首创，40多种成功替代进口，26种市场占有率第一，不锈钢出口量全球第一。

“唯改革者进，唯创新者强，唯改革创新者胜。”正是因为创新，太钢涅槃重生；也正是因为创新，中国快步迈入了全球创新型国家的行列。

（资料来源：“央视新闻”微信公众号）

## 工作任务

江苏恒诚报关有限公司申报进口钢材，包括：截面为矩形的非合金钢钢材，除冷轧外未经进一步加工，钢材宽度80毫米，厚度5毫米，盘卷状报验；截面为矩形的不锈钢材，除轧制外未经进一步加工，钢材的宽度为50毫米，厚度为5毫米，冷成形笔直状报验。请对以上商品进行归类。

## 任务实施

对第七十二章钢材进行归类时，应考虑截面是否是非凹形以及是否是实心这两个因素，并按下列顺序进行。

第一步：弄清楚所给的钢材的材料性质，来判断出该钢材应归入本章的哪个分章。

第二步：根据所给钢材的外形尺寸、报验状况，依据第七十二章章注一（十）条款判断是否属于平板轧材，若不属于平板轧材，再依据章注一（十一）、（十四）、（十二）判断出是不是规则盘绕的热轧条、杆，还是钢丝，或者是其他条杆。

第三步：根据以上判断确定该钢材所归入的品目，再根据所给出的其他条件归入相应的编码。

### 1. 截面为矩形的非合金钢钢材，除冷轧外未经进一步加工，钢材宽度80毫米，厚度5毫米，盘卷状报验

（1）判断归类属性。本商品厚度为 5 毫米，钢材宽度 80 毫米，截面为矩形的非合金钢钢材，加工方式为“冷轧”。

（2）引用归类依据。根据章注一（十），如果要按平板轧材归类，应符合厚度在 4.75 毫米以上，宽度要超过 150 毫米。本商品宽度是 80 毫米，因此不属于平板轧材，然后判断其也不属于章注一（十一）的情形，因为章注一（十一）不规则盘绕的热轧条、杆，加工方式是经过热轧。

再来判断是否属于章注一（十四），根据本商品的条件，截面为同样形状，加工方式为冷轧，而且是盘卷状，属于章注一（十四）所说的丝的情形，因此按“丝”来归类，归入品目 7217。

（3）确定商品编码。根据归类总规则一及六的规定，本商品应归入商品编码 7217.1000。

### 2. 截面为矩形的不锈钢材，除轧制外未经进一步加工，钢材的宽度为50毫米，厚度为5毫米，冷成形笔直状报验

（1）判断归类属性。本商品厚度为 5 毫米，钢材宽度 50 毫米，截面为矩形的不锈钢材，报验状态为“冷成形笔直状”。

（2）引用归类依据。先根据原材料判断归入第三分章不锈钢，再根据所给条件，判断其不属于章注一（十）平板轧材的情形，因为宽度不符合，没有达到 150 毫米。

再根据所给条件，判断其不符合章注一（十四）的“丝”，因为截面为矩形冷成形，但所给条件不是“盘卷的”，而是“笔直状”的，因此不能按“丝”来归类。

本商品截面为矩形，符合章注一（十二）的规定，因此按“其他条、杆”来归类，归入品目 7222。

（3）确定商品编码。根据归类总规则一及六的规定，本商品应归入商品编码 7222.2000。

## 任务训练

请对以下商品进行归类：

1．硅铁合金（硅含量占80%、铁含量占10%、锰含量占10%）。

2．合金生铁（初级形状）。

3．未经包覆、镀、涂层，厚度0.8毫米、宽度70厘米的平直形状非合金钢冷轧平板轧材。

4．宽1米、厚2毫米的非合金钢热轧卷板，表面涂有防锈漆。

5．按重量计含铁80%、铜18%、金2%的金属合金（未经锻造，非货币使用）。

6．不规则盘卷状报验的不锈钢钢材（截面为矩形，宽为50毫米，厚为5毫米），除热轧外未经进一步加工。

7．非取向性硅电钢卷材（宽500毫米、长2 000毫米、厚4毫米）。

8．按重量计含硅50%、铁10%、锰40%的铁合金。

9．按重量计含硅35%、钡30%、铁30%、铝3%、锰1.4%、碳0.7%的铁合金。

10．按重量计含硅35%、镍30%、铁30%、铝4%、钡1%的铁合金。

11．未经包覆、镀、涂层，厚度0.8毫米、宽度70厘米的非合金钢冷轧卷材。

12．高速钢（一种合金钢）热轧制的圆钢，截面为实心圆形，直条状，直径4厘米，长4米。

13．截面为矩形的、非合金钢经电镀法加工而成的平板镀锌铁皮（规格为750毫米×1 500毫米；厚度为1毫米）。

14．空心钻钢（外径30厘米，内径10厘米）。

15．螺纹钢，由非合金钢经热轧扭曲成表面起螺纹的实心直条状，直径2厘米，长4米。

16．经压花纹的热轧非合金钢板（屈服强度300牛顿/平方毫米，长2 000毫米，宽600毫米，厚4毫米）。

17．镀锡冷轧非合金钢板（宽600毫米、长2 000毫米、厚4毫米）。

18．截面为矩形的非合金钢钢材，除冷轧外未经进一步加工，钢材宽度80毫米，厚度5毫米，盘卷状报验。

19．钢筋混凝土用钢筋，非合金钢构成，直径15毫米，经热轧后未经其他加工，带有轧制过程中产生的变形，直条状报验。

20．生铁块（含碳3%、铬9%、铁70%、磷10%、其他金属元素8%）。

# 任务二

## 钢铁制品的归类

## 知识准备

### 一、本章商品范围及结构

第七十三章钢铁制品是由第七十二章的产品进一步加工而得。本章的钢铁制品是一些结构形状不复杂的制品，主要包括管、空心异型材等形状不同于第七十二章或由第七十二章的钢材进一步加工而得的钢材；部分钢铁通用零件及一些钢铁特征明显的制品。本章不包括第八十二章、第八十三章中具体列名或其他章列名的钢铁制品。

本章共有 26 个品目，其排列顺序为：7301 ～ 7306 钢材→ 7307 钢铁管子附件→ 7308 钢铁结构体及其部件→ 7309 ～ 7311 钢铁制的各种容器→ 7312 ～ 7314 各种钢铁制品（绳、缆、网等）→ 7315 ～ 7316 钢铁链及锚→ 7317 ～ 7320 钢铁制的工业制品（钉、针、螺栓、螺钉、螺母、弹簧及片）→ 7321 ～ 7324 钢铁制的加热炉、厨房、餐桌及卫生器具制品→ 7325 钢铁的铸造制品→ 7326 其他未列名的钢铁制品。

## 二、本章注释简介

本章共有两条章注释。

本章的两条章注是对“铸铁”和“丝”的定义。本章钢铁丝制品中的“丝”必须满足下列条件：截面尺寸均小于 16 毫米的热或冷成形的任何截面形状的制品。而第七十二章的“丝”只要求冷成形、盘卷状的，无尺寸限制。

## 三、本章商品归类要点

### （一）钢铁管及管子附件的归类

钢铁管及管子附件归入品目 7303 ～ 7307，其中归入品目 7305 的钢铁管的外径必须大于 406.4 毫米。全长边角已经磨圆的、横截面非圆形的产品以及带有法兰形端部的管子，都可按管归类。

钢铁制的软管（由成形的金属带螺旋盘绕制成的，或将表面平滑的管子经变形加工制得的）不归入本章，而应归入品目 8307，装有龙头的管子附件不能归入品目 7307，应归入品目 8481。

### （二）钢铁容器的归类

（1）供商品运输、包装货物或固定安装在工厂等地盛装物料用的钢铁囤、柜、罐、桶、盒及类似容器归入品目 7309 和 7310，这些容器一般不用于家庭。但品目 7309 的容积要超过 300 升；品目 7310 的容积不超过 300 升且易于移动或搬动，常用于商业运输和包装货物。

（2）装压缩气体或液化气体用的钢铁容器归入品目 7311。

（3）钢铁制的手提箱归入品目 4202。

（4）家庭或厨房用的粗腰饼干桶、茶叶罐、糖听及类似容器归入品目 7323。

（5）供个人或专业用的香烟盒、粉盒、工具箱及类似容器归入品目 7325 或 7326。

（6）保险柜、保险箱、档案柜及类似物品归入品目 8303 或 8304。

（7）首饰盒归入品目 8306。

### （三）“钢铁钉”的归类

（1）普通钢铁钉、平头钉、图钉等归入品目 7317，但订书机用的订书钉归入品目 8305。

（2）带有铜或铜合金钉头的钢铁钉、平头钉不应按钢铁制品归入品目 7317，而归入品目 7415，在此不考虑按重量计含铜量是否超过含铁量。

（3）钢铁制螺钉、普通铆钉（实心的）等归入品目 7318，但管形铆钉和开口铆钉（这些产品主要用于衣着、鞋帽、帐篷、皮革制品等和工程技术上）则要归入品目 8308。

### （四）“针”的归类

（1）手工缝针、手工织针、引针（穿带子、细绳等用）、钩针、刺绣穿孔锥及类似品归入品目 7319。

（2）针织机、编带机、刺绣机等用的针归入品目 8448。

（3）缝纫机针归入品目 8452。

（4）鞋匠用的无眼锥子及皮革加工、办公室等用的穿孔锥型穿刺工具归入品目 8205。

（5）医疗、外科、牙科或兽医用的针归入品目 9018。

（6）安全别针、普通别针和大头针归入品目 9019。

## 工作任务

江苏恒诚报关有限公司申报一批进口石油钻探用钻管，包括：石油钻探用45号钻钢，圆形无缝空心钢材，外径30毫米，内径10毫米；石油钻探用的不锈钢无缝钢钻管（外径20厘米，内径12厘米）。请对以上商品进行归类。

## 任务实施

对于钢材的归类，如果截面为空心产品，则应根据该钻钢的最大外形尺寸及最大内孔尺寸判断，如果是空心钻钢，则应归入商品编码 7228.8000；其他空心的管子及空心异形材应按钢铁制品归入第七十三章品目 7303 ～ 7306。归类时特别要注意钢材类别、截面形状、有无缝、用途等，以免发生归类错误。

### 1. 石油钻探用45号钻钢，圆形无缝空心钢材，外径30毫米，内径10毫米

（1）判断归类属性。本商品为钻探用钻钢，截面为圆形，外径 30 毫米，内径 10 毫米。

（2）引用归类依据。依据第七十二章章注一（十五）所规定的最大外形尺寸及最大内孔尺寸（最大外形尺寸超过 15 毫米但不超过 52 毫米，最大内孔尺寸不超过最大外形尺寸的 1/2），判断得出“外径 30 毫米，内径 10 毫米”符合空心钢规格，因此本商品应按“空心钻钢”归入品目 7228。

（3）确定商品编码。根据归类总规则一及六的规定，本商品应归入商品编码 7228.8000。

### 2. 石油钻探用的不锈钢无缝钢钻管（外径20厘米，内径12厘米）

（1）判断归类属性。本商品为不锈钢无缝钢钻管，外径为 20 厘米，内径为 12 厘米。

（2）引用归类依据。“外径 20 厘米，内径 12 厘米”的外径和内径尺寸不符合空心钻钢的定义范畴，因此不能按钢铁产品归入第七十二章，而应按钢铁制品归入第七十三章品目 7304，再根据用途（钻探石油）和外径尺寸（200 毫米）将该商品归入相应子目。

（3）确定商品编码。根据归类总规则一及六的规定，本商品应归入商品编码 7304.2290。

## 任务训练

请对以下商品进行归类：

1．汽车减震器用的钢铁制弹簧片。

2．车床用钢铁制螺母。

3．装液化丙烷的零售用钢瓶。

4．不锈钢铁制浴缸。

5．圆形截面焊缝铁管（外径20厘米，内径12厘米）。

6．汽车防滑链（钢铁制）。

7．专供固定浴缸用的钢铁制地脚螺栓（抗拉强度700兆帕）。

8．金属材料制造的蒸锅，按重量计算含钢铁70%、铝20%、铜10%。

9．外径为50毫米，内径为45毫米，冷拔不锈钢无缝圆形截面管（化工厂用）。

10．捕鼠器（钢铁丝制）。

# 任务三

## 铜及其制品的归类

## 知识准备

### 一、本章商品范围及结构

第七十四章包括铜冶炼的中间产品、粗铜、精炼铜、铜母合金、铜粉、铜材及结构简单的铜制品。

本章铜及其制品品目的设置方式与钢铁基本一致，但简化很多。

本章有 16 个品目，其排列顺序为：7401 ～ 7406 铜的初级产品、未锻轧的铜及废料→7407 ～ 7410 各种铜材（条、杆、丝、板、箔等）→ 7411 ～ 7413、7415、7418、7419 铜及铜合金的制品。

### 二、本章注释简介

本章有三条章注释和四条子目注释。

三条章注释对品目中出现的名词精炼铜、铜合金、铜母合金做出限制性定义。

四条子目注释对子目中出现的铜锌合金、铜锡合金、铜镍锌合金、铜镍合金做出合金成分方面的限制性定义。

### 三、本章商品归类要点

#### （一）铜板、片、带、箔的归类

归入品目 7409、7410 的铜板、片、带、箔的条件是，成卷或非成卷的平面产品（品目 7403 的未锻轧产品除外），截面均为厚度相同的实心矩形（不包括正方形），不论边角是否磨圆（包括相对两边为弧拱形，另外两边为等长平行直线的“变形矩形”），并且符合以下规格：截面形状为矩形（包括正方形）的，要求厚度不超过宽度的 1/10；截面形状为非矩形或正方形的，无尺寸要求（但不具有其他品目所列产品的特征）。

归入品目 7409 的“铜板、片及带”要求厚度超过 0.15 毫米；归入品目 7410 的“铜箔”，要求其厚度（衬背除外）小于 0.15 毫米。

### （二）铜母合金的归类

对于符合协调制度“铜母合金”定义的归入品目 7405；按重量计含磷量超过 15% 磷化铜的铜母合金则要按磷化物归入品目 2853。

## 工作任务

江苏恒诚报关有限公司申报一批进口口铜锌锡合金条和复合材料制成的鸟笼，这两种商品的具体成分为：铜锌锡合金条（按重量计：铜45%、锌15%、锡40%）；由50%钢丝、15%黄铜、30%铝、5%锡材料制成的鸟笼。请对以上商品进行归类。

## 任务实施

### 1. 铜锌锡合金条（按重量计：铜45%、锌15%、锡40%）

（1）判断归类属性。本商品由铜、锌、锡三种金属元素组成，根据第十五类类注五对贱金属合金的归类规定，贱金属的合金应按其所含重量最大的金属归类。由于本商品中铜的金属元素含量最大，因此应以铜为主要特征的合金进行归类。

（2）引用归类依据。本商品应按铜归入第七十四章。按其条状的物理状态归入品目 7407，根据其主要成分（铜、锡）而归入相应子目。

（3）确定商品编码。根据归类总规则一及六的规定，本商品应归入商品编码 7407.2900。

### 2. 由50%钢丝、15%黄铜、30%铝、5%锡材料制成的鸟笼

（1）判断归类属性。本商品由钢丝、黄铜、铝、锡四种金属组成。根据第十五类类注五对贱金属合金的归类规定，贱金属的合金应按其所含重量最大的金属归类，本商品中钢丝的含量最大，因此应以钢丝为主要特征的制品进行归类，归入第七十三章。

（2）引用归类依据。由于第七十三章品目并未列有钢丝条文，因此应按钢铁制品归入品目 7326。

（3）确定商品编码。根据归类总规则一及六的规定，本商品应归入商品编码 7326.2090。

## 任务训练

请对以下商品进行归类：

1. 纸板衬底的精炼铜制铜箔（衬背除外的厚度为0.15毫米）。
2. 铜制别针。
3. 铜垫圈。
4. 铜杆（精炼铬锆铜制，最大截面尺寸为6毫米）。
5. 德银管子接头。

# 任务四

## 镍及其制品的归类

### 知识准备

#### 一、本章商品范围及结构

第七十五章包括镍和镍合金及其制品。

本章共有 8 个品目，其排列顺序为：7501 ～ 7504 镍的初级产品及废料→ 7505 ～ 7506 各种镍材→ 7507 ～ 7508 镍及镍合金的制品。

#### 二、本章注释简介

本章有两条子目注释。

子目注释一解释了本章所用的“非合金镍”“镍合金”等两个名词，子目注释二说明了子目 7508.10 所称“丝”的含义。

#### 三、本章商品归类要点

镍是一种相当坚硬的银白色金属，具有磁性、延展性和韧性，强度高且耐腐蚀和抗氧化，主要用于生产多种合金（特别是合金钢），通过电沉积法作为其他金属的镀层，经锻轧的非合金镍则广泛用于制造化工设备，镍及镍合金还常用于铸币业。

本章包括的商品范围与第七十二章和第七十三章完全相同，因此可以通过所掌握的第七十二章和第七十三章各品目的货品范围方便本章的归类。

### 工作任务

江苏恒诚报关有限公司进口申报镍制铸币毛坯（圆片状，边凸起）和镍制弯头，请对以上商品进行归类。

### 任务实施

#### 1. 镍制铸币毛坯（圆片状，边凸起）

（1）判断归类属性。镍制铸币毛坯（圆片状，边凸起）属于具有基本特征的镍制品，因此按照镍制铸币归类。

（2）引用归类依据。“铸币”属于工业用镍制品，并按照“其他镍制品”归入品目 7508。

（3）确定商品编码。根据归类总规则二（一）及六的规定，本商品应归入商品编码 7508.9080。

#### 2. 镍制弯头

（1）判断归类属性。弯头属于管子附件，所以“镍制弯头”应按“镍管子附件”归类。

（2）引用归类依据。依据品目 7507 的条文“镍管及管子附件（例如，接头、肘管、管套）”，本商品归入品目 7507。

（3）确定商品编码。根据归类总规则一及六的规定，本商品应归入商品编码 7507.2000。

## 任务训练

请对以下商品进行归类：

1．镍锍。

2．电镀用镍阳极。

3．纯镍片状粉末，制镍镉电池极板用。

4．镍合金制口香丸盒（适于装在口袋中）。

5．镍丝制的布。

# 任务五

## 铝及其制品的归类

## 知识准备

### 一、本章商品范围及结构

第七十六章包括铝、铝合金及其部分结构较简的铝制品。

本章有 16 个品目，其排列顺序为：7601 ～ 7603 未锻轧的铝及废料、铝粉→ 7604 ～ 7607 各种铝材（条、杆、丝、板、箔等）→ 7608 ～ 7616 铝及铝合金的制品。

### 二、本章注释简介

本章只有两条子目注释。

子目注释一解释了本章所用的“非合金铝”“铝合金”两个名词。

子目注释二说明了子目 7616.91 所称“丝”的含义。

### 三、本章商品归类要点

#### （一）铝及其制品的归类原则

（1）归入品目 7607 的“铝箔”的厚度（衬背除外）要求小于 0.2 毫米，这与铜箔的要求不同（小于 0.15 毫米）；但衬有铝箔（即铝箔形成容器的内表层的），用于供牛奶、果汁或其他食品包装容器且保持纸或纸板基本特征的应归入品目 4811。

（2）用铝箔切成的亮晶片应归入品目 8308，而不能按铝的片状粉末归入品目 7603。

（3）铝制容器的归类：

① 供商品运输、包装货物或固定安装在工厂等地盛装物料用的铝制囤、柜、罐、桶、盒及类似容器归入品目 7611 和 7612，这些容器一般不用于家庭。但品目 7611 的容积要超过 300 升；品目 7612 的容积不超过 300 升且易于移动或搬动，常用于商业运输和包装货物。

②装压缩气体或液化气体用的铝制容器归入品目 7613。

③家庭或厨房用的粗腰饼干桶、茶叶罐、糖听及类似的铝制容器归入品目 7615。

④供个人或专业用的香烟盒、粉盒、工具箱及类似专用容器归入品目 7616。

⑤铝制的装饰盒归入品目 8306。

（4）铝制易拉罐归入品目 7612，而单独报验的铝制易拉罐盖则要按贱金属的盖子归入品目 8309。

（5）只有非绝缘的铝制绞股线、缆才归入品目 7614；而绝缘的铝制电线、电缆要归入品目 8544。

### （二）铝制通用零件的归类

本章包括的通用零件范围与第七十三章的完全一致，其所在品目如下：铝制管子附件（品目 7609），非绝缘的铝制绞股线、缆、编带及类似品（品目 7614），其他的通用零件（品目 7616）。

## 工作任务

江苏恒诚报关有限公司进口申报一批铝制品：衬有铝箔的纸板（铝箔厚0.18毫米，纸板厚1.00毫米，用于包装贵重物品）；平板铝材，截面为矩形，材质为铝合金，宽度为40毫米，厚度为5毫米，经轧制外未经进一步加工。请对以上商品进行归类。

## 任务实施

### 1. 衬有铝箔的纸板（铝箔厚0.18毫米，纸板厚1.00毫米，用于包装贵重物品）

（1）判断归类属性。本商品属于铝箔和纸的复合制品，归类时似可按纸归入第四十八章，又可按铝箔归入第七十六章。

（2）引用归类依据。根据第四十八章章注二（十三）的规定，纸或纸板衬底的金属箔应归入第十四类或第十五类，因此，本商品应按铝箔进行归类，按铝金属归入第七十六章，根据其铝箔厚（0.18 毫米）归入品目 7607。

（3）确定商品编码。根据归类总规则一及六的规定，本商品应归入商品编码 7607.2000。

### 2. 平板铝材，截面为矩形，材质为铝合金，宽度为40毫米，厚度为5毫米，经轧制外未经进一步加工

（1）判断归类属性。本商品为平板铝材，截面为矩形，该铝材厚度大于宽度的 1/10，仅经过轧制。

（2）引用归类依据。该铝材厚度大于宽度的 1/10，完全符合第十五类类注九（一）“条、杆”的定义，应按“铝条、杆”归入品目 7604。

（3）确定商品编码。根据归类总规则一及六的规定，本商品应归入商品编码 7604.2910。

**思考题：**

铝是如何提炼的？其主要特性和用途是什么？

## 任务训练

请对以下商品进行归类：

1．熨斗支架，由下列零件构成：铝制支架和底座（50%）、铜镍合金制通风板（20%）、矿物棉制绝缘底板（30%）。

2．铝制铆钉（铝壶零件）。

3．铝合金制易拉罐体。

4．铝合金制烟盒（适于装在口袋中）。

5．废铝电线。

6．废铝渣。

7．铝制洗脸盆。

8．好太太铝制晾衣架。

9．铝制的易拉罐盖。

10．纯铝制汤匙。

# 任务六

## 铅及其制品的归类

## 知识准备

### 一、本章商品范围及结构

第七十八章包括铅、铅合金及其制品。本章有 4 个品目，并按其加工程度由低到高排列，排列结构较为简单。其排列顺序为：7801 未锻轧铅→ 7802 铅废碎料→ 7804 铅板、片、带、箔，铅粉及片状粉末→ 7806 其他铅制品。

### 二、本章注释简介

本章只有一条子目注释，解释了本章所用的名词“精炼铅”。

### 三、本章商品归类要点

本章虽然只有 4 个品目，但商品范围与第七十二章和第七十三章基本相同，可以比照第七十二章和第七十三章进行归类，但应注意铅材在形状的规定上与钢材不尽相同，因此，对铅材的归类应查阅第十五类的相应类注。

## 工作任务

江苏恒诚报关有限公司出口申报一批铅及半成品，包括：按重量计含铅99.9%、锑0.09%、锌0.01%的合金锭；铅箔，其厚度（衬背除外）不超过0.2毫米，主要用作茶叶箱及丝绸箱的衬里。请对以上商品进行归类。

## 任务实施

### 1. 按重量计含铅99.9%、锑0.09%、锌0.01%的合金锭

（1）判断归类属性。铅合金是以铅为基材加入其他元素组成的合金，广泛应用于电解锌、电解铜和蓄电池等行业。本商品报验状态为“锭状”。

（2）引用归类依据。铅合金锭应按“未锻扎铅”归入品目 7801，但锑和锌含量分别大于 0.005% 和 0.002%，因此不能按照精炼铅归类。

（3）确定商品编码。根据归类总规则一及六的规定，本商品应归入商品编码 7801.9100。

### 2. 铅箔，其厚度（衬背除外）不超过0.2毫米，主要用作茶叶箱及丝绸箱的衬里

（1）判断归类属性。铅箔主要用于包装（尤其用于作茶叶箱及丝绸箱的衬里）。有时铅箔用锡或其他金属包层或镀面，本任务商品的厚度（衬背除外）不超过 0.2 毫米。铅箔应归入第七十八章铅及其制品。

（2）引用归类依据。本商品应归入品目 7804“铅板、片、箔；铅粉及片状粉末”，再根据其厚度不超过 0.2 毫米确定相应子目。

（3）确定商品编码。根据归类总规则一及六的规定，本商品应归入商品编码 7804.1100。

## 任务训练

请对以下商品进行归类：

1．渔网的铅坠。

2．铅制钟的摆锤。

3．铅硫（制铅时产生的矿灰及残渣）。

4．游艇的龙骨（铅制）。

5．平板铅材（截面为矩形，宽度为40毫米，厚度为5毫米，除经轧制外未经其他加工）。

# 任务七

# 锌及其制品的归类

## 知识准备

### 一、本章商品范围及结构

第七十九章包括锌和锌合金及其某些制品。本章共有 6 个品目，按加工程度浅至深的顺序排列，其排列顺序为：7901 ～ 7903 锌的初级形状产品及废料→ 7904 ～ 7905 各种锌材→ 7907 其他锌制品。

## 二、本章注释简介

本章有三条子目注释，依次解释了本章所用的“非合金锌”“锌合金”“锌末”三个名词。

## 三、本章商品归类要点

本章商品范围与第七十二章和第七十三章基本相同，可以比照第七十二章和第七十三章进行归类，且对锌材的归类应查阅第十五类的相应类注。

## 工作任务

江苏恒诚报关有限公司申报进口一批锌材，包括：未经锻扎加工，按重量计算含硅50%、锌40%、铬10%的合金锭；平板锌材，截面为矩形，宽度为60毫米，厚度为2毫米，除经轧制外未经其他加工。请对以上商品进行归类。

## 任务实施

### 1. 未经锻扎加工，按重量计算含硅50%、锌40%、铬10%的合金锭

（1）判断归类属性。据第十五类类注五的规定，由该类的贱金属和非该类的元素构成的合金，如果所含贱金属的总重量等于或超过所含其他元素的总重量，应作为该类贱金属合金归类。本商品按重量计算含硅 50%、锌 40%、铬 10%，应视为贱金属合金锭。再依据第十五类类注五的规定贱金属与贱金属的合金按其所含重量最大的贱金属归类，因为锌的含量最大，所以应视为锌合金锭。

（2）引用归类依据。依据品目 7901 的条文“未锻轧锌”，本商品应按未经锻轧加工的锌合金锭归入品目 7901。

（3）确定商品编码。根据归类总规则一及六的规定，本商品应归入商品编码 7901.2000。

### 2. 平板锌材，截面为矩形，宽度为60毫米，厚度为2毫米，除经轧制外未经其他加工

（1）判断归类属性。该锌材的厚度小于宽度的 1/10，完全符合第十五类类注九（四）“板、片、带、箔”的定义，应按“锌板、片、带、箔”归类。

（2）引用归类依据。依据品目 7905 的条文“锌板、片、带、箔”，本商品归入此品目。

（3）确定商品编码。根据归类总规则一及六的规定，本商品应归入商品编码 7905.0000。

## 任务训练

请对以下商品进行归类：

1．锌制的酒水壶（浇花用）。

2．锌屋顶构架（工业用）。

3．锌螺栓（家具用）。

4．硬锌块（镀锌时浸锌所剩的残渣）。

5．平板锌材（截面为矩形，宽度为40毫米，厚度为5毫米，除经轧制外未经其他加工）。

# 任务八

## 锡及其制品的归类

### 知识准备

#### 一、本章商品范围及结构

第八十章包括锡及其制品。本章共有 4 个品目，并按其加工程度由低到高排列，排列结构较为简单。其排列顺序为：8001 未锻轧锡→ 8002 锡废碎料→ 8003 锡条、杆、型材及异型材或丝→ 8007 其他锡制品。

#### 二、本章注释简介

本章有两条子目注释，依次解释了本章所用的“非合金锡”“锡合金”两个名词。

#### 三、本章商品归类要点

本章商品范围与第七十二章和第七十三章基本相同，可以比照第七十二章和第七十三章进行归类，且对锡材的归类应查阅第十五类的相应类注。

### 工作任务

江苏恒诚报关有限公司进口申报一批锡条，包括：锡条（焊接用，无焊剂，成分：锡98%、铂1.2%、铋0.2%、铜0.6%）；涂有焊剂的锡焊条（气焊用）。请对以上商品进行归类。

### 任务实施

#### 1. 锡条（焊接用，无焊剂，成分：锡98%、铂1.2%、铋0.2%、铜0.6%）

（1）判断归类属性。本商品为焊接用锡条，无焊剂；锡条的材质为锡金属合金。

（2）引用归类依据。“无焊剂”的焊接用贱金属条，不能归入品目 8311，应按贱金属属性归类。根据第十五类类注五，因为本商品中锡的含量最大，所以应按“锡条”归入品目 8003。

（3）确定商品编码。根据归类总规则一及六的规定，本商品应归入商品编码 8003.0000。

#### 2. 涂有焊剂的锡焊条（气焊用）

（1）判断归类属性。涂有焊剂的锡焊条似可按照“锡焊条”归类，也可按“以焊剂涂面的贱金属制的条”归类。

（2）引用归类依据。由于本商品“锡焊条”涂有焊剂，且依据第十五类类注二的规定，第七十二章至第七十六章及第七十八章至第八十一章不包括第八十二章、第八十三章的物品。因此本商品应归入品目 8311。

（3）确定商品编码。根据归类总规则一及六的规定，本商品应归入商品编码 8311.3000。

## 任务训练

请对以下商品进行归类：

1. 锡餐用盒（又称白蜡器）。
2. 锡制牙膏软管。
3. 滚扎法制得的锡箔（厚度0.1毫米），包装食品用。
4. 锡石。
5. 平板锡材（截面为矩形，宽度为20毫米，厚度为5毫米，除经轧制外未经其他加工）。

# 任务九

## 其他贱金属、金属陶瓷及其制品的归类

## 知识准备

### 一、本章商品范围及结构

第八十一章包括钨、钼、钽、镁、钴（包括冶炼中间产品）、铋、镉、锆、钛、锑、锰、铍、铬、锗、钒、镓、铪、铟、铌（钶）、铼、铊共21种贱金属及制品，本章还包括金属陶瓷及其制品。这些贱金属的国际贸易量不大，使用范围也比较窄，因此本章对它们的分类很简略。

本章共有12个品目，其排列顺序为：8101～8106、8108～8111前10种金属→8112后11种金属→8113金属陶瓷。

### 二、本章注释简介

本章无注释。

### 三、本章商品归类要点

金属陶瓷及其制品的归类：

（1）具有放射性的金属陶瓷应归入品目2844。

（2）制造工具用的未装配的金属陶瓷板、杆、刀头及类似品应归入品目8209。

（3）其他未锻轧的金属陶瓷、金属陶瓷半制成品以及制品一般（其他品目具体列名的商品除外）均应归入品目8113。

## 工作任务

江苏恒诚报关有限公司进口申报金属管（由40%镁、10%铝、50%铬制成）和金属陶瓷管，请对以上商品进行归类。

## 任务实施

### 1. 金属管（由40%镁、10%铝、50%铬制成）

（1）判断归类属性。本商品由镁、铝、铬三种金属元素组成，根据第十五类类注五对贱金属合金的归类规定，贱金属的合金应按其所含重量最大的金属归类。由于本商品中铬的金属元素含量最大，因此，本商品应以铬为主要特征的合金进行归类。

（2）引用归类依据。本商品应按其他贱金属归入第八十一章，并按铬金属归入品目8112。再根据其物理状态（管）确定相应子目。

（3）确定商品编码。根据归类总规则一及六的规定，本商品应归入商品编码 8112.2900。

### 2. 金属陶瓷管

（1）判断归类属性。金属陶瓷管是指金属与陶瓷成分以极细微粒不均匀结合而成的产品。

（2）引用归类依据。根据第十五类类注四的规定，应视为一种贱金属归入第八十一章。由于品目 8113 已有金属陶瓷的列名，因此，本商品应按具体列名“金属陶瓷管”归类。

（3）确定商品编码。根据归类总规则一及六的规定，本商品应归入商品编码 8113.0090。

## 任务训练

请对以下商品进行归类：

1. 电源保险丝，按重量计含锡、铋、镉、铅的比例为1:4:1:2。
2. 钛合金制水平旋翼（飞机用）。
3. 镁螺丝钉。
4. 钛合金制的假牙。
5. 钨丝（制灯丝用）。

# 任务十

# 贱金属工具、器具、利口器、餐匙、餐叉及其零件的归类

## 知识准备

### 一、本章商品范围及结构

第八十二章包括：手工工具（包括成套的零售包装的）；供手工工具、机床、小型动力工具使用的可互换工具；机器或机械器具用的刀及刀片；工具用的硬质合金或金属陶瓷制板、杆、刀夹等；供专业用、家用、个人用利口器，某些家用机械器具，餐叉等餐具和类似的厨房用具。

本章共有 15 个品目，其排列结构不同于前几章（按加工程度排列），而是按商品的功能、用途等属性排列，在此不考虑所指工具用何种贱金属制成。具体排列顺序如下：8201 ～ 8205 手工工具→ 8206 零售包装的成套货品（由品目 8202 ～ 8205 中的工具组成）→ 8207 ～ 8209 可互换工具（供手工工具、机床或手提式动力工具用）刀及刀片（机器或机械器具用），以及未装配的板、杆、刀头及类似品（工具用）→ 8210 ～ 8215 利口器、家用机械器具、餐匙、餐叉及类似的餐具和厨房用具。

易误归入本章的产品：品目 8424 不论是否手工操作的液体或粉末的喷射、散布或喷雾器具；品目 8462 的金属切割剪床；品目 8466 手工工具用夹具；品目 8467 手提式风动工具及本身装有动力装置（电动机除外）的手提式工具；品目 8510 电动剃须刀和电动毛发推剪；品目 9018 医疗、牙科、外科或兽医用的器械或器具的工具、剪刀或其他利口器，明显具有玩具、运动特征的工具（第九十五章），如破冰斧等。

## 二、本章注释简介

本章有三条章注释。

章注一明确了本章仅包括的货品范围及其构成材料。

章注二规定了本章所列物品的贱金属零件以及电动推剪等器具的刀头类零件的归类原则。

章注三阐述了本章成套货品（刀具与餐具）的归类规定。

## 三、本章商品归类要点

### （一）手工工具及器具的归类

（1）单独使用的手工工具（不论是否装有齿轮、曲柄、活塞、螺旋装置或杠杆等简单机构）一般应归入第八十二章（品目 8201 ～ 8205）。

（2）不带支架的研磨工具一般应归入品目 6804。

（3）除在本章品目中已有具体列名的物品（例如，轻便锻炉、带支架的砂轮等）以外，对于准备装于工作台、墙壁等上的器具或由于重量、规格或使用所需力度等原因而装于底板、底座、支架等上以便放置于地板、工作台等上面的器具，一般应归入第八十四章。

（4）第八十四章具体列名的可独立操作的手工器具，应归入该章相应品目。例如：液体或粉末的喷雾器具（品目 8424）、带有电动或非电动动力装置的手提式工具（品目 8467）。

（5）品目 8210 的手动器具必须满足三个条件：必须是手动的，即手工操作，不能带有动力；其重量必须小于 10 千克；用于食品或饮料的加工与调制。若是非手动的手工工具，如带有电动或其他动力（风动或液压等），则归入品目 8467。

### （二）贱金属制刀具的归类

（1）斧子、钩刀及类似砍伐工具，修枝用剪刀，镰刀等手工工具，归入品目 8201。

（2）锉刀、白铁剪，归入品目 8203。

（3）可互换的机床用的刀具，如车刀、铣刀、刨刀、镗刀、滚刀、拉刀归入品目 8207。

（4）机器或机械器具用的未装配刀及其刀片归入品目 8208，未装配金属陶瓷制的刀头，归入品目 8209。

（5）非机器用的带刃口的刀及刀片归入品目 8211。

（6）剃刀及其刀片归入品目 8212。

（7）普通剪刀、裁缝用剪刀及剪刀片，归入品目 8213。

（8）屠刀、砍骨及剁肉的刀、裁纸刀、开信刀、铅笔刀及其刀片、指甲刀等归入品目 8214。

（9）鱼刀、黄油刀等厨房或餐桌用具归入品目 8215。

（10）医疗、牙科、外科或兽医用的器械或器具的工具、剪刀或其他利口器，归入品目 9018。

## （三）剃刀及其刀片的归类

电动剃须刀及其刀片，归入品目 8510；不与刀片一起报验的塑料安全剃刀，应按塑料盥洗用具归入品目 3924；其他剃刀及其刀片，归入品目 8212。

## （四）本章成套货品的归类

（1）由品目 8205 项下两个或多个子目所列物品构成的成套货品应归入商品编码 8205.9000。

（2）由品目 8202 ～ 8205 中两个或多个品目所列工具组成的零售包装成套货品应归入品目 8206。

（3）由品目 8211 中不同种类的刀构成的成套货品应归入商品编码 8211.1000。

（4）由品目 8211 的一把或多把刀具与至少数量相同的品目 8215 所述餐匙等厨房或餐桌用具构成的成套货品及由品目 8215 中不同种类的货品构成的成套货品应归入品目 8215。

## （五）本章所列物品的贱金属零件的归类

（1）当属于第十五类类注二所述的通用零件时，应按通用零件归类，而不归入本章。例如，链条、钉子、螺栓、螺母、螺钉、铆钉、弹簧等不归入本章，而应归入其相应的品目（第七十三章至第七十六章及第七十八章至第八十一章）。

（2）当该零件属于品目具体列名的零件或手工工具的工具夹具（品目 8466）时按具体列名归类。

（3）其他专用零件应与该物品归入本章同一品目。

## （六）理发用品的归类

关于理发用品的归类：手动的理发推剪归入品目 8214，电动毛发推剪归入品目 8510，电热的理发器归入品目 8516，理发用椅归入品目 9402，理发用的剪刀归入品目 8213。

## 工作任务

江苏恒诚报关有限公司进口申报零售成套的贱金属工具，包括：零售包装的成套工具（内有锤子、螺丝刀、开瓶器）；零售包装的成套工具（内有钳子、锤子、螺丝刀、扳手、凿子、白铁剪等）。请对以上商品进行归类。

## 任务实施

对于零售成套的贱金属工具的归类，应认真考虑品目 8205 及品目 8206 的条文。品目 8205 为“其他品目未列名的手工工具（包括玻璃刀）”，其中 8205.9000 的子目条文为“由本品目项下两个或多个子目所列物品组成的成套货品”，也就是说要归入子目 8205.9000，该零售成套货品中的贱金属工具应都属于品目 8205 的货品范围。而 8206 的品目条文为“由品目 8202 ～ 8205 中两个或多个品目所列工具组成的零售包装成套货品”，因此对于这两个品目的归类，关键是要判断零售成套货品中所包含的工具是全部属于品目 8205 的货品范围，还是属于“品目 8202 ～ 8205 中两个或多个品目所列工具”。

### 1. 零售包装的成套工具（内有锤子、螺丝刀、开瓶器）

（1）判断归类属性。本商品属于成套工具。其中锤子属于商品编码 8205.2000，螺丝刀属于商品编码 8205.4000，开瓶器属于商品编码 8205.5000。

（2）引用归类依据。由于该商品属于零售成套物品并且包括三个上述子目所列物品，属于品目 8205 的商品范畴。

（3）确定商品编码。根据归类总规则一及六的规定，本商品应归入商品编码 8205.9000。

### 2. 零售包装的成套工具（内有钳子、锤子、螺丝刀、扳手、凿子、白铁剪等）

（1）判断归类属性。本商品属于成套工具。此中钳子属于子目 8203.2，锤子属于子目 8205.2，螺丝刀属于子目 8205.4，扳手属于子目 8204.1，白铁剪属于子目 8203.3

（2）引用归类依据。由于品目 8206 包括由品目 8202 ～ 8205 中两个或多个品目所列工具组成的零售包装成套货品，因此，本商品应按成套工具归入品目 8206。

（3）确定商品编码。根据归类总规则一及六的规定，本商品应归入商品编码 8206.0000。

## 任务训练

请对以下商品进行商品归类：

1．手动果汁压榨机（重量不超过10千克）。

2．贱金属制鞋拔。

3．割草机用刀片。

4．机床冲压用模具。

5．钟表匠用的台钳。

6．坚果脱壳器（不锈钢制、家用）。

7．不锈钢餐叉（非成套、未镀贵金属）。

8．外科用手术剪（不锈钢制）。

9．卡尺（不锈钢制）。

10．未与刀片一起报验的塑料安全剃刀。

# 任务十一

## 贱金属杂项制品的归类

### 知识准备

#### 一、本章商品范围及结构

第八十三章是第十五类的最后一章，包括不能归入前 10 章的所有贱金属制品，特别是第十五类类注二列名的归入本章的贱金属通用零件。本章商品范围主要包括锁、铰链、小脚轮、帽钩、保险箱、钱箱、办公用夹、钟、锣、相框、软管、塞子、盖子、标志牌、焊条等零杂五金件。

本章共有 11 个品目，除了是贱金属制品外，无其他共同特点，所以其排列结构无规律可循。

#### 二、本章注释简介

本章共有两条章注释。

章注一阐述了本章所列物品零件的归类原则。

章注二说明了品目 8302 所称“脚轮”的含义。

#### 三、本章商品归类要点

##### （一）本章所列物品的贱金属零件的归类

根据本章章注一，本章所列物品的贱金属零件应与制品归入同一品目，但下列情况不得归入本章：

（1）第十五类注释二所述的通用零件，应归入贱金属材料所在章（第七十三章至第八十一章）的相应品目。例如：螺钉、弹簧等。

（2）第八十三章的相应品目：贱金属制的锁、带锁的扣环及扣环框架、钥匙（品目 8301）；用于家具等的贱金属附件及架座，贱金属制帽架、帽钩、托架及类似品，贱金属作支架的小脚轮，贱金属制的自动闭门器（品目 8302）；贱金属制的相框或画框及类似框架，镜子（品目 8306）；用于衣着、鞋靴等的贱金属制的扣、钩、环、眼及类似品，贱金属制管形铆钉及开口铆钉，贱金属制的珠子及亮晶片（品目 8308）；贱金属制的标志牌、铭牌、地名牌及类似品（品目 8310）。

##### （二）贱金属制的标志牌、铭牌、地名牌及类似品的归类

（1）载有基本内容的贱金属制的标志牌、铭牌、地名牌及类似品，归入品目 8310。

（2）没有字母、号码或图案的牌子或仅有一些次要内容而主要内容需日后填入的，应按材料归类。

（3）装有固定光源的发光标志、发光铭牌或类似品，应归入品目 9405。

### （三）焊料的归类

（1）未以焊剂涂面或未以焊剂为芯的贱金属丝、条、管、板、电极等，应按材料归类。

（2）焊料（焊剂除外）由按重量计任何一种贵金属含量在 2% 及以上的合金构成的带芯焊丝及焊条，应归入第七十一章。

（3）其他以焊剂涂面或以焊剂作芯的贱金属丝、条、管、板、电极等，应归入品目 8311。

### （四）机动车辆用的附件及架座的归类

（1）机动车辆用锁归入品目 8301。

（2）常用于轿车、小客车、货车等，主要包括：制成的串珠饰带，脚踏板，扶手杆、条及把手，遮帘用的配件（杆、托架、紧固件、弹簧机构等），车内行李架，开窗机件，专用烟灰缸，后车厢板扣件等归入品目 8302。

（3）有些车辆外部的架座（如长途客车用外部行李架、牌照托架、保险杠、转向柱托架等），要按车身零附件归入品目 8708。

（4）车辆的号码牌照归入品目 8310。

## 工作任务

江苏恒诚报关有限公司进口申报办公用品，包括铝制文件夹及铝合金制的档案柜（落地式）。请对以上商品进行归类。

## 任务实施

铝制品的归类应考虑是否按原材料归入第七十六章铝及其制品，但还应考虑第十五类类注二的规定（第七十二章至第七十六章及第七十八章至第八十一章不包括第八十二章、第八十三章的物品）及第十五类类注一的除外规定。

**1. 铝制文件夹**

（1）判断归类属性。铝制文件夹为贱金属制的文件夹。

（2）引用归类依据。依据第十五类类注二的规定，第七十二章至第七十六章及第七十八章至第八十一章不包括第八十二章、第八十三章的物品，因此本商品归类时应按贱金属制品归入第八十三章。由于品目 8305 已有文件夹的列名，因此，铝制文件夹应按具体列名归入品目 8305。

（3）确定商品编码。根据归类总规则一及六的规定，本商品应归入商品编码 8305.9000。

**2. 铝合金制的档案柜（落地式）**

（1）判断归类属性。铝合金制的档案柜（落地式）为贱金属制的家具。

（2）引用归类依据。依据第九十四章章注二关于家具的归类规定，落地式档案柜符合归入第九十四章的要求。依据第十五类类注一（十）的排他规定，第十五类不包括第九十四章的物品（例如，家具、弹簧床垫、灯具及照片装置、发光标志、活动房屋），所以铝合金制的档案柜（落地式）不应按贱金属制的档案柜归入第八十三章，应作为落地式家具归入第九十四章。

（3）确定商品编码。根据归类总规则一及六的规定，本商品应归入商品编码 9403.1000。

## 任务训练

请对以下商品进行归类：

1．客车专用烟灰缸，镀锌钢铁材料制。

2．手提包用铜扣。

3．行李箱用数码锁（不锈钢制）。

4．锌合金制相框。

5．贱金属制的成条订书钉。

6．印有“严禁吸烟”的铜制禁令牌。

7．铝合金制的门把手（小轿车专用）。

8．牛用鼻环（不锈钢）。

9．鞋眼（铝合金制）。

10．铜焊条（气焊用，以焊剂涂面）。

# 项目评价

**考核评价表**

| 学习目标 | 评价项目 | 自我评价（30%） | 组间评价（30%） | 教师评价（40%） |
|---|---|---|---|---|
| 专业知识（30 分） | 贱金属的商品知识 | | | |
| | 贱金属合金及通用零件的归类 | | | |
| | 贱金属制成品的归类 | | | |
| | 重要的章注释、品目注释、品目条文 | | | |
| 专业能力（40 分） | 准确把握归类依据 | | | |
| | 掌握贱金属制成品的归类原则 | | | |
| | 准确运用归类总规则 | | | |
| 职业素养（30 分） | 积极主动、团队合作精神 | | | |
| | 沟通协调能力 | | | |
| | 思辨能力 | | | |
| | 解决问题能力 | | | |
| | 谨慎细心的工作态度 | | | |

| | |
|---|---|
| 教师建议： | 评价标准：<br>A. 优秀（≥ 80 分） B. 良好（70 ～ 80 分）<br>C. 基本掌握（60 ～ 70 分） D. 没有掌握（< 60 分） |
| 个人努力方向： | |

# 项目十七

# 机器、机械器具、电气设备及其零件；录音机及放声机、电视图像、声音的录制和重放设备及其零件、附件的归类

## 学习目标

◆ **知识目标**

熟悉本类各章商品的范围及排列结构，了解必要的商品知识，熟悉相关的注释。

◆ **能力目标**

掌握机电商品的归类要点；能正确运用归类依据对本类商品进行准确归类。

◆ **素质目标**

通过对商品归类的训练，培养严谨细致的工作作风，树立遵纪守法的观念。

## 项目导入

通过本类的学习，熟悉本类商品的结构范围，理解本类中相关的商品名词解释，掌握机电商品归类的要点。

**学习重难点：**

机电商品的归类原则，以及易与本类商品混淆的商品的比较分析。

## 项目要点

### 一、本类商品范围

第十六类包括各种用机械及电气方式操作的机器、装置、器具、设备及其零件，同时也包括某些非机械方式或非电气方式进行操作的装置和设备（例如锅炉、锅炉房设备、过滤装置等）及其零件。一般来说，本类所列的货品可用各种材料制造，其中大部分是贱金属制的，但本类也包括某些用其他材料制成的机器（例如全部用塑料制成的泵）。

本类共分两章（第八十四章至第八十五章）。

第八十四章商品主要包括用来转换或利用机械能的机器及其零件，它主要由下列三部分货品组成：①能量转换机器。例如：热能变成蒸汽能的锅炉；水能转变成机械能的水轮机；核能变成热能进而转化为机械能的核反应堆；燃料能转变成机械能的各种汽油、

柴油发动机等。②利用能量变化做功的机器及其零件。例如：利用温度变化处理材料的机器，如烘炒设备、消毒设备等。③利用能量（包括机械能、非机械能）做功的机器及其零件。例如：金属切削加工机床、激光加工机床等。

但有些机器例外：例如品目 8471 的电子计算机不归入第八十五章而列在第八十四章，其所以列在八十四章，是因为电子计算机是由机械式的手摇计算机发展而来，目录仍保留传统的分类方法。

第八十五章商品主要包括产生、利用、传输电能的设备、器具及其零件，它主要由下列三部分货品组成：①利用电能做功的机器、设备及其零件。例如：机械能变成电能的发电机，电能变成热能的电熨斗、电热快速热水器等。②利用电信号产生、变换的机器、设备及其零件。例如：电视广播发送设备脉冲编码调制设备等。③利用不同形式电信号进行工作的机器、设备及其零件。例如：微波炉、电磁炉等。

## 二、本类注释

本类有六条类注释。

类注一是排他条款，列出了不能归入本类的 16 类货品。

类注二阐述了本类机器零件的归类原则。

类注三阐述了组合式机器及多功能机器的归类原则。

类注四明确了功能机组的含义，规定了功能机组的品目归类原则。

类注五明确了本类类注一～四所称“机器”的适用对象。

类注六明确了“电子电气废弃物及碎料”的定义及应归入的品目，同时规定了本类不包括第三十八章注释四所规定的城市垃圾。

## 三、本类商品归类要点

### （一）机械、电气设备零件的归类

根据本类类注二的规定，本类机器零件（单独进出口的非成套散件）按以下规则归类：

（1）判断是否属于按材料归类的零件，如果是则归入材料所在章。例如，贱金属制的通用零件应归入第十五类，纺织材料制的传送带应归入第五十九章，硫化橡胶制零件应归入第四十章等。

（2）判断是否属于第八十四章、第八十五章及其他章具体列名的零件，如果是则归入具体列名的品目。例如：龙头、阀门（品目 8481），滚珠轴承（品目 8482），电容器（品目 8532），二极管（品目 8541），转数计（品目 9029）。再次判断是否属于专用于或主要用于本类各章所列某一种机器或同一品目项下的多种机器或器具的零件，如果属于则归入相应机器或器具所在的品目下的零件子目或酌情归入品目 8409、8431、8448、8466、8473、8503、8522、8529 或 8538。但能同时主要用于品目 8517 和品目 8525 ～ 8528 所列机器的零件，应归入品目 8517，专用于或主要用于品目 8524 所列货品的零件应归入品目 8529。

（3）判断是否属于专用于或主要用于本类各章所列某一组品目项下的多种机器或器具的零件，如果属于则归入为这组机器或器具单独设置的零件品目。例如，织机用梭子应归入为品目 8444 ～ 8447 所列机器的零件单设的品目 8448。

（4）将不能归入上述各品目的本类非电气的零件、附件归入品目 8487；电气的零件、附件归入品目 8548。可归入这两个品目的货品，通常是未列名的通用零件。

必须注意的是，根据类注二中的“排除”规定，下列货品的零件不适用于上述的归类规定：①品目 8484 密封垫的零件；②品目 8544 绝缘电线、电缆的零件；③品目 8545 电气设备用碳精制品的零件；④品目 8546 绝缘子的零件；⑤品目 8547 线路导管的零件。

这类零件一般按构成材料归入相应的章内。

机械、电气设备零件的归类流程如图 17-1 所示。

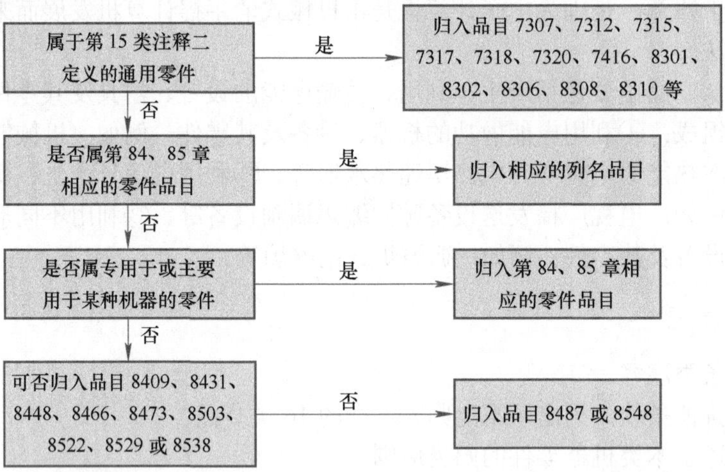


图17-1　机械、电气设备零件的归类流程

### （二）组合机器与多功能机器的归类

组合机器是指由两部及两部以上机器装配在一起形成的机器，一般是一台机器装在另一台机器的内部或上面，或者两者装在同一底座、支架上或同一个机壳内，且这些机器必须是永久性地连在一起。

例如：IP 可视电话由摄像头、液晶显示屏和电话机组成，三种商品装于同一机壳内属于组合机器。

多功能机器是指具有两种及两种以上互补或交替功能的机器。例如：点钞机具有点钞功能和鉴别假钞的功能；浴霸具有加热功能和照明功能；冷热水饮水机具有制冷功能和加热功能。它们都属于多功能机器。

组合机器与多功能机器的归类原则：按机器的主要功能归类，当不能确定其主要功能时，按从后归类的原则归类。

例如：IP 可视电话的主要功能是有线通信，故将其归入品目 8517；点钞机的主要功能是点钞，所以按办公机器归入品目 8472；浴霸的主要功能是加热，所以按家用电热器具归入品目 8516；冷热水饮水机很难确定加热和制冷哪种功能更重要，若按制冷功能则归入品目 8418，若按加热功能则归入品月 8516，比较这两个品目，从后归入品目 8516。

### （三）功能机组的归类

功能机组是指由几个具有不同功能的机器（包括机组部件）结合在一起而构成的，这些机器通常由管道、传动装置、电缆或其他装置连接起来。

功能机组的归类原则：组合后的功能明显符合第八十四章或八十五章某个品目所列功能时，全部机器或部件均归入该品目，而不再分别归类（即使某个机器或部件已具体列名）。

功能机组仅包括作为一个整体的功能机组中起主要功能作用的机器或设备，不包括具有辅助功能的机器或设备。

功能机组举例如下：

液压系统，由液压动力装置（主要由液压泵、电动机、控制阀及油箱组成）、液压缸及连接液压缸和液压动力装置所需的管道构成（品目 8412）。

冷藏设备，其各个构成部件并不组装成整体，而是由管道连接起来，冷却剂在管道中循环流动（品目 8418）。

灌溉系统，包括由过滤器、喷射器、计量阀等组成的控制站、地下分布支管及地面网络（品目 8424）。

挤奶机器，所配有的各个独立部件（真空泵、脉动器、奶头吸杯及奶桶）是由软管或管道加以连接的（品目 8434）。

酿酒机器，主要包括催芽机、麦芽压碎机、麦芽浆桶、滤酒桶（品目 8438）。但辅助机器（例如，装瓶机、标签印刷机）不归入本品目，而应归入其他相应品目。

信件分拣系统，主要由编码台、预分拣信道、中间分拣机及最终分拣机所组成。整套设备是由一台自动数据处理机控制（品目 8472）。

沥青拌和设备，由各自独立的加料斗、输送装置、干燥器、振动筛、混合机、贮料箱及操纵装置并排配置而成（品目 8474）。

组装电灯泡用的机器。这种设备的各个部件是利用输送装置加以连接，并配有玻璃的热处理设备、泵及灯泡检测装置（品目 8475）。

焊接设备，由焊头或焊钳组成，配有变压器、发电机或整流器，用以供电（品目 8515）。

配有电源、放大器等的无线电发射机（品目 8525）；配有手提话筒的手提式无线电话发送设备（品目 8525）；配有电源、放大器等的雷达设备（品目 8526）。

由一台接收机、一个抛物面天线反射盘、一个天线反射盘用的控制旋转器、一个喇叭天线（波导器）、一个偏振器、一个低噪声广播信号接收（LNB）降频转换器及一个红外遥控器组成的卫星电视接收系统（品目 8528）。

由红外线灯、光电池及警铃等组成的防盗报警器（品目 8531）。

## 任务一

## 核反应堆、锅炉、机器、机械器具及其零件的归类

### 知识准备

#### 一、本章商品范围及结构

除第十六类类注一及第八十四章章注一另有规定外，第八十四章包括能量转换、能量变化及利用机械能（还包括其他能量）做功的机器、设备、装置及器具（以下简称机器）。它们主要分为两大类：通用机器、专业机器。但电能与机械能转换的机器不归入本章（应在第八十五章）。

本章共有 86 个品目，大致分为下列七部分：

（1）核反应堆 8401。

（2）按功能列名的机器 8402 ～ 8424：8402 ～ 8405 锅炉及其他气体发生器→ 8406 ～ 8412 动力机器→ 8413 ～ 8414 液体、气体的输送设备→ 8415 ～ 8419 热能转换机器→ 8420 ～

8424 其他按功能列名的通用机器。

（3）按行业（用途）列名的机器、器具 8425～8478：8425～8431 工程机械→ 8432～8438 农业、园艺及饮食制品加工机械→ 8439～8443 纸及纸制品加工机械；印刷机械→ 8444～8453 纺织、制革机械→ 8454～8455 金属冶炼及铸造机械→ 8456～8468 硬质材料加工机械→ 8470～8473 办公机械、自动数据处理设备→ 8474～8478 其他列名的行业机器、装置（包括矿物处理加工机械、玻璃热加工机械、商业机器、橡胶、塑料、烟草加工机械等）。

（4）本章未列名的机器、器具 8479。

（5）通用机械零件 8480～8484、8487：8480～8484 列名的通用机械零件→ 8487 未列名的通用机械零件。

（6）增材制造设备 8485。

（7）集成电路、平板显示器制造设备 8486。

## 二、本章注释简介

本章有十一条章注和四条子目注释。

### （一）章注释

章注一是排他条款，列出了不能归入本章的八类货品。

章注二阐述了品目 8401～8424 及品目 8486 优先于品目 8425～8480 的优先归类原则；明确了品目 8419、品目 8422 及品目 8424 不适用该规则的货品范围。

章注三阐述了机床归类时品目 8456 优先于品目 8457～8461、品目 8464 或品目 8465 的优先归类规定。

章注四明确规定了适用于品目 8457 的金属加工机床可以完成的机械操作方式。

章注五明确了品目 8462 所指的“纵剪线”“定尺剪切线”的定义。

章注六说明了品目 8471 所称“自动数据处理设备”和自动数据处理设备的“部件”的含义；阐述了自动数据处理设备、部件以及装有自动数据处理设备或与自动数据处理设备连接使用，但却从事数据处理以外的某项专门功能的机器的归类规定。

章注七明确了品目 8482 所属抛光钢珠的精度标准，明确了钢珠的归类规定。

章注八阐述了多用途机器的归类原则。

章注九明确了品目 8470 所称“袖珍式”适用的外形尺寸。

章注十明确了品目 8485 所称“增材制造”的含义。

章注十一明确了品目 8486 条文含义，强调了其适用的货品范围，规定了品目 8486 优先于本目录其他品目的优先归类规定。

### （二）子目注释

子目注释一对子目 8465.20 所称“加工中心”做出了明确定义。

子目注释二对子目 8471.49 所称“系统”做出了明确定义。

子目注释三对子目 8481.20 所称“油压或气压传动阀” 做出了明确定义，规定了子目 8481.20 优先于品目 8481 的所有其他子目。

子目注释四明确了子目 8482.40 所属滚柱轴承的规格及特征。

## 三、本章商品归类要点

### （一）优先归类原则

#### 1. 品目8486优先归类

根据本章章注十一（四）的规定，除本类类注一及本章章注一另有规定以外，符合品目 8486 规定的设备及装置，应归入该品目而不归入其他品目。品目 8486 包括本章章注十一（三）规定的机器及装置。

#### 2. 既能按功能归入品目8401～8424中的某个品目，又能按行业归入品目8425～8480中的某个品目的机器或器具的归类

根据本章章注二的规定，既能按功能归入品目 8401 ～ 8424 中的某个品目，又能按行业归入品目 8425 ～ 8480 中的某个品目的机器或器具应按功能归入品目 8401 ～ 8424 中的某个品目，但品目 8419 不包括：催芽装置、孵卵器或育雏器（品目 8436）；谷物调湿机（品目 8437）；萃取糖汁的浸提装置（品目 8438）；纱线、织物及纺织制品的热处理机器（品目 8451）；温度变化（即使必不可少）仅作为辅助功能的机器设备。品目 8422 不包括：缝合袋子及其类似品用的缝纫机（品目 8452）；品目 8472 的办公室用机器（例如，信件装封机）。品目 8424 不包括：喷墨印刷（打印）机器（品目 8443）；水射流切割机（品目 8456）。

#### 3. 品目8456优先归类

品目 8456 优先品目 8457 ～ 8461、8464 或 8465。根据本章章注三的规定，用于加工各种材料的某种机床既符合品目 8456 的规定，又符合品目 8457、8458、8459、8460、8461、8464 或 8465 的规定，则应归入品目 8456。例如，数控放电加工机床（切削矿物材料）既符合品目 8456 的规定，又符合品目 8464 的规定，根据本章章注三的规定，应优先归入品目 8456。

### （二）多用途机器的归类原则

根据本章章注八的规定，具有两种或两种以上用途的多用途机器应按其主要用途归类。当主要用途无法判断或在任何品目都未列名，且本章章注二、第十六类类注三无其他规定时，应归入品目 8479。

例如：打孔机，可同时用于造纸、纺织、皮革、塑料等工业，其主要用途无法判断，应归入品目 8479。在此注意：不能使用从后归类原则，将其按塑料制品的加工机器归入品目 8477。

### （三）动力机械的归类

动力机械一般根据其工作原理归入品目 8406 ～ 8412 不同的品目。其中，只有内燃机的专用零件归入单独的专用零件品目 8409，其他动力机械的专用零件与整机归入同一品目。

#### 1. 内燃发动机的类型及其归类

（1）内燃发动机的类型：按点燃方式可分为点燃式内燃发动机（主要指汽油机）和压燃式内燃发动机（又称柴油机）；按活塞的运动方式可分为往复活塞式内燃发动机和旋转活塞式内燃发动机。

（2）内燃发动机的归类：内燃发动机按其点火方式归入不同品目，其中，点燃式内燃

发动机归入品目 8407，压燃式内燃发动机归入品目 8408，它们的专用零件归入指定的专用零件品目 8409。对内燃机的零件归类时的依据为本类类注二，即只有内燃机的专用零件才归入品目 8409，而在其他类、章或本章其他品目已具体列名的零、部件按列名归类。例如，点火或起动装置（包括火花塞及预热塞）归入品目 8511，空气或油的过滤器归入品目 8421，汽油泵、喷射泵、机油泵、水泵归入品目 8413，发动机的曲轴、凸轮轴、飞轮等归入品目 8483。归入品目 8409 的内燃机专用零件主要包括活塞、汽缸及汽缸体、汽缸盖、进气阀或排气阀、进气或排气歧管、活塞环、连杆、汽化器、染料喷嘴等。

### 2. 液压动力装置的归类

液压动力装置归入品目 8412。对于由液压缸、液压泵、液压阀、油箱、油管等组成的液压系统，由于整个系统构成本类注释四所指的功能机组，可一并归入品目 8412；若各个部件单独申报时，只有液压缸归入品目 8412，其他部件不归入该品目，例如：液压泵归入品目 8413，液压阀归入品目 8481。

## （四）液体泵的归类

（1）液体泵归入品目 8413，对于专供其他机器、车辆等使用的泵（包括内燃机用的汽油泵、机油泵及水泵，以及化学纤维纺丝机用的泵），它们作为这些机器的一个部件，仍归入本品目，而不按机器的零部件归类。

（2）带有计量或计价装置的泵仍归入品目 8413（如加油站用的泵），而不按计量装置归入第九十章。

（3）归入品目 8413 的泵大多用金属材料制成，但用陶瓷材料制的泵（主要用于抽吸腐蚀性流体）则要归入品目 6909。

## （五）空气调节器的归类

归入品目 8415 的空气调节器必须同时符合下列三个条件：

（1）电动的风扇或鼓风机。

（2）既可调节空气的温度（装有加热或冷却装置或两者兼有），又可调节空气的湿度（装有增湿或干燥装置或两者兼有）。

（3）上述两项所列装置一同报验。

专用于空调器的零件也归入品目 8415，单独报验的分体式空调的室内机组和室外机组按空调的专用零件归入子目 8415.9。

虽装有电扇，但只具有空气调温或调湿的一种功能的装置不能归入该品目，而归品目 8479 或品目 8516。

该品目不包括用以使某一封闭箱体（如卡车、挂车或集装箱）内的温度保持在 0℃以下某一固定温度的制冷设备。此类设备应作为冷藏或冷冻设备归入品目 8418。

## （六）加工机床及其零件的归类

### 1. 加工机床的归类

加工机床归类时首先判断是否符合第八十四章章注十一有关品目 8486 规定的设备和装置，若符合则优先归入品目 8486；再判断是否符合第八十四章章注三有关品目 8456 规定的设备和装置，若符合则优先归入品目 8456（用激光、光子束、超声波等处理各种材料的加工机床及水射流切割机）；最后应依据加工对象、加工方式、加工条件（冷轧或热轧）等的不同区别归类。例如：铝箔精轧机，应按金属冷轧机归入商品编码 8455.2290。

### 2. 机床零件的归类

品目 8466 只包括专用于或主要用于品目 8456 ～ 8465 所列机床的零部件。例如：工具夹具（又称刀具夹具）、工件夹具、分度头等。但有些零、部件在机床上使用却不归入品目 8466（因在其他品目已列名）。例如：机床上用的刀具（如车刀、铣刀、钻头等）归入品目 8207；磨床上用的砂轮归入品目 6804；机床上用的齿轮箱归入品目 8483；数控机床的数控装置归入品目 8537（不带有反馈功能）或品目 9032（带有反馈功能）；机床上用的测量或检测装置归入品目 9031。

## （七）自动数据处理设备及其零件、附件的归类

（1）“自动数据处理设备（系统）”的部件包括两种形式：其一，一个部件如果同时符合下列所有规定〔除第八十四章章注六（四）及（五）另有规定外〕，即可视为自动数据处理系统的一部分。①专用于或主要用于自动数据处理系统；②可以直接或通过一个、几个其他部件同中央处理器相连接；③能够以本系统所使用的方式（代码或信号）接收或传送数据。其二，键盘、X—Y 坐标输入装置及盘（片）式存储部件，只要可以直接或通过一个、几个其他部件同中央处理器相连接；能够以本系统所使用的方式（代码或信号）接收或传送数据。单独报验的符合上述条件的“自动数据处理设备（系统）”的部件应一律作为品目 8471 的部件归类。

（2）“自动数据处理设备”的零件、附件应归入品目 8473。“自动数据处理设备”的零件是指专用于或主要用于品目 8471“自动数据处理设备”部件的零件，如微电脑用内存条；“自动数据处理设备”的附件是用于“自动数据处理设备”的可互换的零件或特定装置，例如清洁自动数据处理机等软盘驱动器用的清洁软磁盘。

（3）单独报验的自动数据处理设备的显示器、打印机，不按自动数据处理设备的部件归类，应分别归入品目 8528 或品目 8443；相应的专用零件、附件也随之归对应品目。单独报验的路由器、集线器、网卡等应归入品目 8517。第八十四章章注六（四）所示品目 84.71 不包括以下单独报验设备，即使它们符合本章章注释六（三）的所有规定：①不论是否组合式的打印机、复印机、传真机；②发送或接收声音、图像或其他数器的设备，包括无线或有线网络（例如，局域网或广域网）通信设备；③扬声器及传声器（麦克风）；④电视摄像机、数字照相机及视频摄录一体机；⑤监视器及投影机，未装有电视接收装置。

## （八）加热炉及加热器具的归类

加热器具归类时一般要考虑的因素包括：工业或实验室用还是家用、是炉具还是一般加热器具、是电加热还是非电加热。

加热炉及加热器具涉及五个不同品目，它们之间的区别与归类如下：非电热的工业及实验室用的炉归入品目 8417；电热的的工业及实验室用的炉归入品目 8514；金属冶炼用的转炉（不带加热功能）归入品目 8454；家用电加热的器具（如电磁炉、微波炉等）归入品目 8516；非家用的加热器具（不论是否为电加热）、非电热的热水器归入品目 8419。

## （九）模具的归类

帽模，归入品目 8449；金属拉拔或挤压用模具，归入品目 8207；金属锻造用锭模，归入品目 8454；阳模，金属、玻璃、矿物材料、橡胶或塑料用型模，归入品目 8480。

### （十）干燥机的归类

干衣机又称干燥机（纺织品专用），是一种将潮湿纺织品置于封闭室内利用热空气使之迅速干燥或潮湿纺织品在热滚筒上经过使之迅速干燥的电气设备。干洗机主要是利用汽油、四氯化碳或其他有机溶剂对衣物或其他纺织品进行清洁而不是用水洗涤的机器。由于有机干洗剂易燃，故常用防爆电动机驱动洗涤器及循环泵。

非纺织品用干燥机应归入品目 8419；离心式干燥机应归入品目 8421；洗涤干燥两用机（纺织品用）应归入品目 8450；干衣机（纺织品用）应归入品目 8451。

### （十一）手工工具、手提式动力工具的区别及其归类

无动力装置的手工工具按构成材料的制品归类，例如：钢铁钳子归入品目 8203，木槌归入品目 4417；以气动、液压、电动为动力的手提式工具以及其他的手提式动力工具，应归入品目 8467。

**【知识拓展】**

拒绝旧液晶显示器

2022年3月，常熟海关查检关员在对某企业从韩国进口的成套旧自动光学检测设备实施查检时，发现设备随带一批可拆除后独立使用的旧液晶显示器，属于商务部、海关总署《公布禁止进口的旧机电产品目录调整有关事项》公告目录中明确禁止的进口货物。关员现场核对了这批旧液晶显示器的标签，并拍照取证，予以封存。根据《进口旧机电产品检验监督管理办法》第三十一条规定，进口国家禁止进口的旧机电产品，应当予以退货或者销毁。海关已按规定对这批显示器进行后续处理。

同时，根据《中华人民共和国进出口商品检验法》及其实施条例等有关规定，允许进口的旧机电产品一律属于法定检验商品，如需实施装运前检验的，收、发货人或者其代理人还应当按照海关总署的规定申请主管海关或者委托检验机构实施装运前检验，否则将承担违法责任。

近年来，国内外制造业转型升级力度不断加大，如果对进口旧机电产品不加以严格监管，我国就可能成为发达国家落后设备的输出地，不仅影响国内相关产业的健康发展，还会对国门安全造成重大威胁。

（资料来源：“常熟海关”微信公众号）

## 工作任务

江苏恒诚报关有限公司申报进口皮革机器用的研光机及发动机用皮革垫圈，请对以上商品进行归类。

## 任务实施

### 1. 皮革机器用的研光机

（1）判断归类属性。皮革机器用研光机是由两个或多个平行滚筒式轧辊组成的，对皮

革进行上光处理的机器。研光机在不同的行业中具有不同的名称（例如，洗衣业中称烫平机，纺织工业中称整理轧布机，造纸工业中称高度研光机）。对于本商品似可按皮革机又可按研光机归类。

（2）引用归类依据。根据第八十四章章注二的规定，当机器既可按功能归入品目 8401 ～ 8424，又可按用途归入品目 8425 ～ 8479 时，应优先按功能列名归入品目 8401 ～ 8424。因此，本商品应优先归入品目 8420。

（3）确定商品编码。根据归类总规则一及六的规定，本商品应归入商品编码 8420.1000。

### 2. 发动机用皮革垫圈

（1）判断归类属性。垫圈是一种垫在螺母（或螺栓头）与其所连接的零件之间的扁平的环，其主要用来增加接触面积，改善接触情况。本商品是发动机的一个零件，归类时似应按发动机零件归入第八十四章，也可按皮革垫圈归入第四十二章。

（2）引用归类依据。根据第十六类类注一（二）的规定，用作机器、机械器具零件的皮带、皮制垫圈等应归入品目 4205，而不按机器零件归入第十六类。因此，本商品应按皮革垫圈归入品目 4205。

（3）确定商品编码。根据归类总规则一及六的规定，本商品应归入商品编码 4205.0020。

## 任务训练

请对以下商品进行归类：

1. 利用超声波抛光的金属加工机床。
2. 计算机网络通讯用的路由器。
3. 带有计量装置液体泵。
4. 与电脑连接使用的地毯簇绒织机（其主要功能是机织）。
5. 电脑用显示卡。
6. 自行车充气用手动打气筒。
7. 四缸汽车用内燃发动机，气缸容量1 500毫升。
8. 照相凹版印刷机。
9. 太阳能热水器。
10. 自动打字机。
11. 家用型电动洗碟机。
12. 谷物干燥器（电热）。
13. 太阳能电池电子计算器。
14. 离心式干衣机（干衣量为5千克）。
15. 安装在品目8701拖拉机上的农用收割机。
16. 锥形滚子轴承。
17. 不锈钢制造的手柄（可用于多种机床操作）。
18. 用于造纸工业的高度研光机（其功能为对纸张进行上光处理）。
19. 用于纺织工业的整理轧布机（其功能为反复滚压，使织物表面变得光滑）。
20. 船舶用舵机。
21. “方太”牌抽油烟机（罩平面尺寸为80厘米×45厘米）。
22. 可口可乐饮料的自动灌装机。

23．吊秤，最大称重为1 000千克。

24．安放在公共场所的饮料自动售货机（装有制冷装置）。

25．表面镀铬的铜制浴缸用水龙头。

26．“惠普”静电感光式多功能一体机，具有复印、扫描、打印和传真功能，可通过与电脑连接进行激光打印，与电话、网络连接发送传真。

27．ABS塑料制小轿车空调用的风向转动板。

28．机器人刀削面机。用途：用于代替人工技师削面；结构：外体大部分用不锈钢材料依照人体外形压制而成，内设动力装置和传动装置，外设数控箱装置。

29．“苹果”牌iPad平板电脑，长248.6毫米，宽179.5毫米，厚7毫米，重477克。配有3GHz苹果A14处理器，具有浏览互联网、收发电子邮件、阅读电子书、播放音频或视频文件等功能。

30．弯折机，也称折弯机，非数控，用途：使钢材按照设定的角度弯曲。

## 任务二

## 电机、电气设备及其零件；录音机及放声机、电视图像、声音的录制和重放设备及其零件、附件的归类

### 知识准备

#### 一、本章商品范围及结构

第八十五章包括所有电机及电气设备，但本章章注一所述的物品及第八十四章所列的机器和器具除外。与第八十四章相反，本章所列的货品即使由陶瓷材料或玻璃制成，仍应归入本章；但品目 7011 所列的玻璃外壳（包括玻璃泡及玻璃管）除外。

本章共有 48 个品目，其排列顺序为：8501 ～ 8504 发电、变电的设备及装置→ 8505 电磁铁、电磁铁工件夹具、电磁离合器及制动器、电磁起重吸盘→ 8506 ～ 8507 蓄电设备及装置（包括原电池和蓄电池）→ 8508 ～ 8510 某些电动器具（例如，真空吸尘器、家用电动器具）→ 8511 ～ 8516 利用电的光效应、热效应工作的设备及装置→ 8517 电话机等发送、接收声音、图像或其他数据用的通信设备→ 8518 ～ 8519、8521 ～ 8522 传声器、音频扩大器、声音及视频信号录制或重放设备→ 8523 信息的记录媒体（例如，光盘、磁带等）→ 8524 平板显示模块→ 8525 ～ 8529 无线电广播、电视发送及接收设备、无线电遥控设备→ 8530 电气信号、安全或交通管理设备→ 8531 电气音响或视觉信号装置→ 8532 ～ 8542 电子元器件→ 8543 本章其他品目未列名的具有独立功能的电气设备及装置→ 8544 ～ 8547 绝缘电导体、石墨或炭精的电气制品、绝缘子及绝缘零件→ 8548 机器或设备的本章其他品目未列名的电气零件→ 8549 电子电气废弃物及碎料。

#### 二、本章注释简介

本章有十二条章注释和五条子目注释。

### （一）章注释

章注一是排他条款，列出了不能归入本章的五类货品。

章注二明确了品目 8501 ～ 8504 不适用货品所属的品目。

章注三对品目 8507 所称的“蓄电池”做出了明确定义。

章注四明确了品目 8509 仅包括的电动器具范围，强调了除外货品及其所属品目。

章注五对品目 8517 所称的“智能手机”做出了明确定义。

章注六对品目 8523 所称“固态、非易失性存储器件”及“智能卡”做出了明确定义。

章注五对品目 8524 所称的“平板显示模组”做出了明确定义。

章注八对品目 8534 所称“印刷电路”做出了明确定义，强调了除外货品范围。

章注九对品目 8536 所称“光导纤维、光导纤维束或光缆用连接器”做出了明确定义。

章注十强调了品目 8537 不适用无绳红外遥控器（品目 8543）。

章注十一对品目 8539 所称“发光二极管（LED）光源”做出了明确定义。

章注十二阐述了品目 8541 及 8542 所称“半导体器件”“发光二极管（LED）”“集成电路”的含义，规定了所述货品应优先归入品目 8541、8542（品目 8523 除外）。

### （二）子目注释

子目注释明确了子目 8525.81 ～ 8525.83、子目 8527.12 仅包括的货品应具有的特征并对子目 8549.11 ～ 8549.19 所称“废原电池、废原电池组及废蓄电池”做出了明确定义。

## 三、本章商品归类要点

### （一）优先归类原则

归入品目 8511、8512、8540、8541 或 8542 的商品，即使它们具有品目 8501 ～ 8504 所列货品的特征或功能，也优先归入品目 8511、8512、8540、8541 或 8542（见本章章注二）。例如：内燃机用的永磁直流发电机、启动电动机等优先归入品目 8511，而不作为一般的发电机、电动机归入品目 8501；用于整流的闸流管优先归入品目 8540，而不作为整流器的零件归入品目 8504。

### （二）电动机、发电机及发电机组的归类

电动机和发电机归入品目 8501，且本品目的电动机可以配有皮带轮、齿轮或齿轮箱，用于驱动手工工具的电动机可以配有软轴；由发电机和原动机（主要是第八十四章的动力机械）组成的发电机组归入品目 8502，若原动机是电动机，则由发电机和电动机组成的装置按旋转式变流机归入品目 8502。它们的专用零件归入专用零件品目 8503。根据本章章注二的规定，内燃机用的启动电机不归入品目 8501，应归入品目 8511。

### （三）电池的归类

电池一般按其是否可充电分为原电池和蓄电池，不可充电的原电池归入品目 8506，可以充电的蓄电池归入品目 8507；废的原电池和蓄电池及电池的废碎料归入品目 8549。原电池用的碳棒在品目 8545 中已有列名，不要误按电池零件归入子目 8506.9 项下。与这两类电池工作原理不同的光电池则应归入子目 8541.4。

### （四）电动机械器具的归类

电动机械器具归入品目 8508 ～ 8510。其中真空吸尘器不论是否家用，一律归入品目 8508，电动剃须刀归入品目 8510，其他家用的电动机械器具归入品目 8509。

归入品目 8509 的家用电动器具必须符合本章章注四的条件，即必须是“家用的”和“电动的”器具，同时除了章注四（一）列名的商品外，其他电动机械器具还要受重量的限制（不超过 20 千克）。例如，食品用切片机、绞肉机等只有重量小于 20 千克才归入本品目，若是大于 20 千克的电动绞肉机则要按工业用的食品加工机器归入品目 8438，若是不超过 10 千克的手摇绞肉机（非电动的）则应按手工工具归入品目 8210。

本章章注四排除的电动机械器具不能归入本品目。例如，洗碟机即使是家用的电动的不超过 10 千克的器具也不能归入本品目，应归入品目 8422。

### （五）通信设备的归类

根据《进出口税则》及《品目注释》，在排除了无线电广播或电视信号的发送或接收设备（品目 8525、8527 或 8528）以及传真机（品目 8443）以外，通常我们理解的通信设备应归入品目 8517。

例如智能手机，带有操作系统，根据装载软件可实现相应功能，但电话通信仍为其主要功能，因此按照“无线网络用电话机”归入子目 8517.13 项下。

运动手环通过蓝牙连接手机，进行配对，可以显示时间、来电提醒、运动数据、人体健康指数等，但“无线接收、转换并发送数据”仍为其主要功能，因此按照通信设备归入子目 8517.62 项下。

也就是说，归入品目 8517 的通信设备，包括通过有线网络的电流或光波，以及通过无线网络的电磁波发送或接收两地讲话或其他声音、图像或其他数据用的设备。

通信设备归类特别要注意零件的归类，其中第十六类类注二（二）中品目 8517 零件相对优先的规定需要重点关注，即“同时主要用于品目 8517 和 8525 ～ 8528 所列机器的零件，应归入品目 8517”。

例如：既能在基站上使用，又能在雷达设备上使用的天线，不能按品目 8526 的零件归入子目 8529.10，而应按基站零件归入子目 8517.7。

### （六）音像设备、无线电广播、电视接收设备的归类

音像设备主要包括声音的录制或播放设备、转化设备（话筒和喇叭）等，图像的录制播放设备、摄像机等。音像设备及无线广播、电视接收设备的归类归纳见表 17-1。

**表17-1　音像设备及无线广播、电视接收设备的归类**

| 信号种类 | 变化方式 | 归　类 |
|---|---|---|
| 声音 | 话筒和喇叭（声音←→电信号） | 8518 |
| | 录音和放音［记录媒体（磁、光信号）→声音］ | 8519 |
| | 收音（无线电广播信号→声音） | 8527 |
| 图像 | 录放像［图像电信号→记录媒体（磁、光信号）］ | 8521 |
| | 电视（无线电电视信号→图像、声音） | 8528 |
| | 摄像［图像→记录媒体（磁、光信号）］ | 8525 |

对于带有收音功能的收录机、收放机等应按无线电广播的接收设备归入品目 8527，而不按声音的录放设备归入品目 8519 或 8520。

## （七）记录媒体的归类

记录媒体一律归入品目 8523，只有在确定本国的七八位子目时才考虑是否有录制信息。

目前常见的记录媒体主要包括磁性媒体、光学媒体和半导体媒体。磁性媒体常见的类型为磁带、磁盘及磁卡；光学媒体常见的类型主要是光盘；半导体媒体常见的类型有本章章注六（一）所指的“固态、非易失性存储器件”（如 U 盘、数码相机用的记忆棒、SD 卡、CF 卡、SM 卡等）和章注六（二）所指的“智能卡”。

微电脑用内存条不能作为记录媒体归入品目 8523，应作为自动数据处理设备的零件归入商品编码 8473.3090；固态硬盘不能作为记录媒体归入品目 8523，应作为自动数据处理设备的存储部件归入商品编码 8471.7011。

## （八）电子元器件及集成电路的归类

通用电子元器件一般按其不同的特性归入品目 8532 ～ 8533、品目 8540 ～ 8542。这些元器件一般作为电气设备的零件。电子元器件及集成电路的归类归纳见表 17-2。

**表17-2　电子元器件及集成电路的归类**

| 序　号 | 商品描述 | 归　类 |
|---|---|---|
| 1 | 电感 | 8504 |
| 2 | 电容 | 8532 |
| 3 | 电阻器（包括变阻器及电位器） | 8533 |
| 4 | 加热电阻器 | 8516 |
| 5 | 印刷电路 | 8534 |
| 6 | 热电子管、冷阴极管或光阴极管 | 8540 |
| 7 | 集成电路 | 8542 |
| 8 | 高压电器（电压大于 1 000 伏） | 8535 |
| 9 | 低压电器（电压小于或等于 1 000 伏） | 8536 |
| 10 | 碳电极等石墨制品 | 8545 |
| 11 | 绝缘子 | 8546 |
| 12 | 电气绝缘零件 | 8547 |
| 13 | 未列名的电气零件 | 8548 |

## （九）灯及灯具的归类

电照明所用的光源，通常分为热辐射光源和气体放电光源。

热辐射光源指利用电加热物体至白炽程度而发光，如白炽灯、卤钨灯。气体放电光源指利用气体放电过程中原子受到激发而发光，如荧光灯、高压汞灯、钠灯、金属卤化物灯。这种灯一般不能单独接到电路中，必须与触发器、镇流器等辅助电器一起接入电路才能启动和稳定工作。归入品目 8539 的灯在确定子目时要区别是热辐射光源还是气体放电光源，若是热辐射光源归入子目 8539.2，若是气体放电光源归入子目 8539.3。

灯及灯具的归类归纳见表 17-3。

表17-3　灯及灯具的归类

| 序　号 | 商品描述 | 归　类 |
|---|---|---|
| 1 | 贵金属、包贵金属制的灯具 | 7114 |
| 2 | 各种灯泡、灯管等电光源 | 8539 |
| 3 | 带有灯座的灯具 | 9405 |
| 4 | 自行车及机动车辆（不含火车、飞机）的照明灯、信号灯 | 8512 |
| 5 | 火车和飞机的前灯等 | 9405 |
| 6 | 自供电源的灯（如手电筒、手提式应急灯） | 8513 |
| 7 | 交通管理用的信号灯（交叉路口的红绿灯等） | 8530 |
| 8 | 封闭式聚光灯 | 8539 |
| 9 | 照相机用的闪光灯及灯泡 | 9006 |
| 10 | 医疗用诊断、探查、照射用灯 | 9018 |
| 11 | 非电气的汽灯、手提灯、马厩灯、防风灯 | 9405 |
| 12 | 其他品目未列名的灯具及照明装置（可以使用任何光源或燃料，如烛、煤、油、电等） | 9405 |
| 13 | 节日用中国灯笼 | 9505 |

### （十）遥控器的归类

（1）有线遥控器，按适用设备的零件归类（例如，空调有线遥控器，按空调的专用零件归类）。

（2）无线遥控器，归入品目 8526（例如，门座式起重机专用无线遥控器）。

（3）红外线遥控器，归入品目 8543（例如，红外线控制彩色电视机用遥控器）。

### （十一）本章其他品目未列名的具有独立功能的电气设备的归类

具有独立功能且其他品目未列名的电气设备一般归入品目 8543。该品目包括未归入本章其他品目，也未更为具体地列入本协调制度其他各章的品目，而且第十六类或本章的法定注释也未列名不包括的所有电气器具及装置。

归入本品目的电气器具及装置必须具有独立功能，该品目所列的大部分器具是电气产品或零件（电子管、变压器、电容器、扼流圈、电阻器等）的组合装置，完全用电气操作。

## 工作任务

江苏恒诚报关有限公司申报一批进口电池，包括录音机用镍镉可充电电池和以锂为负极的原电池。请对以上商品进行归类。

## 任务实施

### 1. 录音机用镍镉可充电电池

（1）判断归类属性。电池按其是否可充电分为原电池和蓄电池。可充电电池也称蓄电池，是一种经充电、放电能复原继续使用的电池，归类时应按电器产品归入第八十五章。

（2）引用归类依据。由于品目 8507 已有蓄电池的列名，因此，根据其电池种类（镍镉蓄电池），本商品应归入品目 8507。

（3）确定商品编码。根据归类总规则一及六的规定，本商品应归入商品编码 8507.3000。

## 2. 以锂为负极的原电池

（1）判断归类属性。原电池是利用氧化还原反应将化学能直接变为电能的装置，是不能复原使用的电池，归类时应按电气产品归入第八十五章。

（2）引用归类依据。由于品目 8506 已有原电池的列名，因此，根据其电池种类，本商品应按锂的原电池归入品目 8506。

（3）确定商品编码。根据归类总规则一及六的规定，本商品应归入商品编码 8506.5000。

**思考题：**

未用过的机器也会是旧机电产品吗？

## 任务训练

请对以下商品进行归类：

1．飞机用启动电动机。

2．电动蔬菜榨汁机（重量40千克）。

3．电子闪存卡（未录制）。

4．棉制电热毯。

5．家用电动牙刷。

6．带有录音功能的MP3音乐播放器。

7．钟控收音机。

8．电功率为10瓦的空气清新器（负离子发生器）。

9．阴极射线彩色电视显像管。

10．超人牌电动剃须刀。

11．发光二极管。

12．直流电动机（输出功率375千瓦）。

13．不间断供电电源。

14．电磁式离合器。

15．奔驰轿车用电动风挡刮雨器。

16．高频放大器。

17．光端机。

18．用于半导体收音机的微调电容器。

19．汽车用调频调幅立体声收放音组合机。

20．家用电卷发器。

21．电子防丢器，由子机和主机组成，工作时子机发出稳定的无线电波，主机接收到子机的无线电信号时不报警；当主机和子机之间的距离超过预定的距离时，主机接收不到子机的无线电信号，立即发出报警声，提醒使用者的注意。用于手机、钱包、箱包、宠物、小孩等物品或人身上，防丢及防偷。

22．汽车GPS导航仪，装于汽车上为驾驶员提供道路导航。

23．“黑匣子”，用于记录飞机的飞行姿态、轨迹、速度等多种飞行数据。飞机失事时，“黑匣子”的紧急定位发射机自动向四面八方发射无线电信号，以便搜寻者溯波寻找。

24．引线框架。产品成分：铜99.6%以上，铁0.05%～0.15%，磷0.015%～0.05%。用

途：专用于生产集成电路，引线框架是集成电路的芯片载体，使用焊膏等黏合剂将芯片粘贴于引线框架焊盘上，利用合金丝连接芯片和引线框架的引脚，以实现外部电路与芯片内部电路的连接。

25．微波烘干机，又称“超级微波炉”，长18米，宽1.3米，高2米，通过介质损耗将电磁波的能量转换成热能，用于烘干纱线、织物。

26．海信电视机专用的遥控器（普通红外线）。

27．华为笔记本电脑（重3千克）。

28．ABS（丙烯腈-丁二烯-苯乙烯共聚物）塑料制音箱外壳。

29．照相机（数字方式存储图像；非特殊用途）。

30．“创维”牌彩色等离子数字电视机（显示屏幕尺寸74厘米）。

## 项目评价

**考核评价表**

| 学习目标 | 评价项目 | 自我评价（30%） | 组间评价（30%） | 教师评价（40%） |
|---|---|---|---|---|
| 专业知识（30分） | 机电产品的商品知识 | | | |
| | 机电商品零件的归类 | | | |
| | 相似机电商品的区分及归类 | | | |
| | 重要的章注释、品目注释、品目条文 | | | |
| 专业能力（40分） | 准确把握归类依据 | | | |
| | 掌握重要机电商品的归类原则 | | | |
| | 准确运用归类总规则 | | | |
| 职业素养（30分） | 积极主动、团队合作精神 | | | |
| | 沟通协调能力 | | | |
| | 思辨能力 | | | |
| | 解决问题能力 | | | |
| | 谨慎细心的工作态度 | | | |
| 教师建议： | | 评价标准：<br>A．优秀（≥80分） B．良好（70～80分）<br>C．基本掌握（60～70分） D．没有掌握（＜60分） | | |
| 个人努力方向： | | | | |

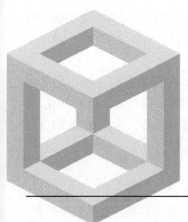

# 项目十八
# 车辆、航空器、船舶及有关运输设备的归类

## 学习目标

◆ **知识目标**

熟悉本类各章商品的范围及排列结构，了解必要的商品知识，熟悉相关的注释。

◆ **能力目标**

掌握运输设备类商品的归类要点；能正确运用归类依据对本类商品进行准确归类。

◆ **素质目标**

通过对商品归类的训练，培养自信自强、守正创新、耐心细致的工作态度，增强民族自豪感。

## 项目导入

通过本类的学习，熟悉本类商品的结构范围，理解本类中相关的商品名词解释，掌握运输设备类商品的归类要点。

**学习重难点：**

运输车辆及零件的归类原则，以及易与本类商品混淆的商品的比较分析。

## 项目要点

### 一、本类商品范围

第十七类共分四章（第八十六章至第八十九章），主要包括各种交通工具、运输设备及其与运输设备相关的某些具体列名货品，例如：经特殊设计、装备适于一种或多种运输方式的集装箱；某些铁道或电车道轨道固定装置和附件；机械（包括电动机械）信号设备；降落伞、航空器发射装置、甲板停机装置或类似装置、地面飞行训练器等；专用于或主要用于第八十六章至第八十八章所列车辆、航空器等的零件及附件。本类基本上是依陆路、航空、水路等运输方式将货品分为四组，各组货品按章分列如下：

铁道车辆、气垫火车等有轨车辆及其零件、附件（第八十六章）；其他机动车辆、气垫车辆及其零件、附件（第八十七章）；航空器、航天器及其零件、附件（第八十八章）；船舶、气垫船及浮动结构体（第八十九章）。

易误归入本类的货品主要有：某些移动式机器（例如品目 8426 的在码头等小场所用于搬运集装箱的跨运车）、品目 9023 的货品（例如供示范用的汽车模型）、品目 9503 的货品（例如儿童三轮车、玩具电动火车）、品目 9506 的雪橇及类似品、品目 9508 的货品（例如碰碰车设备）。

## 二、本类注释

第十七类共有五条类注，用以确定本类的商品范围及相关商品在本类各章的归类原则。

类注一是排他条款，列出了不能归入本类的三类货品。

类注二是排他条款，列出了不适用本类所称“零件”及“零件、附件”的 11 类货品。

类注三阐述了第八十六章至第八十八章章所称“零件”或“附件”的归类规定。

类注四阐述了三类特殊运输工具的品目归类原则。

类注五阐述了气垫运输工具的归类规定。

## 三、本类商品归类要点

### （一）特殊运输工具的归类

根据本类类注四的规定，特殊运输工具应按以下规则归类：既可在道路上行驶又可在轨道上行驶的特殊构造的车辆，以及水陆两用机动车辆，应归入第八十七章的相应品目；可兼作地面车辆使用的特殊构造的航空器，应归入第八十八章的相应品目。

### （二）气垫运输工具及其相关产品的归类

根据本类类注五的规定：

（1）气垫运输工具应按本类最相类似的运输工具归类，即在导轨上运行的气垫火车按火车归入第八十六章；在陆地上行驶或水陆两用的气垫车辆按车辆归入第八十七章；在水上航行(不论能否在海滩或浮码头登陆及能否在冰上行驶)的气垫船按船舶归入第八十九章。

（2）气垫运输工具的零件、附件，与最相类似的运输工具的零件、附件一并归类。

（3）气垫火车的导轨固定装置及附件应与铁道轨道固定装置及附件一并归类。气垫火车运行系统的信号、安全或交通管理设备应与铁路的信号、安全或交通管理设备一并归类。

### （三）本类商品“零件及附件”的归类

本类商品“零件及附件”归类的主要依据是类注二和类注三。

#### 1. 类注二所排除的零件及附件

（1）任何材料制成的垫片、垫圈及类似品，按其构成材料归类或归入品目 8484。

（2）第十五类类注二所指的通用零件。如第七十三章至第八十一章的螺栓、螺母、垫圈、销、弹簧（包括车辆用的钢板弹簧），第八十三章的锁、车身配件及附件、牌照等，若以上零件及附件由塑料制成则归入第三十九章。

（3）第八十四章的机器设备及零件。如品目 8407 ～ 8412 的各种发动机及其零件，品目 8413 的泵，品目 8414 的压缩机及风扇，品目 8415 的空气调节器，品目 8481 的散热器用放水龙头，品目 8482 的滚珠（或滚子）轴承，品目 8483 的发动机内部零件（曲轴、凸轮轴、飞轮等）。

（4）第八十五章的电动机械及电气设备。如品目 8501、8504 的电动机、发电机、变压器，品目 8505 的电磁铁、电磁离合器，品目 8507 的蓄电池，品目 8511 的点燃或压燃式内燃发动机用的点火或电启动装置（如火花塞、电动启动机），品目 8512 的自行车或机动车辆用的电气照明及信号装置、电动风挡刮水器、除霜器及去雾器，品目 8531 的其他车辆（如火车）、航空器或船舶用的电气音响或视觉信号装置，品目 8543 的用于飞机、船舶、火车或其他车辆（不包括脚踏车和机动车辆）配有电阻器的除霜器及去雾器。

（5）第九十章的用于某些车辆上的仪器设备，如品目 9029 的转数计、车费计、速度计、转速表及其他仪器设备。

（6）品目 9405 的灯具及照明装置，如航空器或火车用前照灯。

### 2. 其他品目列名更为具体的零件及附件

凡在本协调制度其他品目列名更为具体的零件及附件，即使能确定为用于本类所列货品，也不归入本类。如品目 4010 的硫化橡胶制传动带，品目 4011 ～ 4013 的橡胶轮胎、可互换胎面、轮胎衬带及内胎，品目 7009 的后视镜，品目 8483 的速度计、转数计用软轴，品目 9401 的车辆座椅。

### 3. “专用于或主要用于”第八十六章至第八十八章设备的零件及附件（注意：在此不包括本类第八十九章的船舶或结构浮动体的零件及附件）

“专用于或主要用于”第八十六章至第八十八章设备的零件及附件与所属设备一并归类。非专用于或非主要用于第八十六章至第八十八章设备的零件及附件，不能归入上述各章。

按“专用于或主要用于”本类设备的零件及附件归类时必须同时满足三个条件：

（1）不得列入本类类注二规定不包括的货品范围。

（2）必须是专用于或主要用于第八十六章至第八十八章所列货品的零件及附件。

（3）必须是未在《协调制度》其他品目内列名更为具体的货品。

### 4. 可归入两个或多个品目零件及附件的归类

（1）可归入本类的两个或多个品目的零件及附件，如制动器、转向系统、车轮、车轴等适用于多种运输工具（汽车、航空器、摩托车等）的零件及附件，应按其主要用途归入相应运输工具零件及附件的有关品目内。

（2）对于既可归入第十七类，又可归入其他类的零件或附件，如第八十四章所列的移动式机器用的转向机构、制动系统、车轮及挡泥板等，与第八十七章所列货车用的几乎完全相同，应按货车零件及附件归入本类，而不归入第八十四章。

### 5. 船舶、结构浮动体零件及附件的归类

除船体外的所有船舶或浮动结构体的零件及附件均不能归入第八十九章，即使这些零件及附件确定为船舶专用，仍应归入其他章的相应品目。这一点不同于第八十六章至第八十八章的规定（即专用于这些章的零件及附件与整个设备归入同一章内）。

# 任务一

## 铁道及电车道机车、车辆及其零件；铁道及电车道轨道固定装置及其零件、附件；各种机械（包括电动机械）交通信号设备的归类

### 知识准备

#### 一、本章商品范围及结构

第八十六章包括各种铁道或电车道用的机车、车辆及其零件，铁道或电车道轨道固定装置及配件，经特殊设计、装备适于一种或多种运输方式的集装箱，以及各种机械（包括电动机械）信号、安全或交通管理设备（包括停车场用的在内）。

本章共有 9 个品目，其排列顺序为：8601 ～ 8603 机动车辆→ 8604 维修或服务车辆→ 8605 ～ 8606 牵引车辆→ 8607 ～ 8608 机车及车辆的零件、轨道固定装置及附件、机械交通信号管理设备→ 8609 各种结构形式的集装箱。

#### 二、本章注释简介

本章有三条章注释。

章注一是一条排除注释，说明哪些商品不包括在第八十六章内。该注释有三条具体规定，具体说明不归入本章的三类货品及其应归入的品目。

章注二是关于本章车辆、设备、装置的零附件归类品目 8607 商品范围的说明。该注释有五条具体规定，具体说明归入品目 8607 的零件、附件的种类。

章注三是关于品目 8608 商品范围的说明，其下有两条具体规定，具体说明归入品目 8608 的货品种类。

#### 三、本章商品归类要点

##### （一）本章车辆的不完整或未制成品的归类

车辆的不完整或未制成品，只要其具有完整品或制成品的基本特征，就应与相应的完整或已制成车辆一并归类。所谓“具有完整品或制成品的基本特征”，是指：①未装有动力装置、测量仪器、安全装置或维修设备的机车或铁道、电车道用的机动车辆；②未安装座位的客车；③已装有悬架及车轮的货车底架。

但是，未装在车架上的铁道或电车道用机动客车、货车、敞车、煤水车的车身，应作为以上车辆的零件归入品目 8607。

##### （二）供铁道、电车道、道路、内河航道、停车场、港口或机场用的信号、安全或交通管理设备及类似品的归类

机械（包括电动机械）的信号、安全或交通管理设备，归入品目 8608；电气的信号、安全或交通管理设备，归入品目 8530；无机械部分的道路、铁路等的路标，按构成材料归类。

### （三）两种动力驱动的机车的归类

由两种动力驱动的机车，应按其所使用的主要动力的机车归类。

**【知识拓展】**

我国高铁列车首次出口国外

2022年8月21日，在青岛大港海关办结通关监管手续后，我国出口印度尼西亚用于雅万高铁的一组高速动车组和一组综合检测列车装船启运，这是我国高铁列车首次出口国外。

这批动车组由中车青岛四方机车车辆股份有限公司为印度尼西亚雅万高铁项目量身定制，是我国高端装备“走出去”的代表作。雅万高铁是“一带一路”倡议和我国与印度尼西亚合作的标志性项目之一，也是我国高铁首次全系统、全要素、全产业链在海外落地。

为支持国产高速动车组出口，青岛大港海关主动对接公司出口计划和船期需求，引导企业充分利用便捷通关措施，快速完成出口申报、审核、查验等各项工作，并提供船边监管，节约了在港区监管场所的周转时间，保障了企业的通关物流预期。

（文章来源：青岛海关）

## 工作任务

江苏恒诚报关有限公司申报一批进口铁道用的机动货车（未装有发动机，自身动力驱动）及未装在车架上的铁道机动货车的车身，请对以上商品进行归类。

## 任务实施

### 1. 铁道用的机动货车（未装有发动机，自身动力驱动）

（1）判断归类属性。铁道用的机动货车是指装有柴油机或其他内燃机等，由自身动力驱动行驶的自给式载货车辆。本商品为未装有发动机的货车，属于车辆的不完整品。

（2）引用归类依据。由于其已具有完整品或制成品的基本特征，因此，仍按完整的车辆进行归类。铁道用的机动货车应按轨道车辆归入第八十六章并按铁道用机动车的具体列名归入品目 8603。该商品属于由自身动力驱动行驶的自给式载货车辆，因此，应按“非外部电力驱动的铁道用货车”归类。

（3）确定商品编码。根据归类总规则二（一）及六的规定，本商品应归入商品编码 8603.9000。

### 2. 未装在车架上的铁道机动货车的车身

（1）判断归类属性。未装在车架上的铁道货车的车身属于车辆的零部件。

（2）引用归类依据。根据第八十六章章注二的规定，应按车辆零件归入品目 8607。

（3）确定商品编码。根据归类总规则一及六的规定，本商品应归入商品编码 8607.9100。

## 任务训练

请对以下商品进行归类：

1．供铁道用的电气交通管理设备。

2．适于汽车运输易腐食品用保温集装箱（规格为40英尺，壁面为钢制）。

3．电动机械信号通信设备（码头用）。

4．装有搅拌轨道混凝土用机器的敞车。

5．钢轨。

# 任务二

## 车辆（铁道及电车道车辆除外）及其零件、附件的归类

## 知识准备

### 一、本章商品范围及结构

第八十七章包括除铁道及电车道以外的各种陆路行驶车辆，例如：牵引车、拖拉机、机动客车、货车或特种车辆，未装有提升或搬运设备，适用于工厂、仓库、码头或机场短距离运输货物的机动车辆；火车站台上用的牵引车；摩托车；挂车、脚踏车及其他非机动车辆；专用于或主要用于本章所列车辆的零件及附件。

本章货品基本按照机动车辆→机动车辆的底盘（装有发动机）、车身及零件→短距离运货的机动车辆及零件→机动的装甲战斗车及零件→摩托车、脚踏车及残疾人用车及零件→其他非机动车辆的顺序列目。

本章共有 16 个品目，其排列顺序为：8701 牵引车、拖拉机→ 8702 ～ 8705 机动客车、货车及特种用途机动车→ 8706 ～ 8708 上述机动车辆的底盘（装有发动机）、车身及零附件→ 8709 未装有提升或搬运设备、适用于工厂等的短距离运输货物的机动车辆；火车站月台上用的牵引车→ 8710 机动的装甲战斗车→ 8711 ～ 8714 摩托车、脚踏车及残疾人用车及零件→ 8715 ～ 8716 婴孩车、挂车、半挂车及其他非机动车辆。

### 二、本章注释简介

本章共有四条章注释、一条子目注释。

#### （一）章注释

章注一是一条排除注释，说明专用于在钢轨上运行的铁道及电车道车辆不在本章货品范围内。

章注二是对本章所称“牵引车、拖拉机”类车辆的具体规定和说明。

章注三是对装有驾驶室的机动车辆底盘的归类说明，即不应作为车辆底盘归类，而应作为整车归入品目 8702 ～ 8704。

章注四是对儿童娱乐用车辆的归类说明，即无论何种构造的儿童两轮车均归入品目 8712，其他儿童带轮玩具（包括儿童三轮脚踏车）应归入品目 9503。

### （二）子目注释

子目注释对子目 8708.22 所包括货品范围做了说明。

## 三、本章商品归类要点

### （一）牵引车的归类

（1）用于牵引或推动其他车辆、器具或重物的轮式或履带式车辆的普通牵引车归入品目 8701。这类牵引车或拖拉机有时配有装运工具、种子、肥料或其他货品的辅助装置和作业工具，以进行辅助性工作。对于可替换的机器设备或作业工具，即使与牵引车或拖拉机一同报验仍应归入其各自相应的品目（即使它们已安装在车上，一般仍归入第八十四章）。

（2）用于火车站台上的牵引车归入品目 8709。

### （二）客车、轿车、货车的归类

（1）用于载人的机动车辆分为两种：10 座及以上的客车（包括驾驶座）和 10 座以下的客车（主要是轿车）。前者归入品目 8702，后者归入品目 8703。前者确定子目的主要因素包括发动机类型（压燃式往复活塞内燃发动机、其他内燃发动机）和座位数；后者确定子目的主要因素包括车辆用途、发动机类型、气缸容量。

（2）主要用于载用货物的车辆按发动机类型和车辆总重量归入品目 8704。

归类所用相关参数的含义：

车辆总重量：指车辆自重、最大设计载荷、驾驶员重量及装满燃油的油箱重量的总和。

座位数：指包括驾驶座在内的座位数，并且不仅包括固定的座位数，还包括折叠的或可从定位点移走的座位数。

气缸容量：又称排气量，指气缸由最下端移动到最上端所排出气体的体积。若是多个气缸的发动机，则单个缸的气缸容量乘以缸数便是整个发动机的气缸容量。

### （三）特种车辆的归类

特种车辆指不以载人或运货为主要目的而具有某些非运输性功能的机动车辆。

（1）不以载人、载货为主要目的的特种车辆归入品目 8705，例如：机动拖修车、救火车、清扫车、洒水车、粪罐车、起重车、移动式钻机、混凝土搅拌车、流动发电机组车、流动放射线检查车、探照灯车、户外广播车、电报、无线电报或无线电话收发车、雷达车、赛马赌金计算车、流动实验室、测试车、野外厨房车、流动银行车、流动图书馆车、展览货品用的流动展览车等。

（2）配有内装式设备的犁雪车及吹雪车（即经特制专供扫雪用，这种车一般装有涡轮机及旋转叶片等，由车辆本身的发动机或另设的发动机驱动）归入品目 8705；但对于可互换（非内装式）的扫雪或吹雪装置，不论报验时是否装在车上，均不归入品目 8705，而应归入品目 8430。

（3）对于以载人、载货为主要目的特殊用途的车辆不能按特种车辆归类，而相应归入品目 8702 ～ 8704。例如，以载人为主要目的的囚车、警车、赛车、雪地行走专用车及装备较简单的救护车等归入品目 8702 或 8703；以载货为主要目的的冷藏货车、液罐车、自动装卸货车（装有绞车、提升机等装置，但主要用途是运输）等归入品目 8704。

### （四）机动车辆底盘的归类

（1）装有发动机的机动车辆底盘归入品目 8706。

（2）装有驾驶室和发动机的机动车辆底盘，应按相应的整车归入品目 8702 ～ 8704。

（3）未装有驾驶室和发动机的机动车辆底盘按机动车辆的附件归入品目 8708。

### （五）机动车辆的零件、附件的归类

一般专用于或主要用于机动车辆的零件、附件归入品目 8708，但必须是第十七类类注二不包括的零件、附件。如转速计、速度计、压力表等汽车仪表归入第九十章，螺栓、螺钉、螺母等归入第十五类，塑料制的螺钉、螺母等类似品归入第三十九章，汽车空调归入品目 8415，电点火及电启动装置归入品目 8511，电气照明或信号装置、风挡刮水器归入 8512，蓄电池归入品目 8507，普通电动机、发电机归入品目 8501，收录（放）音组合机归入品目 8527，车辆座椅归入品目 9401。

（1）品目 8708 所含零件、附件主要包括：

①未装有发动机且已组装的汽车底盘车架（不论是否装有车轮）及其零件，如大梁、支架、横梁，悬挂装置，支架及托架（用于支撑车身、发动机、脚踏板、电池或燃油箱等）。

②车身零件及其配套附件，如底板、侧板、前面板、后面板、行李舱等；门及其零件；发动机罩；带框玻璃窗、窗、窗框（装有加热电阻器及电气接头）；脚踏板；挡泥板、叶子板；仪表板；散热器护罩；牌照托架；保险杠；转向柱托架；外部行李架；遮阳板；非电气供暖及除霜设备（由车辆发动机供热）；座位安全带；地毡（纺织材料或未硬化硫化橡胶制的除外）等；尚未具有不完整车身特征的组合体（包括组合式底盘车身），如尚未装有车门、挡泥板、发动机罩及后行李箱盖等零件的组合体（在此不应归入品目 8707）。但本品目不包括品目 8302 的车内行李架、开窗机件、专用烟灰缸、后车厢板扣件、脚踏板、扶手杆、条及把手、遮帘用的配件等。

③离合器、离合器外壳、离合器盘、离合器杆及已装配的离合器摩擦片。

④各种变速箱、变矩转换器、变速箱壳体、传动轴（但作为发动机内部的零件除外）、小齿轮、直接传动爪形离合器及变速拉杆等。

⑤装有差速器的驱动桥、非驱动桥（前桥或后桥）、差速器箱、行星齿轮机构、轮毂、短轴（轴颈）、短轴托架。

⑥其他传动零件及部件，如方向传动轴、半轴，齿轮及齿轮传动装置，滑动轴承，齿轮减速装置，万向节。但本品目不包括发动机内部的零件，如品目 8409 的连杆、推杆、气门挺杆以及品目 8483 的曲轴、凸轮轴及飞轮。

⑦转向机构零件，如转向柱管、转向横拉杆及操纵杆、转向关节系杆，壳体，齿条齿轮传动装置，动力转向机构。

⑧制动器及其零件（盘、鼓、缸、已装配的制动摩擦片、液压制动器的油箱等）；助力制动器及其零件。

⑨悬挂减震器（摩擦式、液压式等）及其他悬架零件（弹簧除外）、扭杆弹簧。

⑩车轮（压制钢车轮、钢线辐轮等），不论是否装有轮胎；履带式车辆的履带及一组轮子；轮、轮盘、毂盖及轮辐。

⑪控制装置，如转向盘、转向柱、转向器、转向轮轴；变速操纵杆及手刹车操纵杆；

加速踏板、制动踏板、离合器踏板；制动器及离合器的连杆。

⑫ 散热器、消音器、排气管、燃油箱等。

⑬ 离合索缆、制动索缆、油门索缆及类似索缆，由一条软套管套着一条活动的索缆构成。它们报验时已切成一定长度，端部还装有配件。

⑭ 带充气系统的各类安全气囊（如驾驶员侧气囊、乘客侧气囊、安装在门板内用于侧面撞击保护的气囊、安装在车辆顶板用以对头部进行特别保护的气囊）及其零件。充气系统包括装在一个容器内的点火器及推进剂，用来引起气体膨胀充入气囊。本品目不包括遥感器或电子控制器，因其不能视为充气系统的零件。

（2）品目 8708 项下各级子目的确定：归入品目 8708 的零件、附件，一般根据零件所在车辆的部位（缓冲器、车身制动器、变速箱、驱动桥、车轮、悬挂系统等）确定一级子目；然后再逐级确定二级子目至四级子目，由于我国所列的某些三级、四级子目是按前面整车类型所列，所以在确定这些子目前必须先确定整车的编码。例如，非公路自卸车用的变速箱，先按列名确定归入一级子目 8708.4，又因非公路自卸车整车归入子目 8704.1，所以确定该变速箱归入 8708.4030。

（3）车辆用支架的归类：用于发动机内部的支架，作为发动机专用零件归入品目 8409；其他支架（如支撑汽车空调压缩机并将其固定在车体上的支架）应作为车辆专用零件归入子目 8708.99。

（4）车辆用控制模块的归类：车辆用各种控制模块应根据相应功能归入品目 8537 或 9032，如安全气囊的控制模块归入商品编码 8537.1090；动力总成控制模块（PCM）归入子目 9032.89。

### （六）三轮车的归类

已具有普通汽车的特征（装有汽车驾驶系统或倒挡及差速器）的装有摩托车发动机及车轮等的三轮车应归入品目 8703；普通两轮摩托车和未装有汽车驾驶系统及倒挡装置的三轮摩托车归入品目 8711；带有辅助动力的电动自行车已超出了普通自行车的范围，应按装有辅助动力的脚踏车归入商品编码 8711.6000；残疾人专用（病人、瘫痪者、残疾人等）的三轮车应归入品目 8713；儿童三轮脚踏车应归入品目 9503。

### （七）不完整或未制成的车辆的归类

具有完整品或制成品基本特征的车辆，应按相应的完整或制成的车辆归类，车辆必须具备推进发动机、变速箱及换挡操作装置、转向及控制装置，这些构成车辆的基本特征。例如：尚未装有车轮、轮胎及电池的机动车辆；尚未装有发动机或内部配件的机动车辆；尚未装有坐垫及轮胎的自行车以及具有四个总成及以上的车辆。

不具有完整品或制成品基本特征的上述车辆，如已构成具体列名车辆总成的应归入该总成品目（例如，装有发动机的小轿车底盘应归入品目 8706，客车车身应归入品目 8707），其余应按零件、附件归类（例如，越野车用缓冲器应归入品目 8708）。

### （八）安装在牵引车、拖拉机上可替换设备的归类

根据本章章注二的规定，用于安装在牵引车或拖拉机上，作为可替换设备的机器、车辆或作业工具即使与牵引车或拖拉机一同进出口，不论其是否已安装在车（机）上，仍应

归入其各自相应的品目。例如，装在拖拉机上作为可互换工具的联合收割机，即使在报验时已经装在拖拉机上，仍应归入品目 8433，拖拉机本身应归入品目 8701；安装在牵引车上的挂车（俗称拖车）应归入品目 8716，牵引车本身应归品目 8701。

## 工作任务

江苏恒诚报关有限公司进口申报一批汽车零件：变速箱（非机坪上行驶的客车用，客车可容纳30人）及离合器（小轿车用）。请对以上商品进行归类。

## 任务实施

### 1. 变速箱（非机坪上行驶的客车用，客车可容纳30人）

（1）判断归类属性。变速箱也称变速器，是变更转速比和运动方向的装置，常用于汽车、拖拉机、船舶、机床和各种机器上，用来按不同工作条件改变由主动轴传到从动轴上的扭矩、转速和运动方向。

（2）引用归类依据。本任务客运车用变速箱由于不属于第十五类类注二的通用零件的范围，且第八十四章、第八十五章未具体列名，因此，本任务变速箱属于车辆的专用零件，归类时应按车辆零件归入第八十七章的品目 8708。

（3）确定商品编码。根据归类总规则一及六的规定，本商品应归入商品编码 8708.4020。

### 2. 离合器（小轿车用）

（1）判断归类属性。汽车离合器位于发动机和变速箱之间的飞轮壳内，用螺钉将离合器总成固定在飞轮的后平面上，离合器的输出轴就是变速箱的输入轴。在汽车行驶过程中，驾驶员可根据需要踩下或松开离合器踏板，使发动机与变速箱暂时分离和逐渐接合，以切断或传递发动机向变速器输入的动力。

（2）引用归类依据。“离合器（小轿车用）”应按“机动车辆用零件”归入品目 8708。小轿车是品目 8703 的货品，所以子目按“其他离合器”归类。

（3）确定商品编码。根据归类总规则一及六的规定，本商品应归入商品编码 8708.9390。

## 任务训练

请对以下商品进行归类：

1．货车用底盘（装有汽油发动机、驾驶室，车辆总重6吨）。

2．尚未安装坐垫的山地自行车。

3．长途客运车辆（50座，柴油发动机）安装的防抱死制动系统（ABS）。

4．车体由驾驶室和装存现钞的密闭箱体室两部分组成，装有防护系统，车辆总重量为4吨的装甲运钞车（装有柴油发动机）。

5．装有压燃式活塞内燃发动机、气缸容量（排气量）为2 000毫升的四轮驱动越野车。

6．装有点燃往复式活塞内燃发动机的快餐车。

7．货车（柴油发动机），车辆自重与最大设计载荷重量的总和为5吨。

8．装有发动机的汽车起重机底盘。

9．机动放射线检查车。

10．装有18个座位和4把折叠椅的普通中巴客车（汽油发动机）。

11．“宝来”轿车，排气量1.8升。

12．装有高压水泵，并配有水炮、云梯等装置的救火车。

13．丰田轿车用电动天窗。

14．拖修车、清障车或交通事故牵引车，使用的是柴油发动机。

15．“小鹏”全电动小轿车，5座，使用锂电池，输出功率47千瓦，最高时速130公里/小时。

16．“宝马”2.8升轿车用发动机汽油滤油器。

17．汽车发动机（点燃式活塞内燃发动机）排气门用的螺旋弹簧（材料为合金钢）。

18．儿童三轮脚踏车。

19．小轿车用里程表。

20．硫化橡胶地垫（小轿车专用）。

# 任务三

## 航空器、航天器及其零件的归类

### 知识准备

#### 一、本章商品范围及结构

第八十八章包括各类航空器、航天器及其零件，例如：气球，飞艇及无动力航空器；其他航空器、航天器及其运载工具；某些相关装置，如降落伞、航空器的发射装置，甲板停机装置及地面飞行训练器等。

本章共有 6 个品目，其排列顺序为：8801 气球、飞艇及无动力航空器→ 8802 其他航空器（包括经特制可用作道路车辆的航空器）、航天器（包括卫星）及其运载工具→ 8804 降落伞的零件及附件→ 8805 航空器的发射装置、甲板停机装置及地面飞行训练器→ 8806 无人驾驶航空器→ 8807 航空器、航天器的零件。

#### 二、本章注释简介

本章有一条章注释、两条子目注释。

章注释对本章所称“无人驾驶航空器”做了明确定义。子目注释对“空载重量”“最大起飞重量”做了明确定义。

#### 三、本章商品归类要点

#### （一）气球及飞艇和滑翔机等无动力航空器的归类

（1）归入品目 8801 的气球及飞艇属于比空气轻的航空器，主要包括探测气球、导向气球、测云气球及机动飞艇等。但儿童用的玩具气球不归入此品目，而要归入品目 9503。

（2）归入品目 8801 的滑翔机属于比空气重的航空器，且不能装有发动机。若是装有发动机的滑翔机则归入品目 8802。

（3）对于航空器的各种模型（不论是否完全按比例制成）均不归入品目 8801，如装饰用模型按所用材料归入品目 4420 或 8306，专供示范用的模型归入品目 9023，娱乐用的玩具或模型归入品目 9503。

### （二）不完整或未制成的航空器的归类原则

具有完整品或制成品基本特征的不完整或未制成航空器，应按相应的完整或制成的航空器归类，如未装有发动机或内部设备的航空器。不具有完整品或制成品的基本特征的航空器，应作为相应航空器的零件归类，一般应归入品目 8807。

## 工作任务

江苏恒诚报关有限公司申报一批进口气球，包括儿童玩具气球和测云气球。请对以上商品进行归类。

## 任务实施

### 1. 儿童玩具气球

（1）判断归类属性。气球是充满空气或某种气体的一种密封袋。气球不但可作为玩具，也可作为运输工具。儿童玩具气球归类时似可按气球归入第八十八章，也可按玩具归入第九十五章。

（2）引用归类依据。由于品目 8801 所包括的是专指航空或气象用气球（如探测气球、导向气球、测云气球等），因此，儿童玩具气球不能归入品目 8801。根据其用途，应作为玩具归入品目 9503。

（3）确定商品编码。根据归类总规则一及六的规定，本商品应归入商品编码 9503.0089。

### 2. 测云气球

（1）判断归类属性。测风气球是测定高空风向风速的一种充满氢气的气球，从地面施放后，一面上升，一面在水平方向上随风飘行。与此同时用测风经纬仪不断跟踪观测，并记下它每分钟的仰角和方位角，然后经过计算求出气球经过的空中各层的平均风向和风速。测云气球属于气象用气球。

（2）引用归类依据。由于品目 8801 已有“气球”具体列名，因此本任务中测云气球应归入此品目。

（3）确定商品编码。根据归类总规则一及六的规定，本商品应归入商品编码 8801.0090。

## 任务训练

请对以下商品进行归类：

1. 可兼作地面车辆的航空器（空载重量3 000千克）。
2. 用于飞机发动机的传动轴。
3. 飞艇的推进器。
4. 飞机专用座椅。
5. 专供示范用的飞机模型（铝合金制）。

6. 飞机操纵杆。
7. 降落伞（黄色尼龙绸作伞面）。
8. 未装有发动机的直升机（空载重量2 000千克）。
9. 飞机用的喷气发动机。
10. 亚轨道运载工具。

## 任务四

## 船舶及浮动结构体的归类

### 知识准备

### 一、本章商品范围及结构

第八十九章包括船、艇及其他各种船舶和浮动结构体，例如潜水箱、浮码头、浮筒等。本章也包括专供在水上行驶的气垫运输工具。

本章共有 8 个品目，其排列顺序为：8901 客运及货用船舶→ 8902 ～ 8906 捕鱼用、娱乐运动用等特殊用途船→ 8907 浮动结构体→ 8908 供拆卸的船舶及浮动结构体。

本章归类时易产生错误的货品包括：

（1）运兵船不能按客船归类，而应按军舰归入品目 8906。

（2）木制的橹及桨应按其材料归入品目 4421。

（3）纺织材料制的缆绳和帆应按其材料分别归入品目 5607 和 6306。

（4）船舶用的推进器及桨叶归入品目 8487。

（5）船舶用的舵按其材料归入品目 4421、7325、7326 等。

（6）船舶用舵机及陀螺稳定器归入品目 8479。

### 二、本章注释简介

本章有一条章注释。

章注释明确规定关于已装配、未装配或已拆卸的船体，未完工或不完整船舶以及未装配或已拆卸的完整船舶的归类原则。

### 三、本章商品归类要点

#### （一）船舶或浮动结构体的零件及附件的归类原则

（1）船体应归入第八十九章，未制成或不完整的船舶及用各种材料制成的船体如具备某种船舶主要特征的，应作为该种船舶归类；否则应归入品目 8906。所谓未制成或不完整品是指未装配动力装置、导航仪器、起重或搬运机器、内部设施等的船舶。

（2）其他可确定为船舶等用的零件及附件不应归入本章。本章不包括单独报验的所有船舶或浮动结构体的零件及附件，即使它们可明显确定为船舶或浮动结构体的零件及附件，也不包括在本章内。这些零件及附件应归入本目录其他适当的品目，例如木制桨、纺织材料制的缆绳应按材料分别归入品目 4421 及 5607；舷外汽油发动机应按发动机归入商品编码 8407.2100；船舶陀螺稳定器应按机器归入商品编码 8479.8910；船舶用照明装置应按灯具归入品目 9405；船用推动器应按机器零件归入商品编码 8487.1000。

### （二）救生船的归类

划桨救生船归入品目 8903，固定停泊的航空救生船归入品目 8905，装在船上的救生艇、停泊在沿海某地点上供救助遇险船舶用的救生船及医院船归入品目 8906。

## 工作任务

江苏恒诚报关有限公司进口申报未完工的机动游览船（不具有某种船舶的基本特征）和未装配导航仪器的机动散货船（载重量50万吨），请对以上商品进行归类。

## 任务实施

### 1. 未完工的机动游览船（不具有某种船舶的基本特征）

（1）判断归类属性。未完工的机动游览船不具有船舶特征，归类时似可按船舶归入第八十九章，并按游览船的具体列名归类。

（2）引用归类依据。根据第八十九章章注的规定，已装配、未装配或已拆卸的船体，未完工或不完整的船舶以及未装配或已拆卸的完整船舶，如果不具有某种船舶的基本特征，应归入品目 8906。因此，本商品不能按游览船舶归入品目 8901，而应按其他船舶归入品目 8906。

（3）确定商品编码。根据归类总规则一及六的规定，本商品应归入商品编码 8906.9010。

### 2. 未装配导航仪器的机动散货船（载重量50万吨）

（1）判断归类属性。未装配导航仪器的机动散货船属于船舶的不完整品，但由于其已具有完整品或制成品的基本特征，因此，本商品仍按完整的船舶进行归类。

（2）引用归类依据。本商品应按船舶归入第八十九章，并按货船归入品目 8901。

（3）确定商品编码。根据归类总规则二（一）及六的规定，本商品应归入商品编码 8901.9043。

## 任务训练

请对以下商品进行归类：

1. 浮船坞。
2. 在水上行驶的气垫运输工具。
3. 船舶舷外发动机（点燃往复式活塞内燃发动机）。
4. 钢铁锚，供船锚泊用。
5. 船舶用舵机。
6. 船用推动器及桨叶。
7. 钢化安全玻璃，船舶用。
8. 装配有灭火装置的拖轮。
9. 机动多用途船。
10. 船舶用卤钨灯泡。

# 项目评价

## 考核评价表

| 学习目标 | 评价项目 | 自我评价（30%） | 组间评价（30%） | 教师评价（40%） |
|---|---|---|---|---|
| 专业知识（30分） | 运输行业的商品知识 | | | |
| | 运输设备零件的范围 | | | |
| | 特种车辆的含义 | | | |
| | 重要的章注释、品目注释、品目条文 | | | |
| 专业能力（40分） | 准确把握归类依据 | | | |
| | 掌握运输设备及零件的归类原则 | | | |
| | 准确运用归类总规则 | | | |
| 职业素养（30分） | 积极主动、团队合作精神 | | | |
| | 沟通协调能力 | | | |
| | 思辨能力 | | | |
| | 解决问题能力 | | | |
| | 谨慎细心的工作态度 | | | |

| | |
|---|---|
| 教师建议： | 评价标准：<br>A．优秀（≥ 80 分） B．良好（70 ～ 80 分）<br>C．基本掌握（60 ～ 70 分） D．没有掌握（＜60 分） |
| 个人努力方向： | |

# 项目十九

# 光学、照相、电影、计量、检验、医疗或外科用仪器及设备、精密仪器及设备；钟表；乐器；上述物品的零件、附件的归类

## 学习目标

◆ **知识目标**

熟悉本类各章商品的范围及排列结构，了解必要的商品知识，熟悉相关的注释。

◆ **能力目标**

掌握仪器仪表类商品的归类要点；能正确运用归类依据对本类商品进行准确归类。

◆ **素质目标**

通过对商品归类的训练，培养务实求真的工作作风，深刻理解科技创新、打破国外技术垄断的紧迫性。

## 项目导入

通过本类的学习，熟悉本类商品的结构范围，理解本类中相关的商品名词解释，掌握计量、检验、医疗或外科用仪器及设备、精密仪器及设备、钟表、乐器归类的要点。

**学习重难点：**

仪表类商品的归类原则，以及易与本类商品混淆的商品的比较分析。

## 项目要点

### 一、本类商品范围

第十八类由第九十章、第九十一章和第九十二章组成。本类所包括的货品有：第九十章的光学、照相、电影、计量、检验、医疗或外科用仪器及设备、精密仪器及设备；第九十一章的钟表；第九十二章的乐器；上述货品的零件、附件分列于各章内。

### 二、本类注释

本类没有类注释。

### 三、本类商品归类要点

本类商品具有共性的特点是，除注释另有规定的以外，本类品目条文所列货品及其零件可用贵金属或包贵金属，以及天然、合成或再造的宝石或半宝石制成。

## 任务一

## 光学、照相、电影、计量、检验、医疗或外科用仪器及设备、精密仪器及设备；上述物品的零件、附件的归类

### 知识准备

### 一、本章商品范围及结构

第九十章不仅包括各种光学仪器、器具用光学元件，如已加工未装配的透镜、棱镜、滤色镜和已装配的各种镜头等，而且包括了从眼镜、放大镜等简单的光学器具到复杂的天文、照相、摄影、显微、测量、医疗等用光学仪器、精密仪器及装置。这是范围很广的一类高技术、高精度的仪器和设备，其中大多数用于科研、医疗、专门技术或工业部门。

本章共有 32 个品目，其排列顺序为：9001 ～ 9002 光学元件→ 9003 ～ 9004 简单光学器具→ 9005 ～ 9008、9010 ～ 9013 较复杂光学仪器→ 9014 ～ 9017 测量（野外）、称量、测绘、绘图、计算仪器及器具→ 9018 ～ 9022 医疗仪器及设备→ 9023 ～ 9031 示范、计量、测试、分析、测量或检验用仪器及器具→ 9032 自动调节、控制用的仪器和装置→ 9033 未列名零件、附件。

### 二、本章注释简介

本章有七条章注释。

章注一是排他条款，列出了不能归入本章的 13 类货品。

章注二规定了本章机器、设备、仪器或器具的零件、附件的归类原则。

章注三明确了第十六类的注释三及四（组合机器、多功能机器、功能机组的含义及归类原则）也适用于本章。

章注四明确了作为武器及第十六类或本章的机器、仪器、设备一个部件的望远镜、潜望镜、瞄准具应归入品目 9013。

章注五阐述了计量或检验用的光学仪器、器具或机器的从后归类原则。

章注六对品目 9021 所称的“矫形器具”的用途做了定义，并指出了用于矫正畸形的鞋和特种鞋垫需符合的条件。

章注七是关于品目 9032 所指“自动控制和自动调节仪器”所适用范围的规定，以区别第八十四章、第八十五章中的自动控制、自动调节设备。

### 三、本章商品归类要点

#### （一）优先归类原则

根据本章章注五的规定，计量或检验用的光学仪器、器具或机器，如果既可归入品目

9013，又可归入品目 9031，应优先归入品目 9031。例如，一种用光学原理测量物体表面状态的仪器，从原理来看属于“本章其他品目未列名的光学仪器”，从功能来看属于“本章其他品目未列名的测量仪器”，根据章注五的规定，应优先归入品目 9031。

### （二）组合仪器、多功能仪器及功能机组的归类

根据本章章注三的规定，第十六类类注三的组合机器、多功能机器的归类原则也适用于组合仪器及设备和多功能仪器及设备，第十六类类注四的功能机组的归类原则也适合于由多个独立部件组成的成套仪器及设备。例如，由多个电气仪器或装置构成的数字遥测系统（主要由发送端的设备和接收端的设备组成）可按功能机组一并归入本章。

### （三）本章仪器及器具“零件”的归类

首先判断是否属于按材料归类的零件，如果是则归入材料所在章。例如，贱金属制的通用零件应归入第十五类；硫化橡胶制零件应归入第四十章等。其次判断是否属于第八十四章、第八十五章、第九十章、第九十一章等章具体列名的货品，如果是则归入具体列名的品目。例如，光学分度头（品目 8466）、阀门（品目 8481）、电容器（品目 8532）等。然后判断是否属于专用或主要用于本章某种或同一品目项下的多种仪器或器具的零件，如果是则归入相应仪器或器具的品目。子目归类时当有零件、附件列名子目时归入该子目，当无零件、附件列名子目时归入整机所在子目。最后，将不能归入上述各品目的本章货品的零件、附件归入品目 9033。

### （四）光学元件的归类

#### 1. 光导纤维束及光缆的归类

用于光学设备上传输光学图像的光导纤维束及光缆（如用在品目 9018 的内窥镜上）归入品目 9001。这种光缆（可带有接头）由存在包覆层的一束或多束光导纤维束构成，但其中的各单根纤维均未被包覆，所以从横断面上无法分出光导纤维的根数。

用于光学通信的光缆归入品目 8544，这种光缆由多根光导纤维组成，且每单根均被包覆，所以从横断面上可以明显看出光纤的根数，其结构类似于电缆。

#### 2. 经光学加工的光学元件与未经光学加工的光学元件的归类

所有经光学加工的光学元件归入品目 9001；未经光学加工的光学元件分为玻璃制的和非玻璃制的，前者归入品目 7014，后者仍归入品目 9001（如塑料制的未经光学加工的模制光学元件仍归入品目 9001）。

品目 9001 仅适用于为获得所需光学性能，表面全部或部分经过抛光加工的玻璃制光学元件。仅经抛光前的一道或几道工序加工的未抛光元件则不归入此品目，而应归入品目 7014。

#### 3. 已装配光学元件的归类

（1）已装配（即已装在底座、框架上的）且必须是作为光学仪器的零件、配件的光学元件归入品目 9002。例如：照相机的物镜、滤色镜、取景器，显微镜、望远镜的目镜、物镜等。

（2）已装配（即已装在底座、框架上的）且已构成独立的光学器具（不是作为其他仪器的零件、配件）归入品目 9013 或 9018。例如：手持式放大镜归入品目 9013，医疗或牙科用镜、供眼镜店验光用的成套验光镜归入品目 9018。

## （五）望远镜的归类

（1）普通望远镜归入品目 9005。

（2）武器用望远镜瞄准具、潜艇或坦克上的潜望镜式望远镜及本章或第十六类的机器、设备、仪器或器具用的望远镜应归入品目 9013（根据本章章注四）。

（3）校直望远镜（用于检验工作台或机器导轨的直线度及测量金属结构，由一个望远镜和准直管或反射镜组成）归入品目 9031。

## （六）照相机及附件的归类

普通照相机和特殊用途照相机归入品目 9006，但数码照相机归入品目 8525，用于诊断的 X 射线照相机（与 X 射线设备配套，用于检验晶体等）及射线照相设备归入品目 9022，眼科专用的眼底照相机应按医疗仪器归入品目 9018。

照相机零件及附件中：照相机身、快门及光圈、自拍机构、底片或胶卷暗盒、遮光罩、闪光灯等仍归入品目 9006，照相机用的附加镜（如广角镜等）、滤色镜、取景器等归入品目 9002，照相机套（单独申报）归入品目 4202。

## （七）导航仪器及装置的归类

航海及航空所用导航仪器及装置，如定向罗盘；船舶专用的定位六分仪、八分仪、方位角仪，自动操舵仪，航线记录装置，倾斜仪，计程仪，测深锤，回声测深仪器，超声波探测或搜索设备等；航空专用的高度表，空速指示器，升降速度表，马赫计（显示真实空速与飞机所在高度上的音速之比的仪器，该比值称为“马赫数”），加速度计，自动驾驶仪等。这些仪器及装置归入品目 9014。

但下列仪器或装置不归入品目 9014：

（1）无线电导航设备应归入品目 8526。

（2）航海或航空用的气压计及温度计（包括水下研究用的倒置温度计）归入品目 9025。

（3）航海或航空用的压力表、液位计归入品目 9026，电流表、电压表归入品目 9030。

（4）航海时计及计时装置归入第九十一章。

## （八）天平及砝码的归类

不论是否带有砝码的感量为 50 毫克或更精密的天平应归入品目 9016；其他天平应归入品目 8423；单独报验的天平砝码（含感量为 50 毫克或更精密的天平用）应归入品目 8423。

## （九）医疗仪器及设备的归类

### 1. 专用于或主要用于医疗的医疗器械及器具的归类

一般归入品目 9018 ～ 9022，举例如下：

（1）专供各专科医务人员（例如：内、外科医生，牙医，兽医，助产士等）专门用于疾病的预防、诊断、医治或手术等的各类仪器及器械（包括电气医疗设备）；解剖实验、解剖检验等用的仪器及器械；医学专用的特殊测量仪器；带有牙科器械的牙科椅等应归入品目 9018。

（2）臭氧治疗器等设备应归入品目 9019，呼吸器具等应归入品目 9020 等，矫形器具等应归入品目 9021，X 射线等医疗应用设备应归入品目 9022。

### 2. 按原理、功能在其他品目列名（可用于医疗）的仪器及设备的归类

一般归入列名品目，举例如下：

（1）观察病理切片的显微镜应归入品目 9011 或 9012。

（2）体温表应归入品目 9025。

（3）仅为医疗诊断提供分析数据的理化分析仪器，例如分析尿液等的仪器设备应归入品目 9027。

（4）未带有牙科器械的牙科椅应归入品目 9402。

## （十）计量仪器及装置的归类

### 1. 气体、液体及电力的计量仪表的归类

气体、液体及电力的计量仪表归入品目 9028。这些仪表不论其是否带有计时记录装置，或者带有使器具得以控制或发生信号等的简单机械或电气装置，均归入本品目。这些仪表一般均装有与被测流体或电量成比例运转的装置。它们通常安装于总管道或干线的分路或旁路上，或者与测量变换器相连接，所测量的仅是通过的那部分流量。

### 2. 转数、计数、车费、里程等物理量的计量仪表的归类

转数、计数、车费、里程等物理量的计量仪表归入品目 9029。这些仪器仪表不论是否装有计时记录装置，也不论是否装有用以驱动信号机构、机械控制或制动等装置的简单机械或电气部件，均归入本品目。这些仪器仪表主要包括计数装置、速度计及转速表、频闪观测仪。

**【知识拓展】**

首款国产“人工肺”ECMO 获批上市，打破进口垄断

2023年1月4日，国家药监局经审查，应急批准深圳汉诺医疗科技有限公司体外心肺支持辅助设备、一次性使用膜式氧合器套包注册申请，二者配合使用，用于急性呼吸衰竭或急性心肺功能衰竭、其他治疗方法难以控制并有可预见的病情持续恶化或死亡风险的成人患者。

国家药监局表示，作为国产首个ECMO设备和耗材套包，上述产品具有自主知识产权，性能指标基本达到国际同类产品水平。

ECMO，俗称“叶克膜”“人工肺”，是一种医疗急救技术设备，简单工作原理就是将静脉血从体内引流到体外，经气体交换装置氧合后再用驱动泵将血灌回体内，从而使心脏及肺脏得到充分休息，对于肺功能的支持可以有效改善低氧血症，避免了长期高氧吸入所致的氧中毒以及机械通气所致的气道损伤；对于心功能可以增加和维持心排量，改善全身循环灌注，保证了循环稳定，从而为心肺功能的恢复赢得时间。在肺炎重症病人抢救中，体外膜肺氧合（ECMO）承担着最后的“救命稻草”的角色。

值得一提的是，此次国产ECMO获批上市之前，国内医疗机构使用的ECMO主要依靠进口。纵观全球范围内，可以生产ECMO的厂家寥寥无几，主要是美敦力、理诺珐（ECMO品牌为索林）、迈柯唯这些跨国企业。研发难、生产难背后，主要受技术门槛、临床使用制约、市场需求等多重因素影响。

（文章来源：“第一财经”微信公众号）

## 工作任务

江苏恒诚报关有限公司进口申报医疗用B型超声波诊断仪及已制成特定形状的B型超声波诊断仪的外壳，请对以上商品进行归类。

## 任务实施

### 1. 医疗用B型超声波诊断仪

（1）判断归类属性。超声波诊断仪是一种应用高频超声波诊断疾病的仪器，属于医疗设备，应按仪器在第九十章“光学、照相、电影、计量、检验、医疗或外科用仪器及设备、精密仪器及设备；上述物品的零件、附件”中查找。

（2）引用归类依据。本商品应按具体列名归入品目 9018“医疗、外科、牙科或兽医用仪器及器具，包括闪烁扫描装置、其他电气医疗装置及视力检查仪器”。

（3）确定商品编码。根据归类总规则一及六的规定，本商品应归入商品编码 9018.1210。

### 2. 已制成特定形状的B型超声波诊断仪的外壳

（1）判断归类属性。超声波诊断仪的外壳，即诊断仪的零件。

（2）引用归类依据。该零件未在第八十四章、第八十五章、第九十章或第九十一章各品目列名，即不符合第九十章章注二（一）的规定，根据第九十章章注二（二）的规定，“其他零件、附件，如果专用于或主要用于某种或同一品目项下的多种机器、仪器或器具（包括品目 9010、9013 或 9031 的机器、仪器或器具），应归入相应机器、仪器或器具的品目”，故已制成特定形状（即专用）的诊断仪的零件应归入相应的诊断仪的品目。由于B 型超声波诊断仪属于品目 9018“医疗、外科、牙科或兽医用仪器及器具，包括闪烁扫描装置、其他电气医疗装置及视力检查仪器”，故 B 型超声波诊断仪的外壳也应归入品目 9018。由于品目 9018 项下并无一级子目“零件”的列名，故 B 型超声波诊断仪的外壳应按相应的诊断仪的一级子目归入“电气诊断装置（包括功能检查或生理参数检查用装置）”。按同样方法确定二级、三级子目，故 B 型超声波诊断仪的外壳应归入 B 型超声波诊断仪所属的品目 9018。

（3）确定商品编码。根据归类总规则一及六的规定，本商品应归入商品编码 9018.1210。

**操作题：**

请查询海关对进口医疗器械的检验要点。

## 任务训练

请对以下商品进行归类：

1．检验血液的生化分析仪器。

2．发动机测试台。

3．测试频率在400兆赫兹至800兆赫兹范围的阴极射线通用示波器。

4．外科手术刀，不锈钢制。

5．经光学加工的隐形眼镜片。

6．万次闪光灯。

7．电子显微镜。

8．绕在卷轴上的光导纤维。

9．速度传感器。

10．X射线治疗仪（治疗肿瘤用）。

11．经过电镀处理的贱金属眼镜架。

12．电子眼压记录仪，通过记录眼动脉压、眼静脉压的变化，对眼睛进行诊断。

13．立体显微镜。

14．DT-8806型人体非接触红外线测温仪，适用于出入境口岸、机场、车站、宾馆等公共场所人体体表温度的检测，便于筛检具有发热症状的病人。

15．高精度、呼吸式酒精检测仪，其核心部件采用新型高科技微变氧物半导体，当接触酒精气体后，通过电阻阻值的变化即可分析出酒精含量，且不受烟味、咖啡等非酒精类气体干扰，适用于交警等部门检查酒后驾车。

16．汽车速度表面板，安装于汽车仪表部件左部，与步进马达、控制电路及指针组成整个单元，用于显示汽车行驶速度，加工采用塑胶热压成型及表面印刷、喷涂工艺。

17．塑料制一次性注射器。

18．彩色滤光片，摄影机物镜用玻璃镜片（经化学加工）。

19．摄影机物镜。

20．装有牙科器械的牙科用椅。

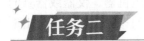

## 任务二

## 钟表及其零件的归类

### 知识准备

#### 一、本章商品范围及结构

第九十一章包括主要用于计时或进行与时间有关的某些操作的器具，其中包括用于个人随身佩戴的时计（如手表、秒表等）、其他时计（如普通钟、带有表芯的钟、闹钟、航海时计、机动车辆用钟等）、时间记录器、时间间隔测量仪以及定时开关；本章还包括以上货品的零件。

与某些其他物品组装在一起的钟表，应按归类总规则的规定进行归类，但内部有照明装置的钟表仍应归入本章。但本章不包括用于计时的日晷、沙漏、水漏；此外，玩具钟表和作为艺术品、收藏品及古物的钟表也不包括在本章中。

本章共有 14 个品目，其排列顺序为：9101 ～ 9105 完整的钟表→ 9106 ～ 9107 装有钟、表机芯的装置→ 9108 ～ 9110 钟、表机芯→ 9111 ～ 9114 表壳、钟壳、表带及其钟表零件。

#### 二、本章注释简介

本章有四条章注释。

章注一是一条排除条款，其下有七条具体规定，列举了不包括在本章的七类货品及其归类原则。

章注二用于确定品目 9101 的商品范围及与品目 9102 的区别。

章注三对“表芯”的定义进行了明确。

章注四规定了钟表的机芯及其他零件，如果既适用于钟、表，又适用于其他物品时，均应归入本章。

## 三、本章商品归类要点

### （一）手表的归类

根据本章章注二的规定，只有表壳完全由贵金属或包贵金属制成的手表才归入品目 9101，这些手表可以装有宝石、天然或养殖珍珠，可以配有由贵金属制成的表盖或表链。由部分贵金属或包贵金属制成的表壳，或完全由其他材料制成的表壳不能归入品目 9101，应归入品目 9102。

品目 9101 和 9102 的区别见表 19-1。

**表19-1 品目9101和9102的区别**

| 品　目 | 品 目 内 容 |
|---|---|
| 9101 | 表壳全部用贵金属或包贵金属制得的表 |
| 9102 | 1. 表壳用贵金属或包贵金属以外的材料制得的表 |
| | 2. 表壳用贵金属或包贵金属制得的表，但其背面用钢制成 |
| | 3. 表壳用镶嵌贵金属的贱金属制得的表 |

### （二）表芯与钟芯的归类

表芯指由摆轮及游丝、石英晶体或其他能确定时间间隔的装置来进行调节的机构，并带有显示器或可装机械指示器的系统。表芯的厚度不超过 12 毫米，长、宽或直径不超过 50 毫米。超出这些尺寸要求的机芯即为钟芯。

（1）已组装的完整表芯归入品目 9108，已组装的完整钟芯归入品目 9109。

（2）未组装或部分组装的完整钟、表机芯归入品目 9110。

（3）已组装的不完整钟、表机芯归入品目 9110。

（4）未组装的不完整钟、表机芯归入品目 9110。

### （三）钟表与其他物品组合物的归类

钟表与其他物品组装在一起的组合物，应首先确定该组合物的主要功能（基本特征），不能确定其主要功能时采用从后归类的原则。如带有石英钟的台灯，从其主要的使用功能和外观判断，该组合物的基本特征为照明功能，所以不能按钟归入第九十一章，应按灯具归入品目 9405；带有计算器的手表，很难确定计算和计时哪种功能更重要，所以按从后归类原则归入品目 9102。

### （四）钟表零件及附件的归类

#### 1. 归入第九十一章的钟表零件

表壳、钟壳及其零件归入品目 9111、9112。表壳、钟壳及其零件可用任何材料制成，如表壳用贱金属（抛光、镀铬、镀银或镀金的钢、镍等）、贵金属、包贵金属、塑料、兽牙、玛瑙、贝壳或玳瑁壳等制成；钟壳用木材、皮革、玳瑁壳、贝壳、大理石、雪花石膏、陶瓷等制成。表壳的主要零件有壳体、表链杆、表背内盖、表壳前圈、后盖；钟壳零件主要有钟壳前圈、框架、支座、支架及脚架等。

表带（用以将手表系于手腕上的装置，与表链不同）及其零件归入品目 9113，可用任何材料制成，如贵金属、贱金属、皮革、纺织材料或塑料等。

其他钟表的零件归入品目 9114，如钟表机芯的零件（框架、驱动机构、齿轮系、走针机构、擒纵机构、钟锤鼓、钟摆、反冲擒纵器、单独的上弦钥匙等）、报时装置的零件、宝石轴承、钟面或表面、指针。

### 2. 不归第九十一章的钟表零件

通用零件按该材料制品归类（钟表发条除外），例如：贱金属制的螺钉（拨时杆用）应归入第十五类，贵金属制的类似品应归入第七十一章；钟表玻璃和钟锤（按所用材料制品归类）；表链应按首饰或仿首饰归入品目 7113 或 7117；滚珠轴承应归入品目 8482；第八十五章的物品，本身未组装在或未与其他零件组装在钟、表机芯内，也未组装成专用于或主要用于钟、表机芯零件的应归入第八十五章。

## 工作任务

江苏恒诚报关有限公司进口申报手表，包括液晶显示的电子手表（表壳镀金）和仅有机械显示器的电动手表（表壳全部为贱金属为底的包金材料构成）。请对以上商品进行归类。

## 任务实施

### 1. 液晶显示的电子手表（表壳镀金）

（1）判断归类属性。液晶显示的电子手表是指以微型电池作能源采用电子元件的手表，归类时应按钟表归入第九十一章。电子手表属于电力驱动的手表，液晶显示属于光电指示器。

（2）引用归类依据。根据第九十一章章注二的规定：“品目 9101 仅包括表壳完全以贵金属或包贵金属制的表。”因此，该电子手表表壳虽经镀金处理，但不能按贵金属制的表归入品目 9101，而应按非贵金属制的表归入品目 9102。

（3）确定商品编码。根据归类总规则一及六的规定，本商品应归入商品编码 9102.1200。

### 2. 仅有机械显示器的电动手表（表壳全部为贱金属为底的包金材料构成）

（1）判断归类属性。该手表属于仅有机械显示器的电动手表，表壳全部为贱金属为底的包金材料构成。

（2）引用归类依据。依据第七十一章章注三（十一）的排他规定，第七十一章不包括第九十一章的货品，表壳全部为贱金属为底的包金材料构成的电动手表应作为表壳用包贵金属制成的手表归入品目 9101。

（3）确定商品编码。根据归类总规则一及六的规定，本商品应归入商品编码 9101.1100。

## 任务训练

请对以下商品进行归类：

1．指针式电子怀表（表壳用贵金属、背面用钢制成）。

2．钟表滚珠轴承（调心球轴承）。

3．表壳镀金的自动上弦的机械手表。

4．钟、表发条（铜制）。

5．贱金属铜制的螺钉（拨时杆用）。

# 任务三

## 乐器及其零件、附件的归类

## 知识准备

### 一、本章商品范围及结构

第九十二章包括乐器及乐器的零件、附件。

本章共有 7 个品目，其排列顺序为：9201、9202、9205 管弦乐器→ 9206 打击乐器→ 9207 电子乐器→ 9208 未列名乐器→ 9209 乐器的零件、附件。

### 二、本章注释简介

本章有两条章注释。

章注一是排除条款，下设五条具体规定，具体说明本章不包括的五类货品。章注二是关于品目 9202、9206、9209 货品范围的说明。

### 三、本章商品归类要点

#### （一）乐器零件及其附件的归类原则

**1. 不归入第九十二章的零件**

（1）通用零件按所用材料制品归类，例如：贱金属制的螺钉（钢琴用）应归入第十五类，塑料制的类似品应归入第三十九章，贵金属制的类似品应归入第七十一章。

（2）供乐器用的第八十五章或第九十章的传声器、扩大器、扬声器、耳机、开关、频闪观测仪及其他附属仪器、器具或设备，未与乐器组成一体或安装于同一机壳内时，应归入第八十五章或第九十章。

（3）对于不能确定是否是作为乐器弦用的金属丝、肠线及合成纤维单丝（不论是否制成一定长度），应按商品本身的属性归入它们各自相应的品目。

（4）调音工具应归入品目 8205。

（5）落地式乐谱架或乐谱台，应归入品目 9403。

（6）模制成一定形状的弓弦用松香，应归入品目 9602。

**2. 按乐器归类的乐器零件及其附件**

（1）用于演奏品目 9202、9206 乐器的弓、槌及类似品，如果与该项乐器一同报验，数量合理，用途明确，应与相应乐器归入同一品目。

（2）乐器带有的电拾音器及扩音器，如果与乐器装于同一机壳内，只是为了运输方便而分开包装时，应与乐器一同归类。

（3）其他乐器零件及其附件应归入品目 9209，例如自动乐器用卡片、盘或卷（无论是否与乐器一同报验）；弦乐器用弦；八音盒的机械装置；固定乐器用的乐架。

### （二）带有电气拾音器及扩音器的乐器的归类

除品目 9201 的自动钢琴外，如果在没有电气装置时该乐器仍可像普通乐器一样演奏，则应按普通乐器归入本章相应的品目；如果没有电气或电子设备时乐器不能演奏，应按电气或电子乐器归入品目 9207。

根据 9207 品目注释，品目 9207 包括通过电气（含电子）产生或扩大声音的乐器（即如果没有电气或电子组件则不能发出声音、进行演奏的乐器，包括其振动装置可以产生微弱声音的乐器）。在这一方面，它们与某些其他乐器（如钢琴、手风琴、吉他）不同，后者虽然装有电气拾音器及扩音器，但它们如果没有这些电气装置也仍可与类似的普通乐器一样独立进行演奏。尽管电气或电子器具（特别是扩音器及扬声器）一般在本品目乐器的正常演奏中是至关重要的，但它们如果不是装在乐器中，则不应归入本品目而应归入其相应的品目（第八十五章）；如果它们与乐器装于同一机壳内，即使是为了运输方便而分开包装的，也应与有关乐器归入同一品目。

## 工作任务

江苏恒诚报关有限公司进口申报吉他及零件，包括带有电气拾音器及扩音器的吉他（不通电无法产生声音）以及用于吉他但未与吉他装在同一机壳内的电气扩音器。请对以上商品进行归类。

## 任务实施

### 1. 带有电气拾音器及扩音器的吉他（不通电无法产生声音）

（1）判断归类属性。带有电器装置的吉他，归类时应按乐器归入第九十二章。

（2）引用归类依据。根据品目 9207 的条文注释，品目 9207 包括带有电气拾音器及扩音器的乐器，且没有电气或电子组件即不能发出声音、进行演奏。因此本商品符合品目 9207 的商品范畴。

（3）确定商品编码。根据归类总规则一及六的规定，本商品应归入商品编码 9207.9000。

### 2. 用于吉他但未与吉他装在同一机壳内的电气扩音器

（1）判断归类属性。用于吉他的电气扩音器，归类时似可按扩音器归入第八十五章，也可按乐器零部件归入第九十二章。

（2）引用归类依据。根据第九十二章章注一（二）的规定，本章的乐器可以带有电气拾音器及扩音器，但这类电气装置必须已构成乐器的不可分割部分或与乐器装在同一机壳内才可归入本章，否则应按电气设备归入第八十五章。由于任务中电气扩音器未与乐器装在一起，因此，不能按电子乐器归入第九十二章，而应按电气设备归入第八十五章。

（3）确定商品编码。根据归类总规则一及六的规定，本商品应归入商品编码 8518.4000。

## 任务训练

请对以下商品进行归类：

1．塑料制落地式乐谱架。

2．儿童玩具风琴。

3．用黄金制成的手风琴，风琴键盘镶嵌有钻石。

4．竖式钢琴。

5．小提琴（1910年制）。

## 项 目 评 价

**考核评价表**

| 学 习 目 标 | 评 价 项 目 | 自我评价（30%） | 组间评价（30%） | 教师评价（40%） |
|---|---|---|---|---|
| 专业知识（30分） | 计量、检验仪器及设备的商品知识 | | | |
| | 医疗或外科用仪器及设备的商品知识 | | | |
| | 钟表、乐器的商品知识 | | | |
| | 重要的章注释、品目注释、品目条文 | | | |
| 专业能力（40分） | 准确把握归类依据 | | | |
| | 掌握医疗设施、检测设施、钟表、乐器的归类原则 | | | |
| | 准确运用归类总规则 | | | |
| 职业素养（30分） | 积极主动、团队合作精神 | | | |
| | 沟通协调能力 | | | |
| | 思辨能力 | | | |
| | 解决问题能力 | | | |
| | 谨慎细心的工作态度 | | | |

教师建议：

个人努力方向：

评价标准：

A．优秀（≥ 80分）　B．良好（70～80分）

C．基本掌握（60～70分）　D．没有掌握（＜60分）

# 项目二十
# 武器、弹药及其零件、附件的归类

## 学习目标

- **知识目标**

  熟悉本类商品的范围及排列结构，了解必要的商品知识，熟悉相关的注释。

- **能力目标**

  掌握武器、弹药及其零件、附件的归类要点；能正确运用归类依据对本类商品进行准确归类。

- **素质目标**

  通过商品知识的了解，培养明辨是非的能力，增强爱国意识。

## 项目导入

通过本类的学习，熟悉本类商品的结构范围，理解本类中相关的商品名词解释，掌握武器、弹药的归类要点。

**学习重难点：**

武器、弹药的归类原则，以及易与本类商品混淆的商品的比较分析。

## 项目要点

### 一、本类商品范围

本类只有一章，即第九十三章武器、弹药及零件、附件。其商品范围包括武器、弹药及零件、附件。

### 二、本类注释

本类无类注释。

### 三、本类商品归类要点

本类商品归类要点同下面的任务：武器、弹药及零件、附件的归类。

任务

## 武器、弹药及其零件、附件的归类

### 知识准备

#### 一、本章商品范围及结构

本章包括所有供军队、警察及其他有关组织机构在战斗中使用的各种武器，也包括个人自卫、狩猎及打靶用武器，靠爆炸药进行发射的其他装置，炸弹、导弹、子弹、剑、刺刀、长矛和类似武器及零件。

本章共有 7 个品目，其排列顺序为：9301 ～ 9302 军队、武装部队用的各种武器→ 9303 靠爆炸药进行发射的其他武器→ 9304 其他武器（如个人自卫、狩猎及打靶用的武器）→ 9305 以上物品的零件→ 9306 弹药及导弹→ 9307 剑、刺刀、长矛等类似武器。

#### 二、本章注释简介

本章有两条章注释。

（1）章注一是一条排除注释，说明不包括在本章的六类货品。

（2）章注二强调了不能将品目 8526 的无线电设备及雷达设备视为品目 9306 所称的“零件”。

#### 三、本章商品归类要点

（1）各种火炮（如高射炮、反坦克炮、榴弹炮及迫击炮等）、能进行连射和速射的武器（如机枪、冲锋枪等）、军用火器（如步枪、卡宾枪）等归入品目 9301；安装在铁路车辆上的远程大炮也归入品目 9301，而不归入第八十六章。

（2）左轮手枪（指带有旋转弹膛的单枪管火器）及其他手枪归入品目 9302（但不包括品目 9303 或 9304 的手枪）。

（3）靠爆炸药发射的其他火器及类似装置，如运动用猎枪或步枪等，归入品目 9303。

（4）其他武器，如警察用的警棍、用于射鸟或虫的弹弓（但不包括品目 9503 的玩具弹弓），以及体育比赛用的气枪、气步枪、气手枪等归入品目 9304。

（5）各种炸弹、手榴弹、鱼雷、地雷、水雷、导弹及类似武器，以及子弹等归入品目 9306。但不包括品目 3604 的信号弹和品目 3813 的灭火弹。

（6）贵金属、包贵金属制的鞘和套应归入品目 7115；剑、短弯刀、刺刀、长矛和类似武器，以及刀鞘、剑鞘归入品目 9307。但狩猎、露营以及其他作为刃具的刀归入品目 8211，它们的刀鞘则归入品目 4202。

此外在归类时需注意以下几点：①本章物品可含有贵金属、包贵金属、珍珠、宝石及次宝石、玳瑁壳、贝壳、兽牙及类似品。②武器用的望远镜瞄准具及其他光学装置，如已安装在武器或与有关武器一同进口或出口的，应与武器一并归类；单独进口或出口的这类光学装置应归入第九十章。③任何运载工具，即使是军事专用的，如坦克、装甲车等，不论是否装有武器，均不归入本章。④武器类的收藏品及古物归入品目 9705 或 9706。

## 工作任务

江苏恒诚报关有限公司申报一批鞘套，一部分是表演用的佩剑的鞘套，另一部分是家庭用的刀的皮制鞘套。请对以上商品进行归类。

## 任务实施

### 1. 表演用的佩剑的鞘套

（1）判断归类属性。佩剑的鞘套属于武器的配件，应归入第九十三章。

（2）引用归类依据。品目 9307 包括剑（包括藏有剑的手杖）、短弯刀、刺刀、长矛、梭镖、戟、曲刀、短剑及匕首等武器。这些武器通常用优质钢作刃，有时还配有护罩或护手板，这些武器即使只用作仪仗、装饰或舞台道具，也应归入本品目。

（3）确定商品编码。根据归类总规则一及六的规定，本商品应归入商品编码 9307.0090。

### 2. 家庭用的刀的皮制鞘套

（1）判断归类属性。家庭用的刀属于刃具而非武器，应归入品目 8211，其鞘套属于包装容器，应归入第四十二章。

（2）引用归类依据。皮制鞘套作为家庭用的刀的包装容器，应归入品目 4202。

（3）确定商品编码。根据归类总规则一及六的规定，本商品应归入商品编码 4202.9100。

**思考题：**

1. M16A4突击步枪，属于M16自动步枪的一种改型，是使用30发5.56毫米口径子弹装填的并具有3发点射功能的突击步枪，应归入品目（　　）。

A．9301　　B．9302　　C．9303　　D．9503

2. 彩虹4B察打一体无人机，最大起飞重量1 330千克。四个武器挂架可携带四枚导弹，搭载先进的光电侦察吊舱、多功能合成孔径雷达以及红外传感器，集三种侦察手段为一体。具备断链自主返航功能，在通信中断之后会自动返回起飞基地。该商品应归入子目（　　）。

A．8802.20　　B．8806.29　　C．8806.99　　D．9304.00

## 任务训练

请对以下商品进行归类：

1．用于远距离向外发射装有麻醉剂的自动注射器（捕大象用）。

2．抗冰雹弹（农业用烟火制品）。

3．反坦克炮（非自推进式）。

4．运动用步枪的活动后坐力缓冲器。

5．空战模拟装置。

# 项目评价

## 考核评价表

| 学习目标 | 评价项目 | 自我评价（30%） | 组间评价（30%） | 教师评价（40%） |
|---|---|---|---|---|
| 专业知识（30分） | 火炮、军用火器的商品知识 | | | |
| | 体育比赛用枪的商品知识 | | | |
| | 各种炸弹、剑、刀的商品范围 | | | |
| | 重要的章注释、品目注释、品目条文 | | | |
| 专业能力（40分） | 准确把握归类依据 | | | |
| | 掌握常见武器、弹药的归类原则 | | | |
| | 准确运用归类总规则 | | | |
| 职业素养（30分） | 积极主动、团队合作精神 | | | |
| | 沟通协调能力 | | | |
| | 思辨能力 | | | |
| | 解决问题能力 | | | |
| | 谨慎细心的工作态度 | | | |
| 教师建议： | | 评价标准：<br>A. 优秀（≥ 80 分）　B. 良好（70 ～ 80 分）<br>C. 基本掌握（60 ～ 70 分）　D. 没有掌握（< 60 分） | | |
| 个人努力方向： | | | | |

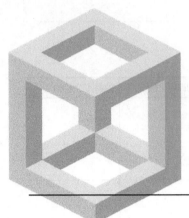

# 项目二十一
# 杂项制品的归类

## 学习目标

- **知识目标**
  熟悉本类各章商品的范围及排列结构，了解必要的商品知识，熟悉相关的注释。
- **能力目标**
  掌握杂项制品的归类要点；能正确运用归类依据对本类商品进行准确归类。
- **素质目标**
  通过对商品归类的训练，加强自我反思的能力，提升对进口商品的安全意识。

## 项目导入

通过本类的学习，熟悉本类商品的结构范围，理解本类中相关的商品名词解释，掌握杂项制品归类的要点。

**学习重难点：**

家具、灯具、运动用品的归类原则，以及易与本类商品混淆的商品的比较分析。

## 项目要点

### 一、本类商品范围

第二十类“杂项制品”是指前述各类、章及品目未包括的货品。本类共三章，即第九十四章至第九十六章。其中第九十四章包括各种家具、寝具、其他章未列名灯具和活动房屋等；第九十五章包括各种玩具、运动或游戏用设备等；第九十六章包括雕刻或模塑制品，扫把、刷子和筛，书写及办公用品，烟具，化妆品用具及其他品目未列名的物品。

### 二、本类注释

本类没有类注释。

### 三、本类商品归类要点

本类的最大特点是商品种类繁杂，归类时必须结合前述各类、章、品目的归类规定综合考虑。例如，本类所指未列名照明装置的范围是不可能脱离前述各类、章、品目包括的灯具单独界定的，对此必须给以足够的重视。

## 任务一

## 家具；寝具、褥垫、弹簧床垫、软坐垫及类似的填充制品；未列名灯具及照明装置；发光标志、发光铭牌及类似品；活动房屋的归类

### 知识准备

#### 一、本章商品范围及结构

第九十四章包括各种家具及其零件，这类家具或者是可移动的，或者是悬挂、固定在墙壁上的。本章还包括：弹簧床垫、床褥及其他寝具或类似用品，不论是否包面；用各种材料制的未列名灯具和照明装置、装有固定光源的发光标志、发光铭牌和类似品；上述货品的未列名零件；活动房屋。

本章共有 6 个品目，其排列顺序为：9401 ～ 9403 家具→ 9404 寝具及类似品→ 9405 灯具→ 9406 活动房屋。

#### 二、本章注释简介

本章有四条章注释。

章注一是一条排除条款，下设 12 条具体规定，说明这 12 类货品不包括在本章内。

章注二是关于品目 9401 ～ 9403 货品所限定的范围。

章注三是关于品目 9401 ～ 9404 所列货品的除外零件范围及归类规定。

章注四是对被归入第九十四章的“活动房屋”的说明。

#### 三、本章商品归类要点

##### （一）家具及其零件、附件的归类

###### 1. 家具的归类

（1）具有实用价值的落地式“可移动”的家具，落地式或悬挂式的、固定在墙壁上的、叠摞的碗橱、书柜、其他架式家具、坐具及床、单独报验的组合家具各件，均归入品目 9401 ～ 9403，但落地灯不能按家具归类，应按灯具归入品目 9405。

（2）品目 9402 的医疗、外科、牙科或兽医用的家具不能带有医疗器械，带有牙科器械的牙科用椅不能归入本品目，应按医疗器械归入品目 9018。

（3）具有特定用途或为安装特定装置、设备而特制的家具，一般按特定用途的装置、设备归类，例如，作为缝纫机台架用的家具不能归入本章，应归入品目 8452。

（4）供娱乐和比赛用的台球桌不能归入本章，应归入品目 9504。

（5）品目 9401 ～ 9403 的家具可用木、柳条、竹、藤、塑料、贱金属、玻璃、石等材料制成，如玻璃制的柜台仍归入本章，而不按玻璃制品归类。

### 2. 家具零件、附件的归类

（1）根据形状或其他特征可确定为专用或主要用于品目 9401 ～ 9403 及 9405，并且在其他章没有具体列名品目的零、部件，应归入本章相应品目。如明显作为椅子靠背用的木制品应归入品目 9401。

（2）品目 9404 的弹簧床垫、寝具等如果单独报验，不能作为品目 9401 ～ 9403 所列货品的零件。

（3）单独进口的玻璃（或镜子）、大理石以及第六十八章、第六十九章所列材料制成的家具板面等，未与其他零件组装的应以构成的材料属性为归类依据。

## （二）床上用品及寝具的归类

装有弹簧或内部填充棉花、羊毛、马毛、羽绒、合成纤维等或以海绵橡胶或泡沫塑料制成的床上用品及寝具，如褥垫、被褥及床罩（内含填充物）、鸭绒被、棉被、枕头、靠垫、坐垫、睡袋等，归入品目 9404。未有内部填充物的床上用品及寝具，如床单、床罩、枕头套、鸭绒被套、靠垫套、毯子等，则按纺织品归入第六十三章。

## 工作任务

江苏恒诚报关有限公司出口申报沙发，包括真皮沙发（木框架）和家庭两用沙发（晚上展开可当床睡觉，由木框架、弹簧加上软垫和化纤布面制成）。请对以上商品进行归类。

## 任务实施

### 1. 真皮沙发（木框架）

（1）判断归类属性。真皮沙发属于沙发的一种，真皮沙发其实是个泛称，牛皮、猪皮、马皮、驴皮都可以用作沙发原料。

（2）引用归类依据。真皮沙发属坐具，应归入品目 9401，然后根据木框架的坐具、装软垫的条件归入相应子目。

（3）确定商品编码。根据归类总规则一及六的规定，本商品应归入商品编码 9401.6110。

### 2. 家庭两用沙发（晚上展开可当床睡觉，由木框架、弹簧加上软垫和化纤布面制成）

（1）判断归类属性。家庭两用沙发似乎既可作为“坐具”归类也可作为“床”归类，该沙发由木框架、弹簧加上软垫和化纤布面制成。

（2）引用归类依据。沙发属于家具中的坐具，故应归入品目 9401“坐具（包括能作床用的两用椅，但品目 9402 的货品除外）及其零件”。由于该沙发展开可当床睡觉，故应归入一级子目“能作床用的两用椅，但庭园坐具或野营设备除外”。由于该沙发是布面的，故应归入三级子目 9401.419“其他”。该商品容易误归入商品编码 9401.6190。

（3）确定商品编码。根据归类总规则一及六的规定，本商品应归入商品编码 9401.4190。

## 任务训练

请对以下商品进行归类：

1．木制餐桌椅（不带软垫）。

2．玻璃钢做的活动房屋。

3．羽绒睡袋。

4．“席梦思”弹簧床垫。

5．办公室用金属架牛皮面的转椅（可调高度）。

6．不锈钢制餐桌。

7．圣诞树用成套灯具。

8．卧室用家具，红木制。

9．小轿车用坐具（纺织材料包面）。

10．船舶上用的煤油灯。

## 任务二

## 玩具、游戏品、运动用品及其零件、附件的归类

### 知识准备

#### 一、本章商品范围及结构

第九十五章包括各种玩具（不论其供儿童还是供成人娱乐用），户内及户外游戏用设备，运动、体操、竞技用具及器械，某些钓鱼、狩猎或射击用具，旋转木马和其他游乐场用的娱乐设备。本章包括的玩具主要是供人（儿童或成人）娱乐用的，根据其设计形状或构成材料可确认为专供动物（例如，宠物）玩赏的玩具不归入本章；本章还包括装有天然或养殖珍珠、宝石或半宝石、贵金属或包贵金属制的仅作为小零件的货品。

本章共有 6 个品目，其排列顺序为：9503 各种玩具→ 9504 ～ 9505 游戏娱乐用品→ 9506 ～ 9507 体育用品→ 9508 游乐场用娱乐设备、流动马戏团和剧团等。

易误归入本章的运动用品主要包括：品目 4202、4303 或 4304 的运动用袋或其他容器；第六十一章或第六十二章的纺织品制的运动服或化装舞会服装；第六十三章的纺织品制的旗帜及帆板或滑行车用帆；第六十四章的运动鞋靴（装有冰刀或滑轮的溜冰鞋除外）或第六十五章的运动用帽；第十七类的运动用车辆（长雪橇、平底雪橇及类似品除外）；第八十九章的运动用船艇（例如，赛艇）及其桨、橹和类似品（按材料，一般是木制的，归入第四十四章）；运动及户外游戏用的眼镜、护目镜及类似品（品目 9004）。

#### 二、本章注释简介

本章共有六条章注释和一条子目注释。

##### （一）章注释

章注一是一条排除注释，其下有 23 条具体规定，说明不归入本章的 23 类货品及其归类原则。

章注二是关于本章货品装有珍珠、宝石、贵金属类小配件后的归类原则。

章注三是关于本章货品的零件、附件的归类原则。

章注四阐述了零售包装并具有玩具基本特征的组合货品的归类原则。

章注五指出品目 9503 不包括因其设计、形状或构成材料可确认为专供动物使用的物品。

章注六对品目 9508 中“游乐场乘骑游乐设施”“水上乐园娱乐设备”“游乐场娱乐设备”的含义做出了明确规定。

### （二）子目注释

子目注释说明了子目 9504.50 所包含的货品范围。

## 三、本章商品归类要点

### （一）单独报验的本章货品的零件、附件的归类原则

本章各品目包括明显是专用于或主要用于本章货品的零件及附件（第九十五章章注一不包括的零件、附件除外）。根据本章章注三的规定，专用于本章所列物品的零件、附件，应与有关物品一并归类。例如，保龄球自动分瓶机专用的零件，应与该设备一并归入商品编码 9504.9021。

### （二）玩具及玩具用的电气装置的归类

#### 1. 玩具的归类

儿童乘骑的带轮玩具（如三轮车、踏板车、踏板汽车等，不论是否带有马达驱动），玩偶车，玩偶及其零件、附件（如玩偶用的服装、鞋、靴、帽等）和其他供儿童或成人娱乐用的各种智力玩具或其他玩具（如按比例缩小的船舶、飞机、火车、车辆等的模型），均归入品目 9503。但品目 9503 不包括品目 9504 的纸牌游戏品。归入本品目的模型主要供娱乐用，若是专供示范用的模型则应归入品目 9023。

#### 2. 零售包装并具有玩具基本特征的组合货品的归类

除本章章注一所列的除外商品，品目 9503 所列的物品与其他货品组合而成的，并具有玩具基本特征的零售包装物品应归入品目 9503，例如缝纫用的成套教学玩具。这类组合物品不能视为归类总规则三（二）所指的成套货品，如果单独报验，应归入其他品目。

#### 3. 玩具用电气装置的归类

能确认是玩具用的电动机、变压器、录制信息的存储器件等媒体、无线电或红外线遥控器具等，应分别归入第八十五章相应品目，即电动机归入品目 8501，变压器归入品目 8504，存储器件等记录媒体归入品目 8523，无线电遥控装置归入品目 8526，无绳红外线遥控器件归入品目 8543，均不作为玩具的部件归类。

### （三）游戏娱乐用品的归类

游戏娱乐用品归入品目 9504 ～ 9505。常见的商品有电子游戏机、保龄球设备、各种棋类、麻将、扑克牌及台球用品等。品目 9504 的游戏用品一般只适用于室内，而室外（或户外）用的游戏用品要归入品目 9506。魔术用扑克牌应按魔术道具归入品目 9505，而不按普通扑克牌归入商品编码 9504.4000。

### （四）电子游戏机的归类

电子游戏机是利用电子仪器进行游戏的设备，包括：

（1）符合第八十四章章注五“自动数据处理设备”规定的电子游戏机，归入品目 8471。

（2）用硬币、钞票、银行卡、代币或任何其他支付方式使其工作的视频游戏设备，一般置于公共娱乐场所应归入子目 9504.30。

（3）需要在电视机、视频监视器或其他外部显示屏或面板上重放图像的视频游戏控制器，以及自身装有显示屏的便携视频游戏设备应归入子目 9504.50。

（4）既不使用硬币等支付方式使其工作，也没有视频图像显示的电子游戏机应归入子目 9504.90。

### （五）一般体育用品和游乐场用娱乐设备的归类

一般体育用品归入品目 9506 或 9507，游乐场用娱乐设备归入品目 9508。在确定子目时要仔细分析商品的属性与子目条文的含义。例如，可充气的足球、篮球、排球归入子目 9506.6，但羽毛球不能按球归入该子目，而应归入子目 9506.9。

**【知识拓展】**

挑选玩具别大意，典型案例来分析

面对琳琅满目的玩具产品，家长为孩子们挑选的心仪玩具是否真的安全呢？海关是如何保障进口玩具的质量安全呢？下面让我们通过学习进口玩具的相关案例来了解一下吧。

案例1：某公司自秘鲁进口的毛绒玩具经实验室检测显示铬含量超标，不符合GB6675.4—2014《玩具安全第4部分：特定元素的迁移》中铬元素最大限量的要求。重金属会影响儿童的生殖发育、智力发育和免疫系统，长期接触可能导致癌症。

案例2：某公司自日本进口的小熊挂饰经实验室检测显示绳索和弹性绳拉力不合格，不符合GB6675.2—2014《玩具安全第2部分：机械与物理性能》中绳索和弹性绳的要求，可能导致儿童手指被勒伤。

为了孩子的健康，家长们在挑选进口玩具时一定要仔细斟酌，要在正规渠道、正规商店购买玩具并选择有安全标识的适合孩子年龄段的玩具。

## 工作任务

江苏恒诚报关有限公司出口申报体育用球，包括高尔夫球和羽毛球。请对以上商品进行归类。

## 任务实施

### 1. 高尔夫球

（1）判断归类属性。高尔夫球运动是利用不同的高尔夫球杆将高尔夫球打进球洞的一项运动项目。高尔夫球属于体育用品。

（2）引用归类依据。高尔夫球应归入品目 9506“一般的体育活动、体操、竞技及其他运动或户外游戏用的本章其他品目未列名用品及设备”，然后按“高尔夫球棍及其他高尔夫球用具”列名归类。

（3）确定商品编码。根据归类总规则一及六的规定，本商品应归入商品编码 9506.3200。

### 2. 羽毛球

（1）判断归类属性。羽毛球运动是一项隔着球网，使用长柄网状球拍击打用羽毛和软木制作而成的一种小型球类的室内运动项目，因此羽毛球也属于体育用品。

（2）引用归类依据。羽毛球属于体育用品，故应归入品目 9506“一般的体育活动、体操、竞技及其他运动或户外游戏用的本章其他品目未列名用品及设备”，“一般的体育活动用品”指哑铃、骑车器等锻炼用器械，“体操用品”是指单杠、双杠、平衡木、鞍马等器械，“竞技用品”是指标枪、铁饼等器械，而羽毛球不属于上述范围，因此应按“其他品目未列名用品及设备”归入“其他”。

（3）确定商品编码。根据归类总规则一及六的规定，本商品应归入商品编码 9506.9990。

## 任务训练

请对以下商品进行归类：

1．船模型（塑料制，不带有动力装置）。

2．玻璃制的围棋。

3．装有电池的能表演动作的“机器人”玩具。

4．风筝。

5．魔术师专用的经特别设计的扑克牌。

6．塑料制象棋。

7．人造圣诞树。

8．滑板车（带有车把）。

9．圣诞树蜡烛。

10．化装舞会用小丑服（涤纶短纤机织物制）。

# 任务三

## 杂项制品的归类

## 知识准备

### 一、本章商品范围及结构

第九十六章包括雕刻和模塑材料及其制品、扫把、刷子和筛等、某些缝纫用品、某些书写及办公用品、某些烟具、某些化妆用具及其他品目未具体列名的其他物品。除了品目 9601 ～ 9606 及 9615 的物品以外，本章所列物品可以全部或部分由天然或养殖的珍珠宝石或半宝石制成或由贵金属或包贵金属制成。品目 9601 ～ 9606 及 9615 所列物品可以装有上述材料制成的小配件。

本章有 20 个品目，其排列顺序为：9601 ～ 9602 动植物、矿物质的雕刻制品→ 9603 ～ 9604 帚、刷、拖把、筛等→ 9605 成套的旅行具→ 9606 ～ 9607 纽扣、拉链等→ 9608 ～ 9612 各种笔、书写板、印戳、打字机色带等→ 9613 ～ 9617 烟具、梳子、发卡、香水喷雾器、保温瓶等→ 9618 裁缝用、橱窗用人体模型等→ 9619 卫生巾（护垫）及卫生棉条、尿布等→ 9620 独脚架、双脚架、三脚架等。

## 二、本章注释简介

本章有四条章注释。

章注一是一条排除注释，其下有 12 条具体规定，说明不归入本章的 12 类货品及其应归入的品目。

章注二是对“植物质或矿物质雕刻材料”的定义做了说明。

章注三是对“制帚、制刷用成束、成簇材料”的定义做了说明。

章注四说明本章各品目适用于全部或部分用贵金属、包贵金属、珍珠、宝石或半宝石制成的第九十六章的所有物品（但品目 9601 ～ 9606 和 9615 的货品除外）。

## 三、本章商品归类要点

### （一）“已加工”动植物雕刻制品的归类

品目 9601 的“已加工”的动物质雕刻材料制品，指超出了第五章所允许的加工范围（如洗涤、刮擦、简单锯切、漂白、矫平、修整、剖切等），换言之，本章所包括的动物质雕刻制品是由第五章的产品经进一步加工制得的。

品目 9602 的“已加工”的植物质雕刻材料制品，指超出了品目 1404、1521 所允许的加工范围，换言之，本章所包括的植物质雕刻制品是由品目 1404、1521 的产品经进一步加工制得的。

品目 9602 的“已加工”的矿物质雕刻材料制品，指超出了品目 2530、2714、3404 等所允许的加工范围，换言之，本章所包括的矿物质雕刻制品是由品目 2530、2714、3404 等的产品经进一步加工制得的。

### （二）制帚、制刷用材料的归类

根据本章章注三的规定，品目 9603 所称“制帚、制刷用成束、成簇的材料”仅指未装配的成束、成簇的兽毛、植物纤维或其他材料。这些成束、成簇的材料无须分开即可安装在帚、刷之上，或只需经过简单加工（例如，将顶端修剪成形）即可安装。不符合该章注规定的制帚、制刷用的动物质材料归入第五章，植物质材料归入第十四章。

### （三）成套旅行用具的归类

成套旅行用具归入品目 9605，主要包括：

（1）成套梳妆箱，由模制塑料盒、刷子、梳子、剪子、镊子、指甲锉、镜子、剃刀架及修剪指甲工具组成，装于皮革、织物或塑料制的箱子内一同报验。

（2）针线盒，由剪刀、卷尺、穿针器、缝纫针、线、别针、顶针、纽扣及按扣组成，装于皮革、织物或塑料制的盒子内一同报验。

（3）擦鞋套具，由刷子、盒装或支装鞋油及擦鞋布等组成，装于皮革、织物、塑料或过塑纸板制的箱子内一同报验。但本品目不包括修剪指甲用的套具（品目 8214）。

### （四）纽扣的归类

品目 9606 包括用以扣紧或装饰衣服、家用织物制品等的纽扣、领扣及类似品。这些物品可用各种材料制成，并可以含有天然或养殖珍珠、宝石或半宝石（天然、合成或再造）、贵金属或包贵金属，只要所含的贵重材料仅作为本品目物品的小配件，超出这个范围的应归入第七十一章。

因此包贵金属或贵金属制的纽扣归入第七十一章；袖扣等装饰用扣应按首饰或仿首饰归入品目 7113 或 7117。

### （五）具有吸收性卫生用品的归类

具有吸收性的卫生巾（护垫）及止血塞、婴儿尿布及尿布衬里和类似品归入品目 9619。

该品目的商品可用任何材料制成（例如纸浆、各种纤维、塑料等），多数为一次性使用，少数洗涤后可重复使用。

该品目不仅包括婴儿尿布，还包括成人尿布及成人用内裤衬垫。

### （六）各种支架的归类

独脚架、双脚架、三脚架及类似品归入品目 9620。它们可伸缩、可便携，主要用于支撑照相机、摄像机、精密仪器等，以减轻晃动。其中的“类似品”，是指配有四条腿及以上、在减轻晃动方面具有与独脚架、双脚架及三脚架相同功能的器具。

但是，其他品目已经列名的支架不能归入该品目，例如品目 8518 的麦克风支架、品目 9209 的安放乐器用的架座等。

## 工作任务

江苏恒诚报关有限公司出口申报粉块，包括裁缝用划粉和台球用粉块。请对以上商品进行归类。

## 任务实施

### 1. 裁缝用划粉

（1）判断归类属性。裁缝用划粉是用滑石制成的粉块，属于第二十五章矿产品的制品。

（2）引用归类依据。根据第二十五章章注二（十）的规定，裁缝用划粉根据其用途应按杂项制品归入第九十六章，并按裁缝用划粉的具体列名归类。

（3）确定商品编码。根据归类总规则一及六的规定，本商品应归入商品编码 9609.9000。

### 2. 台球用粉块

（1）判断归类属性。台球用粉块是用滑石制成的粉块，属于第二十五章矿产品的制品。

（2）引用归类依据。根据第二十五章章注二（九）的规定，第二十八章不包括台球用粉块（品目 9504）。因此台球粉块根据其用途按室内游戏用品归类。

（3）确定商品编码。根据归类总规则一及六的规定，本商品应归入商品编码 9504.2000。

**思考题：**

请说明品目9608与品目0609所包含的“笔”的区别。

## 任务训练

请对以下商品进行归类：

1．用蜡制作的快餐食品模型。

2．翡翠烟嘴。

3．牙刷（柄由聚丙烯制成，毛刷由尼龙制成）。

4．吸尘器用的塑料制的刷子。

5．由一把梳子、剪子、镊子、指甲钳、指甲锉、镜子、剃须刀、剃须膏组成的成套出售的个人梳妆用品。

6．海绵橡胶制粉拍，用于化妆时施敷香粉。

7．牛骨制的梳妆用梳子。

8．玳瑁壳（已雕刻）。

9．海泡石雕塑品（批量生产）。

10．水烟壶（管），壶身用铜制成，软管用塑料制成。

# 项目评价

**考核评价表**

| 学习目标 | 评价项目 | 自我评价(30%) | 组间评价(30%) | 教师评价(40%) |
|---|---|---|---|---|
| 专业知识<br>（30分） | 家具、寝具的商品范围 | | | |
| | 体育用品的商品范围 | | | |
| | 杂项制品的商品范围 | | | |
| | 重要的章注释、品目注释、品目条文 | | | |
| 专业能力<br>（40分） | 准确把握归类依据 | | | |
| | 掌握家具、寝具、玩具、体育用品的归类原则 | | | |
| | 准确运用归类总规则 | | | |
| 职业素养<br>（30分） | 积极主动、团队合作精神 | | | |
| | 沟通协调能力 | | | |
| | 思辨能力 | | | |
| | 解决问题能力 | | | |
| | 谨慎细心的工作态度 | | | |

| | |
|---|---|
| 教师建议： | 评价标准：<br>A．优秀（≥80分）　B．良好（70～80分）<br>C．基本掌握（60～70分）　D．没有掌握（<60分） |
| 个人努力方向： | |

# 项目二十二
# 艺术品、收藏品及古物的归类

## 学 习 目 标

◆ **知识目标**

熟悉本类商品的范围及排列结构，了解必要的商品知识，熟悉相关的注释。

◆ **能力目标**

掌握艺术品、收藏品及古物的归类要点；能正确运用归类依据对本类商品进行准确归类。

◆ **素质目标**

通过商品知识的了解，培养明辨是非的能力，增强爱国意识；努力学习，为全面推进中华民族伟大复兴而团结奋斗。

## 项目导入

通过本类的学习，熟悉本类商品的结构范围，理解本类中相关的商品名词解释，掌握艺术品、收藏品及古物的归类要点。

**学习重难点：**

艺术品、收藏品及古物的归类原则，以及本类商品与其他易混淆商品的比较分析。

## 项目要点

### 一、本类商品范围

第二十一类只有一章，即第九十七章“艺术品、收藏品及古物”。其商品范围包括艺术品、收藏品及古物。

### 二、本类注释

本类无类注释。

### 三、本类商品归类要点

本类商品归类要点同下列任务：艺术品、收藏品及古物的归类。

## 任务

# 艺术品、收藏品及古物的归类

## 知识准备

### 一、本章商品范围及结构

第九十七章包括艺术品，如完全用手工绘制的油画、绘画及粉画，拼贴画及类似装饰板，版画、印制画及石印画的原本，雕塑品的原件；邮票、印花税票及类似票证、邮戳印记、信封、邮政信笺；具有动植物学、矿物学、解剖学、考古学、钱币学等的收集品及珍藏品；超过 100 年的古物。

本章共有 6 个品目，其排列顺序为：9701 ～ 9703 艺术品→ 9704 各种票证→ 9705 动植物等的标本、收集珍藏品→ 9706 超过 100 年的古物。

### 二、本章注释简介

本章有六条章注释。

章注一是排除注释，其下有三条具体规定，说明不归入本章的三类货品及其应归入的品目。

章注二说明了品目 9701 的货品不适用于成批生产。

章注三明确了品目 9702 所称“雕版画、印制画、石印画原本”的定义。

章注四是关于品目 9703 商品范围的规定，即成批生产的复制品及具有商业性质的传统手工艺品不能归入品目 9703。

章注五（一）是关于本章各品目可优先归类的规定；章注五（二）是关于品目 9706 仅适用于不能归入本章其他各品目的货品的规定。

章注六是关于本章所称各类画及类似装饰板的框架的归类原则。

### 三、本章商品归类要点

#### （一）超过100年古物的归类

（1）除品目 9701 ～ 9705 以外的物品，若超过 100 年则优先归入品目 9706。如超过 100 年的乐器不按乐器归入第九十二章，而归入品目 9706。

（2）品目 9701 ～ 9705 的物品即使超过 100 年，仍归入原品目。

#### （二）优先归类原则

对于其他看起来既可以归入本章也可以归入其他章的货品则应该归入本章。例如艺术家设计并创造的铜合金塑像原件不能归入第八十三章，应归入第九十七章品目 9703。

#### （三）已装框的画的归类

已装框的本章各类画及类似装饰板，若框架的种类及其价值与作品相称（即加上的框架不改变原来作品的基本特征），此时框架与作品一并归类；若框架的种类及其价值与作品不相称，则应分别归类。

### （四）雕塑品的归类

（1）雕塑品原件应该归入品目 9703。

（2）雕塑的仿首饰应该归入品目 7117。

（3）具有商业性质的装饰用雕塑品、用石膏等成批生产的复制品、个人装饰品及其他具有商业性质的传统手工艺品（即使这些物品是由艺术家设计或创造的也不影响归类），应按其构成材料的制品归类。

**【知识拓展】**

文物：大龙邮票

邮寄信件，就需要贴上邮寄凭证，也就是邮票。我国发行的第一套邮票——“大龙邮票”，是由晚清海关出版发行的。大龙邮票一套共有三枚，分别为1分银（黄绿色）、3分银（朱红色）和5分银（橘黄色）。1分银用来邮寄印刷品，3分银用来邮寄普通信件，5分银则用来邮寄挂号信。票面上除有“大清邮政局”“CHINA”和“CANDARINS”（关平银）字样外，主体图案是象征帝王的云龙纹。因其尺寸比1885年我国发行的第二套“云龙戏珠”图案邮票较大，人们就习惯性地称前者为“大龙邮票”，后者为“小龙邮票”。

大龙邮票主要有三版，薄纸大龙是大龙邮票三版中最早印发的一版，可谓真正意义上的中国第一套邮票，有重要的史料价值和较高的艺术欣赏价值，为73种世界各国最早诞生的邮票之一。

（文章来源：“中国海关博物馆”微信公众号）

## 工作任务

江苏恒诚报关有限公司进口申报一批艺术品：石印画原本（未使用机械或照相制版方法制作）和油画原件，上述原件均超过100年，有收藏价值。请对以上商品进行归类。

## 任务实施

### 1. 石印画原本（未使用机械或照相制版方法制作），超过100年

（1）判断归类属性。石印画原本已经超过 100 年，属于古物且制作未使用机械或照相制版方法，因此本任务商品似乎即可按“石印画的原本”归类，又可按“超过 100 年的古物”归类。

（2）引用归类依据。根据本章章注五（二）的规定，品目 9701 ～ 9705 列名的货品不能归入品目 9706，因此该石印画不管是否已经超过 100 年，都应按照具体列名归入品目 9702。

（3）确定商品编码。根据归类总规则一及六的规定，本商品应归入商品编码 9702.1000。

### 2. 油画原件，超过100年

（1）判断归类属性。油画原件属于品目 9701“油画、粉画及其他手绘画”，但本商品又符合品目 9706“超过百年的古物”。

（2）引用归类依据。根据本章章注五（二）的规定，品目 9706 不适用于可以归入本章其他各品目的货品。

（3）确定商品编码。根据归类总规则一及六的规定，本商品应归入商品编码 9701.2100。

**思考题：**

我国海关如何监管暂时进境文物？

## 任务训练

请对以下商品进行归类：

1．用手绘方法复制的唐朝笔墨画。
2．带有金搭扣的珍珠项链（超过250年历史）。
3．19世纪英国发行的邮票。
4．18世纪造的钢琴。
5．用印刷方法复制的19世纪法国油画。
6．2020年生产的名人的蜡像。
7．超过100年的天然黑珍珠（未分级）。
8．液体浸泡保存的濒危动物标本。
9．未经使用、在美国发行的明信片。
10．红木雕花双人床（明万历年间制造）。

# 项目评价

### 考核评价表

| 学习目标 | 评价项目 | 自我评价（30%） | 组间评价（30%） | 教师评价（40%） |
|---|---|---|---|---|
| 专业知识（30分） | 艺术品的商品范围 | | | |
| | 艺术画的加工方式 | | | |
| | 收集品及珍藏品的商品范围 | | | |
| | 重要的章注释、品目注释、品目条文 | | | |
| 专业能力（40分） | 准确把握归类依据 | | | |
| | 掌握艺术品、收藏品及古物的归类原则 | | | |
| | 准确运用归类总规则 | | | |
| 职业素养（30分） | 积极主动、团队合作精神 | | | |
| | 沟通协调能力 | | | |
| | 思辨能力 | | | |
| | 解决问题能力 | | | |
| | 谨慎细心的工作态度 | | | |
| 教师建议： | | 评价标准：<br>A．优秀（≥ 80 分） B．良好（70 ～ 80 分）<br>C．基本掌握（60 ～ 70 分） D．没有掌握（＜ 60 分） | | |
| 个人努力方向： | | | | |

# 参 考 文 献

[1] 海关总署关税征管司. 中华人民共和国进出口税则：2023 年 [M]. 北京：中国海关出版社有限公司，2023.

[2] 海关总署关税征管司. 进出口税则商品及品目注释 [M]. 北京：中国海关出版社有限公司，2022.

[3] 宗慧民. 进出口商品归类 [M]. 3 版. 北京：中国海关出版社有限公司，2022.

[4] 宗慧民，赖碧云. 进出口商品归类习题集 [M]. 2 版. 北京：中国海关出版社有限公司，2022.

[5] 中国报关协会编委会. 进出口商品编码查询手册：2023 年版 [M]. 北京：中国海关出版社有限公司，2023.

[6]《海关总署商品归类决定汇编》编委会. 海关总署商品归类决定汇编：2022 年版 [M]. 北京：中国海关出版社有限公司，2022.

[7]《中国海关报关专业教材》编写组. 中国海关报关专业教材：修订版 [M]. 北京：中国海关出版社有限公司，2022.

[8] 彭旭桂，钱淑英. HS365：进出口商品归类每日一练 [M]. 北京：中国海关出版社有限公司，2021.

[9] 张援越，孙建，赵羿喆. 进出口商品归类实务 [M]. 5 版. 北京：中国海关出版社有限公司，2020.

[10] 邢丽，朱晓缨，孙爱华. 商品归类基础 [M]. 7 版. 北京：商务印书馆，2018.

[11] 林青. 进出口商品归类实务 [M]. 3 版. 北京：中国海关出版社有限公司，2018.

[12] 张慧如. 商品归类提示及强化训练 [M]. 广州：暨南大学出版社，2012.

[13] 温朝柱. 海关进出口商品归类基础与训练 [M]. 北京：中国海关出版社有限公司，2009.